CB077410

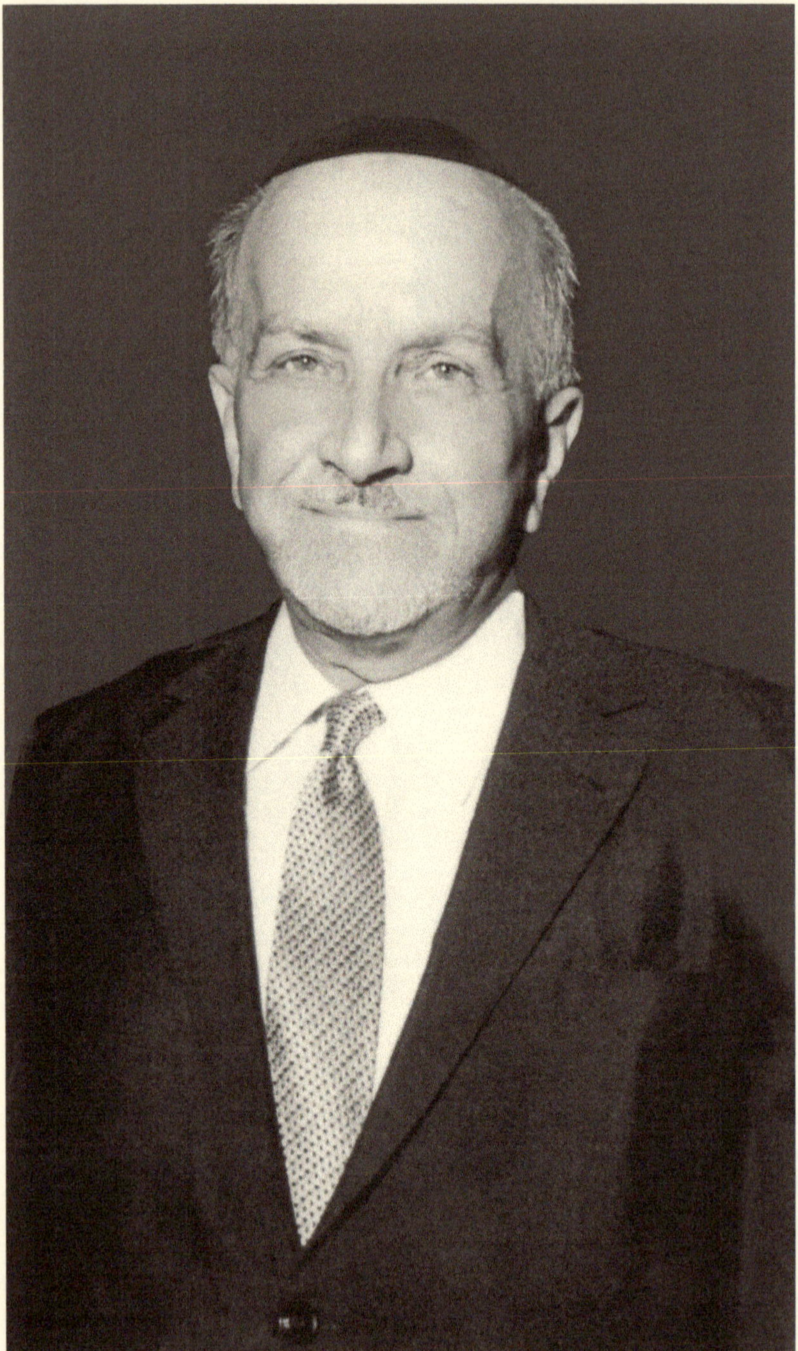

Sermões

Supervisão: J. Guinsburg
Edição de texto: Luiz Henrique Soares
Revisão: Márcia Abreu
Projeto gráfico e capa: Sergio Kon
Produção: Ricardo W. Neves, Sergio Kon e Luiz Henrique Soares

SERMÕES

Rabino Menahem Diesendruck

PERSPECTIVA

CIP-Brasil. Catalogação-na-Fonte
Sindicato Nacional dos Editores de Livros, RJ

D564s
2.ed.

Diesendruck, Menahem Mendel, 1903-1974
  Sermões / Rabino Menahem Diesendruck. - 2.ed. - São Paulo : Perspectiva, 2011.

  ISBN 978-85-273-0664-5

  1. Sermões. 2. Judaismo. 3. Sermões em português. I. Título.

11-1982.   CDD: 252
                CDU: 27-475-5-26

08.04.11   12.04.11   025667

2ª edição – 1ª reimpressão
[PPD]

Direitos reservados à
EDITORA PERSPECTIVA LTDA.

Av. Brigadeiro Luís Antônio, 3025
01401-000 São Paulo SP Brasil
Telefax: (011) 3885-8388
www.editoraperspectiva.com.br

2019

Sumário

13 Agradecimentos
17 Introdução Geral
    N. Falbel e J. Guinsburg

BERESHIT
Primeiro Livro da *Torá: Gênesis*

    Introdução [37]; Nôach [49]; Lech Lechá [59]; Vaierá [65]; Chaiê Sará [73]; Toledot [87]; Vaietzê [97]; Vayishlach [103]; Vaieshev [113]; Mikêtz [117]; Vayigash [123]; Vaichi [127];

SHEMOT
Segundo Livro da *Torá: Êxodo*

    Introdução [133]; Shemot [137]; Vaerá [141]; Bo [149]; Beshalách [157]; Yitró [165]; Mishpatim (Shekalim) [175]; Mishpatim (Shabat Shekalim) [183]; Terumá [187]; Tetzavê [203]; Zachór [209]; Ki Tissá [217]; Vaiakhel [225]; Pekudê (Parashat Pará [231];

VAYIKRÁ
Terceiro Livro da *Torá: Levítico*

Introdução [239]; Vayikrá [243]; Vayikrá (Parashat Zachór) [249]; Tzav [255]; Sheminí [263]; Tazría [269]; Metzorá [273]; Acharê Mot [279]; Acharê Mot – Kedoshim [287]; Emór [299]; Behar [303]; Behar – Bechucotai [309];

BAMIDBAR
Quarto Livro da *Torá: Números*

Introdução [321]; Nassó [327]; Behaalotechá [333]; Shelach – Lechá [343]; Kôrach [353]; Chukát [363]; Balak [371]; Pinchás [383]; Matot [389]; Matot – Massê [393];

DEVARIM
Quinto Livro da *Torá*: *Deuteronômio*

Introdução [399]; Bein Hametzarim [405]; Vaetchanan [411];
Ékev [423]; Reê [431]; Shofetim [443]; Ki Tetzê [449];
Ki Tavô [461]; Nitzavim – Vaiêlech [469]; Haazínu [479];
Vezot Haberachá [485];

Amém [491]

O RABINO MENAHEM MENDEL DIESENDRUCK, Z.L., nasceu em Stryj, pequeno vilarejo no Império Austro-Húngaro (atual Ucrânia), em 30 de junho de 1903.

Aos cinco anos, em Viena, iniciou os seus estudos da *Torá* e aos dez, o do *Talmud*, na Yeshivá de Kolomea, na época, Polônia.

Aos dezoito, de volta a Viena, começou a frequentar o Ginásio Humanista. Seguiram-se cursos no Seminário Rabínico, sob a orientação do rabino-chefe de Viena, Zeev Chajes; de hebraico no Paedagogium; e ainda o curso de filosofia na Universidade de Viena. Simultaneamente, seguia a sua vocação musical, frequentando, durante sete anos, os cursos de composição e canto no prestigiado Conservatório Musical.

Em 1928, recebeu a sua primeira comunidade na Bélgica.

Em 1930, foi convidado pela Comunidade Israelita de Lisboa, Portugal.

Durante os 23 anos de permanência naquela cidade, desempenhou as funções de chefe espiritual, bem como atuou, intensa e expressivamente, na passagem de milhares de refugiados da II Guerra Mundial por Portugal, junto a entidades de apoio, como a Hias, o Joint, a Caritas, a Cruz Vermelha e o próprio governo português, o que lhe granjeou prestígio e grata memória, mundialmente.

Desenvolveu grande interesse em estudos sobre os judeus em Portugal, não apenas no que dizia respeito ao ressurgimento do expressivo movimento de retorno de criptojudeus e/ou marranos ao judaísmo, como também no que concerne ao seu passado ali. Após séculos de dificuldades de acesso impostas a um judeu que quisesse pesquisar os documentos no Arquivo Nacional da Torre do Tombo, o rabino Diesendruck conseguiu obter a devida autorização, que lhe permitiu, ainda que de forma precária, desenvolver uma notável atividade como pesquisador da participação dos judeus em Portugal na era Quinhentista, nos Descobrimentos e nas Ciências. Vários historiadores da Academia das Ciências de Lisboa referem o seu nome nos volumes da *Bibliografia Geral Portuguesa*.

Com sua excelente e treinada voz, praticava com grande prazer e apreciação a *chazanut* (os serviços religiosos), onde incluía os cânticos de linha tradicional, e também criava, com êxito, adaptações dos cânticos do rito sefardita para modalidades mais ocidentais do rito asquenazita.

Foi nomeado "Sócio Benemérito" da Sociedade de Concertos de Lisboa por suas palestras ali, bem como na Universidade Popular Portuguesa, versando sobre temas como "O Judaísmo e a Música", "Coplas Sefaradi", "Salmos de David", entre outros.

Em fins de 1952, foi chamado ao Brasil (São Paulo) para assumir a direção da Escola Beith Chinuch e do Ginásio Yavne.

De julho de 1956 a agosto de 1959, serviu como rabino, por breves períodos, na Comunidade Israelita Sefardi Paulista, no setor Ortodoxo da Congregação Israelita Paulista e em seu Departamento de Juventude.

Entrementes, dada a sua vasta experiência espiritual/social na passagem de milhares de refugiados por Portugal, com o apoio da Hias no Brasil, participou da fundação do Comitê de Absorção de Refugiados, visando auxiliar aqueles oriundos do Oriente Médio, sobretudo do Egito.

De setembro de 1959 em diante, até a data do seu desaparecimento em 30 de abril de 1974, realizou uma notável obra como rabino-chefe da Congregação e Beneficência Sefardi Paulista, de cuja criação participou, acompanhando a Congregação em todas as suas fases de desenvolvimento e de reconhecido prestígio na comunidade paulista e brasileira.

Dada a sua constante preocupação com a juventude, em sua homenagem foi fundado o Movimento Juvenil Netzach Israel.

Como líder, com sua ideologia "sionista-religiosa" e ativa participação, o rabino Diesendruck serviu, em várias gestões, como vice-presidente da Organização Sionista do Brasil.

Por seus inúmeros méritos, atividades públicas e visitas às principais capitais do Brasil, recebeu, em 26 de dezembro de 1963, o título de "Cidadão Paulistano", conferido pela Câmara Municipal de São Paulo.

Seu falecimento foi objeto de voto de pesar da Assembleia Legislativa do Estado de S. Paulo, em 6 de maio de 1974.

Agradecimentos

Tendo em vista que o rabino Diesendruck faleceu antes da publicação da primeira edição dos seus *Sermões*, os agradecimentos são devidos a Shimon Kummer e Dov Hacohen, pelo empenho, dedicação e cuidadosa revisão desta segunda edição.

Acrescentando verbetes, anotações e fontes originais, esta nova edição se apresenta substancialmente enriquecida para estimular o leitor a melhor pesquisar e estudar os textos legados pelo rabino, o que, efetivamente, transmite a sua intenção.

Sermões

Introdução Geral

1. A literatura homilética e seu desenvolvimento histórico

A literatura homilética hebraica¹ remonta ao período do *Midrash* e do *Talmud*, pois está associada diretamente ao culto sinagogal, sendo em boa parte o sermão um momento daquele culto, como já foi demonstrado na obra clássica de Zunz². Por outro lado, o *darshan* (o pregador) que fez parte da vida comunitária judaica em todos os tempos não limitou a sua situação ao recinto da sinagoga, mas também a levou para fora dela. Assim como o *kabtzan* (o pedinte), era basicamente um itinerante, que se apresentava em diferentes lugares e em diferentes ocasiões a fim de falar a uma multidão festiva ou simplesmente a um grupo interessado em ouvi-lo³. Mas, de um ou de outro modo, o intuito primordial da literatura homilética é moral e didático⁴ pois pretende educar o público,

---

1 É fato conhecido que este gênero literário mereceu pouca atenção de parte dos estudiosos. Faltam, no campo, arrolamentos bibliográficos ou biobibliográficos abrangentes, embora existam alguns conjuntos de trabalhos científicos e críticos, como os de S. Gliksberg, A. Steiman, C. R. Rabinovitz, aos quais se uniram, mais recentemente, os de I. Bettan e de Joseph Dan (Cf. n. 3), onde se faz notar uma compreensão mais congenial das feições peculiares da literatura sermonária hebraica.

2 Y. L. Zunz, H. Albeck, *Ha-Drashot b'Israel*. Jerusalém: Mosad Bialik, 1974.

3 J. Dan, *Sifrui Ha-Murar v'Ha-Drashá*. Jerusalém: Keter, 1975.

4 A literatura homilética, como a de natureza ética, tem o seu caráter didático estritamente limitado pelo caráter e fundamento do gênero que cultiva. O sermão é uma forma basicamente oral que pressupõe uma transmissão ao vivo de sua

incutindo-lhe normas de conduta ética e religiosa, frente aos problemas do cotidiano, bem como em tempos difíceis.

A tradição acumulada por esse gênero de literatura na atualidade provém principalmente da Idade Média, quando, a informação acerca dos eventos, sua interpretação e crítica comunitária, bem como a reação espiritual assim suscitada processavam-se pelo contato direto entre pregador e congregação. Destarte, a prédica e o seu resultado literário geravam novas concepções, ao mesmo tempo que adaptavam o judaísmo ao curso histórico das épocas. Mais ainda, o gênero sermonário também envolvia expressão estética, que se configurava na formalização retórica. Em verdade, no Medievo, os trabalhos homiléticos – tão difundidos entre os judeus quanto entre os cristãos[5] – e sua leitura faziam parte da formação cultural do homem instruído de então. No caso judaico, tal tradição remontava à própria literatura talmúdica e midráshica, que nos ditos dos sábios espalhados em boa parte das compilações e tratados desta origem, encerra numerosos excertos homiléticos. Fundamentalmente, a composição homilética se apoiava nos textos antigos e sagrados, que serviam de ponto de partida para a discussão de problemas contemporâneos, no intento, sempre renovado, de evidenciar que a longa e velha tradição judaica continha o núcleo semântico ou o sentido dos "tempos de hoje", sendo de importância capital para explicá-los.

Tem-se perguntado muitas vezes como se pode distinguir na literatura midráshica entre exegética e homilética. A resposta realmente não é fácil. Aparentemente, o ângulo exegético se alicerça no texto antigo, enquanto que, se o acento recai em questões mais atuais, sob forma sermonária, eleva-se o ângulo homilético. Mas na Idade Média tal distinção inexistia, pois é fato conhecido que os escritos sermonários mais antigos eram vistos como

---

mensagem a uma congregação reunida no recinto da sinagoga para efetuar as preces e ouvir palavras da sabedoria escritural, cujos ensinamentos devem iluminá-la na fé e na conduta da existência. Assim, o próprio objetivo que a reúne a coloca em disposição didática, mas no plano do discurso religioso.

5 Ao contrário da homilética cristã medieval, onde o pregador se dirige a um público que não conhece os textos utilizados na pregação, sejam eles os comentários às Escrituras Sagradas, os escritos patrísticos e outras fontes, inclusive a Vulgata latina, a congregação judaica tem conhecimento dos elementos em que se apoia o sermão e, à primeira citação do sermonário, o ouvinte é perfeitamente capaz de identificá-la, assim como as exegeses do Rashi ou dos sábios do Talmud e até mesmo, em boa parte, as referências a doutos posteriores.

trabalhos exegéticos e o *darshan* era encarado não como um mero orador, porém como um autêntico discípulo das sapientes autoridades cuja interpretação do texto bíblico cumpria seguir e aceitar como única e verdadeira. E com razão diz o autor do verbete sobre o assunto, na *Encyclopaedia Judaica*, que a confusão medieval entre exegética e homilética se devia em grande proporção a que, para o judeu daquele período, a literatura midráshico--talmúdica, tanto quanto a *Bíblia* eram tidas como de origem sagrada, sendo utilizadas como ponto de partida autorizado para o sermão. Por outro lado, o *darshan* esforçava-se por construir a prédica em termos que deveriam afigurar-se como tradicionais e, mesmo que introduzisse novas ideias, conceitos tradicionais teriam de investi-las e revesti-las a fim de dar a impressão de que faziam parte de um judaísmo aceito pelo auditório de fiéis.

Como toda peça literária, o sermão apresentava uma estrutura definida, e o medieval, não menos que o dos tempos modernos, desdobrava a homília em duas partes. A primeira, constituída pelo "grande sermão", compreendia o conjunto da homília e se baseava normalmente em um ou vários versículos da *haftarah* semanal, ou das passagens semanais da Torá, ou das festividades tradicionais, do casamento, do *bar-mitzvá ou* na comemoração do aniversário da morte de um chefe comunitário ou de rabi famoso. E este sermão era apreciado como obra artística, cuja apresentação definida e desenvolvida em secções obedecia às regras retóricas então vigentes. A segunda parte era formada pelo "pequeno sermão", oferecendo o momento mais relevante da criatividade pessoal do *darshan – o drush*, a interpretação. Destarte, se no "grande sermão" ressaltava o aspecto'. didático, moralístico ou ideológico da pregação, o caráter do "pequeno sermão" era inteiramente exegético, pois estava sempre arrimado em versículo bíblico ou em sentença talmúdica. O efeito estético de uma prédica residia na aptidão do *darshan* em tramar e combinar uma série de *drushim*, plasmando-os em unidade harmônica.

O método exegético aplicado na composição do *drush* era, em princípio, de inspiração midráshica e da literatura desse gênero, sendo a intenção principal do *darshan* mostrar, não as significações literais, porém os sentidos mais profundos e suas inúmeras possibilidades de interpretação. A busca dos nexos mais intrínsecos e encobertos requeria familiaridade com a gramática hebraica e aramaica, embora a pretensão principal do darshan não fosse determinar o significado preciso do termo, mas adaptar a sua exegese aos objetivos homiléticos que tinha em vista. Mas o darshan não era obrigado a restringir-se a esse método. Podia utilizar também outras vias, como a *guematria* e o *notarikon*, que são empregadas na exegese medieval em geral e na Kabalá em particular. A partir do Renascimento, certos *darshanim* também recorreram à retórica clássica na elaboração da *drasha*, mas tal procedimento nunca deitou raízes mais fundas na homília hebraica, que permaneceu, no conjunto, assentada sobre a tradição midráshica. Contudo, esse vínculo foi menos constante sempre que uma outra língua entrou em cena. Assim, nos tempos modernos, viu-se a retórica clássica irromper com grande frequência na prédica judaica, moldando-a em suas figuras, sobretudo na Itália, França, Alemanha ou Inglaterra.

O sermão devia apresentar-se em forma que agradasse esteticamente os seus ouvintes. Isso importava, no *darshan*, em poder de estilização, mas também em engenho, em força inventiva, em certa capacidade, que se poderia dizer lúdica, de surpreender a audiência pelo manejo dos textos escriturais, pela revelação de nuanças interpretativas imprevistas, pela concordância de versículos que aparentemente nada tinham em comum e assim por diante. No fundo, o grande sermão seria aquele que trouxesse uma ideia original revestida de uma forma elevada, síntese que poucos poderiam alcançar.

Do ponto de vista histórico, os primeiros estratos do *corpus* homilético hebraico são formados pelas ricas compilações midráshicas, modificadas e acrescidas pela elaboração medieval. É o caso de *Bereshit Rabatí*, *Shemot Rabá*, *Bamidbar Rabá*, *Midrash ha-Gadol*, *Pirkei de Rabi Eliezer* ou do *Yalkut Shimoni*, uma das coletâneas mais conhecidas. Entre os espécimes de maior antiguidade, figuram as *Sheiltot* de Achai Shabcha, um conjunto de homílias, que, ao ver dos estudiosos, foram proferidas oralmente[6] e só depois fixadas por escrito.

---

6 Um exame rigoroso do acervo homilético medieval permite discernir em seu quadro dois grupos de prédicas: um baseado na pregação oral e outro na interpretação escrita. A exegese homilética diferencia-se da outra pelo fato de selecionar problemas ou questões da Torá e comentá-los extensamente, articulando-os com o auxílio de um arcabouço lógico interno. Mas tais homílias têm pouco a ver com a pregação ou sermão oral.

INTRODUÇÃO GERAL

Mas o real desenvolvimento de gênero só se dá quando nele se incorpora o pensamento filosófico, como sucede no *Hegion ha-Nefesh*, de Abraham bar Chiya, e nas composições de Iaakov Anatoli, que inauguram uma verdadeira escola de homiliastas cuja produção perdura na Península Ibérica até a expulsão dos judeus e da qual Isaac Arama é um dos últimos e mais conspícuos representantes. A associação, à exegética bíblica, de elementos filosóficos oriundos do pensamento grego, árabe e do mundo não judaico em geral, tinha por objetivo reunir fé e razão num discurso harmônico e demonstrar que os produtos da filosofia, ainda que gerados fora do sacro contexto hebraico, quando bem interpretados em seu logos, fundamentavam-se nas Escrituras.

Além da escola homilética espanhola, o Medievo judeu suscitou também, no mesmo domínio, entre os *chassidim* de Asquenaz, isto é, entre a corrente do pietismo judeu-alemão, um conjunto de composições de forte cunho ético, como é característico desse movimento. Os escritos esotéricos engendrados pelas especulações místico-pietistas asquenazitas apresentam grande variedade de material homilético. Mas a principal contribuição dos *chassidim*, para o gênero, consistiu na formulação de uma hermenêutica destinada à interpretação homilética dos versículos da *Bíblia*, de orações e de *piutim*, fundamentalmente apoiada no estudo das letras das Escrituras Sagradas, na aplicação do *notarikon* para a revelação de seu conteúdo, no cômputo pela *guematria* de seus valores numéricos e em outros meios que, mais tarde, foram utilizados na homilética da Europa Oriental.

A literatura cabalística, a começar pelo *Zohar* e pelo *Sefer ha-Bahir*, foi composta com recurso a amplo material midráshico, que constitui um elemento decisivo inclusive para estilo desses livros, na medida em que eles procuram expressar-se numa linguagem correspondente ao período tanaítico. A presença mística nem sempre se traduziu nos escritos sermonários dos cabalistas, pois alguns deles não deram qualquer vazão homilética às suas doutrinas e especulações esotéricas. De todo modo, a homília cabalística penetrou a níveis insondados a significação simbólica dos velhos .textos, permitindo o emprego ulterior de seus novos métodos hermenêuticos.

No curso da Renascença e do século XVII, devido à influência da retórica clássica latina, em especial na Itália, a homilética adquiriu matizes literários e estéticos excepcionais, cristalizados na contribuição de Judah Moscato, Azaria Figo e Leone de Modena. Além da Itália, nos novos centros da criação cultural judaica, surgidos após a expulsão dos judeus da Espanha, o gênero sermonário tomou grande impulso, com a escola de Jacob Taitazak, em Salônica e Esmirna, e com a figura de Moisés Alshech, discípulo de Taitazak, cuja coleção de prédicas se destacou pela profundidade e estilo. Em Safed, a força poética de Salomão Alkabetz o converteu, ao lado dos outros nomes já mencionados, num dos fundamentos da homilética judaica moderna.

Afora o domínio haláchico, é o sermonário que trouxe frutos dos mais apreciáveis no âmbito da literatura hebraica, durante os séculos XVII e XVIII, refletindo os debates e as polêmicas que se travavam no judaísmo de então. Pertencem a este período os escritos de Judah Loew ben. Bezalel e Efraim Salomão ben Aaron de Luntschitz. Paralelamente, grandes coletâneas de trabalhos homiléticos são compostos por seguidores de Shabtai Tzvi, tais como Elisha ha-Kohen, de Esmirna, Jonatan Eybeschuetz e o anônimo autor de *Chemdat Yamim*.

O chassidismo, nos séculos XVIII e XIX, prosseguiu com a tradição literária da prédica, mas imprimiu-lhe tão marcadamente a feição místico-ética de sua devoção que lavrou, neste domínio, algumas das expressões mais relevantes do movimento. Boa parte dos mestres da Chassidut deu à sua mensagem formulação exclusivamente homilética. É o que ocorreu com Dov Baer de Mezritsh, Jacob Joseph de Polonnoye, Levi Itzchak de Berditzhev, Nachman de Braslav, entre outros. O sermão sabático tornou-se de grande importância entre os *chassidim* por ser um veículo de difusão das doutrinas de seus guias. Em decorrência, esse gênero literário adquiriu um caráter essencial e obrigatório na corrente chassídica, sendo os seus escritos objeto mesmo de estudo, ao lado dos textos da *Halachá*.

Nos tempos modernos, a publicação das prédicas passou a ser até certo ponto norma dos grandes pregadores que, se não o faziam por iniciativa própria, viam suas composições impressas por parentes, amigos e admiradores, amiúde à guisa de homenagem póstuma. Aconteceu também serem tais sermões anotados por ouvintes que acabaram por editá-los posteriormente.

Cumpre salientar que o sermão moderno não obedece exatamente aos moldes da *drashá* tradicional. Na verdade, situa-se entre esse tipo de exposição e uma simples preleção. Mas nem por isso é menor o seu valor como fonte para a história social e religiosa, uma vez que sua gama temática é das mais amplas, registrando as novas vicissitudes do judaísmo.

Em ocasiões especiais e de grande relevo nacional ou patriótico, as sinagogas do século XVIII serviram de público para a proferição em vernáculo de sermões famosos, traduzidos por vezes diretamente do original hebraico ou ídishe. Personalidades marcantes no mundo judaico, que se notabilizaram como cientistas, pensadores, escritores, historiadores e em diferentes ramos da cultura e da ação humanas, também alçaram suas vozes, a partir da Hascalá até os nossos dias, proferindo orações sermonárias desta ordem mesmo sem serem rabinos ou *darshanim* profissionais. Desde meados do século XIX, a prédica impressa ganhou grande difusão, sobretudo na Inglaterra, Alemanha e Estados Unidos, onde acompanhou o florescimento da literatura sermonária protestante dessa época. Sob o aspecto estilístico o sermão do século passado era escrito em termos fortemente elaborados e grandiloquentes, quando comparados à linguagem mais direta e acessível das composições de nossos dias.

2.
A literatura homilética portuguesa

Ao lado da produção homilética judaica, cabe assinalar numerosos escritos desse gênero em língua portuguesa – um acervo histórico que não mereceu até o momento nenhum estudo mais abrangente quanto às suas origens e ao seu desenvolvimento até a atualidade. O grande empecilho, para os trabalhos de pesquisa neste campo, tem residido no próprio idioma em que está escrito o material, pois o português é pouco conhecido entre os que, na Europa, nos Estados Unidos e em Israel, se interessam pelo gênero.

De nossa parte, o fato de se publicar pela primeira vez no Brasil, e em vernáculo, uma coletânea de prédicas do Rabino Diesendruck (z.l.), é que nos levou a perquirir o largo manancial sermonário procedente do meio judio-ibérico e que teve sua fase áurea em Amsterdã, durante os séculos XVI, XVII e XVIII, chegando inclusive a frutificar ainda no século passado. É inimaginável a quantidade de textos que se encontram manuscritos e inéditos, ao par do extraordinário número de *drashot* impressas desde o século XVI em Amsterdã e sem contar o que provavelmente já fora publicado antes em Portugal. Bastaria consultar os códices da coleção Etz-Haim-Montesinos de Amsterdã para se ter uma ideia da riqueza do material literário carreado por essa atividade homilética. Na realidade, se graças aos esforços de Kaiserling[7] e de Mendes dos Remédios[8] ou de Antônio Ribeiro dos Santos[9], ainda bem antes, foi possível efetuar-se ao menos uma catalogação bibliográfica parcial do legado e alcançar-se um ligeiro conhecimento dos títulos aí compreendidos, trata-se apenas de alguns passos iniciais numa vasta tarefa. Aqui, entretanto, não se poderia cogitar de levá-la a cabo. Quando muito, aproveitando estas linhas introdutórias a uma coletânea de pregações que se ligam de algum modo à tradição sermonária ibérica, é possível esboçar certos aspectos do gênero em questão, de sua função na vida comunitária e da contribuição de alguns dos *darshanim* mais eminentes do mundo judeu--sefardita que pregaram na língua de Camões.

A tradição das homílias judaicas em português sem dúvida remonta do período anterior à expulsão dos hebreus de Portugal, pois nas congregações lusas nem todos os fiéis entendiam uma *drasha* feita em hebraico. Mas poucos exemplares dessa produção chegaram até nós.

O grande desenvolvimento do gênero se verificou em Amsterdã. Aí, os sefarditas saídos da Península encontraram um lugar de refúgio e liberdade. Isso permitiu um reflorescimento cultural-religioso e uma certa retomada da criatividade literária que caracterizara o judaísmo ibérico durante a Idade Média e que agora, nas novas condições, se processava particularmente em espanhol, ladino e português, afora o hebraico.

Num livro intitulado *Memorias do Estabelecimento e Progresso dos Judeus Portuguezes e Espanhoes Nesta Formosa Cidade de Amsterdam*[10], publicado em

---

7 M. Kaiserling, *Biblioteca Espanõla-Portuguesa Judaica*. New York: Ktav Pub. House, 1971.

8 J. M. dos Remédios, *Os Judeus Portugueses em Amsterdam*. Coimbra: F. França Amado, 1911.

9 A. R. dos Santos, *Memorias da Literatura Sagrada dos Judeus Portuguezes no Século XVII*. Lisboa, 1792.

10 D. F. Mendes, *Memorias do Estabelecimento e Progresso dos Judeus Portuguezes e Espanhoes Nesta Formosa Cidade de Amsterdam*. Amsterdam: Van Gorcum-Assen, 1975.

1776, David Franco Mendes fornece preciosas informações sobre a história literária e cultural dessa comunidade, fazendo desfilar, inclusive, as figuras dos grandes pregadores cuja voz ressoou em seus templos. Assim, não tanto pelos textos quanto pelos *darshanim* que o autor menciona, as *Memorias* permitem que se reconstrua, parcialmente pelo menos, o curso da ação e escritura sermonária judaica em português, na cidade de Amsterdã, até a segunda metade do século XVIII.

A enorme quantidade de sermões impressos em língua portuguesa e cujos textos se acham nos arquivos e nas bibliotecas holandesas, sobretudo na Rosenthaliana e na Etz-Haim-Montesinos, evidencia que as prédicas mais importantes eram editadas, lidas e estudadas como obras literárias de um gênero muito apreciado pelos judeus cultos das congregações sefarditas. O próprio David Franco Mendes que utilizou amplamente uma coletânea de orações, prédicas e poesias em hebraico, português e holandês, denominada *Kol tefilá ve-kol zemirá*, que ainda permanece em manuscrito na Biblioteca Etz-Haim.

O sermão português de Amsterdã apresenta-se muitas vezes com uma peculiaridade literária própria, na medida em que se afasta do padrão tradicional, entramando seu discurso com elementos culturais de caráter universal e/ou alheios ao judaísmo. Sua pronunciada tendência filosófico-polêmica vale-se, não raro, do amparo clássico da literatura greco-latina, tão a gosto da erudição e da atmosfera intelectual do europeu ocidental naquelas centúrias.

Várias são as funções desempenhadas pela prédica na vida comunitária. Além de seu papel celebrante ou explicativo nas preces e serviços semanais da sinagoga, nos festejos religiosos ou ainda em solenidades especiais, também é meio de exortação ao rebanho e de admoestação à sua conduta, quando endereçado diretamente a questões da existência cotidiana. Amiúde, o chamado à consciência feito na pregação é tão forte que pode até provocar a revolta dos ouvintes, como efetivamente aconteceu em 1618, em Amsterdã. Então, no dizer de David Franco Mendes, "se separaram alguns *jechidim* da congregação Neve Shalom estimulados das asperas correções que o zelo e fervor do Haham Uziel proferiu em seus sermões, aplicáveis aos ditos congregações, e fundaram a terceira esnoga que apelidaram Beit Israel".

O sermão *ou derasha* era estudado nas *ieshivot* não apenas como um exercício de exegética, que fazia parte do currículo ao lado da gramática hebraica da Guemará, mas também como uma forma de exposição e retórica que dispunha de regras próprias. A importância atribuída ao seu ensino ressalta na já citada obra de Franco Mendes. Referindo-se ao Chaham Itzchac Aboab, registra que ele deveria receber quatrocentos e cinquenta florins anualmente "para ensinar a gramática e a primeira lição de Gemara e Derasiot na Jesiba de noute e de tarde".

O caráter profissional da pregação ou do sermão como parte das obrigações de trabalho a cargo dos *chachamim* aflora em uma menção ao renomado douto da comunidade amsterdamesa, Saul Levi Morteira, a quem incumbiria "ensinar a lição da Grande Gemarah e Tosafot e fazer três sermões por mês." Na verdade, proferiam-se prédicas nos mais diversos e marcantes ensejos da vida do indivíduo e do grupo, como preito à memória do morto em cerimônias de casamento ou em homenagens a personalidades de relevo ou oficiais em visita à *kehila*.

A intensidade com que o gênero foi cultivado pode ser depreendida de um interessante reflexo linguístico, que é o da criação, no português de Amsterdã, do verbo correspondente à *drasha*. Com efeito, usando-o repetidamente em vários tempos, Mendes Franco manda "não interromper suas palavras [dos pregadores], não *sahintosi* no tempo que estão *dresarulo*, não levantando-se a rezar enquanto dizem o Darás, não praticando enquanto se molda o *Sefer Torá*, e *se darsa*, não dar sentidos as suas palavras, não dar-lhes rezão a seo sabor".[11] Em outro trecho, invoca ele a autoridade de "hum Livro de Cutidiano Impresso por David Tardas anno 5444 (1684) 'cuja' ultima pagina diz que se comessa a *darsar* sabatot as tardes de Rosh Hodesh quislev te o sabat seguinte a Purim". Ou ainda, com referência a uma pregação passada, o nosso autor escreve: "Sabath Beresith *darsou* o dito Rabi Jessurum na Iessiba dos 34 Exequias pelo Bemaventurado de Eliau Pretto e no Sermão apostrophou a todos de corvos e se jactou de havelo feito".

11   Como se vê, nem todas as *drashot* eram de molde a prender a atenção dos fiéis e nem sempre o culto era realizado diante de uma comunhão atenta e fervorosa, o que naturalmente só poderia redobrar a necessidade predicativa aos olhos dos *chachamim*...

INTRODUÇÃO GERAL

Entre os que na interpretação e na elocução se sobressaíram nos púlpitos do judaísmo de Amsterdã, figura o nome de Isaac Aboab da Fonseca, "que foi pregador de reputação e pregou mais de mil sermões". Com ele, inicia-se uma longa série de *darshanim*, cuja eloquência ressoa através dos séculos via de regra, estes oradores sacros são também os rabinos ou *chachamim* de Amsterdã que, constituindo verdadeiras famílias nos postos e funções comunitários, como é o caso dos Aboab (Isaac de Matatia, e Isaac da Fonseca, já citado) ou os Sarfatti (Aharon e seu filho David) ou ainda os Saruco (Isaac Jacob de Selomoh Chisquiahu). No rol dos grandes *darshanim*, cumpre lembrar outrossim os vultos de Selomo de Oliveira, autor do *Ramalhete de Flores*, de Samuel Jachia, Ieosua Chisquiahu de Córdova, Eliau Lopes, David de Meza, filho de Abraham de Meza, ambos renomados por seus sermões em Amsterdã no século XVIII, Itzchak Netto, Samuel Mendes de Solla, Selomoh Jehuda Templo, David Nunes Torres, Abraham Mendes Chumacero e tantos outros, inclusive o memoralista dessa tradição, David Franco Mendes, entre cujas prédicas alcançou fama o *Sermão Gratulatório*.

Vale salientar que, apesar da diversidade no tema, na linguagem e no tempo, a produção desses expoentes da comunidade sefardita de Amsterdã exige alguns traços, senão únicos, na sua característica pelo menos convergentes. De fato, o sermão português por eles pronunciado, além da vestimenta sapiencial e do estilo alcandorado sugerindo formação filosófica e literária em seus autores, encerra em geral um forte impulso ético. Dirigido para uma questão da mesma natureza, resulta, por vezes, num pequeno tratado moral que, aliás, quando impresso ostenta normalmente o título de "Sermão Moral".

3.
Os *Sermões*
do Rabino M. M. Diesendruck

A coletânea de prédicas escritas pelo saudoso Rabino M. M. Diesendruck é a primeira do gênero a ser publicada em língua portuguesa no Brasil. Em essência, os *Sermões* refletem a atuação deste guia espiritual da comunidade judio-brasileira em São Paulo. Mas, para compreendê-los, é preciso também levar em conta que são, ao mesmo tempo, fruto de uma formação rabínica profundamente arraigada na tradição e na escolaridade dos grandes centros judaicos da Europa.

A formação do rabino Diesendruck ocorreu na famosa Escola Rabínica de Viena, considerada, antes da Segunda Guerra Mundial, uma das instituições mais importantes do Velho Continente, no que dizia respeito ao judaísmo tradicional. O mentor e mestre desse seminário foi uma personalidade que marcou época na vida judaica europeia, seja como rabino e pregador seja como *scholar* nos estudos de judaística e particularmente como biblicista, seja como sionista militante e líder comunitário, expressão eminente de uma conjugação feliz entre o legado espiritual hebreu e a mentalidade científica europeia, Hirsch Peretz Chajes[12] (1876-1927) soube implantar em seus discípulos o zelo pelos valores e práticas definidores da individualidade coletiva de Israel e o interesse pelo conhecimento crítico, sistemático e documental da trilha de Sion na história e no pensamento dos povos. Não é, pois, de surpreender que, cultor de línguas e literaturas, pesquisador do passado judaico e analista de suas correntes de pensamento, Rav Diesendruck lavre também com profunda devoção e erudição não menor os campos da *Torá*, plasmando em sua figura religiosa e intelectual a inspiração recebida de seu mestre em Viena.

Alguns fatos exprimem, a nosso ver, palpavelmente, essa relação. Por exemplo, dentre os numerosos escritos de Rabi Chajes, a cujo rol pertencem os conhecidos estudos sobre o *Novo Testamento*, os comentários aos Salmos e a Amós para a edição crítica de A. Kahana, destaca-se a sua

---

12 Grão-rabino de Viena, cargo em que sucedeu a um sábio emérito, Moritz Guedemann, lecionou por vários anos no Collegio Rabinico de Florença e editou o periódico *Il Messaggiero Israelitico*, onde estampou trabalhos científicos de judaística e artigos políticos em favor da causa nacional judaica. Sua atividade de sionista, que vinha desenvolvendo desde a época em que era estudante da Universidade de Viena e do Seminário Teológico Judaico, levou-o à Conferência de San Remo, de 1920, como membro da delegação judaica e, a seguir, à presidência do Comitê de Ação Sionista, em 1921-1925.

coletânea de *Reden und Vortraege*[13] ("Discursos e Preleções"), publicada em 1933 e que serviu de base à edição hebraica *in memorian*[14].

Pois bem, na biblioteca de Rav Diesendruck encontra-se um volume dessas orações cuidadosamente anotado e referto de observações pessoais, que sem dúvida lhe serviu para o preparo de suas próprias prédicas. E precisamente num desses sermões, o discípulo faz público o seu preito ao ensinamento do mestre, ao invocá-lo com inequívocos sentimentos de orgulho, afeto e admiração. Diz ele:

> O nosso saudoso mestre, grão-rabino de Viena, prof. Chajes (z.l.), perguntou-nos, quando estudávamos no Seminário Rabínico, sobre a narração das duas árvores do Paraíso: a árvore do saber (*etz hadaat*) e a da vida (*etz hachayim*). – Será, perguntou o Mestre, que D'us prefere gente ignorante? Porque assim como foi evitado que Adão e Eva comessem da árvore da vida, poderia também ter sido obstruído o gozo da árvore do saber não foi contra a Vontade Divina; então, qual é a razão da expulsão do *Gan Éden*? – E Rav Chajes responde: – O pecado consistia em terem comido de uma fruta madura que eles não plantaram, para a qual não contribuíram em nada, nem esforço e tampouco cuidado. – E continuando na sua bela exposição de ideias, Chajes diz: – Cada ser humano deve aspirar à aquisição de sabedoria, mas ela tem que ser obtida por esforço próprio, pois somente o pensamento independente do homem, o reconhecimento pessoal, o aprofundamento individual no estudo, tem valor e prevalece".

Contudo, seria no mínimo unilateral pretender que o rabino Diesendruck, individualidade multifacetada, abeberou-se unicamente em Viena de sua atmosfera intelectual. Aí recebeu, é certo, a sua formação rabínica e humanística sob a luz de um preclaro *chacham* que lhe rasgou horizontes. Mas o seu espírito também absorveu uma ampla gama de elementos tradicionais e modernos de outras fontes, salientando-se, de um

---

13 H. P. Chajes, *Reden und Vortraege*, Wien: Moritz Rosenfeld, 1933.
14 Sefer Zvi Peretz Chaiut, *Neumim v'Hartzaot*, New York: Beit ha-Midrash l'Morim, 1953.

modo muito especial, os procedentes do repositório latino-português. Chamado a exercer em Portugal o seu ministério religioso, encontrou lá não só uma congregação que lhe incumbia orientar, mas outrossim um universo cultural que o atraiu sob vários aspectos. No convívio com homens como Moisés Bensabat Amzalak, estudioso a quem a bibliografia sefardita deve mais de trezentos itens, Samuel Schwarz[15], cujas pesquisas pioneiras começaram a descerrar o capítulo das sobrevivências marranas no país, e na frequentação do saber e das letras lusitanas, assimilou-o substancialmente. O admirável domínio que em pouco tempo adquiriu do vernáculo, permitiu-lhe penetrar no gênio de sua cultura e, mais do que isso, dialogar com ele.

Evidentemente, nesse diálogo, que foi em boa parte a do mestre-pregador com sua congregação, um dos grandes temas foi o judaísmo ibérico. Pois, por trás da pequena comunidade israelita que vivia em Portugal[16] às vésperas da Segunda Guerra Mundial, avultava o imenso *ishuv* do passado, com sua extraordinária história de realizações gloriosas e trágico martírio. Rav Diesendruck adentrou-se no significado dessa herança, procurando captá-la científica e espiritualmente, não só para ensinar ou relembrar as lições dos idos, como descobrir o sentido de presente, que se

15 Engenheiro (1880-1953), especializado em minas, estabeleceu-se em Portugal em 1915. A partir de 1917, em Belmonte, empreendeu uma série de pesquisas sobre o criptojudaísmo que se acham sintetizadas sobretudo em seu livro sobre *Os Cristãos-Novos em Portugal no Século XX* (1925).

16 A comunidade judio-lusitana, cuja história secular mergulha nos tempos medievais, reviveu somente após o longo período da intolerância e terror inquisitoriais. Com a revogação dos privilégios do Tribunal do Santo Ofício e sua subordinação ao poder secular, durante o reinado de José I (1750-1777), terminaram as agruras dos cristãos-novos ou marranos ocorrendo o último auto de fé em 1791. O período contemporâneo do judaísmo luso inicia-se com o século XIX e, por volta de 1830, os israelitas já haviam adquirido um cemitério próprio. Em 1892, a comunidade foi oficialmente reconhecida pelas autoridades dos países, em seguimento à revolução republicana de 1910, os estatutos da nova *kehila* foram aprovados pelo governo. Esses estatutos abrangiam ângulos da existência comunitária, inclusive os serviços religiosos, Chevra Kadisha, campo-santo, beneficência social etc. Durante a Segunda Guerra Mundial, milhares de refugiados procuraram abrigo em Portugal. Em consequência, a comunidade judaica cresceu consideravelmente e seus organismos, sobretudo em Lisboa, converteram-se em foco de intenso labor cujo alcance ia muito além da Península Ibérica.

INTRODUÇÃO GERAL

fazia cada vez mais necessário à medida que se aproximava o terrível Holocausto. Tensões, que iam num crescendo, atualizavam dramaticamente a experiência histórica.

Quando o novo transe se desencadeou, não foi apenas a voz da consciência religiosa, nacional e moral da *kehila* portuguesa e o chamado de suas raízes seculares que encontraram expressão em Rav Diesendruck. Portugal transformara-se, graças à sua neutralidade, num lugar de asilo e passagem para os judeus que conseguiam escapar à sanha nazista na Europa ocupada. Resgatá-los do matadouro, auxiliá-los em suas necessidades de refugiados, foi objeto de uma atividade febril dos organismos judaicos, que mobilizou também os esforços dos dirigentes comunitários portugueses. Entre eles, destacou-se o rabino Diesendruck. Somando ao estudo, à reflexão, ao ensinamento, à atuação direta, desenvolveu um trabalho intenso em assuntos ligados não só à sua congregação, mas aos destinos de largos segmentos do povo judeu, naquela hora terrível.

A figura, pois, que se ergueu na origem dos textos aqui reunidos é a de um rabino erudito e estudioso, um exegeta sutil e perspicaz, um pregador piedoso e eloquente, um homem de cultura e reflexão, mas também a de um espírito atuante, de luta. Nele, pensamento e ação, espiritualidade e prática não se excluíam, assim como a Revelação para todo o sempre não eliminava a criação diária de judaísmo.

Proferidos na sinagoga Beit Yaakov de S. Paulo, perante uma congregação de judeus de Alepo, que chamara Rav Diesendruck para servir-lhe de guia, os *Sermões* desdobram-se segundo a ordem dos livros do Chumash hebraico, ou seja, *Bereshit*, *Shemot*, *Vayikrá*, *Bamidbar* e *Devarim*. Desde logo transparece a grande familiaridade do homíliasta com a tradição da literatura sermonária, pois sua exposição pauta-se por modelo nela vigente há séculos. Assim, como é comum em quase todos os autores que cultivaram o gênero, Rav Diesendruck abre sua prédica com um versículo das Escrituras, em hebraico, que lhe serve de introito. Em sequência, vem a tradução em vernáculo da passagem citada, depois do que se enceta a meditação sobre o conteúdo, apresentando-se por vezes a homília como uma reflexão em voz alta do *darshan* diante do público. Em geral, após enunciar todas as ilações extraíveis do versículo introdutório, nosso rabino-*darshan* encerra o conjunto de seus pensamentos e ideias com a mensagem edificante destinada a calar no fundo da alma do ouvinte. Ela deve servir de alimento espiritual ao fiel que, findo o ofício religioso, irá imergir de novo nas vicissitudes do cotidiano.

Mas é na segunda parte do sermão que aflora, no *darshan*, o sábio, o estudioso ou o erudito, e aqui é que se desvela a riqueza da personalidade de nosso pregador. Sua meditação, que visa sempre a cristalizar uma orientação para o público, abrange larga faixa de temas ou questões: desde o problema da mulher judia na sociedade contemporânea, da paz e da guerra entre nações, do patriotismo e chauvinismo, da ciência, da tecnologia e da educação, até tópicos teológicos dos mais delicados e controvertidos, como os que discutem os fundamentos do monoteísmo e da fé judaica. O significado do judaísmo e a condição de judeu são aí examinados em suas múltiplas manifestações e nos seus diversos níveis, na vivência e no nexo do indivíduo, do povo de Israel e do concerto humano.

No conjunto, os *Sermões* deixam entrever, como silhueta do autor um *maskil* sagaz e culto, que assume plenamente esse modo de ser nas mais altas esferas da espiritualidade e cuja reflexão reúne sem temor ciência e religião, fé e razão, valendo-se de um vasto cabedal de conhecimentos em história, arqueologia, literatura, filosofia, teologia e outras disciplinas, bem como de uma rara erudição no domínio das Escrituras e da literatura rabínica.

Dando densidade às opiniões e concepções expendidas e travejando a cosmovisão proposta, como é frequente no sermonário português e italiano a partir do Renascimento, nosso pregador semeia em suas orações referências constantes a "clássicos" universais como Shakespeare, Goethe e outros. Da mesma forma, para auxiliar às vezes a elucidação de uma ideia, são invocados, além de filósofos gregos, numerosos pensadores hodiernos. Os nomes de Miguel de Unamuno, Bertrand Russell, Herman Cohen, Martin Buber, Franz Rosenzweig aparecem amiudemente, ao lado de cientistas de nosso tempo, seja para ilustrar conceitos ou para amparar doutrinas. Amplos recursos do espírito reflexivo, na literatura, na filosofia e nas ciências, são pois mobilizados pela pregação de Rav Diesendruck.

É indubitável, porém, que o maior veio explorado nos *Sermões* situa-se em território judaico. Como um nativo que conhece cada acidente de seu rincão, o autor detecta-o em todos os domínios espirituais de Israel.

Extrai a mancheias, de onde quer que o gênio do povo se tenha acumulado significativamente, do Apócrifo, do *Midrash* e do *Talmud*, aos relatos hassídicos e à moderna literatura ídiche e hebraica.

Ricas como são suas fontes, são também seus meios. Os *Sermões* esgrimem com argúcia dialética e inteligência interpretativa o dito e a parábola talmúdicas, iluminam pela *via* didática da narração do *tzadik* e seus discípulos, raciocinam com a filosofia judaica, desde Saadia Gaon, comentam com a hermenêutica de Rashi, Ramban, Maimônides, Levi ben Gerson, Abarbanel, Obadia Sforno e meditam sobre a fenomelogia da existência religiosa com Buber e Rosenzweig.

O leitor atento destas páginas há de surpreender-se igualmente com o que elas contêm em matéria de história do povo judeu e das comunidades judaicas de Portugal e Espanha, em particular. O verbo do pregador torna-se o do historiador que analisa e interpreta a trajetória de Israel no tempo e nos espaços de sua vida coletiva, buscando no que foi o sentido daquilo que a nação é.

Por tudo isso, os *Sermões* de rabino Diesendruck, figura que marcou com sua atuação a presença do judaísmo luso-brasileiro, constituem uma obra que não só reata com a tradição da literatura homilética judaica em língua portuguesa, mas o faz brilhantemente.

N. Falbel e J. Guinsburg

BERESHIT

(Primeiro Livro da *Torá*: *Gênesis*)

Introdução

I

Vaiómer Elokim iehi or: E disse D'us: haja luz[1]
Gadol hashalom, sheló hitchil Hakadosh Barúch Hú livró davar beolamó elá bedavar shehú shalom: vezé or: Grande e importante é a paz, pois também D'us criou tudo neste mundo por um elemento que traz a paz, e este é: A LUZ[2].

O Gaon de Vilna divide a *Torá* em três partes distintas: 1. *toledot hashamáyim vehaaretz behibaram*[3].

1. A primeira parte narra a história da criação do céu e da terra; nada neste mundo se fez só, ou ocasionalmente; tudo é produto da ordem Divina, nada é caótico. Não poderia ser de outra maneira, porque D'us ordenou *iehi or* (haja luz), e a consequência foi *vaiehi* (e houve). Acima de todos os elementos, muito antes que esses elementos tivessem contribuído para a criação do Universo, já pairava o Espírito de D'us (*Ruach Elokim merachefet*[4]), este grande e incompreensível espírito que os criou e dominou.

2. A segunda parte relata a história geral da humanidade: *sefer toledot haadam* (este é o livro das gerações do homem): como foi criado o primeiro homem, e quais as fases por que passou no seu desenvolvimento, para tornar-se aquilo que é hoje.

---

1 Gn 1, 3.
2 *Midrash Gadol u-Guedola*.
3 Gn 2, 4.
4 Gn 1, 2.

3. E finalmente a terceira parte da *Torá* descreve como começou esta curiosíssima, atormentada e grandiosa história do povo judaico. *Eile shemot Benei Israel* (eis os nomes dos filhos de Israel[5]).

Os mestres da *Agadá*, que são grandes moralistas, analisam minuciosamente e de uma maneira muito peculiar as sentenças que nos descrevem o processo da formação do cosmos. Em cada palavra, em cada letra, procuram uma ideia, um pensamento escondido, capaz de iluminar-nos não somente o sentido da criação, mas também o seu propósito. Sendo eles grandes sábios e filósofos, conhecendo a definição exata dos segredos da criação, nunca tentaram analisar esse fenômeno complexo através de fórmulas e instrumentos científicos, ou talvez por teorias especulativas do frio raciocínio.

E o fato de que conheceram e eram bem versados nas forças escondidas da natureza que, conforme a sua maneira de pensar, não eram nada mais do que instrumentos na mão da Providência Divina, podemos encontrar nesta concisa sentença talmúdica: *ilmalé nitná reshut laain lirot, ein kol beriá iecholá laamod mipnei hamazikin* (*Berachot* 6,1), que na linguagem moderna da ciência pode ser traduzida: Se fosse dada ao olho a capacidade de penetrar nos diversos átomos da atmosfera e nos raios solares, então a criação e a criatura tornar-se-iam vítimas das forças destrutivas (vejamos só o que aconteceu a Hiroshima, onde uma milésima parte de um átomo solar destruiu a cidade com centenas de milhares de vidas humanas).

O famoso rabino chassídico Levi Itzchak de Barditshev disse: "A razão por que a *Torá* começa com a letra *beit* é porque a humanidade ainda não chegou a compreender o *alef* (*o* princípio, o principal)", querendo com esta sua linguagem simples e profunda dizer que toda a nossa sapiência e suposta sabedoria ainda não é capaz de compreender a essência elementar da criação.

Todas as teorias da "evolução" do Universo são muito vagas e muito discutidas. O problema de qual é a natureza do Cosmos preocupou os maiores vultos da filosofia: Tales, Pitágoras, Heráclito, Platão, Aristóteles, Tomás de Aquino, Bacon, Hobbes, Descartes, Espinosa, Locke, Kant, Hegel, Bergson etc. etc...; todos eles indagaram como surgiu o mundo. As-

---

5   *Ex* I, I.

sim como as crianças costumam quebrar os brinquedos para descobrir de que são feitos, já os filósofos gregos, na infância do pensamento humano, procuraram quebrar no espírito o Universo, e penetrar no mistério da formação de todas as coisas nele encontradas. E parece-nos que até hoje ninguém conseguiu desvendar este enorme mistério, pois sabemos que a mínima mudança nas forças da natureza destrói de um momento para outro todas as presunções filosóficas e descobertas científicas (um abalo sísmico desmoronou um monte no vale do Alto Piave; o ciclone "Flora" causou terrível aflição em Cuba e no Haiti; a mais ligeira erupção do Vesúvio, do Etna – e todas as descobertas humanas se tornam um ovo vazio).

O *Talmud* usa o termo: *ilmalé nitná reshut* (se fosse permitido), pois o aprofundamento nessas pesquisas não conduz a reconhecer o verdadeiro sentido e o elevado alvo da vida. Devemos constatar, consternados, que todos estes fantásticos progressos científicos e técnicos, todas as conquistas estratosféricas, até hoje em dia, pelo menos, não conseguiram aliviar em quase nada a miséria humana; em vez de se aproximarem, os povos se afastam cada vez mais um do outro; em vez de facilitar e de felicitar a vida humana, a atmosfera em que vivemos torna-se a cada dia que passa mais asfixiante; as inquietações, os abalos físicos e psíquicos tomam dimensões assustadoras, e o homem da rua indaga atormentado: de que me serve a conquista da Lua, se o meu vizinho não está interessado em conquistar a porta da minha casa? Conquista da Lua, de Vênus, *versus* conquista do coração humano – eis a questão.

Que profunda explicação encontraram os mestres para a questão de saber por que é que a *Torá* começa com a letra *beit* e acaba com a letra *lamed*: juntando as letras nessa ordem, dão a palavra hebraica *bal*, que significa nada, nulo, mas colocando *o lamed* antes do *beit*, teremos a palavra *lev* (coração). *Omer Hakadosh baruch Hu leisrael: im atem mekaiemim shtei midot halaálu, ani maalé aleichem keílu kiamtem et haTorá kulá*: Se vocês cumprirem essas duas virtudes, Eu os considerarei como se respeitassem todos os mandamentos da *Torá*[6].

Em relação ao Universo, cada ser humano deve-se considerar como um *bal*, uma insignificância. Cada ser humano é de fato um microcosmo, mas

---

6   *Midrash Otiot de Rabi Akiva.*

no eterno e grande Cosmos o indivíduo não conta nada. Queira ou não, também sem ele o mundo existirá. Como nos ensina o grande Hilel: *uchsheaní leatzmi, ma ani?*[7], se eu tiver em mente só o meu próprio ego, quem sou eu? Que valor tenho eu? Que importância tem esse frágil ser humano em relação à humanidade inteira? O homem somente pode-se considerar cooperador do Criador, se juntar *lev*, cordialidade, sinceridade, integridade ética, ao seu labor, às suas ações, procurando fazer algo de bom e útil para o seu próximo, para a coletividade, para o meio ambiente que o rodeia. Só então ele preservará o seu lugar na história da humanidade, e ficará inolvidável na sociedade em que viveu. Quem possuir as duas virtudes, *lev* e *bal*, pensando pouco em si, dando muito de si, terá cumprido todos os preceitos éticos da *Torá*. *Melo tarvad echád natal Hakadosh baruch Hu mimakom hamizbeach ubará et haadam*: D'us pegou uma pá cheia de terra debaixo do altar, e criou o homem[8]. Toda a nossa vida é um grande altar, no qual cada um de nós tem que sacrificar algo do seu presente para o dia de amanhã, para o futuro, se estiver interessado na continuidade do mundo.

Antes de completar a Sua obra, que é o cosmos, D'us ordenou *iehi or* (haja luz). O mundo só poderá existir se houver LUZ, clareza, entendimento e compreensão mútua entre os homens que habitam o Universo. Todas as calamidades, sofrimentos e aborrecimentos que assolam a humanidade provêm da escuridão, do obscurantismo, da desarmonia e da falta de esclarecimento. *Shalom* (paz) constrói o mundo, *Shalom* é a "luz" da humanidade.

II

Já o Salmista indaga: "Eterno, que *é* o homem para que dele tomes conhecimento? E o filho do homem para que o estimes?"[9] E o pensador contemporâneo Samuel Johnson confessa: "Eu procurei dedicar-me à filosofia, mas a jovialidade interrompeu-a sempre".

7   *Ética dos Pais* 1,14.
8   Yerushalmi, Nazir 7, 2.
9   Sl 8,5

O mesmo acontece conosco. Qualquer que seja a nossa meditação, D'us como Criador do Universo, o sentido da história, ou problema do mal e do bem, a cada vez retornamos ao mesmo ponto de indagação: O que é o homem? As respostas são, como bem o sabemos, múltiplas e variadíssimas.

Os químicos estimaram o valor dos elementos químicos no corpo humano por mais ou menos um dólar. Os biólogos repararam os elos desconhecidos do homem com os outros animais. Os psicólogos tentaram explicar a natureza do homem em termos de impulsos primordiais e irracionais profundamente enraizados no seu espírito, e lutando por expressão própria, apesar das pressões sociais.

A Religião é grata a toda luz que a pesquisa científica lança sobre a complexidade dessa problemática. No entanto, não vê razão para sacrificar o ponto de vista bíblico concernente ao homem, ponto de vista este estabelecido milênios antes da era científica.

"Criou D'us, pois, o homem à SUA IMAGEM, a imagem de D'us o criou; homem e mulher os criou. E D'us os abençoou, e lhes disse: Sede fecundos, multiplicai-vos, enchei a terra e sujeitai-a; dominai sobre os peixes do mar, sobre as aves dos céus e sobre todo animal que rasteja pela terra"[10].

(A propósito: é interessante notar que a ordem do Eterno é bem clara e insofismável: "Sujeitai a terra, dominai sobre os peixes, aves e sobre todo animal que rasteja pela terra"; mas nem a mínima indicação a respeito do homem, e ainda menos a respeito da subjugação ou humilhação do ser humano.)

O primeiro e máximo comentário desses versículos do *Gênesis* não foi escrito por um exegeta nem por um filósofo, mas sim por um poeta. Notou ele o paradoxo inato da natureza do homem, a sua insignificância física contemplada contra *o background* das estrelas eternas, e a sua dádiva única como obra-prima, este elevadíssimo privilégio de ser "um pouco menor do que D'us".

Para o Salmista, a grandeza do homem é esse atributo essencial.

"Oh Eterno, nosso D'us, quão magnífico em toda a terra é o TEU Nome. Pois expuseste nos céus a TUA MAJESTADE. Da boca dos pequeni-

---

[10] *Gn* I, 27-28.

nos e das crianças de peito, suscitaste força, por causa dos Teus adversários, para fazer emudecer o inimigo e o vingador. Quando contemplo os Teus céus, obra dos Teus dedos, a lua e as estrelas que estabeleceste. Que é o homem para que dele Te lembres? E o filho do homem que o visites? Fizeste-o, no entanto, por um pouco, menor do que D'us, e de glória e de honra o coroaste. Deste-lhe domínio sobre as obras da Tua mão, e sob seus pés tudo lhe puseste: ovelhas e bois, e também os animais do campo; as aves do céu, e os peixes do mar, e tudo que percorre as sendas dos mares. Oh, ETERNO, nosso D'us, quão magnífico em toda a terra é o TEU NOME"[II].

A concepção bíblica do homem como coroa da criação, criado à imagem de D'us, foi muitas vezes menosprezada e ridicularizada. O primeiro plano na galeria dos inúmeros escarnecedores ocupa o filósofo inglês Bertrand Russell, que na sua obra *Religião e Ciência* escreve: "Acaso pode haver neste espetáculo algo mais absurdo do que seres humanos admirando-se num espelho, orgulhando-se da sua importância, como se quisessem com isto provar que um propósito cósmico designou isto tudo? Para que toda esta arrogância fútil, toda essa glorificação e autoadmiração do homem? E o que há a respeito de leões e tigres? Eles destroem menos animais ou vidas humanas do que nós o fazemos, com a diferença que eles são muito mais bonitos do que nós.

E o que há a respeito das formigas? Elas manejam o Estado Corporativo muito melhor do que nós. Acaso um mundo de rouxinóis, cotovias e veados não seria muito melhor do que o mundo de homens cruéis, injustos, que se destroem com guerras bárbaras? Os crentes em propósitos cósmicos pensam muito na nossa suposta inteligência, mas as suas escrituras fazem-nos duvidar dela. Se me garantissem a onipotência, e se eu tivesse um milhão de anos para experimentá-la, eu, não pensaria muito qual seria a atitude da astúcia humana a respeito do resultado final de todo o meu esforço". Assim falou Bertrand Russell.

Na sua cólera e indignação, Russell esqueceu de levar em consideração um fato crucial, ou seja: que o homem é a única criatura capaz de indignar-se pelas suas omissões e faltas. O fato que somente o homem

---

II Sl 8.

esteja ciente das suas limitações éticas significa que ele é o único animal que é algo mais do que um animal. Evidentemente, a vida humana é passageira e as estrelas no firmamento não ligam nada à sua existência, mas as estrelas são inconscientes da presença humana, enquanto o homem é ciente das estrelas. De fato, o homem é a única criatura na terra ciente da existência de corpos celestes (excluindo os cachorros que foram levados à Lua). Só o homem possui consciência de si mesmo, só ele se divide em consciência e inconsciência. Essa é a verdade expressa no *Gênesis*, nesta máxima lapidar – "que o homem foi criado à imagem de D'us"[12]. Aqui como por toda parte, a linguagem evidencia duas faces: uma inadequada e outra indispensável. O termo "imagem" é metafórico; ele pretende delinear o grau de semelhança que existe entre um bom retrato e o retratado. A fotografia parece-se com o original, mas a sua semelhança é menor do que a identidade.

A imagem de D'us implica que os atributos de D'us se reflitam no homem, porém num grau imperfeito e menos substancial.

A significação exata da sentença bíblica "à imagem de D'us" teve e tem várias interpretações. A obra apócrifa *Sabedoria de Salomão* e o místico exegeta da Idade Média Moisés Nachmânides interpretam as palavras da *Bíblia* como "imortalidade do homem". Outros comentaristas opinam que essa sentença se refere ao fato de que só o homem possui autoconsciência, isto é, ele sabe que vive e que deve morrer. Geralmente é aceita a interpretação de Filo e Rashi, que entendem nessa expressão "o privilégio do raciocínio", a capacidade de observar a realidade e deduzir conclusões racionais.

O filósofo Saadia Gaon, do século X, sugere que a imagem de D'us se refere ao domínio do homem sobre a terra, assemelhando-se destarte ao seu Criador. Ambos os atributos, de inteligência e de domínio, expressam a mesma qualidade, ou seja, a capacidade criativa do homem.

Único entre todas as criaturas, o homem tem a habilidade de transformar o seu meio ambiente, de criar novos objetos. novas finalidades no domínio material e espiritual. Um olhar por alto sobre as frisas do Parthenon, os diálogos de Platão, as palavras transcendentais de Isaías, ou as

---

12 Gn I, 27.

esculturas de Michelangelo, o menosprezo de Hamlet de Shakespeare, o Fausto de Goethe, as obras de Isaac Newton, Darwin, Einstein e Freud, nos darão um parecer injusto e desequilibrado do homem. O mesmo aconteceria se tentássemos esquecer as tiranias, crueldades e toda espécie de barbaridades que os homens praticam uns contra os outros, fazendo uso de todas as qualidades de material bélico sofisticado para se devorarem mutuamente, e a maneira com que eles se aviltam sobre as assim chamadas ordens inferiores da criação.

Todavia, o desumanismo, embora longe de ser obsoleto, é hoje em dia praticado com menor entusiasmo, e com tormento de consciência cada vez maior. A desilusão crescente com a conduta humana, hoje em dia, é por si mesma uma clara indicação da convicção progressiva de que os danos volumosos do drama humano dos nossos dias não são inevitáveis nem tampouco justificáveis.

A concepção bíblica do homem como ser criado "à imagem de D'us" não é remanescente da mitologia antiquada. Muito antes de Darwin, a Criação narrada no *Gênesis* coloca o homem no contexto de um cosmos que inclui e une todos os seres vivos. E muito depois de Russell, o homem pode encontrar no antigo texto bíblico verdades a respeito da natureza humana que transcendem o literal. De fato, podemos encontrar no coração da tradição judaico-cristã o caráter sagrado da vida, e a inata e inalienável dignidade de cada ser humano.

Dezoito séculos antes, os antigos sábios utilizaram a mesma fonte bíblica como base para suas concepções do homem. Numa discussão a respeito da importância do inquérito para aplicar a pena capital, a *Mishná* ensina aos juízes para que advirtam as testemunhas da horrível consequência do falso testemunho, sublinhando a santidade de cada vida humana. Nesse contexto, uma homília outrora ingênua, mas profundamente humana, merece ser citada na íntegra:

"A humanidade foi criada com Adão, um único ser humano, com o intuito de nos ensinar que todo aquele que destrói uma única vida humana é considerado aos olhos do Criador, como se destruísse o mundo inteiro, e aquele que salva uma única vida humana, como se salvasse o mundo inteiro. A raça humana começou com um único indivíduo, com o propósito de preservar a paz entre os homens, para que ninguém possa afirmar:

'O meu antepassado é mais antigo do que o teu', e para que o herege não possa alegar que existem muitos poderes celestiais"[13].

Além disso, a criação da humanidade com um único antepassado proclama a grandeza de D'us Bendito, louvado seja Ele. O homem cunha várias moedas com um só molde, e todas são perfeitamente iguais, mas o Rei dos Reis, abençoado seja Ele, forma cada homem no molde de Adão, e no entanto nenhum é igual ao seu companheiro.

E finalmente a criação de Adão ensina-nos que cada ser humano deveria compenetrar-se de que por sua causa foi criado o mundo. Também para que nenhum transgressor pudesse afirmar: "Eu sou pecador, por herança descendente de pecadores, e para que nenhum homem íntegro pudesse se gabar de ser um santo, graças à sua descendência de santos"[14].

Cada ser humano é dotado de uma dignidade inata, que não o faz uma unidade numa tabela de estatísticas, ou um átomo de poeira a ser liquidado ao sabor da vontade; cada ser humano é um microcosmo, um mundo em miniatura, possuindo um valor transcendental e único. Todo homem, não importa a sua origem étnica ou caráter racial, tem direito à vida, à liberdade e às delícias do mundo, direitos esses que são inalienáveis, a sua mais sacra propriedade, outorgada por D'us, e não pelo Estado ou por um contrato social.

Esses sagrados direitos deveriam ser reforçados e protegidos por um governo justo, e não podem ser abolidos pelos caprichos da vontade humana.

E não é tudo. Não somente os homens são iguais, mas mesmo as suas distinções são dádivas de D'us. Os pensadores do século XVIII acreditavam que as diferenças entre os homens nas esferas social, econômica e política deviam ser ignoradas, porque todas as classes, ou são invenções artificiais do clero e dos tiranos, ou são produtos das corrupções sociais que de qualquer forma exploraram e se aproveitaram da inocência da raça humana. Os sábios antigos penetraram mais profundamente na natureza humana, quando reconheceram as diferenças entre os homens como sendo dádivas divinas, inatas, integrais à sua personalidade. Assim, nos legaram uma dinâmica religiosa para resistir ao esforço persistente

---

13 Mishná Sanhedrin 4,5.
14 Sanhedrin 38a.

de enquadrar todos os homens num só molde, quer pela força brutal das ditaduras, quer de pressões maciças, ao encontro do conformismo prevalecente na sociedade industrializada de hoje em dia.

O ponto de vista rabínico insiste em que nenhum homem é inato e eternamente mau, e se recusa a acreditar que qualquer homem seja irredimível para sempre.

Existe um valor genuíno num ponto de vista realístico sobre a natureza humana, mas não somos compelidos a ir de um extremo ao outro. Um ponto de vista claro e equilibrado da natureza humana, que lida com as suas virtudes e com as suas fraquezas, pode ser encontrado na filosofia rabínica, e deve ser de grande interesse geral. De acordo com essa teoria, o homem nasce naturalmente dotado de dois impulsos: um bom e o outro mau (*Iétzer Hatov, Iétzer Hará*), que estão em luta perpétua na sua alma, ficando a decisão ao seu livre-arbítrio em cada situação que deverá enfrentar.

Assim como a propensão para o mal é um aspecto profundamente enraizado no homem, não menos o é a sua aspiração para praticar o bem. A concepção dos dois impulsos evita tanto a glorificação dos instintos quanto o seu menosprezo, reconhecendo que ambos constituem uma dádiva natural do homem. Essa afirmação leva-nos à dedução de que a natureza humana na sua totalidade é uma obra divina, capaz certamente de abuso e perversão, mas também apta a se tornar um instrumento em potencial no serviço do bom e do justo. Nas palavras de Salomão Schaechter, o mal "tinge o divino" no homem, quebrando toda a comunhão com o divino. É um ato livre do homem, pelo qual ele é responsável. A etimologia do termo básico hebraico para "pecado", *chet*, é muito significativa, pois, traduzido para o vernáculo, o termo *chet* quer dizer "falhar no alvo", uma meta que o homem deveria ter ansiado e poderia ter conseguido.

O filósofo Martin Buber define o pecado como sendo um ato que não pode ser consumado com toda a alma. E diz: "É talvez possível 'silenciar' o conflito da alma, mas é totalmente impossível desenraizá-lo". Integridade quer dizer "totalidade", saúde e harmonia; pecado é: conflito do homem para com o homem e para com o mundo, desarmonia e moléstia do espírito.

O tema abordado é complexo demais para ser analisado detalhadamente num único sermão.

Queremos por hoje somente concluir que o que a religião vital acredita profundamente é que *a criação de D'us tem um objetivo, e que esse SEU propósito é absolutamente bom*. Podemos conceber a respeito desse propósito conforme escolhermos, ou concluirmos com Maimônides que o objetivo é garantido para sempre pela compreensão humana. O que podemos afirmar é a fé expressa no *Gênesis*: "E D'us viu que tudo que ELE criou é muito bom"[15]. Nesta vasta obra de criaturas vivas, o homem ocupa um lugar singular e peculiar. As suas aptidões e a sua grande capacidade impõem-lhe o dever expresso na oração diária, que reza: "Bendito seja nosso D'us, que nos criou para glorificar o seu nome".

A elevação da glória divina *é* o dever e o privilégio do homem, a prática mais nobre na qual ele é capaz de usar as dádivas da razão e da liberdade moral que lhe foram outorgadas.

A religião vê três grandes caminhos pelos quais o homem pode contribuir para a glorificação do Eterno: "A vereda da oração, a vida do ritual, e acima de tudo a trilha montanhosa do empenho ético de praticar sempre o bem".

---

15 *Gn* 1,31.

Nôach

I

A *sidrá* desta semana relata-nos detalhadamente as causas e consequências daquele acontecimento dramático conhecido por *Dilúvio*, termo que entrou no nosso vocabulário como sinônimo de catástrofes de tremendas proporções.

A *Torá* descreve que o mundo criado por D'us era maravilhoso, mas que os homens dessa geração eram ruins e sua maldade foi a causa da destruição dessa grandiosa obra Divina. De nada lhes valeu a inteligência que herdaram de Adão depois deste ter comido da árvore da sabedoria; de nada lhes ajudaram as descobertas de Tuval-Kain no campo da técnica e indústria; para nada serviram os aperfeiçoamentos introduzidos por Iaval no campo da agricultura e economia; também a arte da música, descoberta por Iuval, em nada os enobreceu; ao contrário, dia a dia aumentava a sua decadência moral; com o progresso das descobertas e da civilização agravaram-se seu orgulho e sua voluptuosidade; mais eles se aperfeiçoaram na descoberta de instrumentos mortíferos e destrutivos.

Sendo assim, D'us decidiu destruir a obra das Suas mãos através de um dilúvio, no qual desaparecessem todos os seres vivos, e a terra fosse inundada.

Um único homem justo, correto e íntegro dessa geração conseguiu salvar a humanidade inteira de uma ruína completa. Noé demonstrou que o homem possui forças morais suficientes para conservar a sua integridade ética em *todas* as circunstâncias da vida, e não precisa sucumbir às influências malévolas e prejudiciais do ambiente em que vive. D'us decidiu salvar Noé do dilúvio, na esperança de que as gerações vindouras seriam mais retas, mais incorruptíveis. E assim foi. Os filhos de Noé começaram a reconstruir um novo mundo, uma nova cultura, uma nova civilização. Mas a esperança que a humanidade se tornasse melhor do que aquela que o dilúvio devastara não se realizou. Aparece o rei tirano Nimrod que oprime a sua geração; estoura uma revolução contra D'us; os homens não se contentam mais com o espaço vital da terra, e querem, através da torre de Babel, conquistar o céu; aparecem os malvados de Sodoma e Gomorra, que com suas ações ignóbeis se tornaram até hoje o símbolo da perversidade humana etc.

E os comentaristas perguntam: "Desde que a própria *Torá* relata que a geração depois do dilúvio não melhorou, e não se modificou na sua maneira de viver e de agir, que não aprendeu nada dessa terrível lição, por que esta geração pôde viver e a outra não?" E os mestres respondem: "De fato, a vida moral desta gente não melhorou, mas aconteceu algo que impediu a repetição da destruição do mundo. Pois logo que Noé e os seus saíram da arca, ele construiu um altar e ofereceu do mesmo sacrifícios a D'us. Observando esse gesto generoso, D'us fez com Noé e seus filhos um pacto, prometendo-lhes que nunca mais castigaria o Universo por causa do miserável comportamento do homem. E como sinal visível dessa aliança, foi posto no céu o arco-íris do qual D'us disse: 'Cada vez que aparecerem na Terra as nuvens escuras da desumanidade, aparecerá nas nuvens celestes o arco-íris, e eu me lembrarei da aliança, e nunca mais haverá um dilúvio'".

Mas outros intérpretes da *Bíblia* não se contentam com essa explicação, achando-a muito vaga e abstrata demais. E não hesitam em indagar: "Aceitando a tese acima mencionada, resultaria que o mundo já deveria ter sido destruído várias vezes, e se isto não aconteceu, é somente graças ao sacrifício de Noé; mas que espécie de sacrifício foi esse que possuiu a força de impedir para sempre uma nova catástrofe mundial? E mais, será que D'us, como a profecia e a filosofia judaica O concebem, tem prazer em sacrifícios materiais de qualquer espécie?"

Mas o *Midrash*[1] também desta vez esclarece-nos de maneira transcendente sobre essa pergunta. "Não foi o sacrifício de Noé [para os povos

---

[1] *Bereshit Rabá* 34, 9.

primitivos o sacrifício de um animal era a única maneira concreta de expressar a sua gratidão e reconhecimento] que agradou a D'us; ELE contemplou a geração de Abraham Avinu, que pela sua fé em D'us foi atirado em um forno de cal; viu os três heróis Chananiá, Mishael e Azariá, que pela mesma razão foram lançados em um forno de cal; Ele admirou as gerações das Cruzadas, da Inquisição, que pela santificação do SEU nome se deixaram queimar vivas nas fogueiras". E para melhor ilustrar as suas palavras, o mesmo *Midrash* cita um exemplo alegórico: Um rei quis construir o seu palácio no mar, mas para isso faltavam-lhe os alicerces necessários. De repente encontrou uma garrafa cheia de perfume, e foi sobre essa garrafa que ele edificou o seu palácio. O mundo – continua o *Midrash* – está em cima de mares. E como explicar que *mesmo assim* ele ainda exista? Isto só acontece graças aos méritos daqueles que em cada geração não deixam e não deixarão de procurar D'us. O que é que este belo *midrash* nos ensina? As gerações até Noé eram corruptas. A sua maior infelicidade consistia no fato de não terem tido em seu meio um único homem, grande e íntegro, capaz de sacrificar-se para elevar a sua geração da decadência moral. Para sermos corretos, existia um homem dessa pujança, chamado Chanoch; mas ele excluiu-se da coletividade e pouco ou nada se importou com a desmoralização que o rodeava.

Quando Noé saiu da arca, e observou a destruição causada pelo dilúvio, não se limitou a verificar o fato consumado. Ele sabia qual fora a causa, e compreendeu a necessidade de fazer sacrifícios para salvar a sua geração da queda. Depois de Noé, aparece Abraham Avinu, que não se contenta em ser *ele próprio* justo e correto, peregrinando de lugar em lugar, pregando, ensinando, deixando-se, como diz um *midrash*, que o atirassem à fogueira; e, com o sacrifício da sua própria vida, ele quis servir de exemplo vivo, mostrando que para elevar a humanidade a um nível ético *não existem obstáculos de dedicação que sejam grandes demais, ou limites de renúncias caros demais*. E parece-nos que não precisamos citar mais provas para demonstrar que o exemplo de Abraham nos serviu de lição; quantas vezes, durante a nossa história milenar, a nossa fé em D'us, a nossa convicção em ideais elevados, não foram já submetidos à prova de fogo? Não é necessário um dilúvio, não é indispensável a destruição do mundo; D'us viu que há um remédio: *Indivíduos são capazes de salvar o mundo*. De fato o mundo está construído sobre um mar bramante de trivialidade e conduta ignóbil, mas o fundamento deste mundo é o frasco de perfume, o aroma desses grandes ideais que animam em cada geração a alguns elementos seletos. E é esse o sentido das palavras do Rei Salomão nos *Provérbios*[1].

"Vetzadik iessod olam" (o justo é a base do mundo, ou conforme outra tradução, "o justo tem perpétuo fundamento")[2].

A ele foi dada a força moral para livrar o mundo de todas as iniquidades. Várias vezes acontece que nuvens carregadas obscurecem o firmamento, indicando a aproximação de um terrível ciclone. Mas de repente aparece um raio luminoso, um arco-íris que aclara a escuridão. E foi isto que D'us indicou a Noé e às gerações vindouras. Cada vez que o mundo e a humanidade se encontrarem à beira do desespero, engolfados na densa escuridão da imoralidade e da desarmonia, aparecerá um arco luminoso, um homem justo que com a grandeza de seu espírito salvará a sua geração.

Aprofundando-nos nas palavras dos mestres, descobrimos todo o segredo da existência do mundo. *Só verdadeira abnegação e dedicação da parte de grandes individualidades sustentam o mundo; só verdadeiros sacrifícios no altar de nossos ideais e convicções éticas, elevam e enobrecem a vida humana.*

II

Ish tzadik tamim haiá bedorotáv (Noé foi um homem justo e íntegro nas suas gerações).

O mundo que D'us criou era sob todos os aspectos uma obra-prima, belo e bom: faltava só uma única coisa, a coisa principal; faltava a essência da Gênesis, o homem. O homem foi idealizado para se tornar a razão, o sentido máximo, o propósito elevado de toda a criação. Mas aconteceu que esta obra-prima chamada "homem" não prestou; foi um fiasco que logo nos primórdios de seu aparecimento se desvirtuou, desfigurando e deformando a imagem Divina à semelhança da qual fora criado.

---

2   Pr 10, 25.

Mas qual a causa desta falha? Como explicar a sua corrupção, a sua decadência moral? Acaso faltaram aos primeiros homens, sabedoria, instrução ou cultura? Acaso praticaram os seus delitos por ignorância, por atraso mental?

Lendo com atenção o relato da *Torá*, não encontraremos indícios negativos capazes de justificar ou de atenuar o seu vil procedimento. Ao contrário, constata-se além de qualquer dúvida, que já haviam progredido muito no campo do saber e da civilização. O relato da *Torá* menciona muitas descobertas. Iaval descobriu como aproveitar a criação do gado para as comodidades e para o sustento do homem e como aplicar o couro para fins de habitação; já se valiam da pecuária e da agricultura; Tuval-kain, o irmão, descobriu a fundição do ferro, a purificação do cobre, já fabricava instrumentos de lavoura e da indústria pesada. Mas essa gente primitiva não primou somente por descobertas materiais, industriais e técnicas; eles se dedicaram a divertimentos artísticos e culturais. Assim encontraremos Iuval, o descobridor das artes musicais e diversos instrumentos como a harpa e a flauta; quer dizer que já nesse tempo havia civilização, ciência e arte.

Acreditando no minucioso relato da *Torá*, indagamos com maior veemência: por que veio então o dilúvio? A era em que vivemos, com as atribulações constantes, faz-nos compreender, como nunca antes, as interpretações profundas e concretas dos mestres. A nossa geração, infelizmente, compreende melhor as causas do dilúvio.

Devemos confessar, e confessamos isso sem a intenção de menosprezar a importância dos progressos técnicos e científicos, que a causa principal da decadência das gerações anteriores a Noé foram as suas descobertas, seu intelecto aperfeiçoado, o progresso da sua ciência.

Quanto mais complexas as descobertas, tanto mais perigosas e ameaçadoras elas se tornaram para a sua existência; inteligência e civilização nem sempre garantem ou proporcionam o bem-estar da humanidade. Progresso técnico e descobertas científicas manejadas por homens sem escrúpulos são uma maldição e não uma bênção.

E o exemplo mais crasso da nossa afirmação foi a Alemanha nazista, onde, perante os olhos do assim chamado mundo civilizado, este povo de cientistas, filósofos, poetas e artistas se transformou em bestas ferozes, praticando atrocidades e crimes bárbaros contra gente inocente, jamais imaginados e cometidos por qualquer outro povo. Toda a sua educação e o seu alto nível cultural e científico não os impediu de agir contra os princípios elementares do humanismo. *Ki maleá haaretz chamas*, porque a terra se encheu de roubo. O termo *chamás* é também interpretado como sendo violência, idolatria, incesto e homicídio. Quão baixo deve ter caído essa geração de Noé, para que o Criador do Universo, depois de ter proclamado *vehiné tov meód*, (eis que tudo é muito bom[3]) exclamasse *ki nichamti ki assitim* (porque me arrependi de os haver criado[4])!

Cada um de nós, ao queixar-se da realidade cruel em que vivemos, sabe que a condição essencial para transformar a realidade é enfrentá-la, o que significa, da mesma forma, reconhecê-la.

Enfrentando a era em que vivemos com coração quente mas com raciocínio frio, ousamos perguntar: acaso a humanidade não se encontra perante um dilúvio, dilúvio não de água, desencadeado pela força da chuva, mas sim um dilúvio da bomba atômica solta por homicidas loucos, por modernos idólatras que adoram a brutalidade e a força física e que negam a existência de D'us?

Só essa interpretação dos mestres seria uma belíssima lição. Mas a *parashá* desta semana vai ainda mais além, e esclarece que aquele que teve influência educadora na sua geração, bem como nas gerações vindouras, não foi um Fuhrer, um "homem forte" de um partido político totalitário, que se considerava onipotente e perante quem os seus lacaios se curvavam e obedeciam cegamente. O protagonista do relato da *parashá* é um *tzadik tamim*, um homem justo, correto, íntegro, não um racionalista, mas sim um homem ético. Aquela ética que deve operar em todas as circunstâncias, que é capaz de dominar os instintos baixos da natureza humana.

O homem não é escravo da natureza, ele não se deve deixar subjugar pelo instinto abominável; foi-lhe outorgado o livre-arbítrio, que o torna responsável pelos seus atos.

---

[3] Gn 1, 31.
[4] Gn 6, 7.

O progresso científico sem ética, sem justiça absoluta, não aliviará o mundo das constantes calamidades que nos apoquentam. Só o predomínio da moral e da ética são garantias de que não haverá mais dilúvios de qualquer espécie.

III

Ele toledot Nôach, Nôach ish tzadik tamim haiá bedorotav, et Haelokim hithaléch Nóach: Estas são as gerações de Noé, Noé foi um homem justo, perfeito nas suas gerações: com D'us andou Noé.

Por que – pergunta o *Midrash* – menciona a *Torá*, numa única sentença, três vezes o nome de Noé?[5] Porque, respondem os mestres, Noé viu três mundos: um mundo habitado, um destruído, e o terceiro reconstruído após o dilúvio.

Dez gerações passaram desde Adão até Noé. Dez gerações inteiras, e tudo que a *Torá* relata a seu respeito, nada mais é do que *vaichi* (viveram), *Vaioled banim ubanot vaiamot*, tiveram filhos e filhas e morreram. Que vida levaram essas dez gerações? Quais foram suas ações? O que criaram de importante que os ligasse historicamente às gerações vindouras? Nada disso está mencionado na *Torá*.

A história é um painel de luta humana para o desenvolvimento do mundo. Os feitos de cada geração são as cores com que esse quadro é pintado. Cada acontecimento de uma certa importância para as gerações futuras é anotado, a fim de facilitar o processo de seu próprio desenvolvimento. "História universal", diz o filósofo americano Emerson, "é uma crônica na qual são transmitidas as heranças que uma geração lega à outra".

Aquelas gerações que não contribuem nada para o futuro, o historiador rejeita, porque a sua vida não é bastante interessante para ser fixada na história.

Só depois que Adão e Eva são expulsos do Gan Éden, e uma "espada ameaçadora" fica pendurada sobre o *etz hachaim* (árvore da vida[6]), de

---

5 *Tanchuma, Nôach*, 5.
6 Gn 3, 23-24.

forma que se possa gozar do fruto dessa árvore, essa espada tem que ser vencida, só depois desse processo começa a desfolhar-se o livro da história humana. *Sefer Toldot Haadam* (Livro Cronológico do Homem[7]). Quão bela e profunda é a observação do *Midrash*: *Eilu toledot; veein harishonot toldót*: isto sim é história; o que precedeu é sem importância[8].

Enquanto Adão e Eva viviam no Gan Éden, gozando à vontade de todas as frutas desse delicioso jardim, sem labor, sem esforço algum, a sua vida é terrivelmente monótona, vazia e não tem nada de substancial que pudesse interessar às gerações vindouras.

Felizes, diz um famoso sociólogo, os que não criam história, aqueles que gozam do que já está pronto, preparado: só *existem*, mas não *vivem*.

O nosso saudoso mestre, grão-rabino de Viena, prof. Chajes (z.l.), perguntou-nos quando estudávamos no Seminário Rabínico sobre a narração das duas árvores do Paraíso: a árvore do saber (*etz hadaat*) e a da vida (*etz hachaim*). "Será, perguntou o Mestre, que D'us prefere gente ignorante? Porque assim como foi evitado que Adão e Eva comessem da árvore da vida, poderia também ter sido obstruído o gozo da árvore do saber; não foi contra a vontade Divina; então, qual é a razão da expulsão do Gan Éden?" E Rav Chajes responde: "O pecado consistia em terem comido de uma fruta madura que eles não plantaram, para a qual não contribuíram em nada, nem com esforço e tampouco com cuidado". E continuando na sua bela exposição de ideias, Chajes diz: "Cada ser humano deve aspirar à aquisição de sabedoria, mas ela tem que ser obtida por esforço próprio, pois somente o pensamento independente do homem, o reconhecimento pessoal, o aprofundamento individual no estudo, tem valor e prevalece".

Vaiár Elokim ki tov – ze gan-eden, vehine tov meód ze gueihinam: D'us reconhece que o Paraíso é *bom*, mas que o *gueihinam* é *muito bom*[9]. Esse *midrash* é muito difícil de compreender e tem servido na boca dos ignorantes como argumento claro de que a volúpia (sinonimizada por *gueihinam*) é muito preferível ao *gan-eden* (Paraíso, lugar reservado no mundo do além para os justos e corretos).

---

7 Gn 5, 1.
8 Bereshit Rabá 24, 6.
9 Bereshit Rabá 9, 11.

Tentaremos explicar o verdadeiro sentido desse *midrash*.

Para o indivíduo, pessoalmente, a vida no Paraíso é sem dúvida muito boa, muito agradável. Acaso poderá haver coisa melhor do que ter tudo que o coração almeja, e tudo isso obtido sem preocupações, sem desgaste de energias, e gastando à vontade aquilo que outros nos deixaram? Mas para a humanidade na sua totalidade, para as gerações vindouras, o *gueihinam*, as dificuldades e os obstáculos que a vida cotidiana cria, são melhores, mais benéficos, por serem mais produtivos. Lutar pelo sustento, ambicionar vencer os obstáculos que a vida e as circunstâncias colocam no nosso caminho, o esforço físico e psíquico para nos tornarmos elementos úteis ao meio ambiente que nos rodeia, isso é sucesso, isso é triunfo, isso são vitórias que as gerações vindouras registram e que a história relata.

A vida feliz e despreocupada que as dez gerações de Adão até Noé gozaram não valia a pena ser anotada; e aquilo que a *Torá* fixa desse período, não é nada lisonjeiro, nada animador. Ao contrário, é uma página bem triste. Essa opulência, essa grande fartura, todo esse bem-estar físico desviou-os do caminho direito, ao ponto de a terra tornar-se *chamas*, desmoralizada, corrupta, tornando-se um foco de roubo e de injustiça. E o inevitável castigo, a consequência lógica foi o dilúvio. Esse acontecimento a história anotou como exemplo para as futuras gerações.

Circunstâncias – ensina-nos a psicologia – causam profundas e radicais impressões no caráter humano. O rei Salomão pediu de D'us: *reish vaosher al titen lí*, não me dês nem pobreza mas tampouco riqueza demais[10]. Ambas são capazes de desviar o homem do caminho direito.

Como autêntico homem íntegro, *Tzadik tamim*, só pode ser considerado aquele que, em todas as circunstâncias da vida, conserva a estabilidade, o equilíbrio da sua dignidade; que não se deixa abalar pela miséria e não se envaidece pela riqueza. Em todas essas circunstâncias e contextos cambiantes radicais, Noé permaneceu o mesmo *tamim*, reto e íntegro; a corrupção da "geração do dilúvio" não abalou a sua fé em D'us; a ruína que lhe foi dado testemunhar não prejudicou a sua coragem e a sua sinceridade. E mal o mundo começou a restabelecer-se da fatalidade ocorrida,

---

10 Pr 30, 8.

ele foi o primeiro a trazer uma oferta de agradecimento, e a contribuir para erguer uma era nova.

Sabemos que há sempre uma conexão entre a *parashá* e a *haftará*. E em relação com este Shabat encontramos no comentário do saudoso grão--rabino, dr. Hertz, uma magnífica explicação, que não podemos deixar de citar.

"D'us fez uma aliança (*b'rit*) com Noé, de que nunca mais haverá um dilúvio, e como sinal desse pacto foi estabelecido o arco-íris, o qual, ao ser observado, nos lembra o que aconteceria se não existisse essa aliança. Esse pacto – escreve Rav Hertz – não foi feito somente com Noé e a sua geração, mas sim com toda a humanidade, para todo o sempre". E é isso que o profeta Isaías sublinha na *haftará* desta semana. O D'us de Noé é D'us do cosmos. Ele não está interessado na destruição daquilo que Suas mãos criaram com tanto carinho; essa obra grandiosa e maravilhosa chamada "mundo", que lhes foi entregue, só perdurará se vocês, criaturas humanas, não minarem os seus alicerces. O pacto que EU fiz com Noé é conhecido por *b'rit Shalom* pacto de paz, e *Shalom* tem a sua origem etimológica no termo *shalem*, que significa "completo, harmonioso, coerente".

A paz só pode ser obtida através da divulgação da sabedoria, do intercâmbio cultural e científico entre os povos; e assim, dentro desse espírito, podemos melhor compreender a exortação do profeta quando exclama: *vechol banaich limudei Hashem, veráv shalom banaich*: se todos os teus filhos forem versados nos ensinamentos do Eterno, então será grande e perpétua a paz entre eles.

Lech Lechá

I

E o Eterno disse a Abraham: *lech lechá meartzechá, umimoladtchá umibeit avícha*: Sai da terra (e os mestres comentam: do país cujo idioma tu falas, cujo ambiente e costumes tu conheces), da tua parentela e da casa paterna (família), e vai para a terra que te mostrarei; de ti farei uma grande nação, e te abençoarei, e te engrandecerei o nome[1]. *Vehiê berachá*, Sê tu uma bênção; *venivrechú bechá kol mishpechot haadamá*, e através de ti serão abençoadas todas as famílias da terra. *Lech lechá*, duas palavras apenas; mas que destino místico elas anunciam? *Lech lechá*, mas que tragédia e grandeza encerra essa ordem lacônica? De fato, apenas duas palavras, mas que percorrem como um fio vermelho a história milenária do nosso povo, palavras que incluem em si a quintessência de Israel, a base da nossa concepção ideológica, e a indicação da nossa missão entre os povos através de todos os tempos.

Tendo pouco tempo à nossa disposição, não podemos, dentro de uma prédica limitada, entrar em análises baseadas sobre narrações bíblicas que, como muitos "supersábios" da nossa era afirmam, não podem ser suficientemente objetivas, por serem sentimentais, emocionais ou dogmáticas demais; este também não é o lugar (o púlpito do Templo) para falarmos detalhadamente a respeito de trabalhos históricos, descobertas arqueológicas realizadas por cientistas não judeus, como por exemplo as escavações do arqueólogo inglês sir Leonard Wooley nos anos 1922-1934,

---

[1] *Gn* 12, 1-3.

que nos revelam qual a situação político-econômica que obrigou o chefe de uma família nômada aramaica, chamado Terach, oriundo de Charan, na Mesopotâmia, a abandonar a cidade de Ur, capital do Império Sumeriano, no ano 1960 a.E.C. Por importante que possa ser a parte puramente histórica desse acontecimento, e não podemos e não queremos menosprezá-la, o que nos interessa em relação à *parashá* desta semana é o fato, também sublinhado por todos os historiadores de outras religiões, que enquanto Terach, chefe dessa família, era politeísta, o seu filho primogênito Abraham foi o primeiro homem que rompeu radicalmente com as ideias idólatras da sua era, reconhecendo e divulgando a existência de UM D'us, que criou o céu e a terra, e legando aos seus descendentes essa herança ético-espiritual. E desde então, desde que Abraham Avinu, o primeiro *Ivri*, se elevou a este sublime reconhecimento, enfrentando sozinho, corajosamente, a idolatria da sua época, nós, os seus filhos, levamos esta luz através dos séculos de obscurantismo, iluminando fecundamente o pensamento do mundo ocidental.

O *Midrash* compara o patriarca Abraham a um frasco de delicioso e precioso perfume escondido hermeticamente. Mas desde que esse cheiroso perfume é transportado por diversos lugares, todos se deleitam com o seu aroma. E o *Midrash* continua: "Abraham, que estava cheio de boas ações e belíssimas virtudes, tinha que abandonar a sua pátria para que a sua fama e os seus ensinamentos se tornassem conhecidos no mundo inteiro"[2]. E o velho Israel transporta o "frasco de perfume", a fé monoteísta, com os seus preceitos éticos, através de um mundo cheio de maldades e doutrinas destrutivas, através de toda a espécie de Sodomas e Gomorras.

E como todos os portadores de grandes ideias, também nós pagamos por esse nosso ideal com rios de sangue, torturas, difamações e perseguições; mas nem por isso deixamos ou deixaremos de purificar com os ensinamentos do Monoteísmo, a atmosfera infectada em que vivemos.

E qual é a recompensa ou o reconhecimento que Israel recebe por essa sua missão pacificadora e reconciliadora? *Lech lechá*: Sai da terra. Isto não é um *slogan* de um sionista fanático qualquer, de um chauvinista judeu

---

[2] *Bereshit Rabá* 39, 2.

radical que, tomado de cegueira, ou não querendo assimilar-se ao meio ambiente em que há séculos seus antepassados se radicaram, procurou resolver o problema judaico através de um *nachasyl**, sendo-lhe indiferente que esse lugar do refúgio fosse Uganda, Madagascar, Angola ou Palestina. Não, isso não é uma fantasia mórbida judaica, e ainda menos um complexo de perseguição judaico, como nos querem fazer compreender estes "intelectuais pacifistas", aqueles "amigos de Israel" que a cada instante nos acusam de falta de lealdade ou, melhor dito, de dupla lealdade. Se estes assim chamados "simpatizantes com a causa do povo de Israel" se dessem ao trabalho de folhear, como nós o fazemos, objetivamente, as páginas tristes mas também gloriosas da história judaica, constatariam que este grito, "sai da terra", não cessou de nos atormentar sob vários pretextos, formas e idiomas desde a destruição do Segundo Templo até o último flagelo nazista. E qual foi a nossa reação? Fizemos tudo ao nosso alcance para que através de nós fossem abençoadas todas as famílias da terra. Por toda parte do mundo para onde o destino nos dispersou, temos contribuído para o enobrecimento intelectual e espiritual dos povos, iluminando os seus horizontes com o facho da fé monoteísta.

E desde que a verdade nos foi dada para ser dita, devemos confessar que ainda hoje em dia existe gente não judaica, os assim chamados *chassidei umot haolam* (os piedosos dentre os povos), que reconhecem e confessam quão frutíferas foram as nossas contribuições para o desenvolvimento sócio-cultural dos seus respectivos países; citaremos só dois fatos da nossa atividade rabínica que nos impressionaram profundamente. O discurso do famoso filósofo espanhol Miguel de Unamuno, reitor da Universidade de Salamanca, pronunciado em Córdova no ano de 1935, por ocasião do 750º aniversário de Maimônides, foi uma oração que, pelo seu teor filojudaico, esplêndida exposição e profundos conhecimentos do pensamento filosófico judaico, não só calou profundamente, como também provocou lágrimas dos ouvintes, entre eles as mais ilustres autoridades rabínicas da Europa e de Israel. E no fim da sua preleção, baseando-se nas palavras do então presidente da República Espanhola, Alcalá Zamora, que lançou um veemente apelo aos sefardim para retornarem à Espanha,

---

* Albergue noturno (em alemão).

a sua terra ancestral, o prof. Unamuno acabava comovido: "Em 1492, os israelitas da Espanha viam-se forçados a abandonar esta terra, e hoje nós vos pedimos: *shúvu leartzechem*, voltai à nossa terra, à terra que tanto vos deve". E a outra figura inolvidável, que não deixou passar uma única ocasião para recordar aos seus compatriotas o que Portugal deve aos judeus, foi o prof. Ricardo Jorge, catedrático de Higiene na Universidade de Lisboa. Basta ler o prefácio que escreveu para a obra do Eng.º Samuel Schwarz, *Os Cristãos Novos do Século XX*. Sim, eles merecem a sua parte no *Olam Habá, no* mundo futuro.

II

Assará nissionót nitnassá Avraham Avinu, veamad bechulam, lehodia kama chibató shel Avraham Avinu[3]. A dez provas foi Abraham submetido e de todas saiu triunfante, e isso para provar quão grande era o seu amor por D'us. Foi Abraham quem teve coragem de deixar a cômoda segurança física que a idolatria do seu ambiente seria capaz de proporcionar-lhe, para que, baseado na sua fé inabalável em D'us, ousasse perguntar: *hashofet kol haaretz lo iaassé mishpat*, não fará justiça o juiz de todo o Universo?[4] Foi Abraham que se tornou o primeiro iconoclasta no mundo, duvidando dos sagrados ideais da sua era; foi Abraham quem por ordem Divina saiu sozinho, que abandonou o seu ambiente, que se separou da sociedade mesopotâmica, sociedade essa que escolheu o *slogan naassé lánu shem*, queremos ser famosos[5], necessitamos da opinião pública para sermos um povo.

Foi Abraham que abalou os falsos deuses do cego patriotismo e chauvinismo, da mesma maneira como teve coragem de rejeitar a orientação religiosa da sua pátria. Abraham ficou sozinho, como símbolo histórico no caminho das indagações transcendentais. Somos nós, distanciados por Abraham por milênios, que o visualizamos como ponto de exclamação nas páginas da história.

3   *Ética dos Pais* 5, 3.
4   *Gn* 18, 25.
5   *Gn* 1, 4.

O seu papel e a sua missão foram e são os de um indagador, quer interpelando D'us sobre a retidão de Sodoma, quer dirigida ao rei de Sodoma, a respeito da sua hipocrisia ao oferecer-lhe o espólio da guerra, quer quando a pergunta é dirigida a Sara, a respeito dos direitos de Ismael, ou a ele mesmo, quando madruga com o propósito de cumprir a ordem Divina de sacrificar o seu filho Isaac.

Uma vida repleta de interpelações e perguntas foi endossada por D'us quando lhe disse: *Ani E-l Shadai, hithalech lefanái veheie tamim.* EU sou o Eterno Todo-poderoso, anda diante de mim e sê perfeito[6]. Existe uma versão que interpreta o termo *tamim* como *ingênuo, simples*, e não como *perfeito*. Mas uma coisa é certa: a ordem Divina *hithaléch lefanái*, andar diante D'ELE, que significa preceder D'us, só pode ter uma única interpretação: *lefanái*, diante de MIM, para abrir no deserto espiritual uma senda a fim de revelar o Criador do Universo. *Lefamái*, antes que EU me revele ao mundo, virás tu, Abraham, e anunciarás a Minha existência e Meus ensinamentos.

A interpelação intelectual, a procura de verdades religiosas, e o empenho persistente na pesquisa de valores absolutos, são as pistas resplandecentes pelas quais os descendentes de Abraham podem ajudar o mundo a se tornar receptivo à presença de D'us.

"Aquele que possuir as três qualidades é um discípulo de Abraham nosso pai: *Ain tová* – um bom olhar, generosidade; *veruach nemuchá* – humildade; *venefesh shefalá* – abnegação e altruísmo. Estes são os traços característicos dos discípulos de Abraham"[7].

---

6 *Gn* 17, I.
7 *Ética dos Pais* 5, 19.

Vaierá

I

Os exegetas da *Torá* chamam a atenção do estudioso para um fato curioso da biografia do patriarca Abraham, observando que a vida do primeiro homem que reconheceu a Unidade de D'us gira em torno de duas palavras imperativas: começa com a ordem *Lech lechá* e acaba com um outro *lech lechá*.

A entrada de Abraham na cena de história começa com: *lech lechá meartzchá*, sai da tua terra, da tua parentela e da casa do teu pai[1]. Ele abandona o estilo de viver que levara até esse momento, começando uma vida nova; ele se desliga definitivamente e radicalmente do seu passado, rompe com a maneira de pensar e de viver do seu ambiente, e coloca os fundamentos para uma vida completamente diferente. Despreza a idolatria e começa a dedicar a sua vida à divulgação do puro monoteísmo.

Ele sai da arena da história com: *lech lechá el eretz hamoriá*, toma teu filho Isaac, a quem amas, e vai-te à terra de Moria. Abraham está prestes a sacrificar o seu único filho, o seu autêntico herdeiro espiritual.

Nas ciências exatas, a história do desenvolvimento da ciência não é de grande importância; o especialista num certo ramo científico não liga muito interesse para saber como essa ciência surgiu. O matemático, o físico, o químico ou o astrônomo estudam as leis e as fórmulas da sua disciplina, fazem as pesquisas e as experiências minuciosas no laboratório, convencem-se da exatidão das leis naturais; e somente poucos são os

---

[1] *Gn* 12, 1.

estudiosos que querem se aprofundar e descobrir como a matemática ou a física chegaram a essas conclusões e resultados. O que lhes interessa, e o mais importante para o seu labor, é o teor da ciência e o resultado positivo da sua pesquisa.

Mas em relação à teologia, à crença, à fé, a situação é completamente diferente. Neste caso não basta estudar somente o conteúdo, os dogmas; não é suficiente e tampouco eficiente observar tradições e costumes puramente por rotina, respeitar prescrições e praticar ritos por mero hábito, automaticamente. Aqui já precisamos conhecer detalhadamente a origem, a história, as leis éticas e a filosofia da respectiva religião, como se propagou na humanidade, quais são os valores espirituais que ela nos legou e qual é a razão por que, apesar dos contextos cambiantes e vicissitudes do destino, ela preservou a sua autenticidade, tornando-se um bem comum da humanidade. A religião judaica, base das crenças monoteístas, deve a sua origem aos patriarcas Abraham, Isaac e Jacob. Foram eles que divulgaram e legaram ao mundo a concepção da verdadeira religiosidade.

A história dos patriarcas representa três conceitos, três sistemas, três caminhos que conduzem o homem à religião.

Abraham: o entusiasta, o encantado do cosmos, o homem que admira diariamente a harmonia maravilhosa da Criação, chegando através dessas experiências a reconhecer o Criador do Universo e a ter fé Nele.

Isaac: segue fielmente a tradição do pai, prestes a sacrificar a vida pela santificação do Nome Divino e assim é que, através da tradição, ele chega à fé.

Jacob: o mais atormentado, chega à fé através dos estudos da *Torá* e da sabedoria, que desde a tenra infância adquiriu na escola de Shem e Ever.

O papel principal no desenvolvimento da história da religião judaica cabe a Abraham, o primeiro não conformista, que não cedeu à coerção da crença do seu meio ambiente, que ousou repudiar publicamente o culto idólatra da sua era. Ele tem a promessa Divina: *Veeschá legoi gadol vaavarechechá, vaagadlá shemechá, vehié berachá* – Eu te farei uma grande nação, te abençoarei e engrandecerei o teu nome, e serás uma bênção[2]. Beneficiado com essa promessa Divina, Abraham da sua parte prometeu, como nos

---

2 *Gn* 12, 2.

dizem os mestres, ser o propagador de uma religião capaz de ser abraçada por três vias distintas; pelo entusiasmo, pela tradição ou pela sabedoria.

O saudoso grão-rabino do México, dr. Avigdor, abordando nas suas prédicas semanais o mesmo tema, analisa em um *midrash* curioso, *midrash* esse que indaga qual será a razão de a primeira bênção da oração silenciosa (Shemoné Esré) acabar com a bênção de *Maguen Abraham* (escudo de Abraham), sem mencionar os outros dois patriarcas. E Rav Avigdor conclui: De fato, três caminhos distintos conduzem à religião, mas o principal é aquele trilhado por Abraham.

Vivendo a história judaica (história judaica não pode ser ensinada, ela tem que ser vivida), só podemos concordar plenamente com a afirmação do saudoso rabino Avigdor. Porque em todos os tempos e eras de reincidência e decadência moral da humanidade, quando a fé está ameaçada de extinguir-se, ela renasce milagrosamente, não através da tradição (Isaac) e tampouco pelo aprofundamento no estudo da *Torá* (Jacob), mas essencialmente pelo entusiasmo, êxtase, arrebatamento íntimo, por aquela centelha sagrada de espiritualidade latente em cada um de nós, em cada coração humano, esperando só o momento, a ocasião oportuna, para ser reanimada em uma grande chama. A história da humanidade e das religiões que saíram do nosso seio confirmam a veracidade desse belo *midrash*.

Se o povo de Israel, tão duramente experimentado, submetido durante a sua história milenar a inúmeras provações, se este nosso povo ainda existe, produz, renasceu das cinzas do Holocausto como o patriarca Isaac, construiu o seu Estado independente, se ainda criamos valores intelectuais em todos os países onde estamos radicados, isso se deve exclusivamente ao fato de que em nenhuma circunstância da nossa vida temos deixado de viver dentro dos ideais de Abraham Avinu, levando conosco através dos Continentes aquela grande labareda de entusiasmo religioso, em cuja luz caminham todos os povos crentes em D'us, única luz capaz de conduzir a humanidade desorientada a um futuro promissor.

E é por isso que pronunciamos cada vez com maior ardor a bênção: *Baruch atá Hashem, maguen Abraham*, Abençoado sejas Tu, Eterno Escudo de Abraham.

II

A *parashá* deste Shabat é uma continuação da da semana passada e encerra a biografia de Abraham. Curiosa e interessante é a interpretação do *midrash* desta *parashá*. A vida de Abraham gira em torno de duas ordens de partida: *lech lechá* (sai), mas com propósitos distintos. Mal ele aparece na arena da história judaica, ouve a ordem Divina *lech lechá meartzechá* (sai da tua terra), e quase no fim da sua vida é-lhe determinado *lech lechá el éretz hamoriá* (vai à terra de Moriá). Primeiro, é-lhe ordenado deixar a casa paterna, a terra natalícia; e no fim da sua vida é mandado sacrificar o seu amado filho Isaac, ou, melhor dito, Deus lhe ordena atar, amarrar (em hebraico *akeidá*), a provação mais dura, a experiência mais aflitiva de Abraham. E os mestres indagam: Qual das duas ordens é mais importante, mais transcendental, a primeira ou a segunda? E chegam à conclusão que, desde que a segunda ordem está relacionada com o lugar Moriá, torna-se evidente que esta é mais importante, corresponde mais à vontade Divina. Porque "moriá" significa: ensinar, fazer conhecer, demonstrar[3].

O cumprimento da segunda ordem deixou uma mensagem elevadíssima para as gerações vindouras para todo o sempre.

Acontece, porém, que o *Midrash* não nos revela em que consiste essa lição, esse ensinamento capaz de inspirar á humanidade inteira.

Admitimos que nós, como judeus, saibamos avaliar a importância, a experiência do sacrifício de Abraham: mas não se compreende facilmente o que a humanidade inteira deverá aprender do ato do patriarca.

A nossa dúvida encontra explicação numa interpretação talmúdica. O *Talmud* analisa o termo *ná*, que significa "rogar, pedir, fazer um favor". D'us pediu a Abraham para fazer o sacrifício, para resistir a essa provação sobre-humana, para que a humanidade não pudesse afirmar que tudo aquilo que Abraham fez, até a ordem do sacrifício, foi sem importância alguma[4]. Devemos confessar que, do ponto de vista analítico, também essa explicação talmúdica não nos satisfaz, e a questão levantada persiste.

---

3 *Bereshit Rabá* 55, 8.
4 *Sanhedrin* 89b.

Por que será que todos os atos de Abraham ficariam sem importância se não se prontificasse para a provação do sacrifício, e como explicar que o sacrifício deveria confirmar e justificar tudo que Abraham fizera até essa experiência dolorosa?

Desde milênios perdura a divergência entre a ciência e a religião, entre saber e crer.

Crer é mais antigo que saber. A crença primitiva tem a sua origem em tempos primordiais, quando não existiam ainda cultura e ciência.

A discrepância entre essas duas disciplinas da mente humana é um produto do assim chamado Zeitgeist (Espírito do Tempo). E também nessa discordância estiveram os judeus no primeiro plano.

Na história da humanidade, essa desarmonia foi de tempos em tempos decidida com espada e fogo.

A religião dominou a ciência através das cruzadas, inquisições e perseguições, queimando e martirizando os hereges; por outro lado, o esclarecimento e o progresso do racionalismo reprimem e subjugam a religião e os crentes, por revoluções e derramamento de sangue. O estudo desses vários Zeitgeiste revela que aquilo que uma geração acredita ser verdade a geração seguinte acredita ser falso. O racionalismo fora verdade para uma época, mas para o romantismo da idade subsequente passou a ser falso. O cientificismo da época subsequente recusou-se a aceitar o romantismo e, em nossos dias, o temporalismo repudia o cientificismo.

Os judeus, animados e orientados sempre pelo seu imutável ideal de monoteísmo e puro humanismo, permaneceram fora do Zeitgeist; nunca fizeram uso de meios físicos na divulgação dos seus ensinamentos éticos, nunca lhes entrou na cabeça "convencer" alguém por meio de ameaças e torturas. A nossa luta travou-se através de discussões e polêmicas, através de troca de ideias e pensamentos.

A filosofia religiosa é um produto puramente judaico, produto esse que teve o seu começo com Filo de Alexandria e perdura até hoje em dia.

Na era moderna, surgiu um novo ramo de ciência que conseguiu acalmar um pouco a contenda: a psicologia. Analisando a divergência entre crença e ciência, a psicologia indaga: "Se saber e crer são de fato contrastes tão extremos que nunca hão de se harmonizar, o homem não poderia ser dotado de dois atributos que se neutralizam mutuamente?"

O grande escritor I. L. Peretz põe na boca de um dos seus protagonistas a seguinte pergunta: "Acaso já viram uma debulhadora que se descasca a si própria?" E a psicologia moderna chega à conclusão que as duas disciplinas da mente humana não são contrastantes, mas sim completam-se mutuamente. Lá onde a ciência para, começa a crença.

Dois erros cardeais são as causas dessa desarmonia: 1. Acreditava-se que a ciência já havia penetrado todos os segredos, e seria capaz de desvendar o mistério do cosmos e do homem; 2. Admitiu-se que a religião é uma concepção imaginada, fora da natureza humana, uma ilusão inventada pela mente fraca do homem.

Hoje reconhece-se o engano: 1. Verifica-se que com a ciência não se revelará nem sequer as causas elementares do mistério cósmico; constata-se que com todo o seu progresso ela há de esbarrar com limites que é incapaz de ultrapassar; 2. Confirma-se que a religião não é uma utopia, ou como doutrina o marxismo, o ópio do povo, mas sim uma disciplina inata no homem, e tão essencial como a sabedoria e a emoção. E a prova evidente é que o homem é capaz de se deixar matar pelas suas convicções religiosas, que, para a concretização de um ideal elevado, o homem se prontifica a sacrificar a sua própria vida e a dos seus entes queridos. Acaso existe ideal mais sublime, mais nobre que o amor a D'us?

O instinto de autoconservação e o amor paterno são sem dúvida alguma atributos inatos do homem, e se a religiosidade não fosse um bem natural seu, ele nunca sacrificaria o que é natural a favor de algo artificial.

O natural dominaria sempre o que é inato; a crença no homem só chegaria até o limite da autoconservação, ou até o amor paternal, não ultrapassando nunca a fronteira natural.

A respeito das outras provações, testes na linguagem moderna, que Abraham passou, os céticos, os que interpretam o verbo Divino com racionalismo crítico, poderiam eventualmente duvidar: Quem sabe se os outros testes de fé de Abraham foram por ele cumpridos pela sua interior, natural e inata convicção; quem nos diz se não resultaram de um fanatismo, de uma ideia fixa enraizada no fundo de sua alma?

E por isso veio o último teste, o da *akeidá* (o de atar Isaac ao altar), para servir e demonstrar à humanidade inteira que o sentimento religioso no homem é tão forte que é capaz de vencer mesmo os mais sólidos instintos inatos.

Com esse seu ato, Abraham demonstrou ao mundo inteiro que não há preço caro demais para pagar por um ideal sublime.

III

O cumprimento da ordem Divina de atar Isaac no altar é a maior provação de fidelidade religiosa na vida do patriarca Abraham, vida essa toda dedicada a D'us. A sua prontidão na obediência à palavra do Eterno deverá ser posta à prova máxima. Nós conhecemos o relato da Torá: D'us chamou Abraham e ele respondeu com as emocionantes palavras de devota prontidão: *hineni* – eis-me aqui. O rabino Hertz, analisando o texto dessa difícil missão, dessa incumbência sobre-humana, chama a atenção do leitor atento e versado para o fato de não constar nesse encargo o termo *vezavachta* (sacrificarás) ou *veshachatetá* (matarás), mas sim explicitadamente *vehaalehu* que significa "e o elevarás", pois não se tratava de ofertar uma vida humana no holocausto, mas sim de amarrar Isaac no altar, num lugar consagrado, para que os descendentes de Abraham se sentissem sempre ligados aos ideais elevados da vida.

A propósito do nome *Moriá* o lugar em que o rei Salomão construiu o Templo, existem no *Midrash* diversas interpretações. Algumas dessas explicações, aplica o Rav Samson R. Hirsch (z.l.) no seu conhecido comentário da *Torá*. Diz Rav Hirsch: "Se é verdade aquilo que os mestres ensinam, que o nome *moriyá* indica a localidade da qual saiu o ensino, o esclarecimento: se foi nesse lugar que Caim e Abel ofertaram os primeiros sacrifícios, se foi nesse lugar que Noé, quando saiu da arca depois do dilúvio, ofereceu a D'us o seu sacrifício de gratidão, se tudo isso é verdade, então devemos concluir que com a indicação do monte *moria* como lugar consagrado, já foi dado conhecer a Abraham que esse seu ato não seria importante e transcendental somente para ele, mas também para as gerações vindouras".

Essa sua resposta singela mas profunda, *hineni* (eis-me aqui), há de servir de exemplo luminoso para toda a humanidade, porque o cumprimento da vontade Divina só visa à elevação espiritual e ética do homem.

Respeito do preceito religioso, serviço Divino, Templo e sacrifício, não são um simples cerimonial, mas sim um *hineni*, uma prontidão sagrada, isto é, estar disposto a colocar a autocompensação, a vontade, a comodidade pessoal e o tempo em benefício de ideais elevados.

O nome *Moriá* devia indicar a Abraham que aquilo que lhe foi pedido *kách ná* (pega por favor) não é outra coisa além de uma revelação para o seu povo e para todos os homens, a de que, se quisermos conseguir tudo aquilo de que carecemos neste mundo perturbado, cada um de nós que ainda sente em si acesa a centelha sagrada, cada um que ainda não esqueceu e não pretende jamais esquecer que foi criado à imagem de D'us, deverá, quando chamado para cumprir o seu dever humano, responder pronta e humildemente: HINENI, eis-me aqui, cá estou, podem contar comigo.

Chaiê Sará

I

A *parashá* desta semana é dedicada às nossas duas mães, *Sará imeinu* e *Rivka imeinu*, que com as suas nobres virtudes ocupam o primeiro plano na galeria das 22 famosas mulheres judias, às quais o rei Salomão dedica o último capítulo dos seus *Provérbios* (*Mishlei*), capítulo esse que recitamos em casa nas noites de Shabat, em honra das nossas mães e esposas.

A primeira figura feminina desta *sidrá* à qual a *Torá* dedica o seu título é Sara, mulher de Abraham. Sara não foi somente uma fiel e devota companheira do seu marido, ajudando-o no cumprimento da sua missão difícil, na divulgação da ideia de *Um único D'us* num ambiente cheio de idólatras; os comentadores desta *sidrá* e o *Midrash* sublinham e fazem ressaltar as suas magníficas qualidades da mãe judia, aquela altruísta *ídishe mame* que renuncia a tudo para o bem dos seus filhos, que *aceita com agrado* todas as privações pela sua felicidade, mesmo ao custo dos maiores sacrifícios.

O *Midrash*[1] relata-nos que Abraham Avinu estava na dúvida se devia ou não contar a Sara o que D'us lhe ordenara que fizesse com o seu filho Isaac.

Para não assustá-la, ele resolveu não contar. Mas Abraham pediu-lhe para preparar uma refeição festiva, pois Isaac devia começar com a sua instrução religiosa. Durante a refeição Abraham disse-lhe: "Sabes, Sara, quando eu tinha apenas 3 anos, reconheci quem é o verdadeiro Criador

---

[1] *Tanchuma Vaierá*, 22.

do Universo; e Isaac já é um rapazinho crescido e ainda não recebeu nenhuma educação judaica. Como o lugar em que vivemos não tem condições apropriadas e não tem escolas, eu quero levar o nosso filho para um lugar um pouco distante daqui, e lá ele receberá o seu ensino religioso". E Sara, essa boa mãe judia, não hesitou em separar-se do seu único filho. Abençoou-o, e com grande mágoa, deixou que ele fosse com seu pai. A sua tristeza não impediu que Isaac recebesse uma boa educação. *Vale a pena sofrer, esperar ansiosamente o regresso do filho; o principal é a educação, a sabedoria, a formação intelectual.* E essa atitude de Sara serve, através de gerações, de exemplo a todas as nossas mães, que sacrificam os mais nobres sentimentos maternais, que trabalham duramente para que os seus filhos recebam uma educação judaica e se aprofundem nos ensinamentos da *Torá*. A segunda figura feminina desta *sidrá* é Rebeca, esposa de Isaac.

D'us abençoou Abraham com tudo o que um coração humano possa desejar. Mas um único problema o preocupava tremendamente; ele queria que o seu filho casasse com uma moça digna, capaz de conservar a tradição patriarcal da sua casa. Abraham, que tanto suportou e tanto lutou para que os homens do seu tempo reconhecessem o D'us único, não podia de maneira alguma admitir que o seu amado Isaac casasse com alguém que não reconhecesse D'us. A *Torá* não menciona uma única palavra sobre as condições físicas ou materiais daquela que deveria ser a sua futura nora; Abraham não exigiu do seu servo Eliezer que fosse à procura de uma "rainha da beleza" ou de uma moça com um grande dote. Nada disso está mencionado na *Torá*. Eliezer, pela convivência de tantos anos com Abraham e a sua família, sabia perfeitamente que espécie de moça seria digna de ser aceita como mulher de Isaac.

A cena do encontro de Eliezer com Rebeca junto ao poço de água é belíssima e comovente. E quando Eliezer se dirige a Rebeca com o pedido "abaixa o teu cântaro para que eu possa matar a minha sede", e Rebeca responde espontaneamente: "Beba você, e também aos seus camelos darei de beber", neste momento Eliezer já não pode esconder a sua emoção, e exclama: "Esta é aquela que merece entrar na casa do meu patrão, ela foi destinada por D'us", Eliezer reconhece imediatamente que aquela mocinha possui uma virtude tão bela, um caráter tão nobre, que só dificilmente se poderia encontrar outro igual. Ela tem um bom coração, ela é bondosa e sensível não somente para com o ser humano, mas também para com todos os seres vivos.

E assim podemos melhor compreender o que a *Ética dos Pais (Pirkei Avot)* nos ensina[2]. Rabi Iochanan ben Zakái tinha cinco alunos: R. Eliezer, filho de Hircano; R. Josué, filho de Chanánia; R. Jossé, o sacerdote; R. Simeão, filho de Nataniel; e R. Eleazar, filho de Arach. Um dia, durante a aula, disse R. Iochanan aos seus alunos: "O que é que o homem há de escolher de preferência? R. Eliezer respondeu: *O bom olhar* (o que não tem inveja). R. Josué disse: *Um amigo sincero*; R. Jossé disse: *Um bom vizinho*; R. Simeão: *A Providência*; R. Eleazar disse: *Um bom coração*.

"Prefiro – disse o mestre – a opinião de Eleazar, filho de Arach, pois nas suas palavras estão contidas todas as vossas". Sim, meus queridos filhos, não há coisa mais bela e mais admirável do que a *bondade*; essa virtude deve orientar os nossos pensamentos e as nossas ações; só ela enobrece o caráter humano.

II

*Vayihiú Chaiê Sará Meá Shaná Veesrim
Shaná Vesheva Shanim Shnei Chaiê Sará.*

Por que, na sentença de abertura da *parashá*, ocorre três vezes o termo *shaná*? Porque durante todos esses 127 anos da sua vida, Sara não perdeu nada nem em beleza e ainda menos em nobres virtudes.

Falando de "anos de vida", o famoso rabino Jacob Kranz, conhecido no mundo rabínico como Maguid Medubno, dá-nos, como era a sua maneira de interpretar a *Torá*, um exemplo folclórico-popular.

Numa pequena cidade da Rússia, viviam dois vizinhos, Chaim e Mendel, ambos paupérrimos, ambos com filhas a casar, e claro está, sem possibilidade de arranjar o dote e o enxoval. Resolveram então abandonar a cidade e percorrer alguns grandes centros judaicos, onde não faltam

---

2 *Ética dos Pais* 2, 8-9.

corações bondosos, que com os seus donativos maiores ou menores os ajudariam a juntar a quantia necessária para o casamento das filhas.

E assim foi; saíram juntos da cidade, separaram-se, cada um tomou seu rumo, e começou a caminhada difícil e ingrata. Um deles, Chaim, começou a juntar moeda com moeda, trocando sucessivamente as moedas de cobre por moedas de prata, e as de prata em moedas de ouro; e passados três anos conseguiu, com grande esforço e muitas privações, poupar a soma suficiente para o fim almejado. Enquanto isto, seu camarada Mendel, mal sentiu algumas moedas no bolso, não pôde resistir ao vício, e preferiu gastar o dinheiro na adega. Voltando à casa, Chaim casou a filha, e Mendel continuou o velho pedinchão de sempre.

Ambos saíram da cidade com o mesmo alvo, ambos juntaram esmolas, mas enquanto um sempre teve o alvo na mente, e por isso conseguiu trocar moedas miúdas por grandes, o seu companheiro esqueceu-se do fim e ficou na miséria.

A vida humana, diz o Dubner Magid, é também composta de *Kleingeld* (trocados): ela começa com segundos, estes se convertem em minutos, os minutos se transformam em horas, depois em dias, semanas, meses e finalmente em anos. Aquele que vive com ponderação e aspira a um alvo, leva uma vida como a do primeiro pobre; troca os segundos em minutos e assim sucessivamente, e quando chega a um ano, ele está na posse de um ano inteiro, cheio, ao qual não falta nada. E quando chega a hora de voltar à casa, isto é, o momento de se retirar deste mundo, os seus anos foram cheios de substância, anos profícuos.

Mas há gente que leva uma vida igual à do segundo pobre, que não sabe e não quer juntar segundos, minutos e assim por diante; e mesmo se já alcançaram setenta ou oitenta anos, numericamente não têm nem trinta, e muitas vezes nem vinte, porque o passado com o qual o número deverá ser composto já foi desperdiçado há muito tempo, dissipado com toda espécie de futilidades; e eles voltam à casa com mãos vazias. O fim de sua vida era aquilo que se ouve tão frequentemente nesta era em que vivemos: "Matar o tempo".

Esta, diz o Dubner Maguid – é a explicação de por que, quando a *Torá* fala dos anos de vida da Mãe Sara, ela repete numa única sentença três vezes a palavra *shaná* (ano). O algarismo maior da sua vida, o 100, era composto pelo número menor, o 20, e este pelo número 7, isto é, ela morreu com 127 anos cheios, harmoniosos, coerentes, dedicados a dois ideais destacados: tornar-se uma mãe exemplar e uma companheira devota e compreensiva para seu grande marido, que viu no ideal sublime de divulgar no seu ambiente pagão a existência de Um único D'us, a missão mais sagrada da sua vida. E um marido que teve o privilégio de viver tantos anos ao lado de uma mulher tão virtuosa deveria, logicamente, preocupar-se com o futuro do filho que esta mulher lhe dera, filho que, conforme a promessa divina, deveria herdar não a grande fortuna material do seu pai (porque do ponto de vista ético-judaico a parte material foi e será secundária, pois nós nunca avaliamos os homens pela sua conta corrente no banco, pelo *how much have you in cash*, mas exclusivamente pelas suas virtudes morais, pela nobreza do caráter, pela sua maneira de agir e pela sua bagagem intelectual), mas, sim, principalmente a herança espiritual, que garantiria a continuidade religiosa e a concepção ética dos descendentes de Abraham. E assim podemos compreender e devemos interpretar a súplica de Abraham ao seu devoto e fiel servo Eliezer, fazendo-o jurar que iria a Ur à procura de uma mulher digna para o seu filho Isaac. Esse diálogo entre Abraham e Eliezer é uma das cenas mais impressionantes desta *parashá*. Já Abraham Avinu sabia que o pior que nos podia acontecer é *o casamento misto*. Os piores e mais ferozes inimigos do nosso povo não nos causaram tantos danos como os nossos próprios filhos com os casamentos mistos. Isto é para nós, rabinos que velamos para que a chama judaica permaneça sempre acesa, a maior preocupação e a mais profunda dor.

Nos casamentos entre os nossos filhos não perguntamos se são muito religiosos, muito conservadores ou pouco; o que nós queremos e pretendemos é que a "corrente dourada", o patrimônio espiritual dos nossos antepassados, permaneça intacto através das gerações vindouras.

E desde que a *Torá* dedicou esta *parashá* às nossas duas matriarcas, Sara e Rebeca, isto é mais que suficiente para repelir outra acusação, a de que a mulher judia tem um lugar secundário e subordinado na hierarquia familiar judaica. Claro, para aqueles ignorantes que só conhecem os *judeus* como povo semita, pode prevalecer essa opinião errada; mas para os que são versados na história da Antiguidade, que sabem quantos povos semitas existiam nessa época e que ainda hoje há muitos povos semitas, estes reconhecerão que o judaísmo outorga à sua mulher um lugar de destaque e privilégio, e confessarão conosco que só graças à mãe e à mulher judia é que o povo de Israel ainda vive e viverá eternamente.

1. Abraham, o grande revolucionário – Abraham que foge de um meio cultural sem fé, sem ética moral (Sodoma).

Isaac – cujo atributo principal é a sua passividade; Isaac é inativo, sofisticado, tudo na sua vida é feito por outros. Bastam os três relatos principais da sua biografia: o sacrifício, o casamento e a bênção dos filhos.

Abraham o hospitaleiro, ele próprio serve as visitas, ele próprio prepara a comida; Isaac espera que Essav lhe traga algo que caçou; Abraham, toda a sua vida é uma página gloriosa de heroísmo, desde que deixou a casa paterna em Ur-Casdim: a sua luta destemida com os reis; o desafio ao próprio pai, que fabricava ídolos vendendo-os nos mercados aos ignorantes, e ao rei Nimrod, que tentou queimar Abraham por se recusar a acreditar na idolatria; o heroico Abraham que teve coragem de exigir justiça de D'us.

2. Isaac – o trágico, e por isso lembrado como *páchad Yitzchák*, o medroso.

A atribuição das três orações cotidianas aos três patriarcas, corresponde aos seus caracteres e destinos.

O caráter de Isaac é "minchá" (do verbo *nachó*, descansar, repousar). Não encontramos nele a coragem de Abraham que se levanta de madrugada (*shachar* = aurora) para experimentar a maior provação de um ser humano, de um pai; não encontramos em Isaac a luta heroica durante a noite (*erev*) do terceiro pai.

Os três episódios decisivos de que ele é levado a participar; prestes a ser sacrificado quando ainda jovem, o casamento quando já era homem maduro e o engano na velhice, são os traços característicos da sua personalidade trágica.

Claro está que o mais impressionante episódio é o *akeidá*, o sacrifício ou, mais corretamente, o "atamento".

A simplicidade da conversa entre pai e filho durante a longa caminhada até o monte Moriyá, quando o pai sabe quem será sacrificado e o filho não sabe, assim como não saberá quem será a sua esposa predestinada, assim como não saberá qual dos filhos ele está abençoando, a simplicidade do diálogo entre pai e filho é comovente. Três palavras só, mas de uma importância transcendental: *vayelchú shneihém yachdáv* e andaram ambos juntos. Duas vezes a mesma afirmação.

E assim anda o povo de Israel com o seu D'us através da sua grande e impressionante história; assim subimos inúmeras vezes aos altares para sermos sacrificados pelos nossos ideais; assim inculcaram em nós os profetas a convicção de que, se é por ordem Divina que fomos e continuamos "atados" (a história dos últimos dois milênios fez-nos sentir que não somos somente "atados" mas sim "sacrificados" no pleno sentido da noção), virá o dia em que, pela mesma ordem Divina, ficaremos "desatados", libertados do sofrimento e da opressão.

Acontece que o medo predomina em nossa consciência, enquanto em nosso subconsciente prevalece a confiança na eternidade de Israel; mas acontece também o contrário e observamos: Fé e confiança como fatores predominantes, mas no fundo da nossa alma vivemos com medo, o medo de Isaac atado.

Acontece que muitas vezes nos elevamos a ações por incumbência Divina, como foi o caso com Abraham, ou por ordem da mãe, como fez o terceiro pai, Jacob. Mas acontece também, e infelizmente muitas vezes, que nos deixamos levar e guiar pela atitude do segundo pai; então ficamos deslumbrados, iludidos e apelamos à benevolência dos filhos, à bondade de um caçador, isto é, confiamos demais num Essav. E em tais circunstâncias, quando não possuímos o espírito não conformista de Abraham e tampouco a vontade combativa de Jacob, para encarar a luta com homens e ideologias, nesses estados de inércia absoluta, evocamos nas nossas preces *zechór lánu akeidat Yitzhák*, recorda-Te de nós, Eterno, graças aos méritos de Isaac.

A imagem de Isaac fica muitas vezes presa no arbusto trágico – mas ele próprio sai, ou fazem-no sair, do embaraço à vida, e o carneiro fica no lugar dele.

Vayelchú shneihém yachdáv e andaram ambos juntos.

Abraham e Isaac, o povo e a confiança andam sempre em nós, dentro de nós.

III

Veabraham zaken bá baiamim, Vadoshem beirach et Abraham bacol.

Era Abraham já idoso, bem avançado em anos, e o Eterno em tudo o havia abençoado[3].

Essas simples e singelas palavras indicam que D'us lhe concedera tudo que um coração humano possa desejar: idade avançada e *bacol*, que incluem literalmente o máximo das aspirações humanas. Mas ao folhearmos umas poucas sentenças adiante, encontraremos um extenso capítulo que descreve minuciosamente a grande preocupação que não deixava Abraham gozar de todo esse bem que a Providência Divina lhe outorgou. A sua imensa fortuna, a sua posição social de destaque, os bens acumulados, a longa vida, não o pouparam do desgosto de que Isaac ainda não se casara, que ele ainda não encontrara uma mulher digna de tomar o lugar da sua amada esposa Sara.

Nos termos modernos em que vivemos, não conhecemos essas inquietações. Se os pais são ricos e o filho é materialmente independente, especialmente quando já é o filho que dirige os negócios, o casamento do rapaz não aflige ninguém; pois desde que a situação financeira seja sólida e a família seja conceituada como gente de bem, faltarão possibilidades e ocasiões para se fazer um bom casamento? Entre gente abastada, não há problemas desse gênero.

Com os nossos patriarcas deu-se o contrário. Quando começavam a sentir o peso dos anos e as consequências da fraqueza física, e viam os filhos ainda solteiros, isto era razão mais que suficiente para grandes cuidados. Assim aconteceu com Abraham, Isaac e Jacob. E os mestres observam: "Não pelo fato de estarem velhos se preocuparam com o futuro dos filhos; ao contrário, os filhos faziam-lhes sentir a idade avançada.

Ad Avraham lo haietá ziknâ: Até Abraham os homens não compreendiam o que significa *ser velho*[4]. Sim, antes de Abraham alcançava-se uma idade de Matusalém, mas era uma vida vazia, sem sentido, sem substância;

---

3   *Gn* 24, 1.
4   *Bava Metzia* 87a.

ninguém se dava conta de que ser velho significa aproximar-se ao termo, que com a morte nada resta desta vida material.

Abraham foi o primeiro que compreendeu a verdadeira significação da velhice, e que a vida humana é instável, passageira. Mas ao mesmo tempo, compenetrou-se de que não é preciso recear a velhice, desde que se deixem descendentes que continuem a viver dentro dos ideais de seus pais.

A vida é real, contínua e constante, desde que os filhos continuem a juntar elo a elo nesta corrente dourada de seus antepassados. E a preservação dos ideais paternos depende principalmente da mulher: *beitó zu ishtó*, a mulher representa o lar[5].

Conservar um lar judaico num meio ambiente não judaico não é coisa muito fácil. Abraham sabia perfeitamente que, esposando Isaac uma moça do ambiente em que vivia, ela dificilmente deixaria o estilo de vida no qual fora educada para se adaptar à maneira de viver puramente judaica do lar de Abraham e Sara. E assim aconteceu.

Rebeca, oriunda de uma terra estranha, assimilou-se gradativamente ao novo ambiente, graças às suas magníficas virtudes, tornando-se digna de substituir Sara e se tornar a segunda matriarca.

Os mestres contam que o lar de Sara foi distinguido com três bênçãos, consagrações essas que se tornaram ideais elevados de cada casa judia: uma luz estava acesa na tenda de Sara da véspera de Shabat até outra véspera; uma nuvem cercava o seu lar; e a bênção de D'us pousava no seu pão[6].

O judaísmo, que é uma doutrina a ser vivida, mais do que uma teoria a ser aceita, baseia-se nestes três pilares fundamentais: *Torá*, *Avodá* e *Guemilut Chassadim*[7]. A luz é o símbolo da *Torá*; sem *Torá* a nossa existência seria escura; são os ensinamentos da *Torá* que iluminam o nosso caminho milenar. Sara cuidou toda a sua vida para que a luz da *Torá* ficasse sempre acesa no seu ambiente. *Avodá* (serviço) significa o estilo de viver judaico; a casa judia deve se distinguir das outras casas como se fosse envolvida numa nuvem, uma cerca que a circunda para que não penetrem nela costumes e hábitos

---

5   *Mishná Yomá* 1,1.
6   *Bereshit Rabá* 60, 15.
7   *Ética dos Pais* 1, 2.

estranhos à nossa maneira de pensar e de orientar a nossa vida familiar; e finalmente *Guemilut Chassadim* (praticar boas ações).

O pão da casa judia deve ser abençoado, ganho honestamente e dividido entre todos os necessitados, sem distinção de cor e religião, pois o egoísmo nunca foi e nunca será uma virtude judaica, enquanto a caridade e a hospitalidade são méritos caracteristicamente judaicos que nem os piores antissemitas serão capazes de negar.

Esse é o papel da mulher judia numa casa judaica. Ela deve ter sempre na mente essas três virtudes: ter constantemente acesa no coração de seus filhos a luz da *Torá*, orientar a sua casa num estilo de viver puramente judaico; tradição, costumes e festas judaicas, e principalmente a santidade do Shabat, devem ser observados e conservados; ela nunca deve esquecer o seu semelhante necessitado, ela deve estar pronta para participar em todas as obras de caridade e onde o seu auxílio for pedido.

Essa é a única maneira de conservarmos a nossa particularidade, a nossa existência e a nossa continuidade através dos tempos, do meio ambiente e dos contextos cambiantes do destino.

IV

A *parashá* desta semana divide-se em duas partes distintas:

1. A morte de Sara, a profunda dor do seu dedicado marido Abraham, o seu pranto e comovente necrológio.
2. O casamento de Isaac, a alegria e o regozijo do pai por ter o filho se casado com uma mulher digna e apta para cultivar as tradições do lar paterno.

A linguagem da *Torá* é muito concisa. Ela descreve as figuras ou os acontecimentos em poucas palavras, projeta-os em poucos traços; mas estes são bastante plásticos e expressivos ao máximo, suficientes para penetrarmos na alma da personalidade descrita e no teor do acontecimento. Assim, a narração da vida familiar dos patriarcas é uma obra de arte.

O nosso mundo moderno orgulha-se com a emancipação da mulher, faz alarde da posição destacada da mulher na sociedade moderna, afirmando que na Antiguidade a mulher era humilhada, desprezada, sim, escravizada. Também os nossos "esclarecidos" (*maskilim*) criticam-nos, demonstrando com mil e uma provas que a mulher judaica nunca ocupou na vida familiar ou na sociedade o lugar que ela merece.

Aconselharíamos a esses críticos, defensores de direitos femininos, que releiam atentamente e sem preconceitos a *parashá* desta semana, a fim de constatar até que ponto a sua tomada de posição a esse respeito é errônea, e para verificar a posição elevadíssima que a matriarca Sara ocupou no seio da família e da sociedade. Constatarão primeiramente que essa senhora se distinguiu antes de mais nada por uma virtude que se torna cada dia mais rara: referimo-nos à virtude de ter sido "uma fiel e devota companheira do seu marido", uma mulher compreensiva, que tomou parte ativa nos ideais e propósitos educativos de Abraham. Esses atributos não a impediram de ser ao mesmo tempo uma excelente dona de casa, que, apesar de não lhe faltarem empregadas, fazia questão de servir ela própria as visitas que costumava receber, com a proverbial hospitalidade que caracterizava a casa do patriarca Abraham.

A sua impressionante sensibilidade feminina fê-la compreender que o seu lugar apropriado é no *ohel*, na tenda, no lar familiar, na casa. Foi Sara que reconheceu primeiro que a base da sociedade é o lar, é o espírito que predomina nesse lar, é a harmonia entre marido e esposa, harmonia essa que se reflete na formação dos filhos; por isso foi Sara, e não os ingleses, quem percebeu a profundidade do provérbio: *my home-my castle*, a minha casa é minha fortaleza.

O que distingue a concepção judaica das outras religiões do velho Oriente a respeito da posição da mulher é o nosso reconhecimento, sim, a nossa convicção de que a missão da mulher é tão importante, tão indispensável, quanto a do homem. Ousamos dizer, talvez superior. O conceito elevado relativo à mulher é aquele que o poeta alemão condensou neste belo lema: "Nicht aufräumen, nein, aufbauen muss die Frau das Haus" (a mulher não deve arrumar, mas sim edificar a casa). O rei Salomão expressou essa ideia na sua magnífica sentença, afirmando: *Chochmat nashim bantá beitá*, a inteligência da mulher edifica o seu lar[8]. Aquele poeta alemão que cantou: "Der Mann nuesse hinaus ins feindliche Leben, die Frau aber drinnen walte als Mutter der Kinder" (o homem deve sair da casa a fim de enfrentar a luta do sustento cotidiano, enquanto a esposa reinará dentro da casa como mãe de seus filhos), este poeta sentiu mais judaicamente que nós próprios, infelizmente.

Evidentemente, para aqueles ignorantes que só conhecem os judeus como povo semita, a judia personifica uma mulher oriental, uma mulher escravizada, dominada pelo marido, cegamente obediente às ordens do esposo déspota; mas os que sabem que há muitos povos semitas e procuram a verdade se convencerão de que em toda a literatura e na poesia universal não existe obra alguma que exalte e glorifique a mulher em geral mais do que acontece na literatura judaica, o que encontra a sua expressão máxima no 31° capítulo dos *Provérbios* de Salomão[9]. Quem sabe se o poeta alemão H. Schiller não se inspirou nesse poema bíblico quando escreveu a sua bela poesia, "Die Glocke" (O Sino), na qual elogia as virtudes da mulher.

Inumeráveis são os aforismos na literatura rabínica em que a mulher é distinguida. Eis somente algumas destas máximas maravilhosas:

Matzá ishá matzá tov (encontraste uma esposa, encontraste o bem)[10].

"A mulher é mais hospitaleira do que o homem".

Eize ashir? Kol sheiesh lo ishá naá bemaasim (Quem se pode se considerar rico? O que tiver uma mulher virtuosa)[11].

Boshtá shel ishá merubá mishel ish (A mulher tem mais pudor do que o homem)[12].

Ein derech chaishá lihiot ioshévet beteilá betoch beitá (Uma dona de casa encontrará sempre algo a fazer no seu lar)[13].

Bischar nashim tzadkaniot shehaiú beotó dor, nigalu Israel mimitzraim (Graças aos méritos das mulheres virtuosas, os filhos de Israel foram libertos do Egito)[14].

---

8   Pr 9, 1.
9   *Mishlei-Eshet chail mi Yimtzá.*
10 Pr 18, 22.
11 *Shabat* 25b.
12 *Tossefta Ketubot* 12, 4.
13 *Yerushalmi Ketubot* 5, 6 (37, 1).
14 *Sotá* 11b.

Kol hanossé ishá leshem mamon, havin lólo banim sheeinam mehuganim (Aquele que se casar só para ganhar um grande dote, terá filhos mal-educados)[15].

Chochmot nashim bantá beitá (A inteligência da mulher edifica o lar)[16].

"Todo aquele que ama a sua esposa como a si mesmo, e a honra mais do que a si mesmo, dessa pessoa está escrito: então saberás que o teu lar é abençoado com a paz"[17].

"O homem deve comer e beber aquém de suas posses, vestir e cobrir-se com conformidade com os seus meios, mas à sua mulher e seus filhos deve honrar acima das suas possibilidades"[18].

Melamed shenatán Hakadosh Baruch Hu biná ieteirá beishá iotér mibaish (O Eterno concedeu à mulher mais compreensão do que ao homem)[19].

As 22 letras do alfabeto hebraico correspondem às 22 célebres figuras femininas da *Bíblia* (a *Bíblia* menciona 100 mulheres, mas 22 delas se distinguiram sobremaneira).

---

15 *Kidushin* 70a.
16 *Pr* 14, 1.
17 *Yevamot* 62b.
18 *Hulin* 84b.
19 *Nidá* 45b.

Toledot

I

A *sidrá* desta semana descreve-nos a biografia do patriarca Isaac. De todos os três patriarcas, é Isaac aquele cuja história ocupa o menor espaço na *Torá*. Enquanto a Abraham a *Torá* dedica três *sidrot* (*Lech Lechá, Vaierá* e *Chaiê Sará*), a vida de Jacob é descrita em seis *sidrot*: *Vaietzê, Vayishlach, Vaieshev, Mikêtz, Vayigash* e *Vaichi*. A biografia de Isaac é resumida numa única *parashá*, a desta semana: TOLEDOT.

Por estranho que possa parecer, esse fato tem a sua explicação lógica. Abraham e Jacob passaram a maior parte da sua vida na Diáspora, em peregrinações fora de Israel; e de uma vida instável, constantemente movimentada, há muita coisa a relatar. Tormentos, privações de toda espécie, renúncias ininterruptas, sacrifícios físicos e psíquicos, lutas de ordem moral e material, perseguições, decepções, esperanças não realizadas, isso tudo são consequências naturais de uma vida inconstante, tão admiravelmente descritas do ponto de vista psicanalítico no sonho de Jacob: uma escada posta na terra, mas cujo topo atingia o céu; e os anjos de D'us subiam e desciam por ela[1]. Isto é a vida fora da pátria: *Subidas* e *descidas, ascensões* e *quedas*.

Mas Isaac passou toda a sua vida na sua terra natal, em Eretz Israel, e, mesmo nas piores situações e circunstâncias, jamais a abandonou. E quem vive na sua terra, leva uma vida mais sossegada, mais tranquila, pouco movimentada. Isso não quer dizer que em casa não há perigos,

---

1 Gn 28, 12.

não há momentos em que a vida não esteja exposta a grandes perigos e sacrifícios, como aconteceu com Isaac, quando estava prestes a ser sacrificado por seu pai, mas isso foi uma provação única, que acabou com um grande susto; de resto a sua vida foi normal, estável e coordenada. Uma certa solidez também prolonga a vida, pois sabemos que Isaac viveu mais que seu pai e mais que seu filho Jacob. De maneira que da sua vida não há muita coisa a narrar.

Mas na vida de Isaac há um fator importante que merece ser analisado e iluminado: referimo-nos ao fato do ódio dos vizinhos não judeus para com Isaac. E nesse episódio encontramos os primeiros rastros do autêntico antissemitismo. É verdade, também Abraham teve quase todo o mundo contra si; ele chamava-se "IVRI" (da palavra *ever*, lado), porque enquanto todos os seus contemporâneos estiveram num lado, ele foi o único que teve coragem *de estar no lado oposto*, não do ponto de vista material ou espacial, mas sim *espiritual*.

No caso de Abraham podemos objetivamente dizer que o ódio contra ele era justificado. Ele ridicularizou a idolatria do seu ambiente, zombou do seu próprio pai por seu fanatismo idólatra, pregou uma nova crença, divulgou novos e elevados ideais. E de coisas tão revolucionárias, tão extravagantes, o mundo não gosta.

É também verdade que Jacob teve inimigos, o seu irmão Essav e o sogro Lavan. Mas também esse ódio tem certa justificação. Essav detestou-o por causa da primogenitura, e Lavan o repeliu por inveja, por causa do seu rebanho ter aumentado numérica e qualitativamente.

Mas é completamente inexplicável a razão do ódio contra Isaac. Ele não ensinou novas doutrinas teológicas, não fez troça de ninguém, não enganou ninguém; Isaac era um homem pacato, pacífico.

A *Torá* descreve-nos detalhadamente a ocupação cotidiana de Isaac; trabalhava arduamente, lavrava as suas terras, semeava, ceifava e tudo o que possuía foi adquirido à custa de muito suor. Isso não impediu que os filisteus entulhassem todos os poços que os servos de seu pai haviam cavado, enchendo-os de terra. E se isso já não é bastante para aborrecer--lhe a vida, o rei dos filisteus, Avimélech, expulsa-o das suas propriedades, dizendo-lhe claramente aquilo que nós judeus já tantas vezes ouvimos durante a nossa história milenar: "Afasta-te de nós, porque já és muito mais poderoso do que nós"². Tu já és capitalista demais, e nós somos socialistas.

"E Isaac saiu dali e acampou no vale de Guerar, onde habitou. E tornou Isaac a abrir os poços que se cavaram nos dias de Abraham, e lhes deu os mesmos nomes que já seu pai lhes havia posto"³.

Esses acontecimentos ensinam-nos a história do primeiro antissemitismo injustificado. Os filisteus entupiram os poços, destruíram as nascentes de água. Os filisteus não confiscaram a fortuna de Isaac para o seu próprio benefício, como o fizeram e ainda fazem os ditadores e tiranos do nosso tempo (o judeu é *treifá*, mas o seu dinheiro é *kasher*); nada disso, eles entupiram simplesmente as fontes, impediram o desenvolvimento econômico do país, com o único intuito: tirar de Isaac aquilo que lhe pertencia. Os tempos mudaram, os sistemas e métodos também; o que ficou inalterado é o alvo: *desapropriar* o judeu!

Em todos os tempos, tentou-se justificar o antissemitismo com diversas argumentações. A principal argumentação é: os judeus emigraram para países que muitos séculos atrás já estavam povoados por outros grupos étnicos mais antigos; e, como elementos estranhos, devem ser odiados. Mas o tratamento dos filisteus para com Isaac destrói redondamente essa tese. Abraham e Isaac chegaram a Canaã ao mesmo tempo que os canaanitas, devendo assim usufruir os mesmos direitos de cidadania que os canaanitas. Como explicar então esse rancor contra Isaac?

Um outro argumento é: o judeu só se dedica às profissões ligeiras, comércio, indústria, finanças ou às profissões liberais; mas detesta a agricultura, o trabalho rural. Mas a *sidrá* desta semana relata-nos que Isaac se dedicou exclusivamente à lavoura, cultivou a terra, e só dela tirou o seu sustento. Por que então essa repulsa? Analisando bem as palavras da *Torá*, constatamos que o próprio Isaac não soube explicar essa sórdida aversão contra ele, e só implorou a bênção de D'us para o seu árduo trabalho em momentos de aflição.

Não queremos perturbar a santidade do Shabat com lembranças tristes e inesquecíveis; no Shabat é-nos proibido chorar ou mostrar publicamente o nosso luto. Mas entre viver constantemente numa obsessão inolvidável

---

2   Gn 26, 16.
3   Gn 26, 17-18.

e refrescar a memória à luz da história há uma enorme diferença. Por ocasião do 25º aniversário da CIP, tivemos ensejo de demonstrar até que ponto nós somos um AM HAZIKARON (um povo de recordação) *par excellence*. E esta noite, falando-vos dos poços e fontes que Isaac abriu não só para o seu próprio bem, mas também em proveito dos seus vizinhos, ocorre-nos perguntar: quantas fontes de prosperidade, de bem-estar econômico, cultural, artístico e científico, não abriram os judeus da Europa Central durante séculos de convivência com os povos desses países? Qual foi a nossa contribuição em todos os campos de atividade, no desenvolvimento das nossas terras natais? Quantos milhões e milhões de não judeus, não gozaram, não aproveitaram da nossa cooperação altruísta? Como então explicar esse ódio contra nós, como justificar perante o juízo universal aquilo que há anos atrás, em 9 de novembro de 1938, aconteceu na Alemanha, quando hordas nazistas soltas da selva incendiaram, nessa inesquecível KRISTALLNACHT, centenas de sinagogas, queimaram milhares de *Sifrei Torá* e dezenas de milhares de livros sagrados de estudo? Por que esse vandalismo, por que esse sacrilégio sem par na história da civilização?

Essav vendeu, na sua ignorância, a primogenitura por um prato de lentilhas; e esse povo de poetas e pensadores, tornando-se bestas ferozes, vendeu a sua consciência a um louco patológico.

Mas Isaac não odiou. Obrigado a deixar um lugar, procurou outro e continuou pacificamente no seu trabalho. Ele só perpetuou os lugares de infortúnio através de nomes alusivos como *Sitna* (briga), *Essek* (intolerância), e quando se sentiu aliviado da inimizade que o rodeava, se estabeleceu em Rechovot (que significa: alívio ou alargamento). A mesma Rechovot que hoje em dia é o maior centro científico do Oriente Médio, com o seu famoso Instituto Weizmann, onde atualmente se realiza o congresso dos cientistas nucleares.

E como acaba esse episódio? A *Torá* conta-nos:

"Avimélech foi falar com Isaac. E Isaac perguntou: Por que vieste a mim, pois me odeias e me expulsastes do vosso convívio? Avimeleh e os seus homens responderam: Vimos claramente que o Eterno está contigo, tu és agora o abençoado por D'us"[4].

---

[4] Gn 26, 26-29

Isso deve ser o nosso alvo: continuar a trabalhar para o bem de todos, amar sempre mais aquilo que construímos em outras terras, mas ao mesmo tempo alargar sempre mais nossa atividade em prol da causa judaica.

II

Vayitrotzetzú habanim bekirbá: E os filhos lutaram dentro dela[5]. Nessas poucas palavras está condensada uma profunda filosofia que nos dá muito para pensar, e nos indica qual será o futuro do mundo. Rashi explica: "brigam um com o outro, e discutem a respeito da divisão deste mundo e do mundo de além. Estando ainda no ventre materno, já começou a tremenda briga entre Jacob e Essav, contenda essa que infelizmente não cessou até hoje em dia. E a luta há de acabar como indicado na *parashá* desta semana: *verav iaavód tzaír*, e o mais velho servirá o mais jovem"[6]. "E ajudantes subirão ao monte Sião, para julgar o monte Essav", e o profeta Obadia acaba a sua profecia com as belas e confortantes palavras: *vehaietá lahashem haneluchá* e o reino pertencerá ao Eterno[7].

David Ben Gurion escreve: "Se eu tivesse de resumir toda a essência da história judaica em breves palavras, diria o seguinte: QUALIDADE contra QUANTIDADE". E continua: "Em todas as gerações, desde Iehoshúa bin Nun até a guerra de libertação de Israel, nem sempre fomos poucos contra muitos, mas sempre permaneceremos poucos diante de muitos. E só subsistiremos se formos fiéis à nossa missão na história, e à visão que ela contém. Este pequeno e maravilhoso povo judaico não está em inferioridade de condições, no que diz respeito às suas qualidades morais e intelectuais, em relação às maiores nações; o seu sistema educacional deve tender a cultivar e a fortalecer essas aptidões até o máximo grau possível. Somente assim poderemos sobreviver num mundo de rivalidades, de ódio e de rapina. O nosso futuro não deixará de assinalar uma nova senda, um

---

5 *Gn* 25, 22.
6 *Gn* 25, 23.
7 *Obadia* 1, 21.

roteiro de paz, justiça, liberdade e fraternidade humanas, mas sim como paradigma e exemplo de nossas vidas, e de nossa conduta".

Um governador romano perguntou a Raban Gamliel Hazaken "quem achas tu que governará o mundo depois de nós, Romanos?"[8] O mestre pegou num pedaço de papel limpo, e, sem dizer uma única palavra, escreveu: "E depois saiu o seu irmão, agarrava sua mão ao calcanhar de Essav"[9], querendo com essas palavras da *Torá* indicar que depois de acabar o governo de Essav, começará a era de Jacob.

O governador leu o escrito e disse: "Velhas palavras de um livro velho".

Vieeháv Yitzhák et Essav, ki tzaid befiv. E Isaac gostava de Essav, porque ele tinha "caça" na boca[10]. A *Torá* nos relata que Essav se serviu para os seus fins egoístas de dois métodos opostos. O primeiro foi *tzaid befiv*, ele aprendeu como caçar com a boca, com a sua eloquência, com belas palavras, delicadeza, boas maneiras e altissonantes promessas, que só visam efeitos exteriores e que só servem para enganar os outros. E caso esse método não produza o resultado esperado, aplica-se então o outro, mais radical, mais persuasivo, que consiste em: *vehaiadáim iedéi Essav*: as mãos são as mãos de Essav[11], isto é, a força brutal. Neste breve lapso de tempo de uma prédica, não podemos historiar quais foram os meios de que "os filhos de Essav e Edom" se serviram para nos converter à sua doutrina e concepções de vida. E quando reconhecerem que *maim rabim lo iuchlú lechabot et haahavá*, que nada neste mundo será capaz de apagar o nosso amor a D'us[12], que os seus meios de promessas e de persuasão são incapazes para nos afastar da herança milenar que é a *Torá* de Israel, recorreram então ao processo mais "convincente" e "efetivo", ao aniquilamento físico, às torturas inquisitoriais.

E Isaac disse: *hakol kol Yaacov*, a voz é a voz de Jacob[13]. E os mestres interpretam: Enquanto se ouvir nas sinagogas e nas escolas israelitas as

---

8 *Yalkut Shimoni, Toledot* 110; *Bereshit Rabá* 63, 13.
9 Gn 25, 26.
10 Gn 25, 28.
11 Gn 27, 22.
12 Ct 8, 7
13 Gn 27, 22.

vozes dos "filhos de Jacob", enquanto cuidarmos para que as nossas crianças recebam uma verdadeira educação judaica, educação capaz de resistir às influências do meio ambiente que nos rodeia, enquanto transmitirmos aos nossos filhos os eternos valores do judaísmo íntegro e integral, as mãos de Essav serão impotentes contra nós, e não haverá perigo de sucumbirmos debaixo das opressões de Essav e seus descendentes.

Al tig'ú bimshichai-elu tinokot shel beit raban, não ponham a mão nos meus redentores – as crianças nas escolas[14]. A nossa existência e a nossa continuidade dependem dos nossos "redentores", dos nossos filhos.

III

Shnei goim bebitnéch, dois povos estão no teu ventre[15]; e o *Midrash* comenta: Dois povos orgulhosos. Um, Jacob, que se orgulha com o seu mundo, o seu cosmopolitismo, com o seu internacionalismo; o outro, Essav, que se ufana com o seu imperialismo, com os seus fortes e bem armados exércitos[16].

Esse singelo *midrash* indica claramente e explica a razão da nossa prolongada *Galut*. O judeu é cosmopolita demais; em vez de trabalhar para o seu próprio bem-estar, para o seu próprio povo, ele preocupa-se com os problemas sociais da humanidade inteira, dedicando-lhe todo o seu esforço e carinho. Dedicação e carinho que, aliás, nunca foram avaliados e estimados devidamente. Enquanto Essav se dedica a reforçar as suas possessões geográfico-políticas, Jacob preocupa-se com os movimentos internacionais, luta em todas as fronteiras, gastando as suas energias para melhorar o mundo, não tendo para si próprio um cantinho para encostar a sua cabeça: *Yaacov mitpalel bishlomá shel malchút*[17]. Em toda parte do mundo Jacob reza pelo bem-estar do povo em que vive, sim, em que é simplesmente tolerado. Ele não só reza, ele faz os maiores sacrifícios pelo

---

14 *Shabat* 119b.
15 Gn 25, 23.
16 *Bereshit Rabá* 63, 9.
17 *Ética dos Pais*, 3, 2.

engrandecimento e enobrecimento do respectivo país: o número de prêmios Nobel israelitas comprovam a nossa afirmação. Essav, gabando-se com o seu império, procura constantemente robustecer as suas fileiras, dando aos seus filhos uma educação nacional, rígida e severa, implantando nos seus corações sentimentos patrióticos. Mas Jacob, que enaltece o seu cosmopolitismo, pouco interesse demonstra pela educação tradicional-nacional de seus filhos. Ele manda-os para as escolas públicas, colégios e grupos escolares para que se assimilem ao ambiente não judaico; da sua eterna *Torá*, da sua rica cultura, do seu glorioso passado, estas nossas crianças não sabem nada, causando assim conscientemente tremendas brechas com consequências fatais nas nossas próprias fileiras.

E o que é ainda mais doloroso é o fato de que a nossa juventude, sentindo-se empurrada para o meio ambiente não judaico que os seus pais lhes prepararam, faz "progressos", tornando-se cosmopolitas internacionais. Com o seu temperamento juvenil, com o seu entusiasmo e sentimentos de revolta contra o mundo hipócrita que a rodeia, atira-se emocionada às fileiras daqueles "benfeitores" e "pacifistas" demagógicos, que prometem o céu àqueles que sofrem na terra.

Essa nova juventude que pouco ou nada sabe a respeito dos seus próprios valores espirituais e éticos entusiasma-se facilmente por frases e *slogans* vazios de um "astro radical", seguindo-o devotamente, até que no firmamento apareçam nuvens novas, e o suposto "astro" desapareça nos seus próprios céus nacionais, céus estes fechados hermeticamente para a juventude israelita.

Um mestre disse com muita razão: enquanto Jacob considerar Essav como primogênito, marchará sempre nos seus passos; quando os pais se tornam *ovdei habaalim*, servidores de ídolos, respeitando e considerando somente o poder do dinheiro, acumulando fortunas, contribuem para que os filhos se tornem *ovdei kochavim*, servidores de astros, figuras que, evaporadas as suas teorias erradas, desaparecem num firmamento obscurecido, deixando atrás de si decepção e desilusão.

E este orgulho com o cosmopolitismo continua a causar terríveis danos em todos os campos da vida judaica. Na vida religiosa, por exemplo, brotam por toda parte novos partidos sob diversas denominações como: "reformistas", "liberais", "conservadores", "reconstrucionistas", tendo todos esses movimentos religiosos um único alvo: "modernizar o judaísmo".

O seu desejo de *nichié kechól hagoim beit israel*, de tornar-se igual aos outros povos, esta sua ambição reflete-se não somente nos seus templos, nos serviços religiosos, como também no seu estilo de viver e maneira de pensar, e o que é o mais trágico, nos casamentos mistos, que abalam os alicerces da nossa continuidade.

Muitos dos "reformistas".' querem nos convencer que não somos um povo, mas sim uma comunidade religiosa incumbida de uma missão Divina, missão essa que consiste em vaguear por continentes e mares a fim de divulgar a ideia do monoteísmo.

Nachum Sokolov, o grande líder sionista, dirigindo a sua palavra eloquente a um grupo de judeus reformistas em Boston, respondeu à pergunta se somos um povo, uma raça ou uma comunidade religiosa da seguinte maneira: "A verdade é" – disse ele – "que nem o *Tanach (Bíblia)* e tampouco o *Talmud* mencionam essa missão que acabais de sublinhar com tamanha ênfase. O que eu aprendi é que a Providência Divina nos destinou a sermos um povo igual aos outros, um povo vivendo na sua própria terra, cultivando lá a sua cultura milenar sem empecilhos, e sem influências estranhas: mas, desde que já quereis que eu concorde convosco, isto é, que diga que. a vossa ideia de uma missão tem alicerces históricos, é que somos predestinados a ensinar ao mundo inteiro fé e crença, então permiti-me uma pergunta: por que não devemos abrir a nossa própria escola, na nossa própria terra, onde os alunos de todo o mundo virão aprender? Onde, meus senhores, está escrito que devemos ficar para sempre no papel deste antigo *melamed* (professor primário) de aldeia que, além de ensinar nas diversas aldeias, vagueando constantemente da localidade à povoação longínqua, viu-se obrigado de ajudar a camponesa nos afazeres caseiros, levando o rebanho ao pasto e ganhando uma miséria?"

Essa nossa vontade cada vez mais pronunciada de assimilar-nos ao ambiente em que vivemos, essa assustadora onda de alienação, causa-nos profunda preocupação: 80% de crianças judias não recebem nenhuma educação judaica, nem esta coisa insignificante que se chama "ensino religioso" ou "Sunday-School". Qual será a nossa desculpa perante o Juiz do nosso destino?

Vaietzê

I

"E partiu Jacob de Beer-sheba e seguiu para Harã.
Tendo chegado a certo lugar, ali passou a noite, pois já era sol posto; tomou uma das pedras do lugar, fê-la seu travesseiro, e se deitou ali mesmo para dormir. E sonhou: Eis posta na terra uma escada, cujo topo atingia o céu; e os anjos de D'us subiam e desciam por ela".

Esse episódio transtornou completa e radicalmente a vida de Jacob. De um homem pacato, pacífico, dedicado aos estudos, tornou-se um Jacob lutador, que deveria travar combates com anjos e homens, para sair vitorioso e para receber o título *honoris causa* ISRAEL. Rashi, analisando etimologicamente esta primeira palavra da *sidrá*, pergunta: Por que menciona a *Torá* a *partida* de Jacob, em vez de dizer simplesmente "e Jacob foi"? E responde, para nos indicar e fazer compreender que, com a partida de um *tzadik* de uma cidade, desaparece com ele o esplendor, a magnificência e o brilho da mesma. Ele, o *tzadik*, o mestre bondoso, culto e humilde, é ele a verdadeira glória de uma cidade grande ou pequena; abandonando-a, ela fica desprovida da sua importância e do seu valor.

Não são os milionários, e tampouco os governadores ou prefeitos que representam a importância e o prestígio de uma cidade capital, mas sim os sábios, os mestres, os chefes espirituais, as instituições culturais e artísticas, a quantidade e qualidade dos jardins de infância, de escolas primárias, secundárias e superiores, das universidades que a ornamentam, isto é a sua glória, com que ela se pode orgulhar. Jerusalém, Safed, Yavne, Alexandria, Toledo, Córdova, Amsterdã, Livorno, Pádua, Viena,

Berlim, Breslau, Varsóvia, Praga, essas são as grandes Kehilot, e mais inúmeras pequenas comunidades que se distinguiram pelos seus famosos mestres e escolas rabínicas, que forjaram o espírito judaico e se tornaram monumentos inolvidáveis da nossa história. Mas nós não somos tão chauvinistas para esquecermos aquelas pequenas cidades onde não havia comunidades judaicas, mas cujas famosas universidades são ou foram verdadeiras fortalezas da cultura e da civilização. Esse é o ponto de vista judaico. Isto é a nossa *Weltanschauung*, assim nós avaliamos povos, países, cidades e a sociedade humana. Cidades são importantes e afamadas, não pelos seus arranha-céus, bairros residenciais luxuosos, palácios suntuosos, diversos estilos arquitetônicos, lugares de divertimento, praças de esportes, ou talvez pela grande quantidade de carros luxuosos que correm pelas ruas, mas sim pelo seu nível educacional, cultural e artístico, e pelo grau de justiça e civilização dos seus habitantes.

É por isso que o profeta falando de Jerusalém intitula-a: "cidade fiel, cheia de justiça e espírito, repleta de caridade"[1].

Observando o problema sob esse prisma, podemos melhor compreender como e por que as antigas comunidades europeias e os centros judaicos rivalizavam entre si, não poupando meios e esforços quando se tratava de contratar um famoso rabino, um mestre célebre, fundar Yeshivot, escolas rabínicas e universidades. Porque sabiam e sentiam perfeitamente que essas são as autênticas "luzes", cujos reflexos atraem para si os sedentos de saber de qualquer parte do mundo. E é por isso que a *Torá* sublinha a "partida" de Jacob: porque levou consigo todo o brilho da sua terra natal.

E sonhou: "Eis posta na terra uma escada, cujo topo atingia o céu; e anjos de D'us subiam e desciam por ela".

Que sonho maravilhoso; quão profundos os pensamentos filosóficos e éticos estão nele condensados!

Essa admirável revelação divina aparece a Jacob em momentos da sua maior tristeza e desespero. Dormindo sob uma pedra, evocando D'us do fundo do seu coração oprimido, fugindo da casa paterna por causa da ira

---

[1] *Is* I, 21.

do seu irmão Essav (o profeta Oseias fala da fuga de Jacob), preocupado pelo seu futuro, aparece-lhe D'us, e promete-lhe:

"A terra em que agora estás deitado, Eu a darei a ti, e à tua descendência; por ela serão abençoadas todas as famílias da terra". Quando o sol desaparece para Jacob, e começa para ele uma longa noite de *Galut*, os dias se tornam para ele noites escuras de séculos e séculos de sofrimento físico e psíquico (pois a *Galut* afeta também a nossa alma), D'us Bendito consola-o.

Inúmeros são os comentadores, intérpretes,. críticos da *Bíblia*, pregadores, escritores e poetas em todas as gerações, até à nossa na maravilhosa peça teatral de Richard Beer Hoffmann, *Jacobs Traum* (magistralmente representada pelo Burgtheater em Viena, e em *ivrit*, pelo Habima em Tel Aviv, Israel), que tentaram, cada um conforme a sua fantasia e inspiração, analisar esse sonho de Jacob.

Citaremos esta noite só duas versões da vasta literatura rabínica. O grande sábio, rabino Meir Leib ben Yechiel Michel[2] opina que através desse sonho D'us quis revelar a Jacob o nível moral-ético que cada homem é capaz de alcançar, se aspirar a aperfeiçoar-se.

Cada ser humano, diz o Malbim, encontra-se na situação de uma escada posta na terra, isto é, o corpo, a parte física do homem está na terra e depende das coisas terrestres e materiais, mas com a sua alma e seu espírito, partículas essas que D'us lhe concedeu, ele é capaz de alcançar as coisas mais elevadas, mais sublimes. Isso depende das suas ações, do seu aperfeiçoamento espiritual, depende dos sonhos (aspirações) que ele sonha. Para muitos entre nós, essa interpretação será profunda demais, metafísica demais. Mas o *Midrash*, essa grandiosa obra popular cujos compiladores se ocuparam mais com o sentimento e a emoção de nosso povo, ao contrário da *Halachá*, que apela principalmente ao raciocínio, à lógica, o *Midrash* define o sonho de Jacob da seguinte maneira: Através desse sonho extraordinário, D'us pretendeu desvendar a Jacob não tanto o seu destino individual, mas sim principalmente o destino e o futuro dos seus descendentes. A escada – é o tempo; os anjos que sobem e descem – são os protetores celestiais dos grandes impérios que surgirão na

---

2 Conhecido por Malbim (1809-1879), rabino de Kempen.

arena histórica, Egito, Assíria, Média, Babilônia, Pérsia, Grécia, Roma, por todos eles Israel passará e sofrerá. D'us mostrou-lhe a evolução e a decadência cultural dessas poderosas potências. Mas quando Jacob notou que o protetor de Edom, que simboliza na nossa concepção a idolatria, a negação radical do monoteísmo e os conceitos do mesmo, se elevava e não descia, assustou-se e perguntou: Será que o ateísmo e sua ideologia devastadora nunca cairão e os meus filhos oprimidos e perseguidos não terão forças suficientes para resistir e para se libertar dessas ideias nefastas? Vendo a sua aflição, D'us consola-o com a promessa: "Não te assustes, meu servo Jacob[3]. Mesmo se Edom se levantar até o céu, eu o farei cair. Eu libertarei os teus filhos de todas as opressões físicas e psíquicas; pois mesmo quando Israel estiver disperso entre povos inimigos, Eu não o desprezarei, e nunca anularei a minha aliança com ele. Pois sabe, meu querido Jacob: uma geração aparece; outra desaparece, mas HAARETZ, que és tu, Israel, perdurará eternamente"[4].Porque não houve e não haverá outro povo igual a Israel, pronto e apto a santificar o Nome de D'us até o fim dos tempos. Essa é a nossa missão, e nossa aspiração é sermos dignos dela.

II

Vaiashkem Yaacov babóker, vaikach et haéven asher sam mirashotáv vaiassém otá matzeivá: E madrugou Jacob pela manhã; e tomou a pedra que pusera à sua cabeceira, e a pôs como monumento, e derramou azeite sobre seu topo.

O *Midrash Hagadol*[5], analisando essa sentença, chega à conclusão de que o altar acima mencionado, no qual Caim e Abel ofertaram as suas prendas, é também o mesmo no qual Adão ofereceu o seu sacrifício. Destarte, esse altar já estava erguido desde tempos muito antigos. Acontece

---

3 *Jr* 30, 10.
4 *Ecl* 1, 4.
5 *Bereshit* 22, 9.

que, além desse altar, a *Torá* menciona mais um, aquele que Abraham edificou: *vaiven sham Abraham et hamizbéach*[6].

É curioso notar: Quatro altares.
1. Caim – antes de matar o seu irmão;
2. Noé – depois do dilúvio;
3. Abraham – quando se prontificou a sacrificar o seu filho, e
4. Jacob – quando percebeu a presença do Onipresente.

As escavações arqueológicas revelam os inúmeros altares existentes na Mesopotâmia, Egito e Canaã, e os historiadores objetivos descrevem-nos pormenorizadamente o que o altar simbolizava na Antiguidade para os povos primitivos; através do altar, aprendemos a relação do homem para com o seu Deus.

O saudoso Rabi Milton Steinberg[7], cuja análise nos serve de base para o estudo dessa *parashá*, chega à conclusão:

Quatro altares – quatro critérios de religião.

1. O altar de Caim, o homem que pratica o primeiro fratricídio na história da humanidade, o assassino que, em vez de se arrepender e de confessar humildemente o crime que acabou de praticar contra o seu próprio irmão, responde à pergunta de D'us com escárnio arrogante: *hashomér achí anochí*[8], acaso sou eu o guarda de meu irmão? Resposta desprezível essa, que condensa a quintessência dos crimes individuais e coletivos da era desmoralizada em que vivemos, resposta com a qual os tiranos e déspotas da nossa época pretendem justificar as crueldades que estão praticando contra povos inteiros e gente inocente; esse mesmo Caim carregando na sua consciência o sangue derramado do seu irmão, constrói um altar. A sua religiosidade é a dos hipócritas de todos os tempos; assassinos, *gangsters*, antes de praticarem os seus crimes hediondos, vão à igreja, ao templo; gente sem escrúpulos e sem moral que doa somas fabulosas para edificar catedrais; cruzados e inquisidores que constroem templos para louvar a D'us.

2. O altar de Noé: o altar do dilúvio; religião da tristeza, da aflição. Gente que se considera ateia, mas que em momentos de doença, infelicidade e

---

6 *Gn* 22, 9.
7 Rabino e filósofo americano (1903-1950).
8 *Gn* 4, 9.

desgraça procuram refúgio em algo sobrenatural, transcendental, mas têm vergonha de si mesmos para confessar que nesses momentos de angústia esperam e se agarram a um milagre Divino.

Judaísmo da aflição: refúgio para os fracos fisicamente ou espiritualmente. Os primeiros fazem da religião uma farsa, os segundos um absurdo. Mas há dois altares que expressam realmente a essência do verdadeiro espírito religioso.

3. O altar de Abraham. Sabendo que cada ideal elevado exige um sacrifício supremo, ele prontifica-se no seu grande amor a D'us a sacrificar aquilo que lhe é mais caro, mais querido: o seu filho. Através dos seus atos para com o seu primo Lot, ele nos demonstra o que é amor à paz, que aqueles que não concordam conosco também merecem a nossa compaixão, que devemos estender o nosso carinho mesmo para aqueles cujo procedimento não podemos compreender; que a vida humana é sagrada e os direitos humanos devem ser defendidos mesmo quando se trata de debatê-los perante o Criador. Na sua absoluta fé em D'us e na Sua justiça, ele não hesita de interceder em favor das cidades pecaminosas, Sodoma e Gomorra, e de inquirir: "Acaso o Juiz do Universo não fará justiça?"[9]

4. O altar de Jacob. O altar da introspecção, da revelação de D'us; Jacob-Israel, cuja vida e amargas experiências se tornam o reflexo fiel do destino dos seus descendentes, esse Jacob lega-nos a religiosidade da convicção, ele nos deixa por testamento um D'us da moralidade.

A religião olha com desdém para os altares que os hipócritas de todos os tempos constroem; altares da concepção de Caim e Noé há demais.

A religião somente merecerá a nossa admiração e respeito irrestrito se preservar a substância de Abraham e de Jacob; só então ela trará a bênção para toda a humanidade, bênção essa que só ela é capaz de proporcionar.

---

9 Gn 18, 25.

Vayishlach

I

"Então disse: Já não te chamarás Jacob, e sim Israel: pois como príncipe lutaste com D'us e com os homens, e prevaleceste"[1].

O que distingue a vida do nosso patriarca Jacob são as incessantes inquietações, as suas constantes lutas pela existência. Desde o momento que nasceu e durante toda a sua vida, ele vê-se obrigado a combater contra D'us, e os mestres explicam, contra ideologias, contra concepções teológico-filosóficas e contra homens (povos), para garantir a sua continuidade.

A *Torá* descreve-nos Jacob Avinu como sendo igual a qualquer ser humano, com todas as suas fraquezas, como homem que une em si as qualidades de Jacob e de Israel, Jacob como homem de peleja, e Israel como príncipe de D'us. No começo era Jacob, mas depois de ter passado por inúmeras lutas e combates, ele torna-se um Israel. E essa contenda é tremendamente comprida e prolongada. Pois, desde o momento que abandonou a casa paterna até o dia do seu regresso à pátria, não cessou de travar combates. Lutou com o seu irmão Essav, com o seu tio Lavan, suportou vexames e humilhações durante os vinte anos que trabalhou na casa do sogro, e só depois de ter vencido "toda espécie de obstáculos superiores e inferiores", como diz o *Midrash*[2], ele sai vitorioso e recebe o título glorioso de *Israel*.

É interessante notar que o aparecimento de Jacob na arena da história é descrito na *Torá* com duas ocorrências extraordinárias, profundamente

---

[1] Gn 32, 29.
[2] *Bereshit Rabá* 78, 6.

simbólicas, místicas e enigmáticas, que o raciocínio humano só dificilmente é capaz de desvendar. Primeiro, esse sonho maravilhoso que a *sidrá* da semana passada nos relata, a Escada, a constante ligação entre o céu e a terra, e que tentei interpretar de uma maneira compreensível para todos. Segundo a narração dessa *sidrá*, depois que Jacob fez passar tudo o que lhe pertencia pelo ribeiro Iabok, ficou só, e *um homem* luta com ele até o romper do dia. Vendo este que não podia com ele, tocou-lhe na articulação da coxa; deslocou-se a junta da coxa de Jacob, na luta com o homem. Disse o homem: "Deixa-me ir, pois já rompeu o dia". Respondeu Jacob: "Não te deixarei ir, se não me abençoares". Jacob quis saber o nome do homem, mas este negou-se a revelar como se chamava[3]. E aquele homem misterioso, incógnito, deu a Jacob aquela bênção que citamos no começo da prédica. E como na *sidrá* passada, também nesta variam as interpretações e explicações dos comentadores. Ninguém duvida da veracidade da narração, basta que a *Torá* a mencione para ser fidedigna. Mas os intérpretes querem saber: do que se trata? Será um sonho, uma visão, uma fantasia, uma profecia, uma espécie de fata morgana? Maimônides, no seu *Guia*[4] é de opinião que se trata de uma profecia, uma indicação alegórica, destinada como lição não tanto a Jacob individualmente, mas principalmente aos seus descendentes. No mesmo sentido, com ligeiras variações, interpretam Nachmânides, Ralbag (Rabi Levi ben Gershon) e D. Isaac Abravanel. A mesma versão, baseada em um *midrash*, é admiravelmente explicada pelo grande mestre, médico e filósofo italiano do século xv, professor de hebraico do humanista católico Johann Reuchlin, o rabino Obadyá Sforno. No seu comentário a essa *sidrá*, diz Sforno: "O homem que lutou com Jacob tinha três aparências diferentes: sedutor manso e bondoso, bandido e sábio". Para poder conservar o seu legado espiritual a fim de poder entregá-lo intato aos seus filhos, os descendentes de Jacob enfrentarão estes três aspectos de ameaça. O *sedutor* bondoso tentará convencer-nos de que nos livremos das pesadas, desusadas e incompreensíveis *mitzvót* e prescrições da *Torá*; desde que nos desembaracemos da aliança divina, esquecendo nosso passado, não haverá mais

---

3   Gn 32, 23-27.
4   *Guia dos Perplexos* 2, 42.

razão para sermos menosprezados e oprimidos, e os povos nos receberão com braços abertos.

O *bandido* experimentará roubar os nossos bens materiais, incendiará os nossos lares e santuários, matará pais e filhos, na esperança de que no desespero e na aflição renunciemos à herança paterna. E finalmente, o homem com quem Jacob lutou e que também os seus filhos hão de encontrar no caminho da sua estabilidade espiritual e persistência peculiar, se apresentará como sábio, como filósofo, como superintelectual, que percorre o mundo inteiro e traz nas suas malas os remédios experimentados capazes de curar todas as enfermidades morais, espirituais e sociais. Especialista em debilidades mentais e fraquezas humanas, ele não deixará de querer pescar também o povo de Israel, e especialmente a nossa juventude, nas redes dos seus sistemas filosóficos e doutrinários, demonstrando com mil e uma teorias tiradas de fontes turvas, que não vale a pena continuarmos agarrados à fé mosaica, nos ensinamentos da *Torá* e nos ideais dos nossos profetas. Esses sábios, moralistas e filósofos de todas as épocas não deixaram de pregar que a religião judaica deverá, por ser abstrata demais, passar por uma revisão radical, e que somente eles são os portadores do segredo da felicidade humana. Mas eles todos, cujos nomes não precisamos mencionar, assim como o homem com quem Jacob lutou não quis revelar-lhe a sua verdadeira identidade, porque *muda* sempre de aspecto, sim, eles todos esqueceram um fator primordial: *que não se pode cortar as raízes de uma árvore e esperar que ela continue a crescer, que não se pode queimar a alma de um povo e aguardar que o seu corpo continue a viver.*

E *Israel sem religião; sem Torá é um corpo sem alma.* Isso foi alegoricamente indicado a Jacob, e é disso que todos nós, toda a "casa de Jacob" somos, graças a D'us, cientes. Desligados da nossa EMUNÁ (crença) separados da nossa *Torá*, perdemos a nossa *raison d'être*, e, por estarmos firmes nessa convicção, vencemos todos os "obstáculos superiores e inferiores" e prevalecemos, para que através de nós e pela *zechut avot*, pelos méritos dos nossos antepassados, se concretize a promessa de D'us a Jacob:

"Em ti e na tua descendência, serão abençoadas todas as famílias da terra"[5].

---

5   *Gn* 28, 14.

II

A *parashá* desta semana relata-nos o regresso de Jacob à casa paterna. Por vinte anos ele vivera longe dos seus entes queridos, longe da pátria. Para a nossa melhor compreensão, a *Torá* descreve esse retorno com palavras simples e singelas. Tristes pensamentos preocupam-no, o seu céu é carregado de nuvens escuras. Com dificuldade, saíra ileso de uma luta estratégica com Lavan, que o queria forçar por todos os meios a ficar em Charan. Conseguira libertar-se das garras desse astucioso sogro; e ei-lo agora cheio de ânsia e angústia no caminho do reencontro com seus pais. Na complexidade dos diversos problemas que o preocupam, há um que o inquieta extraordinariamente: será que já chegou a hora de poder voltar?

Seu irmão Essav aceitará uma reconciliação, não lhe guardando mais rancor? Caso este insistisse em brigar com Jacob, não hesitando em matar não só a ele mas também a toda a sua família, tudo o que adquirira durante vinte anos de sofrimento e de privações indescritíveis, tudo aquilo que lhe era mais sagrado e caro, a sua família, seria aniquilado de um momento para outro. Absorto nessas meditações tristes, começa o cair da noite, e com a escuridão do firmamento que ele tem *acima* de si, mais deprimidos se tornam os seus pensamentos *dentro* de si. De repente, ele se vê sozinho.

Vaivater Yaacov levadó. A sua família acaba de atravessar o rio Iabok, e Jacob fica só com alguns objetos de pouco valor. Nesse momento, encontra um homem que começa a lutar com ele, que quer derrubá-lo. Toda a noite dura essa peleja entre Jacob e o homem desconhecido. Jacob aguenta a luta com valentia; fica de fato ferido na região lombar, mas suporta os golpes do seu adversário a tal ponto que os papéis mudam: o atacante passa a ser atacado, e agora é ele que pede a suspensão da luta, rogando: "Deixa-me, por favor". Entretanto começa a alvorada, e Jacob reconhece que aquele que o atacou não é um simples ser humano, mas sim um anjo, e Jacob diz-lhe: "Não te largarei se não me abençoares". O anjo então disse-lhe: "De hoje em diante o teu nome não será mais Jacob, mas sim ISRAEL, pois conseguiste lutar com homens e com um anjo, e triunfaste". Jacob é invencível[6]. Nesse quadro poético e dramático, descrito

---

[6] Gn 32, 24-28.

com tantos pormenores na *sidrá* desta semana, os mestres encontraram, uma insinuação para as gerações futuras; uma alusão à luta milenar que as grandes potências travarão contra o fraco e cansado povo judaico. Essa noite na margem do rio Iabok é o símbolo da bimilenar história da Diáspora judaica. Os mestres viram na vida de Jacob o espelho no qual se reflete a vida dos seus descendentes. O historiador, o sociólogo, que pretende compreender o segredo do período mais singular em toda a história do nosso povo, deverá analisar e aprofundar a vida de Jacob Avinu; nela encontrará a solução exata.

Característico é o termo que a *Torá* usa para descrever a luta de Jacob. *Vaieavek ish imo*. No *cheder*, o rabino nos explicou que a palavra *vaieavek* quer dizer "lutar". Mas nós sabemos que, do ponto de vista etimológico, esse termo nada tem em comum com "lutar". Por que, então aplicou a *Torá* essa palavra, que significa algo diferente? Rashi, baseado no *Midrash*, explica que essa palavra tem três distintas definições. *Vaieavek*, vem da raiz *avak*, que significa "poeira". Lutando com o anjo, levantou-se muita poeira. A outra explicação é aquela que o Targum usa *batár deaviku*; *aviku* quer dizer: abraçar-se, apertar-se, unir-se. E a terceira definição que o *Midrash* nos dá é: *avak*, da palavra *avuká*, que significa no nosso vernáculo, chama, tocha. O homem que lutou com Jacob queimou-o com uma chama de fogo.

Todas as três interpretações são, francamente, pouco claras, quase incompreensíveis. Por que é que a *Torá* não fala claramente de uma briga, mas sim de uma poeira? A segunda definição é completamente confusa. Que quer dizer que o homem abraçou Jacob? E como compreender que desse abraço, Jacob saiu coxeando? E a terceira explicação é também esquisita, pois não há nenhuma indicação na *Torá* que o anjo tivesse queimado Jacob com uma tocha ardente.

Mas já o rei Salomão disse no *Kohelet* "aquilo que o raciocínio é incapaz de compreender, o tempo se encarregará de fazer-nos compreender". E nós vivemos hoje em dia uma época em que todas essas palavras confusas se tornaram bem claras e exatamente definidas. Nesta única palavra *vaieavek*, encontrou o destino judaico a sua mais profunda e característica expressão. Também conosco lutam grandes e poderosas potências, usando todos os meios de aniquilamento.

O noticiário da imprensa a respeito da nova onda de antissemitismo na Rússia e Polônia confirma a veracidade das nossas palavras.

D. Isaac Abravanel[7] relata que, nos tempos da inquisição espanhola, os ministros de Fernando e Isabel estiveram reunidos durante vários dias, planejando qual seria o melhor meio para se livrar radicalmente dos judeus, e chegaram à conclusão que de *uma* vez não se pode liquidar um povo inteiro. Então um ministro teve a brilhante ideia que se deveria aplicar *três* meios diferentes para que o plano tivesse êxito. Um terço dos judeus seria expulso do país e a sua fortuna confiscada em favor do tesouro real; um segundo terço seria forçosamente convertido ao catolicismo, e finalmente o terceiro terço, caso recusasse o batismo, seria queimado nas fogueiras. Acaso esse plano funesto não é uma interpretação exata que os mestres deram à palavra *vaieavek*? Jacob Avinu vê como os inimigos de Israel procederão com os seus descendentes. Antes de mais nada serão expulsos dos seus países natais, abandonarão os seus bens e emigrarão para países desconhecidos. Essa emigração tão tremenda e tão numerosa levantará poeira nas estradas e nos caminhos por onde passarem os refugiados desgraçados.

Jacob também vê a segunda definição da palavra *vaieavek*: abraçar, apertar. Os inimigos judeus tentarão, através de abraços e apertos, conquistar as simpatias dos recém-chegados, e os fracos de espírito judaico, e oscilantes na fé ancestral, se deixarão seduzir por essa amizade; e, por conversão ou completa assimilação, se perderão para a causa do seu povo. Mas também a chama ardente da perseguição racista e religiosa viu Jacob, aquela chama que nós testemunhamos e que nos ceifou um terço do nosso povo.

Não resta dúvida, daquelas constantes lutas saímos feridos, gravemente feridos; mas ainda existimos, ainda vivemos, para proclamar ao mundo que chegará a aurora em que toda a maldade será banida, e que a bênção que D'us repetiu a Jacob se há de tornar uma bênção para a humanidade inteira.

---

7   Yitzchak ben Yehuda Abravanel, Lisboa, 1437 - Veneza, 1508, estadista, filósofo, judeu português.

III

Hatzileini ná miád achi, miád Essav, ki iaré anochí otó, pen iavó vehikáni em al banim: Livra-me das mãos do meu irmão, das mãos de Essav, porque eu o temo, para que não venha ele matar-me, e às mães com os filhos.

Antes do reencontro com o seu irmão mais forte, cuja ira o obrigara a abandonar a casa paterna, e cujas intenções e sentimentos atuais ele desconhecia, Jacob reza. Nessa sublime e tão profunda oração, reconhecemos a modéstia e a humildade de Jacob, que entrega o seu destino nas mãos de D'us.

As orações das grandes figuras bíblicas dão prova da imediata profundidade que as originou, e serviram de fonte de inspiração para as orações individuais e coletivas das nossas gerações.

A oração é a respiração da alma, ela é religiosidade, devoção e autoeducação ao mesmo tempo. *Uleovdó bechol levavchém* (e servi-LO de todo o coração). E o *Talmud*[8] indaga: "Qual é o serviço do coração?" E responde: "A oração".

A *Torá* menciona diversos motivos para a ação de graças: Abraham reza para salvar as cidades de Sodoma e Gomorra da destruição; Eliezer, servo de Abraham, suplica para encontrar uma mulher digna para Isaac; Isaac implora a bênção de D'us para ter descendentes.

Jacob profere a oração que nos serve de introdução deste sermão.

Moisés implora a compaixão de D'us para o povo de Israel, e cura para sua irmã Míriam.

Mas todas essas preces brotam da necessidade de uma circunstância peculiar, única; elas são expressões de sofrimento, de aflição, mas também de esperança que o crente sentiu em dado momento, desabafando o seu coração perante o Criador do Universo.

Mas a *Torá* menciona também orações que não foram motivadas por causas especiais, como tristeza, tormento ou alegria. Foram essas orações que serviram de base à introdução geral de textos litúrgicos determinados

---

8 *Yerushalmi Berachot* 4, 1.

nas orações, isto é, no *sidur*[9]. O nosso livro de rezas é relativamente novo; conta pouco mais de 1 000 anos.

Os primeiros textos litúrgicos nos serviços Divinos regulares surgiram nos dias de Ezra Hasofer e seus alunos, os homens da Grande Sinagoga (Anshei Knesset Haguedolá), e estiveram em vigor desde o século VI até o século III a.C. Foi nessa época que surgiu o que nós chamamos de "Grande Oração" (Shemoné Esré, ou Amidá), com a recitação do Shemá Israel (Escuta, Israel) profissão máxima de fé dos israelitas; e algumas bênçãos de louvor, antes e depois das orações matutinas e noturnas. Estava assim esboçada a primeira ordem litúrgica do serviço religioso judaico.

Mas, com o decorrer do tempo, tornou-se necessária a formulação fixa de um *sidur*, pois com o retorno à Palestina dos exilados babilônicos, afrouxou bastante a vontade espontânea de orar. A reza formulada não deveria substituir a oração voluntária, mas foi intercalada lá onde a expressão elementar de rezar já não existia; continuou-se a orar de cor. A *Tossefta*, uma compilação de tradições rabínicas composta no século III d.E.C., junto com a *Mishná*, compara aquele que anota as orações ao que queima a *Torá*. Vigorava nesse tempo ainda a interpretação *uleovdó bechól levavchém*, servir a D'us com todo o coração significa ORAR.

E apesar de que o serviço religioso não brotava mais do coração, pois os corações ficaram petrificados pelo sofrimento do prolongado exílio, pelo menos as rezas do Shemá Israel e da Amidá (a oração das 18 bênçãos) deveriam passar pelo coração, como os franceses muito significativamente se expressam: *par coeur*, de cor.

Mas também para aqueles que dificilmente aprendiam a decorar, ou que por falta de instrução não compreendiam o sentido profundo das orações formuladas, se providenciou para que pudessem rezar.

Estabeleceu-se o cargo do *shaliach tzibur*, o delegado da Congregação, cuja missão consistia em recitar em voz alta as preces feitas silenciosamente (primitivamente rezava-se só silenciosamente). Esse ministro oficiante devia ser antes de mais nada um homem moralmente íntegro, gozando da simpatia da congregação, um homem com voz bonita e, claro

---

9   *Sidur*, da palavra *seder*, ordem.

está, um perfeito conhecedor da língua hebraica, para poder interpretar com a máxima perfeição a beleza dos textos litúrgicos.

Mas acontece que também essa concessão às fraquezas da coletividade mostrou-se insuficiente, pois pouco a pouco foram introduzidas orações suplementares, adicionais, acrescentando-se ainda a leitura de certos trechos da *Torá*, de modo que mesmo o mais perfeito e mais culto *shaliach* não era mais capaz de recitar tudo de cor.

No século II, ficou anotada a ordem das orações. Até essa data, as orações principais foram transmitidas oralmente de geração a geração.

Não resta dúvida de que também a destruição do Segundo Templo contribuiu para que a *Mishná* e as orações fossem anotadas. Mas mesmo assim, deveriam passar oito séculos até o aparecimento de um *sidur* escrito.

O seu autor é o famoso Gaon Amram, reitor da Yeshivá em Sura (Babilônia), que por volta de 850-875 E.C. compilou o seu *sidur*, a pedido dos correligionários na Espanha. Este *sidur* é a base de todos os outros usados até hoje em dia, com as modificações, exigências, tradições, costumes e atribuições das diversas comunidades. Destarte, nasceram as duas versões diferentes (*nussach*), o rito sefardita e o rito asquenazita.

Os judeus do Egito e de fala árabe adotaram *o sidur* de um outro mestre babilônico, Saadia Gaon, *sidur* este composto oitenta anos após o do Gaon Amram. Os judeus da Europa Oriental, Central, da América do Norte e em grande parte os judeus de Israel seguem o rito do *sidur* do famoso exegeta Rabi Shelomó Yitzháki (Rashi) que nos foi legado pelos seus discípulos, como Machazór Vitry, enquanto o rito alemão se baseia no *sidur* do rabino Baer de Roedelheim, ou no rito do rabino Jacob Emden, conhecido por Jawetz.

Seja qual for o rito usado, desde que não deturpe a liturgia tradicional, e as rezas sejam proferidas com sincera devoção, o Criador escuta e aceita as nossas preces.

Vaieshev

I

Eile toledot Iaakov-Iossef: Estas são as gerações de Jacob-Josef. E os mestres perguntam: se a *Torá* pretende narrar a história de Jacob cronologicamente, deveria então começar com o filho mais velho de Jacob, isto é, Reuben, e não com a história de Josef[1]. O saudoso grão-rabino de Tel-Aviv, Rav A. Amiel, responde a essa indagação com a sua proverbial mestria e brilhante interpretação, resposta essa que merece ser citada quase textualmente. Diz Rav Amiel: "Toda a história de Jacob-Israel reflete-se na vida de Josef: tudo que aconteceu a Josef não é outra coisa senão aquilo que sucedeu a Jacob, uma repetição exata da experiência que Israel viveu como povo, desde a sua entrada na arena da história universal". Ou, citando as palavras do *Midrash*: *kol má shekará leiossef, kará latzon*, tudo que ocorreu a Josef aconteceu também ao rebanho[2].

E vejamos: Josef obedece as ordens do seu pai que lhe manda: *lech ná ree et sh'lom achecha*: vai, por favor, e vê se vão bem os teus irmãos, e traz-me notícias[3]. Ele sai da casa paterna rumo aos campos de pasto em Shchém (Siquém), e um homem encontra Josef, que anda perdido no campo, e lhe pergunta: *ma tevakesh?* Que buscas? E Rav Amiel pergunta na sua bela e tão humana análise: "Em que consiste a missão histórica de Israel?" E responde com o argumento talmúdico: "A nossa missão consiste

---

1 *Bereshit Rabá* 84, 6.
2 *Hegionot el Ami* 49, 3.
3 Gn 37, 14.

em propagar o ideal monoteísta, e isto só pode se concretizar, se sairmos do nosso ambiente restrito, procurando os nossos irmãos, sem distinção de cor ou raça, a fim de familiarizá-los com os nossos ideais, e ensinar--lhes os elevados preceitos da nossa ética".

E de fato, qual foi a resposta de Josef quando o homem lhe perguntou o que procurava? Respondeu ele com toda a sinceridade: *et achái ani mevakesh*: Procuro meus irmãos. Resposta clara e insofismável. Pois apesar do ódio e da inveja da parte daqueles grandes povos que encontramos durante a nossa história milenar, povos que bastante nos fizeram sofrer, nós os consideramos como verdadeiros irmãos. Isso é evidenciado pelo fato inegável de que, mal D'us nos libertara do Egito, onde durante 210 anos fomos terrivelmente subjugados, a *Torá* nos proíbe odiar o egípcio; e no hino no mar, naquele cântico de louvor ao Onipotente por nos ter libertado da mão do opressor, nesses momentos de glorificação e de profunda gratidão, pedimos ao Eterno pelo bem-estar do Egito: *tevieimo vetitaeimo behár nachalatchá*, Tu os introduzirás e os plantarás no monte da Tua herança[4], no Santuário que as Tuas mãos estabeleceram, para que também eles reconheçam que o Eterno reinará para todo o sempre.

E mais. Quando o rei Salomão inaugurou o Primeiro Templo, implorou a D'us: *gam bead hagoi, asher lo meamchá Israel*: também ao estrangeiro que não for do povo de Israel[5], porém vier orar nesta casa, ouve Tu nos céus, e faze tudo o que o estrangeiro Te pedir, a fim de que todos os povos da terra conheçam o Teu Nome, para Te temerem, e para saberem que esta casa que eu edifiquei é chamada pelo Teu Nome.

II

A nossa busca de irmandade com todos os povos não se limita, não se restringe e não se satisfaz somente nas orações que proferimos. Durante os dias de Sucot (Festa dos Tabernáculos), oferecíamos no altar do Templo setenta sacrifícios, para expiar assim os pecados dos setenta povos.

---

4 *Ex* 15, 17.
5 *1Rs* 8, 41.

Isso são provas mais que suficientes de até que ponto fomos e vamos sempre à procura de nossos irmãos. E as circunstâncias sociopolíticas contribuíram para que nos perdêssemos de campo para campo, para que peregrinássemos de povo a povo, de reino a reino, na esperança de encontrar um lugar onde a nossa árdua missão fosse reconhecida, e recebêssemos uma acolhida fraternal. E qual foi, e em certos países ainda é hoje em dia, a resposta que recebemos? Qual é a reação dos povos aos quais estendemos a mão de fraternidade e amizade? Qual foi o preço que pagamos pela simples tentativa de aproximação? A mesma que os irmãos deram a Josef: "De longe o viram e, antes que chegasse, conspiraram contra ele para o matar"[6]. E exatamente o mesmo acontece agora; os nossos maiores inimigos são aqueles que nos conhecem *de longe*; longe de nos conhecer conspiram contra nós, não se dão a oportunidade para nos conhecer de perto.

E se indagarmos pela razão desse ódio fanático, dessa sórdida e vil inveja? A justificação e a motivação psicológica encontramos na história de Josef: "E dizia um ao outro: Eis que aquele sonhador vem".

O mundo realista e materialista, que vendeu a sua alma ao bezerro de ouro, o mundo incrédulo, ególatra e egocêntrico, não pode tolerar um povo que sonha, um povo que aspira a ideais elevados. E apesar de não impedirmos ninguém de sonhar e de cultivar ideais sublimes, invejam-nos pelo simples fato de nós idealizarmos um mundo melhor, um mundo em que os povos deixarão de odiar-se mutuamente, um mundo em que grandes e pequenos povos encontrarão uma linguagem comum, e deixarão de se destruir com guerras frias e quentes. Esses povos cegos de raiva preconcebida e fanáticos de ódio racial não querem ver, ou esquecem, que tudo o que a humanidade possui de grande, valioso e belo, tudo que contribuiu concretamente para o desenvolvimento da civilização, da cultura e da ciência, era primitivamente um sonho, um ideal, uma aspiração, que só esperava o momento oportuno para ser revelada e tornada realidade.

E assim como Josef não guardou rancor contra os seus irmãos, e em momentos precários cuidou para que não lhes faltasse alimentação e a

---

[6] *Gn* 37, 18.

todo o povo egípcio, também nós, filhos do patriarca Jacob, não conhecemos esse instinto vil da vingança, pois a nossa ética ordena-nos o amor do próximo e procurar o bem-estar de toda a humanidade.

Nós aspiramos e oramos: "E todos os povos afluirão ao único D'us e serão felizes". O nosso sonho é e continuará: *vehaiá beacharit haiamim*[7], e nos dias vindouros, na era messiânica, quando a palavra se realizar, a terra se há de encher de saber e de reconhecimento como as águas que enchem o mar[8].

---

7 Michá 4, 1.
8 Is 11, 9.

Mikêtz

I

Im lo taaminu-Ki Lo Teamenu: se não o crerdes, certamente não permanecereis[1].

Essas palavras do profeta Isaías são o lema da nossa concepção religiosa, são o clarão fulgente que ilumina o nosso caminho desde o primeiro dia que começamos a pisar a arena da história universal, e que nos sustentaram até hoje.

O atual combate, do qual Chanuká é o glorioso clímax, começou no ano 175 a.C., quando Antíocus Epífanes chegou a ser rei da Síria.

Mas, na realidade, o choque entre as duas culturas, entre o hebraísmo e o lelenismo, já havia começado muito antes. Começou quando os judeus entraram pela primeira vez em contato com os gregos, quando o vitorioso Alexandre Magno (356-323 a.C.) conquistou o mundo no curto lapso de oito anos, cessando essas conquistas fabulosas nas margens do oceano Índico, porque os seus soldados se recusaram a segui-lo nessas terras desconhecidas.

Alexandre trouxe os judeus à órbita do helenismo, acontecimento que deixou profunda impressão no desenvolvimento espiritual judaico, assim como na cultura da humanidade em geral. Na literatura do *Midrash* e da *Agadá*, Alexandre é descrito e apresentado como homem de brilhante sabedoria, sob cujo reino os judeus gozaram de independência política e autonomia espiritual. A grande sinagoga de Alexandria e todos os rapazes

---

[1] Is 7, 9.

judeus que nasceram nessa era receberam o nome de Alexandre, como sinal de gratidão e respeito.

Com Antíoco, tudo muda; ele proíbe a observância dos preceitos judaicos sob pena de morte, obriga os judeus a adorar os ídolos (como Zeus), cujas estátuas foram postas na Casa Santa em Jerusalém. Em vista desse sacrilégio, os heroicos hasmoneus decidem lutar pela sua herança espiritual, pois reconhecem que "é preferível morrer por um ideal a viver em vergonha e dependência".

A Hélade destaca e cultiva a arquitetura, a escultura, a poesia e a filosofia, a oratória e o drama, virtudes essas que modelaram a sua vida pessoal e se tornam a quintessência da sua concepção filosófica, enquanto a justiça, a moral e a pureza foram completamente negligenciadas.

Muitos judeus se assimilaram a esse estilo de viver, deixaram-se fascinar pela forma exterior da cultura grega; adotam o seu idioma, mudam os nomes, helenizam os seus costumes e tradições, frequentam as arenas esportivas, piscinas e ginásios, tomando parte ativa nas competições físicas dos gregos. E quando a assimilação alcança o auge, começa a luta.

Antes de analisarmos os contrastes radicais das duas culturas, devemos esclarecer dois fatores:

1. Não foi o antissemitismo que levou Antíoco à essas leis drásticas contra os cidadãos judeus, mas sim o esforço de fundir todos os seus súditos numa grande e homogênea família, da qual ele seria o rei, paterno.

2. Os Macabeus não lutaram pela extensão de Judá, para alargar as suas fronteiras geográficas; eles não desencadearam essa tremenda batalha por qualquer interesse territorial ou ambição pessoal, pois o nosso lema era e será sempre: *Lo bechail velo bekôach, ki im beruchí amar hashem tzevaot*, não por força nem por poder, mas sim pelo meu espírito, falou o Eterno[2].

É interessante notar que o *Talmud*[3] não menciona a luta heroica dos Macabeus como resposta à pergunta: MAI CHANUCÁ, por que festejamos Chanuká. O *Talmud* menciona somente o milagre acontecido com o cântaro de azeite.

---

2 Zc 4, 7.
3 *Shabat* 21b.

Foi perante o idealismo, o espírito heroico e de martírio que animou os Hasmoneus, que o poderoso exército de Antíoco foi rechaçado.

Já antes dos Hasmoneus, os judeus haviam demonstrado coragem e autossacrifício nos campos de batalha, mas foi pela primeira vez na história que uma batalha física e materialmente desigual foi desencadeada puramente pela sobrevivência da fé promulgada séculos antes no Monte Sinai. Algumas destas batalhas foram Modiin, Beis-Choron, Beit Tzur, Beit Zechariá, Aera e Elcasa.

As luzes de Chanucá simbolizam a esperança judaica de que a escuridão do ódio e da intolerância será banida da terra.

Assim como Prometeu na mitologia grega, o judeu foi o primeiro que trouxe do céu a luz, para iluminar os cantos escuros da terra; assim como Prometeu, também o judeu foi atado à rocha do sofrimento, como recompensa do seu sofrimento.

As distâncias geográficas entre Atenas, Jerusalém e Roma, os três degraus da civilização, empalidecem, tornam-se insignificantes, quando colocamos paralelamente os pontos de vista espiritual e ideológico de Atenas e Jerusalém. O estilo de viver de Atenas é inimigo daquela doutrina ensinada nas academias de Sion. *De Atenas saíram filósofos, de Jerusalém Profetas.* O encontro entre judeus e gregos não pode ser comparado ao contato entre dois povos ou duas civilizações. Foi um choque entre duas filosofias de vida, radicalmente opostas uma à outra. Foi um duelo entre o eterno Criador do Universo, entre o invisível, onipotente e onipresente D'us, que de maneira miraculosa revelou ideais éticos e positivos a toda espécie humana, e Zeus, o ídolo que fez do Olimpo sua residência, cujo dialeto era a natureza. *Jerusalém adora o Criador, Atenas adora a criatura.*

Também no campo da moral e da religião existem barreiras insuperáveis entre judeus e gregos. O helenista deificou a natureza, fazendo do mundo materialista em seu redor o objeto da sua adoração. O judeu deificou o Criador da natureza, obedecendo ao espírito de D'us que paira sobre a superfície do globo.

Enquanto o helenista sublinha o *humano no divino* o judeu sublinha o *divino no humano.* Cada ser humano foi criado à imagem de D'us, cada ser humano, conforme uma expressão rabínica, é "cooperador na obra da criação". *Enquanto o helenismo rendeu homenagem principalmente à beleza exterior e à capacidade física, o judaísmo admira a beleza interior e o heroísmo surgido do idealismo.* Em Atenas a vida era o culto à beleza; em Jerusalém, a insistência no dever. A Grécia era um paraíso de prazer e de beleza, magníficos templos, moradias luxuosas e grandes anfiteatros; Jerusalém é o centro da elevação espiritual, *Yerushalaim Oró Shel Olam*: Jerusalém é a luz do Universo[4]. Para o helenista, tudo o que era exteriormente bonito era bom; para o judeu, tudo o que é interiormente bom, é bonito.

Chanuká não é meramente a celebração de uma vitória lograda na antiga Judeia nos anos 167-165 a.E.C., mas sim um fator transcendental na história judaica.

Esta é a razão pela qual essa festa entusiasmou a imaginação do nosso povo através dos tempos, até a proclamação de *Medinat* Israel; e com o renascimento nacional, Chanuká se tornou uma pedra brilhante na coroa dos nossos dias festivos. Pena que na Golá a observância de Chanuká se tenha tornado formal, estereotipada, mecânica, consistindo em alguns regulamentos religiosos suplementares na sinagoga e alguns costumes praticados em casa. Mas quem sabe se sem a meticulosa observação dessas formalidades teria renascido o Estado de Israel, e com ele o espírito heroico dos Macabeus, essa força motriz na conquista da *Mediná* das mãos dos inimigos?

Quem terá coragem de negar que se não fossem *hanerot halalu kodesh hem*, estas chamas sagradas de fé em D'us e sempiterna esperança na ajuda do Eterno acesas há milênios nos corações dos *chashmonaim* e milagrosamente alimentadas durante gerações de infinitas noites escuras de *Galut*, até que resplandecessem no espírito dos valentes heróis do Tzahal?

O dr. Herzl conta-nos que as velinhas da *chanuquiá* despertaram nele os laços sentimentais de pertencer ao povo judaico.

Também a época do ano em que Chanuká é festejada é muito significativa. Nos dias mais curtos, nas noites mais escuras e compridas, na temperatura mais baixa do ano na Europa, nos EUA, em Israel, na Rússia, nos maiores centros judaicos, é nessa época que a celebração nos traz a mensa-

---

4 *Bereshit Rabá* 59, 8.

gem da esperança; nas noites da Diáspora prolongada, as velas da *chanuquiá* nos alimentam de consolo e conforto, e a nossa existência é justificada pela missão histórica de "tornar-nos a luz dos povos", até que a luz da harmonia e da convivência pacífica ilumine todos os povos da terra.

Observando com máximo interesse e com a maior atenção os acontecimentos na arena da política internacional, vivendo na era supersônica, da conquista do espaço e da Lua, contemplando dolorosamente para que fins destrutivos os progressos da ciência e da técnica são abusados, acompanhando de perto os meios que os "grandes" mobilizam para fazer prevalecer a sua hegemonia, e como verdades históricas são deturpadas, lamentamos profundamente que a batalha modelar dos Macabeus não lhes sirva de lição, para aprenderem e se convencerem de que a matéria nunca vencerá o espírito, de que as explosões das bombas atômicas de cinco ou mesmo dez megatons não darão à humanidade angustiada aquela aurora auspiciosa de que ela tanto necessita. A constante ameaça com a espada afiada não formará e não educará o homem de amanhã para se tornar um membro útil da sociedade. Os protótipos do despotismo atual, os anti-humanistas da nossa era, esses ignorantes da consciência e trapaceiros da moral, já deveriam saber por experiência própria que o mal nasce com o germe do seu próprio aniquilamento, e que somente a fé em D'us, só a crença inabalável nos eternos valores espirituais, só o cultivo dos sublimes ideais da ética e do puro humanismo, garantem a continuidade da humanidade, da cultura e da civilização.

Nós, judeus, descendentes dos Hasmoneus, nós, os "duramente experimentados" (*als die Vielgepprueften*), devemos concentrar-nos na história gloriosa que as velas de Chanuká evocam. Nós devemos ter sempre na mente as palavras do salmista, que em vista das circunstâncias em que vivemos são mais significativas que nunca: "Uns confiam em carros, outros em cavalos; nós, porém, nos glorificaremos no nome do Eterno. Eles se encurvam e caem; nós, porém, nos levantamos e nos mantemos de pé"[5]. E mais uma coisa que nunca devemos esquecer ou negligenciar: *Hadlaká Ossá Mitzvá*, O acender faz a *mitzvá*[6]. Não se pronuncia a bênção *lehadlik ner*

---

5 Sl 20.
6 *Shabat* 22b.

shel Chanuká sobre luzes que "outros" acenderam. Nós próprios devemos acender de novo, em cada geração, a chama do entusiasmo pela causa judaica, despertando assim maior dedicação e amor aos nossos ideais.

Dedico esta prédica à "ala moça", aos nossos jovens, e a eles principalmente me dirijo. Vocês são a nossa esperança; nas suas mãos depositamos a luz do nosso futuro; por favor, não nos decepcionem; não se deixem deslumbrar por doutrinas erradas, ideologias falsas e demagógicas; não se deixem fascinar por teorias inconstantes; deixem-se orientar pela eterna chama do judaísmo, pelos ensinamentos da *Torá*, dos profetas e dos mestres do pensamento judaico, cuidem para que as centelhas que brilham nos nossos lares se transformem numa tocha perene e resplandecente de nossos ideais, no seu mais profundo sentido.

Ierushalayim shel zahav v'shel Or, não deveria ficar perpetuado somente através de mais uma canção sentimental, gravada num disco, mas manifestar-se num amor ardente, gravado nos corações em torno de *Torat* Israel, *Am* Israel e *Medinat* Israel.

Vayigash

I

Com a *parashá* desta semana começa o capítulo mais trágico da história judaica, capítulo esse que se chama *Galut* (diáspora).

As razões que levaram Jacob para ir à Diáspora são conhecidas e bem compreensíveis:

1. Em Canaã pairava uma tremenda fome.
2. Há 22 anos Jacob estava convencido de que o seu querido Josef morrera, e agora descobre que ele está vivo, e ocupa um lugar de destaque na monarquia egípcia, como vice-rei do Egito. E qual é o pai que se recusaria a rever seu filho após tantos anos de dolorosa separação, e especialmente nesse caso, sabendo que esse seu filho, considerado pelos irmãos como vaidoso sonhador com ricas fantasias, ocupa um lugar tão destacado no poderoso império egípcio?

Mas mesmo assim, apesar de humana e sentimentalmente justificado, Jacob estava apreensivo sobre se devia ou não emigrar para o Egito. Quem sabe quanto tempo durará essa diáspora temporária? De fato, no Egito, a situação econômica é boa, é um país rico, fértil, próspero; mas qual será o futuro dos filhos? Será possível evitar a assimilação ao ambiente tão perigoso, tão estranho? Não adotarão eles os costumes, o estilo de viver e a maneira de pensar desse país idólatra? E se porventura não tiverem forças morais suficientes para se opor ao meio ambiente, deixando-se influenciar pelo paganismo, pelo abominável culto dos mortos, qual será o fim da sua fé e da crença no D'us dos seus antepassados? E o fato de Jacob estar preocupado pelo destino de seus filhos, hesitando por isso em descer ao Egito, nota-se pelas palavras confortadoras que D'us lhe disse em visões noturnas: "Eu sou D'us, o D'us de teu pai; não temas descer para o Egito, porque lá Eu farei de ti uma grande nação". *Anochí ered imchá, veanochí aalchá gam aló*: Eu descerei contigo, e te farei tornar a subir certamente[1]. E os mestres interpretam as palavras "Eu descerei contigo" no sentido seguinte: Antes que tu, Jacob, a tua família, ou os teus descendentes fixem residência no Egito, ou em qualquer outra parte do mundo para onde o destino vos há de levar, a Shechiná, isto é, a Onipresença Divina, já lá estará; pois *bechól makom shegalu Israel, galtá haShechiná*, em qualquer lugar onde Israel estiver disperso, lá estará também a Shechiná[2] para acompanhá-lo. E muitos mestres opinam que a noção de Shechiná, tão frequentemente mencionada e evocada, não é outra coisa do que a centelha Divina que inspira o gênio criativo do povo judaico, esse gênio grandioso, fecundo e benéfico que não tem fronteiras geográficas, mas que cria, produz e se desenvolve em qualquer parte do mundo, desde que as circunstâncias exteriores (leis drásticas, opressão física e psíquica) não o restrinjam e o deixem expandir-se livremente. E por estranho que isso possa parecer a alguns chauvinistas fanáticos, é um fato irrefutável que, excluindo o *Talmud* jerosolomita, que não está completo, o maior, o mais rico e o mais variado tesouro espiritual judaico não foi criado em Eretz Israel, mas sim em *chutz laaretz*, na Diáspora, na Babilônia, Espanha, França, Alemanha, Itália, Polônia, Lituânia etc.

II

Voltando ao ponto de partida, isto é, à preocupação de Jacob para que os filhos e netos não esquecessem nessa terra estranha os ensinamentos da *Torá*, e não perdessem a fé no D'us único, a *parashá* relata: "E a Judá mandou adiante dele para Josef, para preparar-lhe lugar em Goshen"[3]. Esse texto é interpretado pelo famoso Rashi[4] da seguinte

---

1 Gn 46, 3-4.
2 Meguilá 29a.
3 Gn 46, 28.
4 Rabi Shelomó Itzchaki.

maneira: Jacob Avinu mandou Judá adiante dele, não somente para preparar lugares de habitação, moradias para ele e os familiares, mas também em busca de um lugar adequado onde pudesse continuar a ensinar aos filhos e netos a *Torá* que aprendera com seu pai Isaac e transmitir-lhes os ensinamentos que aprendera com seus mestres Shem e Ever, pois só assim teria a garantia de que o seu legado espiritual permaneceria intacto.

A descrição que a *parashá* nos dá da figura de Josef e da sua atuação como vice-rei do Egito e ministro do abastecimento (na linguagem moderna) não estaria perfeita, se deixássemos de sublinhar mais uma faceta do seu caráter nobre, sumamente social e correto. Esse traço que pretendemos sublinhar poderá servir de exemplo a muitas personalidades que ocupam hoje em dia posições-chave na política universal.

Citamos o texto: "E Josef sustentou com pão a seu pai, a seus irmãos e a toda a casa de seu pai, segundo o número de seus filhos"[5]. E o comentarista italiano Sforno interpreta: "Dependendo toda a alimentação do Egito das suas ordens, Josef podia muito facilmente beneficiar a sua família, não a sujeitando ao severo racionamento introduzido no país; mas Jacob ensinou-lhe essa virtude que os mestres do *Talmud* e os posteriores moralistas pregaram e ensinaram: Se a coletividade é obrigada pela força das circunstâncias a suportar privações e austeridade, os líderes, os chefes do povo devem ser os primeiros a contentar-se com o pouco obrigatório. Eles não devem abusar das suas posições e privilegiar a si mesmos, a seus parentes e a seus amigos".

E mais um fato importantíssimo que não podemos deixar de mencionar, e quem chamou a nossa atenção para essa peculiaridade foram os conhecidos escritores Thomas Mann e Henry Georg. Fazendo paralelos entre a cultura egípcia e a judaica, ambos, mas principalmente Henry Georg, na sua obra *Moisés, o Legislador*, destacam as extremas diferenças entre a legislação egípcia e os ensinamentos da *Torá*.

No Egito vigora o maior despotismo, enquanto na *Torá* predomina o sentimento de amor e respeito pela liberdade do homem. E Georg continua na sua bela tese: Quando Moisés quebrou as algemas dos escravos judeus no Egito, tornando-se assim o libertador de todos os povos escra-

---

5   Gn 47, 12.

vizados, ele se inspirou na orientação humana de Josef, que, segundo nos narra a *parashá*, rejeitou energicamente a proposta dos egípcios, quando estes, deprimidos pela extrema fome, pediram: "Compra-nos a nós e a nossa terra a troco de pão, e nós e a nossa terra seremos escravos de Faraó; dá-nos semente para que vivamos, e não morramos, e a terra não fique deserta".

E como reagiu Josef a essa oferta? A *parashá*, no capítulo 47, versículo 20, responde: "E comprou Josef toda a terra do Egito para Faraó, porque os egípcios venderam cada um o seu campo".

E Josef disse ao povo: "Aí tende sementes; ide e semeai a terra".

Lavrar, semear, e cultivar a terra, transferir povoações inteiras para regiões frutíferas, fazendo-os trabalhar conjuntamente para o bem da nação toda como Josef fez, isso sim; mas escravizá-los como eles próprios suplicaram, isso nunca. Isso seria um insulto à concepção ético-judaica.

E neste sentido procederam todos esses grandes estadistas judeus que ocuparam posições importantíssimas na administração governamental; contribuir com o máximo esforço e com a maior devoção e saber para o bem-estar dos países onde residem. E isso apesar de saberem, como nos demonstrou a história, que o seu destino, com o decorrer dos tempos, não seria diferente daquele que a *Torá* nos relata a respeito de Josef: *Vaiakom mélech chadash, asher lo iadá et Iossef*, entrementes se levantou um novo rei sobre o Egito, que não conhecera Josef[6]. Com outras palavras, que não quiseram saber quais foram e continuam a ser as nossas contribuições econômicas, científicas e culturais. Mas, assim como a *Torá* de Moisés é eterna e invariável, os seus ensinamentos ético-morais nos são sagrados; e, apesar da ingratidão dos povos, não deixaremos de contribuir para tudo o que é belo, digno e humano.

---

6 *Ex* 1,8.

Vaichi

I

Hikavtzú veshimeú benei Yaacóv, veshimeú el Israel avichém: Juntai-vos e ouvi filhos de Jacob; e ouvi a Israel vosso pai[1]. Os dezessete anos que Jacob passou no Egito foram os melhores e mais tranquilos da sua vida. Josef cuidou para que nada lhe faltasse; os filhos e os netos se aculturaram lindamente ao meio ambiente, aclimataram-se perfeitamente no país imigratório, frutificaram e multiplicaram-se muito.

Mas Jacob não conseguiu ambientar-se: ele não se sentia bem nessa terra estranha. Faltavam-lhe a liberdade e a independência de que gozava na terra natal.

Lá em Canaã ele era um *toshav*, um residente, um cidadão igual aos outros; tudo que adquirira em Canaã era dele, estando seguro com aquilo que possuía. No Egito, entretanto, ele se sentia, apesar do bem-estar físico e do carinho de filhos e netos, um *guer*, um estranho, um intruso, um imigrante tolerado; nada lhe pertencia, nem a ele e tampouco aos filhos.

E Jacob viveu na terra do Egito dezessete anos. Os mestres indagam: Qual será a razão de a *parashá* só mencionar os dezessete anos vividos no Egito, sem nos indicar quantos anos viveu na sua terra natal? Mas a resposta é simples, lógica e compreensível. Na sua própria terra ele não contou os anos; na própria terra, os anos não se tornam tediosos, porque para quem tem um ideal em mira, para quem trabalha por qualquer coisa de que gosta e que lhe dá prazer, os dias e os anos passam sem darmos

---

[1] Gn 49, 2.

por isso, enquanto em terras estranhas, desambientados, onde não nos podemos adaptar ao novo meio em que vivemos, os dias e os anos parecem parados, infinitos.

Ficando consigo próprio, Jacob teve bastante tempo para meditar: afinal, para que lhe serviam os grandes sucessos dos seus filhos; sabendo *a priori* que todo o seu esforço, toda a sua contribuição para o engrandecimento do país não seria avaliado, não seria reconhecido, sim, não lhe seria atribuído? Pois quando em dado momento as circunstâncias sociopolíticas mudarem, se houver alteração do regime, se a sua existência física e a sua vida espiritual dependerem do capricho de um antissemita, ele perderá a sua nacionalidade, será expulso do país, todos os bens e haveres lhe serão confiscados, e de um momento para outro será considerado um elemento estranho, um indesejável, um parasita.

E que acontecerá com o seu lar nacional? Nos seus ouvidos soam as palavras do Eterno: *haaretz asher atá shochev aleha lechá etnéna*, se tu estiveres deitado nessa terra, ela é e será tua[2]; caso contrário, se permitires que estranhos se apoderem dela, tu não mereces tê-la.

Na sua própria terra, ele teve possibilidades de se ocupar com o legado espiritual dos seus antepassados. Em qualquer lugar das suas peregrinações, pôde construir altares e fazer sacrifícios ao D'us de seus pais; por toda parte, pôde divulgar o grande ideal da sua fé, enquanto durante todos os anos da sua permanência no Egito, nada pôde fazer para dissipar o culto dos mortos, para que a ideia de um D'us transcendente pudesse prevalecer.

Comparado com os seus pais, ele ainda não é tão velho. Se tivesse ficado no seu país, também teria alcançado a idade do pai e do avô, chegaria a ser *zaken usvá iamim*, velho e farto em anos[3]. Mas na Diáspora, "chegaram os dias de Israel para morrer"[4]. Sentindo o fim da sua vida, ele manda chamar Josef e disse-lhe: *bishvilchá iaradti lemitzraim*, por tua causa eu desci ao Egito[5]; aqui vivo graças ao teu sustento, e se o destino já me condenou a morrer numa terra estranha, peço-te: *al ná tikbereini*

---

2 Gn 28, 13.
3 Gn 35, 29.
4 Gn 47, 29.
5 *Bereshit Rabá* 96, 5.

bemitzraim, por favor, não me enterres no Egito. Eu não quero renunciar ao privilégio que o Eterno me concedeu, e este privilégio é Eretz Israel.

Moribundo, Jacob não deixa de pensar no futuro de seus filhos: O que acontecerá com eles neste país idólatra? Ele ouve a promessa Divina: "Eu te farei frutificar, e te farei multiplicar, e te farei por multidão de povos; e darei esta terra à tua semente, depois de ti, para possessão eterna"[6]. Jacob-Israel não se assusta com o seu estado agonizante; para ele há, mesmo nesse momento, um problema muito mais grave que o aflige, e que procura solucionar. O que Jacob quer saber é: realizar-se-á essa bênção de D'us, que lhe deu coragem e alento para suportar todos os duros golpes da sua vida atormentada? Perante seus olhos, passam as cenas horrorosas da terrível e prolongada Diáspora. Ele vê como seus descendentes serão expulsos de um país para outro, vê quão inúteis serão seus esforços de criar raízes nas terras da dispersão, vê os meios aplicados e os métodos inventados de geração em geração para afastá-los brutalmente dos laços de seus antepassados, vê como eles serão queimados vivos nos autos de fé da Inquisição, como serão levados como rebanho ao matadouro para as câmaras de gás, como se afogam em um mar de sangue. Vê a história de milhares de anos de martírio e de sofrimento sobre-humano que os seus filhos hão de suportar, e fica desesperado.

Terão eles forças físicas e morais suficientes para saírem ilesos e para sobreviverem a esse ininterrupto holocausto?

E de repente, ele sente que a Shechiná, a Onipresença Divina paira sobre o seu leito para lhe revelar o grande fim, o fim glorioso que está reservado aos seus filhos no *acharit haiamim*, nos dias vindouros, após milênios de dor e desgraça. Animado, ele convoca os filhos: *Heasfú veaguída lachém*: Juntai-vos, e vos anunciarei o que vos acontecerá no fim dos dias[7].

Mas de repente: *nistalká miménu haShechiná*, a Presença Divina afastou-se dele, e Jacob esqueceu o que ele queria revelar[8]. Atemorizado, ele procura saber a razão dessa falha de memória, e a causa do afastamento da Onipresença Divina.

---

6   Gn 48, 4.
7   Gn 49, 1.
8   Pesachim 56a.

Será o amor excessivo e o carinho demasiado com que ele tratara Josef, distinção que contribuíra para que os seus filhos odeiem e invejem Josef, criando destarte o germe da desunião e da desarmonia, não somente entre os seus próprios filhos mas também para os seus futuros descendentes? Será que essa falta de fraternidade e a constante discórdia o impedem de revelar-lhes o fim glorioso? Será que essa desavença entre os seus filhos unidos pelo mesmo destino há de agravar-se após o seu falecimento, retardando assim a sua libertação dos sofrimentos da Diáspora?

Os filhos notaram o seu embaraço, observaram que algo muito grave preocupava o seu pai nestes momentos derradeiros, e, sentindo-se culpados pelo seu desonesto procedimento para com Josef, disseram-lhe: Comparados com outros povos, somos os mais honestos; nunca as nossas mãos derramaram sangue inocente, jamais obrigamos qualquer outro povo ou mesmo indivíduo a abraçar a nossa fé por meio de coerção ou torturas inquisitoriais. De fato, não estamos coesos no que concerne à nossa própria libertação; confessamos que existem entre nós grandes divergências a respeito da concretização de nossos ideais; mas no que toca a teus ensinamentos espirituais, sabe que somos unidos e inabaláveis na defesa da nossa fé.

E o tratado talmúdico *Pesachim* 56 narra que nesse momento de máxima emoção, os filhos de Jacob proclamaram: *Shemá Israel, Hashem Eloikeinu Hashem Echád keshém sheein bilvavchá ela Echád, ein belibenu ela Echád*: Escuta, Israel, o Eterno é nosso D'us, o Eterno é UM; assim como tu, nosso pai, só tem um único D'us, também nós, teus filhos, só acreditamos neste Único Criador.

Ouvindo essa confissão, o patriarca Jacob murmurou: *Baruch shem kevód malchutó leolam vaéd*. Abençoado seja o Nome da Sua Glória honrosa, eternamente. Nesse momento desvaneceu-se o seu desespero; nessa curta mas tão profunda oração, Jacob reconheceu a quintessência da sua vida, dos seus antepassados e a dos seus descendentes. Ele vê que, enquanto essa sublime oração viver na mente e nos corações, enquanto o Shemá Israel orientar a maneira de pensar e o estilo de viver dos filhos de Jacob-Israel, a eternidade do povo de Israel, assim como a sua continuidade, estarão garantidas.

E a Shechiná voltou para junto da cabeceira de Jacob; e lá onde estiver o povo de Israel, a Shechiná será a sua perpétua companheira.

SHEMOT

(Segundo Livro da *Torá*: *Êxodo*)

Introdução

Como introdução ao segundo livro da Torá, *Shemot*, encontramos na magnífica obra *Hegionót Mikrá* (Meditações sobre o Pentateuco), do dr. Israel Eldad, o seguinte *leitmotiv:* "Neste segundo livro da Torá, não se ouve mais a oração de um indivíduo, mas sim as lamentações de multidões; não há mais sonhos como aqueles narrados no livro *Bereshit* (*Gênesis*), mas sim realidade dura e amarga, realidade sacra; não temos mais visões noturnas, anjos que sobem e descem, mas sim uma revelação sucedida de dia, com relâmpagos e trovões; não é mais o sangue derramado de um Abel, mas sim o sangue vertido de inúmeras crianças inocentes; não é mais um único homem que pede: "Dá-me de beber um pouco d'água do teu cântaro"[1] (Eliézer, o servo de Abraham); neste livro ficamos sabendo como um povo se afoga na água, e um povo inteiro grita sedento d'água no deserto".

E o dr. Eldad conclui o seu belo prefácio com a seguinte exclamação: "Quão fácil foi a obra da Criação, quão fácil para o Criador do Universo estabelecer luz e ordem neste *tohu vavohu*, neste caos; quão fácil para o Onipotente formar vida da matéria; mas quão difícil, terrivelmente difícil, foi formar um povo dos filhos de Israel".

Mesmo se temos toda a razão para ficarmos ressentidos pelo fato de José e Jacó terem descido ao Egito, fixando lá residência permanente, não podemos deixar de encontrar uma atenuante na culpa dos seus descendentes, que foram escravizados no Egito.

---

[1] *Gn* 24, 17.

A escravidão egípcia foi a primeira sujeição, e nós, descendentes distanciados por muitas e muitas gerações desses antepassados escravizados, estudamos de fato o que essa *parashá* nos relata, mas infelizmente não aprendemos nada com esse acontecimento transcendental da nossa história. O que podemos reclamar daqueles que, com o seu corpo e seu sofrimento, foram a primeira experiência da exploração da força humana? Acaso foram eles que introduziram a servidão? Acaso não é verdade que o despotismo egípcio os utilizou para a construção das cidades de Pitom e Ramsés; acaso não lhes tiraram os filhos a fim de encerrá-los como tijolo nas paredes? Mas todos eles empregaram os seus esforços e sofrimentos na colocação da pedra fundamental da nossa história.

Pelas modernas escavações arqueológicas, sabemos que a colonização hebraica no Egito começou na era da XVIII dinastia egípcia, isto é, nos tempos dos hicsos, que foram expulsos pelo rei Amósis I, o qual se serviu de todos os meios para limpar o Delta do Nilo dos restantes semitas e hebreus. Essas mesmas fontes históricas indicam que a saída dos judeus do Egito se deu na XIX dinastia egípcia, entre 1290-1230 a.C., sob o governo de Ramsés II, que, além de começar a reconstrução da antiga capital dos hicsos, Avaris, construiu no Delta do Nilo uma cidade que tem o seu nome: "A casa de Ramsés", utilizando para essa construção os escravos israelitas.

Mas a *Torá* não indica o nome do Faraó que escravizou o povo judeu e que não conhecia José, como tampouco menciona o nome daquele rei egípcio que conhecia José e sabia quão benéfica fora a atividade do seu vice-rei.

É como se a *Torá* quisesse perpetuar o nome desses reis através do anonimato. "Faraó" significa em egípcio "a grande casa". Mesmo se isso não fosse a intenção primitiva daqueles que outorgam títulos aos regentes egípcios, cuja maior parte está ligada a nomes de ídolos, não resta dúvida nenhuma de que, do ponto de vista histórico, o nome "a grande casa" é objetivamente o mais justificado do que qualquer outro título.

Acaso não são essas "grandes casas" que ficaram como único valor, como única exibição de toda essa cultura de quatro mil anos do Egito antigo?

Mencionando a Grécia vem logo à memória: artes, filosofia; falando de Roma, pensamos em jurisprudência, Estado, império. Quando evocamos

Egito, ocorre-nos: pirâmides; essa é a substância de toda essa cultura, a grande casa. Isso é o Faraó, e isso é a sua recordação.

Cada um dos faraós construiu; cada um quis exceder o seu antecessor em construções gigantescas e luxuosas, mesmo se fosse só na construção dos seus próprios túmulos, de seus próprios mausoléus. Qualquer outro gênero de construção era insignificante. E se os arquitetos modernos admiram essas edificações gigantescas, querendo às vezes imitar esse estilo arquitetônico, eles hão de constatar, após uma análise objetiva, que tudo isso não é nada mais que uma enorme quantidade de braços operários. Todo o povo egípcio é escravo de Faraó, quanto mais os cidadãos estrangeiros, os prisioneiros de guerra ou forasteiros sem cidadania definida.

Entre as figuras de pedras que ornamentam a majestosa estátua de Ramsés II, há uma figura que representa a sua filha, chamada Binat-Anat, nome puramente cananeu-semítico, que na versão hebraica, Binát-Yá ou Bityá, a história judaica preservou como a filha de Faraó que salvou a vida de Moisés. Essa filha de Canaã ou filha de Tiro (nome de uma cidade forte da Fenícia), se não quisermos ir além dessa suposição de que se trata de uma mulher hebreu-cananeia de Goshen, ficou sensibilizada com o sofrimento dos judeus perseguidos. Se uma mãe, uma das mulheres de Faraó, lhe deu esse nome semita, pode-se deduzir que a educação que ela recebeu não se identificou completamente com o espírito egípcio. Binat-Anat, filha de Ramsés II, um dos grandes faraós, se não o maior, tirou Moisés do rio.

A grandeza do faraó Ramsés II não contesta, mas sim confirma, o relato bíblico da escravidão egípcia. Já os nossos mestres e os historiadores comprovam esse fato. O povo de Israel é submetido a poderes absolutos e arbitrários, cuja grandeza para com os seus súditos não os impediu de praticar com o povo de Israel toda espécie de crueldades. Desde Ramsés II até Antíoco, Tito e Adriano, desde o Egito até hoje.

É verdade, não só os filhos de Israel foram escravizados pelos faraós do Egito; todo o Egito foi subjugado. Então por que sublinhar com tanta ênfase a servidão judaica? Mas para quem construíram os egípcios escravizados? Para si mesmos, para os seus netos, para o seu povo, para sua pátria; os descendentes dos escravos egípcios desfrutaram desse trabalho forçado. E os descendentes de José, o judeu, de José, o vice-rei de Faraó, esses foram maltratados, escravizados, e tudo o que construíram, com tantos sacrifícios e sofrimentos, ficou, após a sua saída, para os egípcios. Muitas coisas materiais, ouro, prata, e mesmo a urna de José, puderam levar consigo os redimidos do Egito, mas as "grandes casas", que construíram com lágrimas e suor, com as lágrimas das mães e o sangue dos seus filhos, não puderam levar consigo.

Mas por que essa Diáspora? Por que essa sujeição? Para todas as dispersões posteriores, os profetas encontraram uma justificativa, uma explicação. Mas essa primeira escravidão, quais foram os pecados que a causaram, desde que ainda não se lhes ordenara cumprir preceitos, a *Torá* ainda não fora dada, de maneira que não podia haver transgressões?

Não nos resta outra resposta, senão a afirmação de que "a Diáspora por si" é um pecado; mesmo se no começo não vieram para fixar residência, o fato é que lá se estabeleceram definitivamente; o que nos faz deduzir que, se não fossem escravizados, não sentiriam a necessidade e não teriam vontade de ser redimidos. A subjugação que aspira à liberdade tornou-se, desde então, uma lei da dialética histórica.

Shemot

Com o segundo livro da Torá, Shemot (Êxodo) começa a história judaica. O livro Bereshit (Gênesis) trata da criação do Universo, relata como se desenvolveu o gênero humano, narra a biografia dos patriarcas e matriarcas e pode ser considerado como sendo a introdução ao segundo livro e aos outros três da Torá. A importância que os mestres atribuíram ao segundo livro é exaltada no seguinte provérbio: Kol haossek besefer "Veeile shemot" k'ilú amád al har Sinai (Aquele que se aprofundar no livro Shemot é considerado como se estivesse presente no ato da Revelação Divina, quando da entrega dos Dez Mandamentos)[1].

Esse livro relata-nos como uma massa humana de escravos se tornou, graças ao recebimento da Torá, um povo espiritualmente livre, abençoado com a imortalidade.

Duzentos e dez anos se passaram desde o dia em que o patriarca Jacó e seus familiares desceram para o Egito; de setenta almas apenas, constitui-se num povo de seiscentas mil almas.

As grandes dinastias faraônicas, que se lembravam ainda do que José fizera para o bem-estar do Egito, trataram os correligionários de José com bastante tolerância e benevolência. Vayirbú vayatzmú bimeód meód: e eles se multiplicaram e se fizeram muito fortes. Esse bem-estar físico e material fê-los quase esquecer a sua pátria original, e com a característica facilidade e vontade judaica de se assimilar ao meio ambiente, eles começaram a se considerar autênticos egípcios de religião monoteísta. Mas aconteceu há quase quatro mil anos um fato importante, que percorre

---

[1] *Otzar Hamidrashim*, p. 70.

até hoje em dia a história e a experiência judaica, como um fio vermelho; a sua assimilação, a sua fortuna e as suas riquezas começaram a saltar aos olhos dos egípcios, e quem sabe se não foi o vício da ostentação que excitou o ódio e a inveja dos egípcios? O fato é que: *Vaiakútzu mipenei benei Israel*, e se aborreceram por causa dos filhos de Israel; e o *Talmud*[2] interpreta o verbo *vayakútzu* (enfastiar, enfadar) do substantivo *kotz* (espinho) querendo indicar que os judeus se tornaram como espinhos nos olhos dos egípcios. Aqueles mesmos israelitas, aquela "laboriosa colônia judaica", como os filossemitas nos intitulam, que com tanto zelo e afinco contribuíram para o desenvolvimento e o enriquecimento do país, e por isso eram tratados com bastante tolerância, tornaram-se de repente um problema socioeconômico para uns e para outros uma ameaça política; e para justificar a sua atitude hostil para com esse elemento estranho, notaram que: *vatimalé haaretz otám*, e encheu-se a terra deles. E o *Yalkut Shimoni* comenta: "Notando os egípcios que os teatros, as arenas esportivas e os salões de divertimentos estavam cheios de judeus, *miyad gazrú aleihem sheyifreshú mehém*, ordenaram aos vizinhos não judeus para evitar contato com eles"; na linguagem moderna, surgiu o problema racial.

Sendo o Egito a primeira diáspora, manifestou-se inevitavelmente a questão de minorias, em toda a sua agudeza nefasta: a inveja como base do antissemitismo, a inteligência e a aplicação como base da inveja, a concorrência econômica e profissional como justificação da intolerância.

E desde que existe a ameaça: *Pen yirbé*, este povo é capaz de multiplicar-se, *háva nitchakmá lo*, devemos fazer uso da astúcia para com ele, devemos servir-nos de todos os meios e processos, mesmo dos mais abomináveis, para eliminar a tempo o perigo de *rav veatzúm miménu*, para que ele não se torne mais numeroso e mais forte que nós.

Desde os faraós até os antissemitas zoológicos do século xx, e quem sabe se isso não ficará para sempre, a acusação contra nós é a mesma: "Os judeus ocupam as melhores posições sociais, as profissões liberais estão cheias de judeus", ou as desculpas que certos historiadores encontraram para justificar os hediondos crimes da Inquisição: "luxo exagerado, acumulação ilícita de grandes fortunas, falta de modéstia e de *savoir faire*, o

---

2   Sotá 11a.

vício de ostentar, como aconteceu nas recepções da corte espanhola, em que as joias das judias eram mais belas e de maior bom gosto do que as da nobreza espanhola".

E desde que começamos a esquecer que somos filhos de Abraham, Isaac e Jacob, tentando não só imitar mas sim ultrapassar os vizinhos não judeus, eles se encarregam de lembrar-nos constantemente que somos "recém-chegados" (gringos) e não *asher báu mitzraima*, antigos cidadãos dos respectivos países, muitas vezes mais antigos que os concidadãos não judeus.

E o processo aplicado desde os primórdios até hoje em dia é exatamente o mesmo. O primeiro passo para o extermínio dos judeus são as difamações sórdidas, hediondas, as acusações falsas; e depois a etapa final: perseguições, expulsões e ruína total.

Mas enquanto os outros povos subjugados se conformam com o seu destino amargo de escravidão, os judeus nunca se conciliaram com o fato consumado, não se deixaram abater pelas amarguras da sorte, tentando livrar-se do jugo da opressão. O Faraó viu-se embaraçado por um elemento humano que ele nunca havia encontrado, o mesmo fator que os ingleses encontraram durante os anos de seu mandato na antiga Palestina, hoje, *Medinat* Israel. *Vechaasher yeanú otó, ken yirbé vechén yifrotz*: E aconteceu que, quanto mais o afligiam, tanto mais este se multiplicava e se fortalecia. Estando os verbos afligir = *yeanú*, e "multiplicar" = *yirbé* no futuro, isto não é um simples acaso gramatical, mas sim uma promessa consoladora para o futuro do povo de Israel, querendo a *Torá* nos indicar que também das futuras diásporas e dos tormentos pósteros sairemos robustecidos e esperançosos, pois o Onipotente Protetor do povo de Israel nos prometeu que a chama judaica jamais se apagará.

Vaerá

I

Vaiedaber Moshé kén el b'nei Israel, veló shamú el Moshé mikótzer ruach umeavodá kashá.

"Desse modo falou Moisés aos filhos de Israel, mas eles não atenderam a Moisés, por causa da ânsia de espírito e da dura escravidão"[1].

A *parashá* desta semana é a continuação do relato histórico da saída do Egito. A luta pela redenção torna-se cada vez mais árdua. No primeiro momento, os israelitas escravizados acreditaram que D'us ouvira os seus gemidos, e que a libertação física das algemas da opressão estava próxima. Mas desde que o Faraó, após a intervenção de Moisés, agravara ainda mais a opressão, e desde que Moisés, na sua admirável alocução, esclarecera o sentido espiritual da libertação, aconteceu o inacreditável: os israelitas recusaram-se a ouvir as palavras consoladoras de Moisés, por causa do desalento e do duro trabalho.

Essas quatro simples palavras, *kótzer rúach veavodá kashá*, contêm um sentido muito profundo, por expressarem o principal obstáculo que cada ideal encontra no caminho da sua concretização; esse fato é a causa básica que impede a propagação do verdadeiro ideal no espírito e no coração humanos. Não só na era egípcia sofremos de falta de ânimo e duro trabalho; essa praga chegou a ser quase crônica, não somente no judaísmo, mas também na humanidade inteira, em todos os tempos.

---

[1] Ex 6, 9.

Se tentarmos analisar as causas da decadência espiritual da nossa época, chegaremos à conclusão que a razão se encontra no *kótzer rúach veavodá kashá*, palavras essas que traduzidas ao pé da letra dizem: espírito limitado, horizonte estreito, e trabalho exagerado. A primeira vista, poderia-se perguntar: mas o que tem a humanidade atual a ver com *estreiteza de espírito* e *duro trabalho?*

A humanidade atual, especialmente nos países livres, democráticos, não está mais escravizada; as leis sociais fixaram e controlam com todo o rigor o horário de trabalho; o trabalho forçado (não se fala das ditaduras extremistas que condenam adversários políticos a trabalhos forçados) e a exploração despótica foram quase abolidos; como então se pode falar hoje em dia de trabalho forçado?

Mas nesse contexto, a humanidade anda equivocada, pensando que trabalho duro é só aquele que nos é imposto por outros, por estranhos; o que é absolutamente errado, pois o trabalho mais duro do homem é aquele que ele determina a si mesmo. Com a diferença que do trabalho a que é compelido por outros, o homem consegue livrar-se, enquanto da fadiga imposta por nós mesmos carregamos cada vez um peso maior, até a completa subjugação.

A importância do trabalho ocupa na *Bíblia* e na literatura rabínica um lugar de destaque, e o homem que trabalha e ganha honestamente o seu sustento é exaltado e louvado. O Mestre da *Mishná*, *Shemaiá*, ordena-nos na *Ética dos Pais*[2] "*Ama o trabalho*". "A bênção Divina só repousa no trabalho manual do homem"[3]. O homem não pode dizer: "Comerei, beberei, gozarei de tudo o que há de melhor, mas não me esforçarei, porque D'us, que sustenta todo o mundo, se apiedará também de mim"; e por isso está escrito: "Tu abençoaste as obras das suas mãos", para nos ensinar que o homem deve ser esforçado, trabalhar com ambas as mãos; só então ele será abençoado[4].

---

2   *Ética dos Pais* 1, 10.
3   *Tossefta Berachot* 6.
4   *Midrash Tanchuma Vaietzê* 13.

Mas, na concepção judaica, trabalhar não significa corrida ininterrupta à fortuna e à acumulação de bens materiais; não significa cansaço físico que abale a saúde, esgotamento total e muitas vezes fatal.

O homem é uma composição de corpo, alma e espírito, e o nosso espírito também tem direito a ser alimentado. O serviço do sumo sacerdote (Cohen Gadol) no lugar mais sagrado do Templo (Beit Hamikdash) no dia de Yom Kipur, também é designado como *avodá* (trabalho) e nós sabemos perfeitamente que nesse momento solene, quando ele se preparava espiritualmente, a fim de poder pronunciar o Nome do Eterno em absoluta pureza e santidade, o sumo sacerdote não trabalhava fisicamente; mas na sua sobrenatural concentração para a invocação do Tetragrama Divino, ele implorava, nesse seu "serviço", a bênção celestial para si, os seus familiares e toda a coletividade judaica.

Quão feliz não seria a nossa geração, e quão prometedor não poderia ser o nosso futuro, se cada um de nós dedicasse um pouco de energia também àquele trabalho espiritual que visa ao aperfeiçoamento do instinto, ao aprofundamento do saber, e ao enobrecimento dos desejos e aspirações!

A nossa época não sofre de *chóser rúach* (falta de espírito) mas demasiadamente de *kótzer rúach*, espírito limitado, horizonte estreito. Não falta espírito hoje em dia; ao contrário, o mundo em que vivemos está carregado de espírito. Ninguém teria coragem de contestar que houve mais progresso em medicina, em ciências humanas e em tecnologia nesta única geração do que nas centenas de anos precedentes. Ninguém negará que há mais cientistas e matemáticos vivendo agora do que o total de todos os cientistas e matemáticos desde os princípios da história até o ano de 1920.

Mas quão desventurado é um espírito que só pretende materializar, que se limita nos detalhes e não enxerga nenhuma força universal, um espírito que liga muita importância a tudo que é exteriormente bem visível, esquecendo o seu íntimo! Em termos filosóficos, isso significa que o *Homo faber* derrotou o *Homo sapiens*.

Não se trata de uma dissertação acadêmica, longe da realidade, mas de uma constatação bem concreta que observamos e testemunhamos no contato cotidiano com a vida e a atividade espiritual, religiosa e educativa do nosso *yishuv*. E quando nos queixamos, protestamos e reclamamos da negligência, falta de compreensão e do espírito cooperativo para elevar o nível cultural da nossa juventude, os futuros líderes da coletividade judaica, a resposta é sempre a mesma: *avodá kashá*, muito trabalho; o ganha-pão cotidiano absorve todo o tempo livre, todas as energias disponíveis. E nós constatamos que não é tanto pelo "duro trabalho" mas sim, principalmente, pelo *kótzer rúach*, espírito estreito, horizontes muito limitados. Será que os 36 justos, piedosos, modestos e devotos, pilares religiosos que sustentam as gerações, não têm campo de atividade nos nossos *yishuvim* modernos, e por isso desapareceram na arena? Custa-nos acreditar. Esses *lamed vav tzadikim* não são uma lenda; cada geração deve criá-los de novo.

II

Velakachtí etchém li leam, veheveití etchém el haaretz: E vos tomarei por meu povo e vos levarei à terra. O verso compara a saída do povo judeu do Egito à sua entrada em *Eretz* Israel. Entraram em Canaã com seiscentas mil almas chefiadas por Kalev ben Yefuné e Yehoshua ben Nun, e saíram do Egito também com seiscentas mil almas, chefiadas por Moisés e Arão.

Muitos dos povos antigos foram expulsos das suas terras e desapareceram definitivamente da arena da história universal. A Diáspora absorveu-os; sim, devorou-os. Os seus descendentes assimilaram-se entre os povos novos, e da sua primitiva pátria não ficou sequer uma recordação. O povo judeu perdeu por várias vezes a sua pátria; milhares de anos andávamos pelos túneis escuros e perigosos da dispersão; não existe quase país no globo, em que o povo não tivesse parado no interminável caminho da peregrinação. Em quase todas as terras do mundo, temos suportado tremendas ofensas e opressões, hediondas difamações; mas a Graça Divina não nos deixou sucumbir e sobrevivemos. Sobrevivemos àqueles povos que planejaram e executaram por diversas maneiras o nosso extermínio; mas fomos testemunhas oculares do desaparecimento desses povos antigos, e presenciamos o nascimento de povos novos.

E esse enigma da nossa continuidade, que durante séculos e séculos intrigou tantos historiadores, sociólogos e psicólogos, tem a sua explicação no fato de termos considerado a Diáspora sob outro aspecto, e de uma maneira muito diferente dos outros povos.

O judeu consciente nunca se resignou; aliás, a resignação nunca foi e nunca será uma virtude judaica. O judeu nunca se conformou e nunca se curvou perante a *galut*. Desde que, como em quase todos esses países de dispersão, não nos privassem de construir as nossas fortalezas espirituais, escolas integrais, *yeshivot*, escolas rabínicas, academias para estudos judaicos, sinagogas e casas de estudos (*batei midrashim*), aquelas autênticas forjas onde o gênio criativo do espírito judaico se desenvolveu e aprofundou, a *galut* geográfica, a limitação física do nosso espaço vital, guetos, judiarias, cidades onde nos foi proibido morar, nada disso quebrou o nosso ânimo, não só de viver a nossa própria vida peculiar, como também, apesar das limitações e privações de toda espécie, de contribuir para o desenvolvimento econômico e cultural dos países em que vivemos.

E aqueles entre nós que quiseram absolutamente isolar-se do judaísmo, pensando ingenuamente que esse isolamento lhes serviria, como dizia Heinrich Heine, de cartão de visita para suas ambições pessoais, abrindo-lhes as portas da alta sociedade, esses alienados, coitados, foram considerados por nós como sendo *eivarim meduldalim*, "membros solitários", com os quais não nos identificamos e que de maneira alguma seriam capazes de nos influenciar. E foi essa nossa concepção e essa maneira de encarar a complexa problemática judaica que impediu o nosso desaparecimento, e nos uniu com laços inquebrantáveis no patrimônio espiritual milenar.

Narrando nessa *parashá* a saída do Egito, a primeira Diáspora judaica, a *Torá* não pode deixar de sublinhar que essa redenção será diferente, tão diversa como foi a formação do povo de Israel e como é o destino do povo judeu. Com o recebimento da *Torá* no Monte Sinai, tornamo-nos um *mamlechet cohanim vegoi kadosh*, um reino de sacerdotes e uma nação santa[5], orientada por leis éticas peculiares, ensinamentos esses que não dependem exclusivamente de um solo próprio ou de uma situação econômica definida, privilegiada. Esses fatores resguardaram-nos contra uma *galut sheleimá*, uma Diáspora completa; foram esses fatores que nos conservaram física e espiritualmente intatos. Com o recebimento da *Torá*, recebemos dois territórios, duas Jerusaléns, uma terrestre e uma celestial.

---

5 *Ex* 19, 6.

E se por vicissitudes e contextos cambiantes do destino fomos várias vezes privados da nossa existência territorial, com maior entusiasmo ainda e mais dedicação conservávamos o nosso território espiritual. Desse reino ninguém conseguiu expulsar-nos.

No ato da entrega do Decálogo, foi-nos prometido: *Im shamoa tishmeú bekoli, ushmartem et berití, vihyitém li segulá mikól haamim, ki li kol haaretz*, se diligentemente ouvirdes a minha voz, e guardardes a minha aliança, então sereis a minha propriedade peculiar dentre todos os povos, porque toda a terra é minha[6].

Eu, diz D'us, sou o Senhor Onipotente de todo o Universo, e a vossa existência nunca dependerá de um único país, apesar de *Eretz* Israel ser a terra de que o Eterno teu D'us cuida especialmente, e sobre a qual estão os olhos do Eterno desde o princípio do ano até o fim do ano. *Atidá Eretz Israel lehitpashet bechól haaratzót*: o vosso território espiritual estender-se-á por todos os países[7]. É por isso que a vossa *Gueulá sheleimá* (salvação) há de ser completa, total, no pleno sentido da noção.

Assim foi a nossa redenção quando saímos do Egito, e é essa a razão que a celebramos anualmente em Pessach, e que mencionamos *yetziát mitzrayim* (a saída do Egito) nas orações cotidianas e nos dias festivos.

Em quatro distintas expressões foi anunciada a nossa redenção, indicando as quatro diferentes constâncias com que a libertação há de manifestar-se:

1. *Vehotzeiti etchém mitachat sivlót mitzrayim*: E vos tirarei de debaixo das cargas do Egito; não trabalhareis mais para os opressores, construindo para eles cidades fortificadas como Pitom e Ramsés, pagando-lhes acima de tudo pesados impostos: *liberdade económica*;
2. *Vehitzali etchém meavodatám*: E vos salvarei do seu serviço, *liberdade individual*, cada um de vós poderá dedicar-se àquilo que melhor lhe agradar, que for mais adequado ao seu talento e capacidades intelectuais; não sereis obrigados a morar nos guetos (*goshen*), sendo a escolha das vossas profissões liberais estipulada e limitada por um nefasto *numerus clausus*,

---

6   Idem, ibidem.
7   Dt 11, 12.

conforme as conveniências e caprichos do respectivo regime, que faz leis pró e contra os judeus;

3. *Vegaaltí etchém bizroa netuyá*: E vos redimirei com braço estendido, *liberdade nacional*: não sereis obrigados pelas leis discriminatórias a esconder ou a negar a vossa origem; não tereis vergonha de declarar, com cabeça erguida, que sois filhos de Israel, e não sofrereis mais de complexo de inferioridade perante os vizinhos não israelitas;

4. *Velakachtí etchem li leam, vehayíti lachém leelokim*: E vos tomarei por meu povo, e serei para vós D'us. *Liberdade religiosa*. Ninguém vos incomodará por servir vosso D'us; perante todo o mundo vivereis vosso estilo de vida, observareis sem serdes incomodados e ridicularizados os vossos preceitos religiosos, respeitareis as vossas tradições e praticareis os ensinamentos éticos da vossa doutrina; e depois alcançareis o fim almejado, que consiste em: *veheveití etchém el haaretz*, e vos levarei à terra que jurei dar a Abraham, Isaac e Jacob. Sim, será nessa terra prometida que vós, uma vez libertos de todos os obstáculos interiores e exteriores, haveis de viver a vossa vida peculiar; será lá, no vosso solo nacional, que a peculiaridade judaica alcançará a máxima expressão; lá tereis a possibilidade de desenvolver ao máximo o vosso gênio criativo, no qual todos os povos do mundo se inspirarão.

Mas não esqueçam que nessas quatro expressões de redenção está mencionado por três vezes *Ani Adoshem: Eu sou* vosso D'us. Isto é a *conditio sine qua non* da nossa vida, o sentido sublime da nossa religiosidade e a garantia da nossa continuidade.

Somente essa fé inabalável fortificou os nossos ânimos em todas as calamidades da nossa existência, e é esse legado espiritual que queremos e devemos transmitir intacto às gerações vindouras.

Bo

I

A *parashá* desta semana relata-nos a respeito dos últimos e terríveis golpes com que a dinastia egípcia de Ramsés II foi castigada, antes de libertar o povo de Israel do jugo da escravidão. Nunca antes nos pareceu toda essa história das pragas egípcias tão evidente e tão compreensível como agora. Pois, num curto lapso de somente 50 anos, fomos testemunhas oculares de que fim desastroso pode ter um povo cultíssimo, desde que começa a trilhar caminhos errados, e desde que tenta ferir brutalmente os ensinamentos elementares da ética humanista.

A sociologia moderna compara um povo inteiro a um indivíduo. O indivíduo que só pensa em si, que se torna egoísta, não respeitando a vida alheia, é capaz de causar a si próprio as mais terríveis calamidades. O mesmo acontece a um povo inteiro, quando só visa a seus próprios interesses, quando se deixa cegar por um chauvinismo extremo, a ponto de ameaçar a existência de seus vizinhos; esse povo perde cedo ou tarde a sua cultura, o seu espírito, a sua *raison d'être*. A autofilia e a egolatria conduzem esse povo a um patriotismo fanático, a um egocentrismo fatal, e pouco a pouco o tormento da derrocada ameaça a sua existência física.

Quatro mil anos antes da era comum o Egito já tinha alcançado o auge da cultura e da civilização. Já nessa época, o povo do Nilo era famoso pela ciência, arquitetura, engenharia, legislação civil e criminal, astronomia, matemática, cirurgia e higiene, pintura, música, escultura e estética.

Mas sua posição privilegiada corrompeu esse grande povo, e seu chauvinismo exorbitante foi a causa das suas desgraças e da sua decadência.

E os nossos mestres perguntam admirados: como explicar o fato de que um povo tão culto, tão civilizado, tão avançado em todos os campos da ciência, tenha sido capaz de escravizar barbaramente durante 2 séculos centenas de milhares de seres humanos? Os mesmos mestres que perguntam dão-nos uma resposta bem plausível: todas as dinastias egípcias ficaram iludidas, sim, deslumbradas pela sua grandeza material, considerando-se uma casta superior (*Herrenvolk*) da humanidade; e foi esse complexo de superioridade que causou atrocidades a esses escravos, considerados como seres inferiores.

Já o famoso Nicolau Maquiavel, que legou à história o sistema político maquiavélico, sinônimo de astúcia e perfídia, afirmou: "Aquelas virtudes e qualidades que ergueram um povo da sua decadência física e psíquica, podem, desde que abusadas, conduzi-lo à sua ruína desastrosa". E mesmo que o maquiavelismo, com as suas doutrinas, não nos agrade, e mesmo que ele seja positivamente detestável, no caso supracitado não podemos deixar de concordar com as teorias do demagogo Maquiavel. Como um dos povos mais antigos da história universal, sentimos por várias vezes no nosso próprio corpo e alma as consequências do despotismo e da opressão.

Nesse contexto citaremos duas frases bem características desta *parashá*, e tentaremos analisar uma interpretação do *Midrash* a esse respeito. O texto bíblico reza: *Netê yadchá al hashamáyim, viyhí chóshech al eretz mitzráyim, veiamesh chóshech*: Então o Eterno falou a Moisés, ordenando-lhe: Estende a tua mão para o céu, e virá escuridão sobre a terra do Egito, negrura que se possa apalpar. E o texto continua: "Estendeu, pois, Moisés a mão para o céu, *vaiehí chóshech-afeilá bechól eretz mitzráyim shelóshet iamím*, e houve trevas espessas sobre toda a terra do Egito por três dias: *lo raú ish et achív, veló kámu ish mitachtáv*: não viram uns aos outros, e não se levantou nenhum homem de seu lugar.

Nota-se bem que a *Torá* fala de escuridão e de trevas, escuridão no sentido físico, e trevas no sentido metafísico, isto é, obscurantismo. E essa descrição "negra" acaba com um raio de luz: *ulchól benei Israel hayá or bemoshvotám*, e para todos os filhos de Israel houve luz em suas habitações[1].

---

[1] *Ex* 10, 21-23.

Parece-nos, sem a mínima intenção de nossa parte de fazermos apologia homilética, que o próprio Freud não seria capaz de nos dar uma melhor análise psicológica do que a oferecida pela *Torá*. Entre os egípcios reinavam trevas e escuridão, enquanto nas casas dos escravos judeus houve luz, no sentido mais lato dessa noção.

E o *Midrash* conta: Dois mestres do *Talmud*, Rabi Yehudá e Rabi Nechemiya, polemizaram seriamente a respeito dessa praga. E indagaram: de onde veio essa escuridão? Rabi Yehudá opina que ela veio *michóshech shel maalá* da esfera superior, enquanto que Rabi Nechemiya acha que ela teve a sua origem *michóshech shel máta*, do orbe inferior. E o *Midrash* procura saber: e qual era a espessura desse negror? e responde: ela teve a grossura de uma moeda de ouro[2].

A primeira vista, pode-nos parecer que toda essa discussão é absolutamente supérflua, e não passa de uma simples polêmica dialética, sem nenhum sentido. Mas os que conhecem um pouco a literatura rabínica e sabem analisar o sentido ético-social, mesmo de uma simples homília midrashica, entendem que tudo o que foi dito, escrito e debatido não é mera conversa, mas sim profunda sabedoria de vida e meditação filosófica.

Já do próprio texto bíblico podemos constatar que não se trata só de escuridão física, e isso indica-nos a frase "não viu nenhum homem a seu irmão, e não se levantou nenhum homem de seu lugar". O egoísmo no Egito era tão enorme, que cada um só via a si próprio, e não o seu semelhante: ninguém se levantou de seu lugar para socorrer ao outro; a ideia da ajuda mútua não fazia parte da sua maneira de pensar e de atuar, pois cada um só cuidava do próprio ego. Nesse contexto a pergunta dos mestres é: como harmonizar a cultura egípcia com as trevas espirituais? Ninguém contestará a justificativa dessa indagação. Rabi Yehudá diz: Devemos procurar a causa dessa decadência moral, nas altas esferas, isto é, na classe superior do povo; os líderes espirituais e políticos são os principais culpados, pois foram eles que, com os seus *slogans* demagógicos e hediondos, corromperam as massas populares, mutilando-as espiritualmente. Mas Rabi Nechemiya opina que o próprio povo é responsável pela sua ruína; ninguém propagou esse vil barbarismo. Para elevar um povo,

---

2   *Shemot Rabá* 14, 1-2.

são necessários líderes, mas a decadência vem dele mesmo. E Rabi Nechemiya baseia a sua tese na indicação figurativa da espessura da decadência: a grossura de uma moeda de ouro.

Um povo cujo ideal máximo é somente a acumulação de ouro, um povo cuja principal preocupação consiste em aumentar as suas reservas de ouro para melhor escravizar os povos vizinhos, ou para melhor proteger a si mesmo, tal povo é capaz de subjugar e de tolerar a escravidão. Toda a sua cultura não passa de uma camada artificial e superficial, e a história condena-o cedo ou tarde ao completo desaparecimento.

E sobre mais um fator transcendental queremos esclarecer a ala moça. Qual é a ideia moral na qual se baseia o relato bíblico do *Êxodo*? Não é no conceito da liberdade, pois essa máxima era completamente estranha ao povo. Talvez as dez pragas que assolaram o Egito? Quem sabe se, não fossem elas, o povo de Israel, inerte após 210 anos de escravidão, teria a vontade e o ânimo de se ver livre do jugo egípcio?

O valor moral do relato do *Êxodo* consiste na expressão do sentimento de que aquilo que foi praticado no Egito é uma horripilante injustiça, e uma injustiça deve ser repelida. É um protesto contra a ordem despótica do rei e seus sacerdotes, que no seu próprio interesse constrangem o povo. E o povo vivia nessa mentalidade. Que Faraó os escravize, é o seu direito, pois ele é o rei onipotente. Que afogue os meninos no mar, está no seu direito; quem é capaz de censurá-lo, se ele é o soberano? Isso tudo é muito doloroso, mas é aceito sem rebelião. Foi Moisés quem lhes fez compreender que tudo o que se passava em torno deles era intolerável. É o mais brilhante traço característico de Moisés, o de combater a injustiça por ela ser simplesmente intolerável, mesmo quando pessoalmente ele não é atingido. Essas suas inabaláveis convicções da absoluta justiça levaram-no a defender um irmão agredido por outro correligionário; essa é também a razão que o impulsionou a proteger as filhas de Yitró quando os pastores lhes queriam roubar o seu rebanho; ele repele a injustiça, e segue o seu caminho; só por insistência de Yitró é que ele volta e entra na casa. Também Jacó socorreu Rachel contra os pastores agressivos, mas isso já tem uma intenção pessoal.

Moisés levanta o estandarte da liberdade humana, quebra as algemas da opressão, e ensina o povo, sim, todos os povos do Universo, a revoltar-se contra as injustiças. E ele conseguiu o seu intuito. Na primeira vez a sua missão junto ao Faraó não teve êxito; ao contrário, essa sua intervenção em favor dos oprimidos ainda agravou a sua situação já por si miserável.

Mas isso de maneira alguma o impede de se juntar a uma delegação, a fim de levantar perante o poderoso Ramsés o seu mais veemente protesto contra a injustiça tirânica.

Essa é a ideia moral do relato do *Êxodo* do Egito. Esse é o legado moral com que Moisés e após ele os profetas de Israel nos incumbiram: repelir e combater onde e quando houver a injustiça, lutar pela justiça absoluta e propagar os ensinamentos da sincera confraternização entre os povos, pois só assim contribuiremos para que a tirania e a barbárie sejam radicalmente banidas da face da terra, para que a humanidade possa ir ao encontro de um futuro promissor.

II

A *parashá* desta semana relata a respeito das últimas pragas com que a dinastia egípcia de Ramsés II foi castigada, bem como o processo redentor da saída do Egito.

Moisés obrigou o Faraó a libertar o povo de Israel, forçou os israelitas a livrarem-se do jugo egípcio, e numa outra vez obrigou os judeus a receberem o Decálogo.

O povo não foi capaz de compreender o ideal sublime que Moisés tinha em mente para quando essa massa de gente oprimida estivesse redimida, assim como não estava apto a compreender a noção exata da liberdade; e pretendeu voltar ao Egito.

Não foi capaz de perceber o sentido transcendental dos Dez Mandamentos, e fabricou na sua total atrofia mental um bezerro de ouro.

Não resta dúvida de que os milagres efetuados por Moisés perante o Faraó e o povo também contribuíram para o desfecho feliz dessa secular tragédia; mas seu efeito não durou muito, pois só visavam a espantar o Faraó e os filhos de Israel.

Podemos perguntar: por que Moisés procedeu dessa maneira? Por que não educou o povo passo a passo? Por que não preparou metodicamente a compreensão da liberdade? Por que não lhes ensinou durante os decênios de convivência a significação da liberdade? Se Moisés tivesse dito ao Faraó: melhore as condições de trabalho dos seus escravos israelitas, suavize os sofrimentos desses operários desgraçados, conceda-lhes algumas facilidades para que possam suportar o jugo da opressão, o Faraó o teria feito no seu próprio interesse, porque sabia que, com certas concessões, esse valioso material humano seria melhor aproveitado em benefício das suas obras gigantescas. Moisés, criado e educado na corte real, conhecia perfeitamente a mentalidade dos faraós; e por saber quem era o seu oponente, Moisés não pediu concessões, facilidades, vantagens passageiras. Ele exigiu como mensageiro do Eterno: *shalách amí veyaavdúni*, envia o meu povo, para que ele possa servir seu D'us. Ouvindo essa linguagem, o Faraó entendeu que com ou sem seu consentimento, Moisés libertaria definitivamente o povo de Israel.

Isso em relação ao Faraó. Em relação ao povo, incapaz de compreender sua missão e a vontade Divina, Moisés, como grande Mestre, aplicou a única e a mais correta experiência pedagógica, que reza: "Para educar um indivíduo ou um povo inteiro, devemos fixar um alvo elevado. Essa é a única maneira de conseguirmos resultados positivos, se não imediatamente, sem dúvida com o decorrer do tempo, com a maturidade intelectual. Quem colocar a si mesmo ou outros perante uma meta nobre, causa inquietação de consciência e descontentamento, inconformismo consigo mesmo. Isso dá impulso moral, e impede a decadência".

O povo, como já foi dito, só dificilmente entendeu a ideia Divina do judaísmo; mas cada vez que caía na idolatria, tentava harmonizar Baal com D'us, e foi esse fato que evitou a sua completa identificação com os adoradores de Baal.

Uma religião que saiu do nosso seio ensina aos seus fiéis algo muito diferente. Ela propaga entre os adeptos a ideia da salvação consumada já no passado, e desde que a redenção já existe, não precisa ser mais almejada.

Para nós, israelitas, o ideal da redenção é um alvo que só pode ser alcançado consigo mesmo, e pelo desassossego da consciência.

A história do progresso humano confirma essa experiência. A grande Revolução Francesa colocou as nobres ideias de Liberdade, Igualdade e

Fraternidade como alvo sublime, ideais esses que aquela geração não compreendeu perfeitamente, mas que existiram e se tornaram a base e o impulso do progresso.

Durante dois milênios, o Estado judaico foi um fim almejado, e por ter sido a síntese das mais elevadas ideias do judaísmo e a máxima aspiração de um povo oprimido, a meta cobiçada foi alcançada. Ainda hoje em dia, nem todos os judeus percebem a importância transcendental de um Estado israelita independente, não alcançam compreender até que ponto a existência judaica fora de Israel robusteceu-se pelo fato de existir um Estado judeu; mas a história judaica se encarregará de fazê-los compreender o que significa para a nossa continuidade um Estado soberano.

Liberdade física, religiosa e cultural foram e serão a nossa maior aspiração, não somente para nós, como também para todos os povos oprimidos que pretendam viver em liberdade absoluta.

Beshalách

I

Vayotzé et amó Israel mitochám lecherút olám: E conduziu Seu povo Israel para longe deles, para a liberdade perene[1].

Nenhum povo do mundo sofreu tanto pela escravatura e falta de independência nacional como o nosso povo. É quase simbólico que entre as nações do mundo, o povo judeu se tenha tornado uma nação não no seu próprio solo nacional, mas sim quando, mal libertado do jugo egípcio, ainda se encontrava no deserto, no solo estranho. Se admitirmos o que é universalmente aceito pelos estudiosos da *Bíblia*, que a alteração da sorte, que transformou os descendentes de Jacó de um grupo favorecido na terra de Goshen em vítimas da hostilidade e má vontade dos Faraós opressores, deve ser atribuída à derrota e à expulsão dos reis pastores semíticos hicsos em 1580 a.C.; se concordarmos com essa suposição, então o povo judeu como povo tem uma história contínua de 3500 anos. Sabendo isso, surge a pergunta: durante esses três milênios e meio, por quanto tempo conheceu o nosso povo a felicidade e a bênção da liberdade?

A resposta é francamente assustadora. Aceitando como ponto de partida a nova cronologia, datamos a independência de Israel do reinado de David, isto é, no ano 1000 a.E.C. Essa independência durou até a destruição do Primeiro Templo por Nabucodonosor, em 586 a.E.C., dando-nos um período de pouco mais de quatrocentos anos de independência. E

---

1   Da oração noturna.

isso sem contar o fato de que o reino do Norte, que consistia de 10 das 12 tribos, tinha cessado de existir 150 anos antes disso.

Os remanescentes do povo judeu puderam voltar à terra pátria depois da Declaração de Ciro em 537 a.c., mas os exilados que voltaram não conseguiram independência do domínio estrangeiro, até à época de Simão, o Hasmoneu, em 142 a.E.C. Essa independência foi tragicamente curta. Ela terminou em 60 a.E.C., quando Pompeu tornou a Judeia vassala de Roma, O segundo período de independência teve a duração de apenas 82 anos. Em 1948 o terceiro Estado, a atual *Medinat* Israel, tornou a existir numa parte do seu primitivo território histórico, e restaurou a tantos milênios perdida independência política do povo judaico.

Se somarmos os 414 anos do primeiro Estado com os 82 do segundo, com os 21 do terceiro, chegamos a um total de 517 anos de independência durante uma história de 3.500 anos. Em outras palavras, durante seis sétimos de sua história, Israel esteve privado da sua liberdade, e somente durante um sétimo conheceu a felicidade da independência.

E diariamente, em nossas preces noturnas, quando nos lembramos da histórica libertação do Egito, agradecemos ao Eterno, não por uma liberdade que já tínhamos perdido, mas por nos ter trazido a uma liberdade perene. E concluímos essa bela oração com a bênção a D'us pela nossa redenção: *Baruch Atá Hashem, gaal Israel* (Bendito Sejas, ó Eterno, que redimiu Israel).

Tentamos descobrir em que data aproximadamente começamos a proferir essa prece, e descobrimos que, enquanto o texto do livro de orações de Saadiá Gaon (que forma a base da edição crítica publicada em 1941), contém as palavras *vayotzé et amó Israel mioichám lecherut*, que trouxe Israel dos povos para a sua liberdade, um fragmento da Coleção Taylor-Schechter da *Guenisá* do Cairo, preservado em Cambridge, tem o nosso texto *lecherut olám*, à sua liberdade perene. O Gaon Saadiá faleceu há pouco mais de 1.000 anos, e assim podemos assumir que durante os últimos 1.000 anos essa foi a fórmula usada.

Tentemos por alguns momentos imaginar a recitação dessa oração durante o último milênio. Os judeus da França e da Alemanha, durante a primeira e a segunda Cruzada, em 1096 e 1146, perseguidos, caçados, exilados e dizimados, queimados e expostos no pelourinho, ao bel-prazer de seus perseguidores, recitam piamente as suas preces cotidianas, e agradecem a D'us por terem sido trazidos à "liberdade perene" e por sua redenção.

Expulsos da Inglaterra em 1290, da França em 1391, da Espanha em 1492, a sua história completa na Alemanha e na Itália foi uma miserável litania de expulsões num ducado, de *pogroms* e de discriminações em outro. Imaginem os judeus fechados noite após noite no barulhento e pestilento gueto de Veneza, onde eles foram primeiramente instituídos, e depois noutras cidades, judeus agradecendo a D'us por terem sido trazidos a uma "liberdade perene". Imaginem os judeus fechados nas bordas dos povoados da Europa Oriental, com seus movimentos tolhidos, as suas ocupações severamente circunscritas, párias entre a população, e mesmo assim agradecendo ao Eterno pelo favor da "liberdade perene".

E por último, já em nossos tempos, os milhões de judeus sujeitos à perseguição de Hitler e seus carrascos, forçados a usar o emblema da degradação, perseguidos, a sua maioria queimada após a morte nas câmaras de gás dos campos de concentração de Maidanek, Auschwitz, Bergen-Belsen, Teresienstadt, nos diversos guetos da Polônia, especialmente no de Varsóvia; imaginem judeus hermeticamente fechados atrás da "cortina de ferro", privados dos mais essenciais direitos concedidos aos outros grupos religiosos, expostos não ao aniquilamento físico como Hitler e suas hordas o praticaram, mas sem dúvida alguma a um conscioso extermínio espiritual, e mesmo assim cantando hinos de louvor ao Eterno pela sua redenção e pela bênção da "liberdade perene". Será que oravam e oram com uma mentira hipócrita nos lábios? Será que oravam uma prece sem sentido, completamente sem relação com a crua realidade? Não, não o faziam certamente.

Com o Êxodo do Egito, o povo judeu provou o inebriante vinho da liberdade, e tendo-o provado, nunca mais permitiu que o gosto do mesmo se dissipasse. A semente da liberdade foi plantada no judeu, e mesmo séculos de escravidão não conseguem erradicá-la de sua alma. Bem no fundo do seu ser, submergida em camadas de acumulações inférteis, essa semente continuou potencialmente fecunda, e o efeito das comemorações de Pessach tem sido o de irrigá-la e de reavivá-la. E porque fomos uma vez livres, tornaremos a sê-lo. Foi porque demos ao mundo a mensagem de liberdade, que o judeu estará sempre na vanguarda daqueles movimentos cuja finalidade é a libertação do mundo dos males que o afligem.

Qual é o preço que o povo judeu teve que pagar pelo seu amor instintivo à liberdade? Quantos sacrifícios foram-lhe exigidos? Não foi nenhuma ação irracional que tornou o judeu vítima do mais formidável atentado da história universal para escravizar o mundo, conhecido por nazismo, a doutrina do totalitarismo com a sua completa sujeição da liberdade individual, com a sua subordinação do divino espírito do homem aos ditames do Estado. Instintivamente – mas perfeitamente – Hitler compreendeu que o judeu, por sua mera existência, constituía o mais berrante protesto contra o espírito que ele tentava inculcar no mundo.

A mentalidade escrava, que era a essência do nazismo, aparecia no polo oposto daquele inapagável espírito de liberdade, ideia principal do judeu: e apesar de nos ter custado seis milhões de preciosas almas, não há tributo mais glorioso jamais prestado ao judeu, do que o de ter sido ele escolhido como vítima favorita dessa bárbara doutrina nazista.

E porque, apesar de séculos de perseguições e escravatura, o judeu manteve vivo o espírito da liberdade, testemunhamos um fenômeno para o qual não há paralelo na história universal; o fato de um povo, privado da sua liberdade durante quase dois milênios, perseguido, impedido, dizimado e discriminado, ressurgir e emergir de novo em liberdade. Porque manteve vivo esse espírito de liberdade, ele foi capaz de suportar as pressões exercidas por um mundo hostil, que lhe negou as condições capazes de assegurar a sua liberdade contínua, até que a justiça de sua causa lhe fosse relutantemente concedida, pelo menos em princípio.

Nas palavras dos nossos mestres: "Aquele ouvido que escutou do Monte Sinai as palavras *Os filhos de Israel são* MEUS *servos* e não servos de meus servos, e mesmo assim continua a atender a voz da escravatura, está destinado à vergonha permanente"[2]. O povo de Israel soube manter uma liberdade íntima, mesmo na opressão física e espiritual, e por isso conseguiremos a nossa *gueulá shleimá*, a redenção completa, a fim de mostrar ao mundo o caminho que conduz à liberdade e à sua preservação.

---

2 *Kidushin* 22b.

II

O patriarca Abraham foi submetido a dez provações, e de todas elas saiu triunfante, o que demonstra quão grande foi o seu amor por D'us. Dez milagres fez D'us aos nossos antepassados no Egito, e outros dez quando atravessaram o Mar Vermelho. Com dez pragas foram castigados os egípcios no seu próprio solo, e com outras dez foram punidos na margem do Nilo. Dez vezes consecutivas provocaram os filhos de Israel o Onipotente Criador do Universo durante a sua permanência no deserto[3], como se lê na *Torá*[4]: "Eles tentaram-me dez vezes e não obedeceram à minha voz". A fé do povo de Israel em D'us é posta à prova de fogo.

A verdadeira fidelidade e inquebrantável confiança em D'us, no povo a que se pertence e na crença que se professa, reconhece-se em situações difíceis e críticas, nos momentos de tormento e de aflição. Que caracteres fracos e inconstantes são aqueles cuja fé em algo divino, sublime e elevado abala-se ao primeiro golpe do destino, ou quando as cobiças materiais e ambições pessoais não correm conforme os seus desejos imediatos: Quão frágil é a credibilidade que com o primeiro contratempo se deixa enfraquecer! Quão infelizes são aqueles seres humanos que logo no primeiro choque com a realidade, começam a duvidar, a vacilar se vale a pena crer, se vale a pena confiar em D'us!

Após 210 anos de escravidão no Egito, escravidão física e subjugação psíquica, chegou finalmente a libertação tão almejada e tão implorada, todo o drama acabou com um *happy end*: a saída do Egito, acompanhada por dez milagres quando da passagem pelo Mar Vermelho. *Vehamayim lahém chomá miyeminám umismolám*: E as águas lhes foram como um muro à sua direita e à sua esquerda[5]. Uma nuvem permanente acompanhava-os durante o dia, para protegê-los do insuportável calor desértico e do inimigo que os perseguia, e uma coluna luminosa, para iluminar-lhes o caminho durante a noite[6].

---

3   *Ética dos Pais* 5, 5.
4   Nm 14, 22.
5   Ex 14, 29.
6   Ex 13, 21.

Os egípcios que os perseguiam entraram atrás deles no mar, tendo-os quase alcançado, e pode-se facilmente compreender a consternação e o medo que se apoderaram deles. E qual é a reação de Israel nesse momento transcendental? Acaso ficaram firmes na sua confiança em D'us depois de terem testemunhado a maravilhosa redenção do Egito? O texto da *parashá* encarrega-se de responder à nossa pergunta: "E eles disseram a Moisés: *hamiblí ein kevarim bemitzráyim*, será por não haver sepulcros no Egito, que nos tiraste de lá para que morramos neste deserto? Não foi isto o que te dissemos no Egito: deixa-nos para que sirvamos os egípcios, pois melhor nos fora servir aos egípcios do que morrermos no deserto?[7]

Mas acontece o que já sabemos: *vayár israel et mitzráyim meit al sefát hayám*, e Israel viu os egípcios mortos na praia do mar. Só quando viram as coisas bem concretas, isto é: seres humanos afundando-se no mar, só então *vayaminu ba Hashem uvmoshé avdó*, confiaram no Eterno e em Moisés Seu servo, só então entoaram o famoso cântico do mar[8].

E o *Midrash*, no intuito de sublinhar a misericórdia de D'us para com todas as criaturas humanas, mesmo com os idólatras, os ateus que zombam da Sua existência e perseguem os que acreditam Nele, relata a esse respeito: "Ouvindo os anjos celestes o cântico dos judeus libertos, também se aprontaram para cantar hinos de louvor pela redenção de Israel, mas o Misericordioso, louvado seja o Seu Nome, mandou-os calar, exclamando: *maassé yadái tov'ím bayám, veatem omrim shirá?*, a obra das minhas mãos se afoga no mar, e vocês começam a cantar?[9] D'us não quer a morte do pecador, do transgressor ou mesmo do blasfemador: para ELE todos os seres humanos foram criados à Sua imagem. O que D'us quer e espera é a *teshuvá*, o retorno à chama sagrada que está em cada um de nós, o arrependimento, o reconhecimento do erro, do caminho falso. Essa é a particularidade da ética judaica, isto é o que o rei Salomão resumiu em poucas palavras – *binfol oyivchá al tismách*: com a derrota do teu inimigo não te alegrarás[10].

---

7   Ex 14, 11.
8   Ex 14, 30-31.
9   *Sanhedrin* 39b.
10 Pr 24, 17.

E que aconteceu logo após essa entusiasmada expressão de fé? Acaso conservaram-na por muito tempo? Também essa dúvida encontra o seu esclarecimento no texto bíblico. "Caminharam três dias e não acharam água. E o povo murmurou contra Moisés, dizendo: Que havemos de beber?" E o Eterno mostrou a Moisés uma árvore, talvez uma espécie de cana doce, e as águas se tornaram potáveis, doces[11].

No dia 15 de Iyár chegaram ao deserto de Sinai, (entre Eilim e Sinai) e de repente estoura um motim contra os dois líderes, Moisés e Aharon. Dessa vez a causa foi a falta de carne (e isto apesar das centenas de cabeças de gado que levaram consigo quando da saída do Egito). E o povo instigou, queixando-se: "Quem nos dera tivéssemos morrido pela mão do Eterno na terra do Egito, quando estávamos sentados junto às panelas de carne, e comíamos pão a fartar, pois nos trouxestes a este deserto, para matardes de fome a toda esta multidão". E D'us ouviu as queixas do povo e fez chover pão do céu: o maná. E nas sextas-feiras havia duas rações, em honra ao Shabat[12].

E tudo parecia correr de novo normalmente, pois, além de maná, D'us mandou também codornizes, para não sentirem a falta de carne; mas quando chegaram a Refidim, surge uma outra ameaça de revolta, novamente por falta de água. E mais uma vez ouvimos essa linguagem inacreditável, ofensiva e desoladora: "Por que nos fizeste subir do Egito, para nos matar de sede, a nós, a nossos filhos, e aos nossos rebanhos?" E se interpretarmos o texto exatamente, teremos a impressão de que dessa vez não se tratou de uma simples reclamação, ou de um veemente protesto, mas sim de uma ameaça física contra Moisés, que no seu desespero exclama: Ó Eterno, que farei a este povo? Um pouco mais, *uskalúni* e me apedrejarão. Este lugar recebeu o nome de Massá Umrivá (provação e briga), porque o povo perdeu a fé a tal ponto que chegou a duvidar: *hayesh Hashem bekirbéinu im áyin?* Está o Eterno entre nós, ou não?[13]

E a consequência desse abalo moral e religioso foi: *vaiavó Amalek*. "E veio Amalek e pelejou contra Israel em Refidim. E era quando levantava

---

11 Ex 15, 22-25.
12 Ex 16, 1-5.
13 Ex 17, 1-7.

Moisés sua mão, dominava Israel, e quando pousava sua mão, dominava Amalek".

E disse Moisés a Yehoshua: "Escolhe homens para nós e sai, luta com Amalek"[14]. Em momentos de ameaça para a nossa continuidade religiosa nacional, Israel não pode e não deve ficar de braços cruzados à espera de um milagre celestial; é necessário cerrar fileiras em torno do nosso legado espiritual e combater para conservá-lo.

Não queremos esperar que os faraós, *amaleikim*, *Hamanim* de todas as gerações, símbolos da barbárie e da negação de D'us, nos façam regressar ao seio do judaísmo.

Incalculáveis e inúmeras provas de fogo (autos de fé) e de água (batismos forçados) suportou Israel durante a sua gloriosa e martirizada história, mas graças à sua fé no Protetor Divino, venceu todas as tentativas malévolas planejadas e forjadas contra ele.

Através da narração detalhada dessa *parashá*, dirijo-me à ala moça que entende o vernáculo português: "Acreditai, meus jovens, em D'us, não por medo, mas sim por amor; confiai Nele não por temor, mas sim por convicção; não vos deixeis iludir por especulações filosóficas errôneas, que não passam de uma dialética sofisticada, não vos deixeis confundir pelo meio ambiente perplexo e desvirtuado; conservai bem acesa essa eterna chama da fé e das convicções judaicas, pois vós sois os pilares da nossa continuidade, nós confiamos em vós, nós necessitamos do vosso entusiasmo íntegro e do vosso incontestável apoio".

---

14 *Ex* 17, 8-11.

Yitró

Quando os filhos de Israel se aglomeraram em torno do Monte Sinai para receber os Dez Mandamentos, D'us disse a Moisés: *Ko tomár lebeit Yaacob, vetagueid livnei Israel*: assim dirás à casa de Jacob, e anunciarás aos filhos de Israel. *Vihyitêm li segulá micól haamím*, sereis para mim o tesouro peculiar de todos os povos, *veatém tihiyú li mamléchet cohanim vegoi kadosh*, e vós sereis para mim um reino de sacerdotes e um povo santo[1]. Para a melhor compreensão da diferença de "casa de Jacob" e "filhos de Israel" mencionados no texto original bíblico, citaremos uma interessante interpretação do famoso exegeta francês Rashi (iniciais do nome Rabeinu Shelomó Itzháki), interpretação muito profunda e atualíssima. "Casa de Jacob" quer dizer: as senhoras, as mães, as esposas: "dizer à casa de Jacob", D'us quis que as primeiras palavras de Moisés sejam dirigidas com muito tato, delicadeza e habilidade às mães, às esposas, pois D'us sabia perfeitamente que é a mãe que cuida da educação dos filhos, é ela, pelo constante convívio com os filhos, que orienta a formação moral do seu caráter, é a mãe que imprime no seu lar o cunho de harmonia, de carinho e de cultura. Para os ingleses, é: *my home my castle*; para o judeu, *beiti zu ishti* minha casa é minha esposa[2]. Somente a mulher, essa *eshet cháyil*, mulher virtuosa, à qual o rei Salomão dedicou o 31º capítulo dos seus famosos *Provérbios*, só ela é dotada desse dom natural de inculcar em seus filhos o amor e o respeito por ideias nobres, capazes de fazer de indivíduos educados uma sociedade instruída e culta. No caso dos Dez Mandamentos,

---

1 *Ex* 19, 3-6.
2 *Mishná Yomá* 1, 1.

a base da civilização ocidental, só ela pode fazer dos seus filhos guardiãs responsáveis e fiadores idôneos, para que os ensinamentos do Decálogo sejam respeitados e transmitidos intactos às gerações futuras.

E para mais clara percepção do conceito *goi kadosh*, povo santo, somos obrigados a intercalar o primeiro aparte, para analisar, à luz da concepção filosófica judaica, o ideal "santo" e "povo santo".

Antes de mais nada, deve ser sublinhado de uma maneira inconfundível que "a vida é santa e não a morte". O termo "santo" na filologia hebraica, para designar alguém que morreu pela santificação do Nome de D'us, é relativamente recente, e surgiu no vocabulário hebraico, durante os dois milênios da nossa vida tormentosa na *galut*. Cada vez que encontras na literatura bíblica o termo *kadosh*, ele se refere à santificação da nossa vida, como também o demonstra o tratado talmúdico *Kidushin*, todo ele dedicado à consagração do matrimônio, da vida conjugal, ou à santidade de um D'us Santo: *Kedushat El chái*, "Santificação de D'us vivo". Essa insofismável afirmação e absoluta constatação baseia-se no verso do *Levítico* 19, onde nos é ordenado: *kedoshim tihiyú ki kadosh Ani Hashem Elokéichem*, santos sereis, pois santo sou Eu, o Eterno vosso D'us. Assim, deduz logicamente a teologia judaica, como a santificação de D'us está relacionada com um D'us vivo, também a vossa santidade consistirá na consagração da *vida* humana. Só depois de termos sido expulsos da nossa terra natal, e afastados forçosamente da terra mãe, estreitou-se o âmbito da vida, e alargou-se o recinto da morte. A terra parou de nos alimentar e começou a devorar-nos; diminuiu o heroísmo judaico e ampliou-se a mortalidade dos *kedoshim utehorim*, dos puros e retos. E assim aconteceu que o termo bíblico *kadosh* perdeu seu sentido original, para se tornar um sinônimo daqueles milhões de irmãos e irmãs que foram perseguidos, torturados e queimados vivos *al kidush hashem*, pela santificação do Nome Divino. E quando a terra se encheu, nos últimos dois milênios de *galut*, de toda espécie de santos e santinhos, santos e santas que saíram daquela religião que prega o amor, e de tanto amor fez perecer milhões de seres judeus inocentes nos autos de fé e incalculáveis holocaustos, o termo *kadosh* veio perante o trono Divino e pleiteou: Ó Eterno Vivo, até quando continuarei desenraizado, mal interpretado? Faz-me retornar à minha origem primitiva. E D'us lhe respondeu: "Quando chegar o dia e os meus filhos dispersos pelos confins do Universo voltarem à terra prometida por Mim aos patriarcas, eles hão de viver uma vida santa e não mais morrer uma morte santa".

E mais, os não israelitas interpretaram erroneamente o termo "santo", aplicando-o inadequadamente, sim, em absoluta contradição do sentido bíblico. No capítulo 19, do *Levítico*, já supracitado, lê-se: *kedoshim tihiyú*, santos sereis, vós, filhos de Israel. Vós no plural; no singular temos a designação *goi kadosh* – povo santo; *mi keamchá Israel goi echád baaretz*, quem como o Teu povo Israel, é um povo único na Terra? Também o termo *goi* foi falsamente interpretado por aqueles que querem o nosso mal. *Goi* não é, como deturpadamente se supõe, o não judeu; pelas citações, ficamos sabendo que também o povo de Israel é designado por *goi*, povo. A santidade do povo de Israel consiste na sua responsabilidade mútua, e não individual. *Kol israel areivín ze bazé*[3]. A nossa santidade consiste na acumulação de boas ações de todos os nossos filhos, e o pecado na acumulação de transgressões de *todos*. A santidade do indivíduo é incapaz de perdoar os pecados da coletividade. A vida pecaminosa dos não judeus levou-os a criar um santo, ou muitos santos, em cujo nome praticaram as maiores atrocidades para com os fiéis da religião primitiva, conformando-se e consolando-se com que seus crimes lhes serão perdoados, por aquele santo que, com a sua morte, levou e lavou as infrações dos que nele creem. Assim criaram o lema radicalmente oposto ao nosso: "pecadores sereis, porque santo é o vosso santo".

Vihyitém lí segulá micól haamím: Sereis para mim o tesouro peculiar de todos os povos, e um reino de sacerdotes e um povo santo.

Para evitar interpretações falsas, achamos necessário definir claramente o conceito "tesouro peculiar". Essa designação *segulá micól haamím*, tesouro peculiar, serviu e continua a servir para os ignorantes e conscienciosos deturpadores das traduções bíblicas, de prova concludente do complexo de superioridade do povo judeu. Mas aí vem o Mestre Rabi Yochanan e explica o versículo da *Torá vechól haam roím et hakolót* e todo o povo viu os trovões[4] da seguinte maneira:

---

3   *Shevuot* 39a.
4   *Ex* 20, 15.

"Vozes não são vistas, mas sim ouvidas; também trovões só podem ser ouvidos e não vistos. Mas o sentido exato da frase é que o povo percebeu as vozes que acompanharam os trovões, o povo compreendeu a substância transcendental desse aviso acompanhado por trovões e relâmpagos", e Rabi Yochanan conclui: "Visto que o texto menciona *colót* = vozes no plural, e não col = voz no singular, podemos deduzir que a voz do Sinai dividiu-se em setenta vozes, em setenta idiomas, para que todos os setenta povos dessa época pudessem ouvir e entender no seu respectivo vernáculo, a proclamação do Sinai[5]. Em outras palavras, aquilo que a voz do *shofar* proclamou no Monte Sinai não apelou exclusivamente ao coração ou à consciência do povo de Israel, mas sim aos corações de toda a humanidade". O mesmo acontece em relação ao primeiro mandamento *Anochí Hashem Elokecha*, Eu sou o Eterno, teu D'us, que, visto ter esse versículo a sequência "que te tirou da casa de escravidão da terra do Egito", poderia ser interpretado como se fosse dirigido exclusivamente ao povo de Israel. Mas para impedir essa errônea interpretação, os sábios explicam que a oração sublime da fé judaica Shemá Israel (Escuta Israel) na qual proclamamos que D'us é UM, é dirigida *lechól baéi olám*, a toda a humanidade[6]. Chegará o dia em que todos os seres humanos hão de confessar conosco que só existe um único D'us, um único Poder Supremo, transcendental, metafísico, que dirige e orienta o destino do Universo.

Esse Decálogo, que nos foi entregue com trovões e relâmpagos, conforme o relato da *Torá*, não é uma exclusividade judaica, não é um patrimônio nacional judaico; esse Decálogo foi destinado a tornar-se um raio lúcido para todo o mundo, para ser o fundamento da civilização, da cultura e da ética humanista.

Analisando objetivamente o caráter do povo israelita, notaremos que a sua peculiaridade e a sua aspiração ao humanismo formam um todo harmonioso.

Quando o rei Salomão inaugurou o Primeiro Templo, levantou os braços e pediu ao Criador: "Quando Teu povo se chocar com o inimigo

---

5   *Shemot Rabá* 5, 9.
6   *Sifri Devarim* 31.

e vier a esta casa para pedir misericórdia e socorro, aceita, por favor, a sua prece e as súplicas"; mas Salomão não se limitou a pedir proteção Divina somente para com os seus correligionários. A sua bela oração, nesse momento solene, continuava: "E se vier a esta casa um forasteiro do país longínquo que não pertence ao povo de Israel, aceita também, ó Eterno, a sua oração"[7].

O primeiro profeta israelita dirige a sua mensagem à casa de Israel, dizendo: "Estudai as minhas palavras e continuareis a viver"[8], enquanto os profetas posteriores, começando por Amos até Yechezkel (Ezequiel), incluíram nas suas profecias toda a humanidade, e a sua esperança foi que, nos dias vindouros, o espírito de D'us se há de derramar sobre todos os seres humanos, e que a terra se há de encher de sabedoria, como as águas que enchem o mar.

O Mestre Rabi Yishmael dizia: "Os filhos de Israel se distinguem por um privilégio especial, por serem considerados *banim Lamakom*, filhos de D'us; mas cada ser humano goza da mesma distinção, porque foi criado à imagem do Eterno". Os mestres ensinam-nos que as *mitzvót* (as ordenações) nos foram dadas para distinguir-nos dos outros povos, porque pelo seu cumprimento, pela observação das prescrições religiosas, conseguimos elevar-nos ao nível de um povo sagrado. Essa ideia está formulada na *Mechilta* da seguinte maneira: "Somente pela separação e distinção dos povos vocês serão considerados os Meus autênticos servos". A mesma concepção encontramos na famosa obra filosófica *Religion der Vernunft* (Religião da Razão) de Herman Cohen. O prof. Cohen ensina: "As prescrições religiosas nos foram dadas não somente no intuito de aumentar a santidade dos filhos de Israel, mas também para levantar uma barreira entre nós e os outros povos". Mas apesar dessa separação, no vernáculo hebraico *seyag ou mechitzá*, limite, o judaísmo nunca deixou de apregoar que os conceitos do amor ao próximo, caridade, compaixão e misericórdia, não são exclusivos do povo judeu. Martin Buber e Franz Rosenzweig penetraram profundamente no espírito humanista do judaísmo, traduzindo a máxima básica da *Torá, veahavtá lereiachá camôcha*, como "amarás

---

[7] 1Rs 8, 33-43.
[8] Dt 4, 1.

o teu próximo, pois ele é como tu mesmo". Essa, e não muitas outras traduções, é a versão exata dessa sentença, considerada por Rabi Akiva como k'lal gadol baTorá, regra mestra da Torá[9]. Como exemplo típico do amor ao próximo, a Torá nos apresenta o patriarca Abraham, cujas portas hospitaleiras estiveram abertas mesmo para os idólatras; os não judeus gozaram dos mesmos direitos e privilégios que a Torá estabeleceu para os necessitados israelitas. Tais são: *Leket*, o recolhimento das espigas soltas depois de ceifar o trigo; *Shikchá*, juntar feixes inteiros de trigo que foram esquecidos no campo depois da segadura, molhos esses que não podiam ser recolhidos, por pertencerem aos órfãos, viúvas e estrangeiros; e *Peiá*, os cantos dos campos de trigo que também não poderiam ser ceifados, sendo o seu produto reservado exclusivamente para os vizinhos pobres sem distinção de crença, como no caso da moabita Rute, ou para o estrangeiro que procurou convívio conosco. Eles receberam a sua alimentação, os seus doentes foram visitados recebendo conforto, seus mortos enterrados e seus enlutados consolados. E tudo isto não foi praticado *mipnei darchei shalom*, por *noblesse oblige*, por gentileza convencional, ou para o inglês ver; mas sim por puros sentimentos humanistas, como nos ensina Maimônides: Cada judeu deve adotar as virtudes de D'us do qual o rei David canta no salmo: "Ele é bondoso para com todos e a Sua misericórdia inclui tudo e todos que Ele criou"[10].

Os sentimentos de um povo se manifestam nas suas orações. Os israelitas agradecem diariamente a Dus por não os ter feito um *goi*, um idólatra, mas ao mesmo tempo, e também diariamente, eles rezam *barúch merachém al haberiyót*, bendito o Eterno que tem piedade com todas as criaturas.

Nas três festas de peregrinação, *shalósh regalim*, cantamos de fato *Atá bechartánu mikól haamím, Tu*, D'us, nos escolheste entre todos os povos, sublinhando destarte a nossa peculiaridade, que consiste não em superioridade, em arrogância, mas sim, em. grandes deveres e obrigações. Mas quando chegam os dias mais sagrados do calendário judaico, os *Iamim Noraim*, dias temíveis, dias de balanço espiritual e religioso, quebram-se todas as barreiras de separação, de chauvinismo nacional, de que somos injusti-

---

9   Sifrá Kedoshim 4; Yerushalmi Nedarin 9, 4.
10 Sl 145, 9.

ficadamente acusados, a alma judaica eleva-se ao zênite do humanismo, e com lágrimas nos olhos e com cânticos nos lábios imploramos que todos os povos do Universo se unam para servir a D'us com coração íntegro. O conceito do individualismo e a aspiração do humanismo harmonizam-se perfeitamente com a concepção ética do povo israelita. Essa concórdia ressalta essencialmente na nossa compreensão do ideal messiânico.

O Messias reinará sobre o povo israelita, *Mashiach ben David*; mas ao mesmo tempo, ele será o príncipe da paz mundial, libertando os povos das opressões, conforme nos ensina Rabi Shemuel: *Ein bein haolám hazé liyemót hamashiach, elá shibúd malchuiót*, a diferença entre este mundo e os tempos messiânicos consistirá em libertar os povos da tirania dos reinantes[11]. Um dos primeiros teóricos do catolicismo explicou que a razão principal da separação dos católicos consistia no receio de se misturarem com os idólatras, e para não sucumbirem às influências impuras do ateísmo. O Islã divulgou a mesma teoria. E nós perguntamos: O que fizemos nós antes dessas duas religiões terem saído do nosso tronco? Qual é a razão por que a *Torá* nos proíbe estritamente para não seguirmos *bechucót hagoyím*, as doutrinas dos outros povos?

Por que é que o judeu recita diariamente duas vezes a oração Shemá Israel; sublinhando com especial ênfase a palavra *Echád*, UM? Acaso não fazemos isto no intuito de proclamar perante o mundo inteiro a pureza do nosso monoteísmo? E mesmo Maimônides opina no seu *Guia dos Perplexos*, em relação às duas religiões que saíram do nosso seio, que o seu alvo é preparar o caminho do Messias, e destaca claramente e concretamente que a nossa *Torá* é única, porque foi D'us próprio que a deu.

O nosso povo separou-se não somente dos dogmas religiosos das outras crenças, como também da sua moral. Citaremos um único exemplo; o judaísmo rejeitou com desprezo o bárbaro costume dos povos antigos que levaram os seus filhos fracos e doentes à floresta e ao deserto, abandonando-os ao seu destino. *No Estado ideal* de Platão, não há lugar para a misericórdia e para sentimentos sociais. Pobres desgraçados, obrigados a mendigar o sustento cotidiano, perturbam o sossego da sociedade e

---

11 *Berachot* 34b.

devem ser expulsos da cidade. Doentes e aleijados, incapacitados a trabalhar, são um encargo pesado para os cofres do Estado, e não podendo os orçamentos estatais arcar com tantos gastos, esses miseráveis devem morrer. "Assim falou Platão".

Quão diferente é o quadro belíssimo que o profeta Ezequiel pinta a respeito de um Estado ideal. "Cada homem", diz Ezequiel, "tem a sua quota-parte no Estado; não só pobres judeus, mas também os prosélitos hão de herdá-lo"[12]. E o profeta continua com pinceladas radiantes: "O pastor do povo judeu, o Criador, procurará o rebanho disperso e conduzirá os afastados, curará os membros quebrados e fortificará os doentes"[13].

Ao mesmo tempo que nos afastamos das crenças imorais do mundo associal da Antiguidade, limitando-nos a viver dentro das prescrições da *Torá*, aspiramos também a cooperar na edificação de um verdadeiro humanismo, no mais lato sentido da noção. Houve tempos em que nossos antepassados, especialmente na península Ibérica, foram queimados nas fogueiras da Inquisição pelo único pecado de acreditarem inabalavelmente num único D'us, numa única *Torá*. Mas mesmo nessa época de obscurantismo fanático, os filósofos da península não deixaram de aspirar à luz da cultura humanista, educando os nossos filhos no espírito do amor ao próximo.

No século XVI, quando o famoso juiz e insigne Mestre Rabi Moshé Isserles, conhecido na literatura rabínica por Remu, que viveu no gueto de Cracóvia, corrigindo e explicando as quatro partes do *Shulchán Arúch* do Rabi Josef Caro, com os seus magníficos comentários e observações, decidiu insofismavelmente que o estudo das ciências profanas é permitido; e quando o não menos famoso Rabi Shelomó Lúria, conhecido por Rashal, o censurou por se dedicar a estudos filosóficos, o Remu lhe replicou numa *responsa* (resposta) que existe conservada até hoje em dia: Por que não posso estudar os trabalhos literários e científicos profanos de autores não judeus? No seu *Guia dos Perplexos*, declara o grande Maimônides que as teorias e afirmações de Aristóteles são absolutamente verdadeiras.

Na diáspora, especialmente na época do Iluminismo, conhecida por Hascalá, divulgou-se o seguinte slogan: *heyê adam betzeitécha, viyehudí be-*

---

12   Ez 47, 21-23.
13   Ez 34, 13-16.

veitécha, seja um homem na rua, e um judeu em casa. Os que difundiram essa teoria, na ânsia de se assimilar ao meio ambiente, esqueceram que só através da ligação à herança paterna, ao verdadeiro e autêntico espírito judaico, encontraremos o caminho que conduz ao puro humanismo. Esses *maskilim* (esclarecidos) esconderam o judaísmo em casa e aspiraram ao humanismo na rua, na sociedade, desejo esse que, tomando em consideração a época e o ambiente hostil em que este *slogan* foi lançado, poderia talvez ser justificado. Mas mesmo assim não podemos deixar de constatar que lhes faltava a raiz das eternas fontes da *Torá* e de Israel. Ambas as noções, *Torá* e Israel, formam o conceito sólido e inconfundível de *Torat* Israel, e por *Torat* Israel entendemos tudo o que o gênio criativo judaico, que se baseia na inspiração Divina, começou a criar desde o Mestre Moisés e continuará a produzir eternamente enquanto existir, e enquanto a luz, a centelha sagrada de produtividade espiritual, estiver acesa.

Desde que o Estado de Israel se tornou, graças a D'us, uma realidade, começou uma era nova na nossa história, era essa que modificou radicalmente a nossa maneira de pensar. O *slogan* dos "esclarecidos" perdeu a sua atualidade e o seu valor. Hoje em dia, deve cada israelita que, de qualquer forma, se identifica com o seu tronco judaico, ter um *leitmotiv* muito mais positivo que orienta a sua vida. Nós devemos almejar a ser o judeu e o homem na casa e na rua, pois sem judaísmo não pode haver humanismo, e sem humanismo o judaísmo perde a sua substância básica. Como judeus, devemos robustecer em nós os laços intrínsecos com a nossa origem judaica, e como homens que somos, aspirar à sincera concretização de tudo que é humano, belo e de todos esses eternos valores que tornam a vida merecedora de ser vivida. Devemos nos esforçar por vencer o nosso egoísmo, e trabalhar zelosamente em prol de tudo o que está ligado não somente com a nossa própria sobrevivência e continuidade, mas sim com os contínuos postulados éticos do gênero humano.

E falando *pro domo*, devemos, dentro do espírito da *Torá* e dos mestres, vencer a falta de união entre nós, combater a característica inclinação judaica à superespeculação, à crítica supérflua, que muitas vezes é pobre de espírito e vazia de lógica. E quando repensarmos novamente os Dez Mandamentos e analisarmos claramente como foi possível que o povo de Israel usasse no ato da entrega do Decálogo uma linguagem celestial, pronunciando o admirável *naassé venishmá*, faremos e estudaremos, isto é, "fazer antes de estudar", e quando ouvirmos atenciosamente esta voz do *shofár* que *holêch vechazêk meód*[14], que em vez de diminuir, continua de geração em geração aumentando de volume e de sonoridade, clamando para sermos *segulá mikól haamím*, uma peculiaridade entre os povos, uma luz entre as nações, devemos ter em mira fundar, na diáspora e inclusive em *Medinat* Israel, *Kehilot* sobre os alicerces da *Torá* de Israel, os fundamentos da fé e do espírito social, bases essas que são uma fonte de luz para a cultura de toda a humanidade.

Só assim conseguiremos concretizar os ideais da nossa crença e da nossa fé: gente amando a D'us e amando a humanidade.

Esta é a mensagem perpétua do Decálogo, este é o eterno ensinamento do pensamento judaico.

---

14 *Ex* 19, 19.

Mishpatim (Shekalim)

I

Vehayá im shamoa tishmeú el mitzvotái, ashér anochí metzavé etchém: E será, quando todos vós ouvirdes diligentemente os mandamentos que EU vos ordeno hoje, então darei chuva à vossa terra na sua época...[1] Este segundo capítulo do *Shemá* afirma a tranquilizadora doutrina de que haverá recompensa pela virtude e pela obediência aos mandamentos Divinos. Essa doutrina pertence à mesma categoria ética que o provérbio "honestidade é a melhor política", regra essa que só dificilmente poderá ser considerada como sendo um preceito elevado. Essa norma ensina que devemos ser honestos *não pela integridade pessoal*, por si mesma, não porque roubar ou mentir seja imoral e injusto, mas sim porque é oportuno e no interesse material do homem.

Essa ordem de ideias pode dar lugar a supor que Moisés seduziu os filhos de Israel, prometendo-lhes recompensa pela obediência; "se ouvirdes os mandamentos do Eterno, haverá prosperidade material; isto é, chuva, tão necessária e tão importante às vossas atividades agrícolas; caso contrário, isto é, se servirdes a deuses estranhos, não haverá chuva, não haverá colheita e perecereis de fome. Em outras palavras, é no vosso próprio interesse material que deveis obedecer às prescrições do Eterno".

Quando nos sentamos para redigir os apontamentos básicos desta prédica, pensamos que uma tal doutrina só serve para dizer a seu respeito: "Seria maravilhoso, se isso fosse verdade". Mas analisando minuciosamente o

---

[1] *Dt* 11, 13.

texto, mudamos de opinião, porque constatamos que semelhante doutrina é capaz de cortar a base moral de qualquer ação justa, tornando-a uma questão de utilidade ao invés de princípio moral, e dizendo ao homem: "Pratique o bem, não porque é justo, mas sim porque haverá lucros, proveitos materiais". Isso corresponderia à nefasta doutrina de que prosperidade material é comensurável com a virtude e, aparentemente, a pobreza com o vício.

A primeira tentativa para corrigir essa errônea concepção foi feita já no remoto período do judaísmo rabínico, na nobre e sublime afirmação de Antígono de Soco, a primeira autoridade rabínica que conhecemos de nome, depois dos homens da Grande Sinagoga (*Anshei knésset haguedolá*), o qual dizia: "Não sejais como escravos que servem o seu senhor na esperança de recompensa, mas sim como servidores que não esperam nenhuma remuneração; assim o temor de D'us será convosco"[2]. Sem negar, todavia, que a virtude deve ser separada da expectativa de qualquer recompensa.

Esse ideal de obediência desinteressada foi exaltado também na concepção de dois alunos de Antígono, mas ao mesmo tempo causou o primeiro cisma no judaísmo rabínico. Esses dois discípulos, Zadok e Boetus, não aceitaram a tese de que não há remuneração, e argumentaram: "Como se poderá exigir que alguém se esforce o dia inteiro, sem que ele receba à noite o seu salário?"[3] Com essa dedução, afastaram-se dos ensinamentos dos seus mestres, e formaram as duas seitas: saduceus e boetusianos.

O texto seguinte no aperfeiçoamento do conceito da recompensa encontramos num comentário rabínico relacionado a um dos mais dramáticos incidentes na vida dos *tanaim* (mestres da *Mishná*). Referimo-nos à apostasia de um dos maiores vultos do seu tempo, Elishá ben Abuyá, um verdadeiro "Fausto" do *Talmud*. Os mestres não encontram uma explicação plausível para essa renúncia, mas a justificação mais explícita está em conexão com o problema da recompensa material neste mundo.

Temos dois mandamentos na *Torá* que prometem vida longa na terra àquele que os cumprir. O primeiro é o quinto mandamento do Decálogo: "Honra a teu pai e a tua mãe"[4]; o segundo é o que proíbe "tomar do ninho

---

2   *Ética dos Pais* I, 3.
3   *Avot de Rabi Natan* 5.
4   *Ex* 20, 12.

da ave a mãe com os filhos" ("Mandarás embora a mãe e os filhos tomarás para ti")⁵. E o *Talmud* relata o seguinte episódio: "Um pai disse ao seu filho: Sobe ao telhado da casa, e lá encontrarás um ninho de ave. Afasta primeiro a mãe e depois tira os ovos. O filho obedeceu às ordens do pai, cumprindo assim ao mesmo tempo os dois mandamentos que prometem vida longa na terra, mas quando desceu da escada, esta se quebrou, e o filho morreu. Elishá ben Abuyá, que presenciou o ocorrido, ficou tão impressionado com esse acidente que exclamou apavorado: *Zu Torá vezú sechará?* Será isso a *Torá* e a recompensa prometida pela obediência e pelo respeito do pai e mãe? Elishá ficou tão extremamente abalado na sua fé, que renegou o judaísmo, ficando desde então com cognome de *acher* (estranho, outro).

Mas, pergunta o *Talmud*, qual é de fato a resposta concreta para esse problema?

E o neto desse mesmo Elishá, Rabi Jacó, responde: "A *Torá* não fala de uma terra deste mundo, mas sim do mundo vindouro, e estabelece para todo o sempre um princípio básico: *sechár mitzvá behái alma léika*: no mundo terrestre, não há recompensa por ações boas"⁶. Essa reinterpretação do conceito desloca-o do plano material para o campo espiritual, deste mundo para o mundo vindouro. Essa tese está resumida na bem conhecida afirmação do Rabi Tarfón, que diz: "Se tiveres estudado muito a lei Divina, o teu prêmio será grande, e o patrão será exato no pagamento do teu salário; lembra-te porém de que a recompensa dos justos está no mundo futuro"⁷.

Mas tampouco a profunda declaração de Rabi Tarfón representou a última fase nessa complexa discussão em torno da questão de se há ou não recompensa. A mais bela resposta, aquela que mais corresponde à concepção humanista e ética do pensamento judaico, foi-nos dada por Ben Azái, o mestre que representa o mais saliente exemplo do judaísmo talmúdico, "o eterno estudante", que renunciou pelo amor aos estudos da *Torá* a todas as posições de autoridade e de bem-estar familiar, para

---

5 Dt 22, 6-7.
6 Hulin 142a; *Yerushalmi Chaguigá* 2, 1.
7 *Ética dos Pais* 2, 16.

atingir e para ensinar a última fase no conceito da recompensa por boas ações. Vocês querem saber se há prêmio para boas ações? Claro que há. E castigo por transgressões? Claro que há. E quais são? Eis a resposta: *sechár mitzvá-mitzvá, usechár aveirá-aveirá*. "O prêmio da boa ação está na própria boa obra realizada, e a consequência de um pecado é sempre outro pecado"[8].

Não é na expectativa de qualquer remuneração exterior neste ou no outro mundo que devemos praticar boas ações, mas sim na alegria da própria execução, e por amor da causa. É na compreensão clara de termos praticado boas e justas obras, no fato de termos contribuído para o aperfeiçoamento e enobrecimento deste mundo, de termos trazido um raio de sol à vida sombria e abatida do nosso próximo; é na percepção e na sensação maravilhosa e confortante de que com a prática do bem, no amor do semelhante, elevamos o nosso espírito, e enriquecemos a nossa alma com aquele dom Divino que torna a vida digna e nobre, merecedora de ser vivida. Essa é a mais satisfatória recompensa pelo bem que praticamos; e do mesmo modo, a *aveirá*, a transgressão, a má ação, terá como consequência a sua própria nêmesis.

E é isto que o Salmista nos ensina: *Ashrei ísh yarê et Hashém bemitzvotáv chafetz meód*: Bem-aventurado o homem que teme o Eterno e se compraz nos Seus mandamentos[9].

II

Veeile hamishpatim ashér tassím lifneihém: E estas são as leis que porás diante deles. Que "porás", explicarás, esclarecerás minuciosamente e detalhadamente, de uma maneira de fácil compreensão, para que cada um, conforme a sua capacidade intelectual, possa entender e aplicar na sua vida cotidiana essas leis e prescrições.

Assim como o Decálogo ditado por D'us durante a revelação no Monte Sinai, também esses estatutos jurídicos, essas leis de direito civil, esse ma-

---

8 Idem, 4, 2.
9 *Sl* 112, 1.

ravilhoso compêndio de jurisprudência, esse código legislativo, é de revelação e de inspiração divina, e é nesse espírito e caráter que Moisés devia apresentá-los e ensiná-los ao povo de Israel. Sob esse prisma e essa orientação, o povo de Israel foi ordenado para orientar o seu estilo de vida, sua maneira de pensar e de atuar através das gerações, seja individualmente, como grupo humano étnico, ou como parte integrante entre os povos de sua convivência. O fato de reconhecermos que também as leis que regem a vida civil e social entre os homens e povos são intimamente ligadas a D'us, e isso por acreditarmos que cada ser humano foi criado à semelhança Divina, conforme a afirmação do profeta: *haló av echád lekulánu*, nós todos temos o mesmo Pai[10]; essa nossa convicção distingue o nosso código legislativo de todas as outras leis orgânicas que regem a sociedade, desde a Antiguidade até os tempos modernos, isto é, desde o código de Hamurabi, rei da Babilônia (o "Amrafel" mencionado no livro *Bereshit*)[11].

Hamurabi, o sexto rei da primeira dinastia dos reis da Babilônia (2061-2104 a.C.) adorava o ídolo Marduk, e mandou esculpir, na escrita e língua babilônica, numa pedra preta de granito, todas as leis do seu reinado, "para que todos possam ler as leis justas do rei, evitando assim a prática do mal". Essas leis são muito severas, castigando os transgressores rigorosa e impiedosamente. Por mais de 2300 anos, essa pedra esteve escondida, e teria sido completamente esquecida, se não fossem as escavações de modernos arqueólogos nos países orientais, nas colinas árabes, debaixo das quais estavam sepultadas cidades antigas e célebres civilizações. Uma expedição francesa descobriu por acaso partes quebradas da coluna de Hamurabi. Desde 1902, data da descoberta, essa famosa e histórica coluna se encontra no Museu do Louvre, em Paris.

É graças a esse precioso achado que sabemos da existência dessa legislação, datada de quatro mil anos, a legislação mais antiga na história universal.

Se para todos os estudiosos da *Bíblia* e do direito internacional essa descoberta é sem dúvida alguma de grande importância, para nós, judeus, ela é sumamente valiosa, pois através do prisma do código hamurabiano, muitos ensinamentos da *Torá* nos aparecem mais claros e mais compreensíveis.

---

10   Ml 2, 10.
11   Gn 14, 1.

Se, por exemplo, a *Torá* nos ordena: "Os pais não morrerão pelos filhos, nem os filhos pelos pais; cada um morrerá pelo seu pecado"[12], não seríamos capazes de compreender a razão dessa advertência tão simples e tão lógica, se não tivéssemos diante de nós o conteúdo do §118 da legislação hamurabiana, onde se ordena que se alguém deixou o seu filho na casa do seu vizinho ou conhecido como fiança da sua dívida, e esse vizinho não cuidou suficientemente da criança, e ela morreu, então deverá pagar o seu descuido com a morte de seu próprio filho. Conhecendo essas e muitíssimas outras sentenças bárbaras, Moisés tinha que advertir os filhos de Israel para não praticarem essas atrocidades que observaram nos seus vizinhos egípcios e canaanitas, e para "não andarem segundo os seus estatutos"[13].

À primeira vista, o leigo poderá ter a impressão de que os estatutos da *Torá* se baseiam e se assemelham ao código de Hamurabi. E de fato, quando a coluna de Hamurabi foi descoberta, os críticos antissemitas da *Bíblia*, chefiados pelo sábio alemão Wellhausen, "demonstraram" com mil e uma provas que as leis e ordenanças de Moisés são um claro e simples plágio de Hamurabi.

Mas basta uma análise objetiva e minuciosa para verificarmos quão falsas e errôneas são essas hipóteses; pois as leis e prescrições da *Torá*, que só mais tarde chegaram às nossas mãos, contêm inumeráveis conceitos de ordem moral e ética que o código de Hamurabi não menciona, e que também faltam nas legislações posteriores, mesmo naquelas dos assim chamados países democráticos e socialistas.

Na Babilônia, o rei é o supremo juiz: na *Torá* e na concepção judaica, somente D'us é o sumo e onipotente juiz, mesmo quando o país é governado por um rei. Na Babilônia, a aplicação de um castigo por danos causados na propriedade alheia dependia da pessoa que prejudicou e do proprietário que foi prejudicado. Um exemplo: se alguém roubar um boi, um carneiro, ou um jumento ofertado ao templo, ou se roubar um objeto de um palácio de gente rica, deverá pagar trinta vezes o valor do objeto; se o prejudicado for alguém da classe média ou um pobre, só pa-

---

12 Dt 24, 16.
13 Lv 18, 3.

gará dez vezes o valor, e se não tiver dinheiro para pagar, deverá morrer. E o que ordena a *Torá* em caso semelhante? "Se alguém furtar um boi ou uma ovelha, e o degolar ou o vender, pagará cinco bois pelo boi, e quatro ovelhas pela ovelha. Se o ladrão for achado a minar e for ferido e morrer, não será culpado de sangue quem o ferir. O ladrão fará restituição total, e se não tiver com que pagar, será vendido pelo seu furto". Mas Hamurabi prescreve a pena máxima: ele deve morrer. Na legislação de Hamurabi, encontramos uma rigorosa distinção de classes sociais: 1. os senhores feudais, a camada superior; 2. a classe média, os que ganham modestamente o seu sustento, e 3. os escravos, a classe mais baixa da sociedade, oriunda dos prisioneiros de guerra, e que só servia para os serviços mais pesados.

Na *Torá*, não existe essa desgraçada distinção de classes sociais, todos são iguais perante a lei. Na Babilônia o escravo é propriedade ilimitada do seu amo, sujeito a qualquer trato desumano. A legislação hamurabiana reconhece e protege a escravidão. Se alguém hospedar em sua casa um servo ou serva que fugiu do palácio do seu senhor, deve devolvê-lo ao seu patrão; se recusar, será condenado à morte, assim ensina Hamurabi.

A *Torá* proíbe entregar um escravo fugitivo ao seu senhor. Na *Torá* de Israel, o escravo será libertado automaticamente após seis anos de serviço, e no caso de dano físico pelo patrão, antes do sétimo ano.

Platão divide a sociedade humana em classes distintas, governantes, filósofos, guerreiros, comerciantes e escravos. Na sua famosa obra *A República*, e em outra posterior, denominada *Leis*, Platão argumenta que todo o trabalho deve ser confiado aos escravos, teoria essa fundamentalmente aristocrática, pois ele era filho de gente rica de Atenas.

Aristóteles, discípulo de Platão, acredita que a escravidão é uma prática justificada num bom Estado, pois, assim opina o filósofo, ela é uma instituição natural; contudo, admitia apenas estrangeiros na classe de escravos; o escravo, ensina ele, deve ter um tratamento diferente do homem livre, e o filho de um escravo receberá trato diferente do nascido de homem livre.

Na Babilônia, aplicava-se a pena de morte por certos delitos de propriedade; em Israel, somente em casos de blasfêmia contra D'us ou na ofensa à coletividade judaica; e mesmo assim a aplicação da pena máxima foi de tal maneira dificultada pelas inúmeras advertências prévias, e pelo complicadíssimo processo de investigações e de interrogatório das testemunhas, que Rabi Akiva podia tranquilamente afirmar: "Um tribunal que condenou um homem à morte uma vez em setenta anos deve ser considerado como se fosse um foro de bárbaros"[14].

E, para concluir, achamos necessário dar uma breve explicação a respeito da lex talionis (lei de talião), que encontramos na parashá desta semana. Os babilônios interpretam ainda hoje em dia essa lei de Hamurabi ao pé da letra: "Olho por olho; pé por pé; mão por mão" etc.

Para a primitiva jurisprudência judaica, essa conhecida formulação dos povos vizinhos era a expressão do princípio de equivalência de castigo e delito. Mas o Talmud, no intuito de evitar possíveis falsas interpretações desse conceito (vide Shakespeare), argumenta mui logicamente, e pergunta: "O que acontecerá se um homem com um olho só cegar um homem com dois olhos? Deveria ele, o causador do dano ficar completamente cego, como exige a lei babilônica? Não seria neste caso o castigo a ser aplicado muito mais severo que o dano causado?"[15]

Ou, raciocina o mestre, o causador do dano deveria ser obrigado a pagar pelo tratamento do prejuízo causado, recompensá-lo materialmente pela diminuição da capacidade de trabalho durante a convalescença. Assim, e só dessa forma, a lei judaica compreende a formulação "olho por olho", e é nesse sentido que os historiadores do direito civil a interpretam e aplicam hoje em dia. A nossa jurisprudência ensina: exigir e praticar justiça, mas não vingança cruel. Rabi Shimon, filho de Gamliel, baseando-se nas palavras do profeta Zacharias, que nos diz: "A verdade, a justiça e a paz reinem nas vossas portas"[16], deixou este legado: "O mundo mantém-se por três princípios básicos: al haemét, pela verdade, veal hadin, pela justiça, veal hashalom, pela paz"[17].

---

14 Mishná Makot 1, 10.
15 Bavá Kama 83b
16 Zc 8, 16.
17 Ética dos Pais 1, 18.

Mishpatim (Shabat Shekalim)

Kol késsef hakodashim ashér iuvá beit Hashém: Todo o dinheiro sagrado deve ser trazido à Casa de D'us[1]. Esses donativos dizem respeito exclusivamente aos judeus; contribuições para a conservação da Casa Santa (Beit Hamikdash) provenientes da parte de não judeus, não são aceitas[2].

Mishenichnás Adar, marbin besimchá: Com o começo do mês de Adar, aumenta a alegria[3], e isso por ser esse um mês de regozijo na história judaica. O acontecimento de Purim, quando os judeus foram alvos dos nefastos propósitos do rei Achashverosh e do seu primeiro-ministro Haman, ocorreu em Adar. E por mais uma razão, muito mais transcendental que a primeira, o mês de Adar ficou gravado nos anais da nossa história, pois, conforme reza a tradição, o nosso saudoso Mestre Moisés (Moshé Rabeinu) nasceu no dia 7 de Adar e faleceu na mesma data, na idade de 120 anos.

E para que a alegria esteja bem completa, o mês de Adar foi fixado para angariar as contribuições dos *shekalim*, conforme se lê no *Talmud*: *Beechád beadar mashmiin al hashekalim*[4]. Essas contribuições nacional-religiosas serviam:

1. *Korbán tamid* e *korbán tzibúr*: para adquirir o gado necessário às oferendas diárias no altar do Templo como sacrifício permanente, e como sacrifício diário da coletividade;

---

1   2Rs 12, 5.
2   *Shekalim* 1, 1.
3   *Taanit* 29a.
4   *Meguilá* 13, 2.

2. para cobrir as despesas de toda espécie de consertos do Beit Hamikdash; e finalmente

3. para pagar os salários dos professores que ensinavam os sacerdotes[5].

Cada judeu, mesmo vivendo fora de *Eretz Israel*, era obrigado a contribuir com o seu *shekel*, sendo esse donativo obrigatório também para os sacerdotes que, em geral, eram isentos de qualquer imposto para o bem da coletividade. Os mestres nos dizem que o dever dos *shekalim* era uma das mais sagradas obrigações, porque Moshé Rabeinu perguntou a D'us: *Bamá tarim keren Israel*? De que forma elevarás a dignidade do povo de Israel? E o Eterno lhe respondeu *Beki tissá*, pela *mitzvá* dos *shekalim*[6].

"*O shekel*", diz-nos Rabi Nisenbaum, o conhecido líder nacional-religioso do judaísmo da Polônia, "é o símbolo da união interna e externa de Israel. O *shekel* deve ser entregue por cada judeu que se solidariza com o seu povo, que se identifica com as aspirações da coletividade judaica".

Eis a razão por que o *shekel* serviu nos Congressos Sionistas como "cartão de identidade" do ideal sionista, e dava ao possuidor o direito de votar democraticamente nos congressos.

Heashir lo iarbe, vehadal lo yam'it: O rico não dará mais e o pobre não dará menos[7], para demonstrar que perante o Eterno todos são iguais, e para evitar discussões e brigas que só causam desarmonia. A respeito do *korbán tamid*, o sacrifício perpétuo, que era custeado com o dinheiro dos *shekalim*, dizem os decisores: "Um indivíduo só não pode correr com as despesas deste sacrifício, pois trata-se de uma coisa coletiva, que congrega em si os pedidos de todo o povo; e uma só pessoa, seja ela a mais rica, não é capaz de representar perante D'us o povo inteiro".

O *shekel* demonstrou também a união judaica perante o mundo inteiro.

O vil Haman acusou-nos perante o rei de sermos um povo disperso e dividido, espalhado por todos os confins do mundo, incapazes de sermos cidadãos leais porque não queremos assimilar-nos; de não acatarmos as leis do país em que vivemos, por colocarmos os ensinamentos da nossa lei

---

5   *Shekalim* 4, 1-2.
6   *Bavá Batra* 10b.
7   *Ex* 30, 15.

acima de todas as legislações leigas[8]. E não é só isso; os judeus, argumentava ele, são separados e desunidos entre eles mesmos, em diversos agrupamentos étnicos e partidos políticos; falta-lhes a noção da união, de maneira que nunca poderá haver entre eles harmonia. Pois *vedateihem shonót*, cada grupo, *Landsmannschaft*, tem os seus costumes, hábitos e tradições, convencido de que o costume que ele trouxe consigo do seu país, do seu *shtetl*, é absolutamente certo, e aqueles que não o seguem estão errados.

Mas D'us, que prepara sempre a cura antes da doença, mandou Moisés introduzir a contribuição do *shekel*, que deveria servir como símbolo de harmonia e de responsabilidade mútua, como se lê na Guemará[9].

"D'us sabia que Haman conseguiria o consentimento do perverso rei para o seu plano hediondo de aniquilar o povo judeu; bastaria que conseguisse encher os cofres reais com toneladas de ouro a serem roubadas dos judeus; e por isso D'us adiantou os nossos *shekalim* aos de Hamam, como demonstração perpétua ao meio ambiente não judeu, de que, quando o destino do povo judaico está em perigo, desaparecem as divergências e cerramos fileiras em torno de nossos ideais".

Veláma machatzít hashékel, veló shékel shalém? E por que ficou estipulado só um meio *shekel* e não um *shekel* inteiro? Para indicar – diz o autor do livro *Biná Leitim* – que cada judeu por si vale somente uma metade, e só quando ele se une ao seu povo e seu D'us ele se torna um judeu inteiro, conseguindo assim aquela união tão necessária, tão indispensável, tão vital para a nossa continuidade. Isto é o sentido profundo da bela norma do Mestre Hilel: *Im ein aní lí, mi lí? Uchsheaní leatzmí má aní? Veím lo achsháv, eimatái?* Se eu não for por mim, quem será por mim? E se eu tomar conta de mim sozinho, quem sou eu? E se não for agora, quando será?[10]

Cada ser humano é obrigado a contribuir a sua quota parte para o bem-estar e para o progresso da coletividade, e se ele se apoiar nos outros, não cumprirá o seu dever cívico e ético. Se alguém trabalhar só para o seu próprio benefício, esquecendo o alheio, que valor moral tem essa pessoa? Ele não levará nada consigo, e todo o seu esforço e labor ficarão para os outros. Nin-

---

8   *Est* 3, 8.
9   *Meguilá* 13, 2.
10 *Ética dos Pais* 1, 14.

guém deve adiar as suas obrigações para com o seu povo, sua grei, para com os necessitados do seu ambiente; "ninguém poderá dizer 'mais tarde farei, mais tarde me explicarei'; talvez já não tenhas tempo"[11]. O dia que passou não voltará mais, e o dia que alguém perdeu em dar algo de si, não recuperará.

Com o *shekel*, cada judeu se solidariza com o seu povo, e é por isso que não se podiam aceitar essas contribuições de não judeus. Qualquer outro donativo para o Beit Hamikdash *ou* para as coisas sagradas aceitava-se também do não judeu, mas do *shekel*, por se tratar de uma contribuição puramente nacional-judaica, os não israelitas não podiam participar.

Mas o fundo ético da *parashá Shekalim* é: a *Torá* ensina-nos a nobre virtude que consiste em *venatnú* – DAR. De fato, em relação ao *shekel*, o rico não poderia dar mais e o pobre menos, para que, como já dissemos acima, o rico não venha a dizer: "Eu contribuí mais, e por isso os meus privilégios devem ser maiores". Mas em geral, quando se trata de contribuições para fins caritativos, de beneficência, *tzedaká* para instituições religiosas ou educandários, cada um dará conforme as suas posses, suas possibilidades; contudo, o principal é: não se excluir da coletividade, não pensar "a minha contribuição para este fim pode ser tão insignificante, que não vale a pena dar, o meu óbulo é tão modesto que melhor será não doar nada". Quem procurar pretextos de qualquer espécie para não contribuir com aquilo que pode, é um pobre de espírito, e se exclui automaticamente da coletividade. Não há maior satisfação moral do que dar, dar alguma coisa material, ou dar algo de si, e se já vamos dar, então, demos com mão aberta e coração alegre; dar com prazer. E é isto que o Mestre Ben Azai nos ensinou: *sechár mitzvá-mitzvá*, a recompensa da *mitzvá* é a *mitzvá* mesma[12]. A satisfação de ter contribuído para aliviar a miséria daqueles que sofrem, de ter alegrado um coração entristecido, de ter elevado um ânimo abatido, de ter enxugado as lágrimas de viúvas e órfãos, isso deve ser a maior recompensa do bem praticado. E mais uma coisa importante: *echád hamarbé veechád hamam'ít ubilvad sheyechaven daato lashamáyim*, o que puder dar muito ou aquele que só pode contribuir com pouco, ambos devem saber que dar *é um dever* sagrado, ordenado por D'us[13].

---

11 Norma de Hilel na *Ética dos Pais* 2, 4.
12 *Ética dos Pais* 4, 2.
13 *Mishná Menachot* 13, 11.

Terumá

I

Veassú lí mikdásh, veshachanti betochám: E me farão um santuário e EU morarei entre eles.

O estudo da *parashá* que aqui segue, devo-o ao feliz acaso de ter encontrado, numa das livrarias judaicas em Nova York, dois volumes em ídiche, *Shebichtáv vesheb'alpé*, de autoria do saudoso grão-rabino do México, dr. Jacob Avigdor, obra essa que desconhecíamos completamente. Considerando o alto valor educativo e atualíssimo desse trabalho literário, e identificando-nos perfeitamente com as ideias expostas, tomamos a liberdade de interpretar no vernáculo português os elevados pensamentos do insigne rabino.

Na semana passada a *parashá* estava dedicada à legislação judaica, *mishpatim*, jurisprudência essa que se baseia sobre três princípios básicos: *din*-justiça, *emét*-verdade, e *shalom*-paz, como se acha dito: "Que a verdade, a justiça e a paz reinem nas vossas portas"[1].

Esta semana, lemos na *Torá* a descrição minuciosa da construção do tabernáculo (*mishkán*), que durante os contextos cambiantes da história judaica, mudou de forma: santuário móvel, portátil no deserto; primeiro e segundo Templos, sendo o segundo mais suntuoso que o primeiro; as grandes e pequenas sinagogas, e finalmente o lar judaico, que devia ser um "santuário em miniatura".

---

[1] Zc 8, 16.

A respeito da "casa judia", pois, da sua continuidade e perpetuação, dizia Shimon Hatzadik[2], "o mundo se mantém sobre três bases: A Lei Divina, o culto e a caridade". E a Cabala, no intuito de acentuar a essência do pensamento judaico, sublinha: *Kudeshá berích Hú, Israel, veoraitá chád hu*: D'us, o povo de Israel e a *Torá* são o fio triplo entrelaçado[3].

Mas como poderemos unir essas três concepções tão distintas? Simplesmente, construindo um santuário que contribua para que as concepções de Shimon Hatzadik e as da Cabala se entreteçam.

Desde que fomos expulsos da Terra Prometida, andando dispersos pelos quatro confins do Universo, não temos mais o tabernáculo, e tampouco o Beit Hamikdásh, mas temos nossos *batei midrash*, academias de estudos e as sinagogas. O judeu entra na sinagoga para, antes de mais nada, desabafar o seu coração perante o Criador do Universo, para ouvir a voz Divina em si, para ouvir uma palavra da *Torá*, um *darush* (prédica) ou um *shiur*, uma lição de interpretação do Verbo de D'us, com a ajuda dos comentaristas, do *Midrash* e do *Talmud*, explicação essa que lhe proporciona satisfação espiritual e elevação moral; e finalmente, com a sua vinda à sinagoga, ele pretende encontrar-se com os seus correligionários de fé e de destino, com gente de sua grei.

O *midrash* dessa *parashá* é rico em exemplos alegóricos que sublinham a importância do *mishkán* para o povo judeu. Citaremos só um único exemplo: *veassú li mikdásh*, eles me farão um santuário. D'us disse a Israel: Tu és meu rebanho, e EU teu pastor; faz-me uma cabana para EU poder cuidar do rebanho; tu és a minha vinha, e EU teu guardião; faz-me uma choupana para que possa zelar pela vinha; vós sois meus filhos, e EU vosso Pai; fazei-me uma casa para poder morar perto de vós". É por isso que se lê no texto: *veshachantí betochám*, e EU habitarei entre eles[4].

Três motivos devem orientar a construção de uma Casa de D'us.

1. O motivo religioso, o laço de união entre homem e D'us, simbolizado pelo pastor e o rebanho; orando a D'us, o judeu, quando entra na

---

2 *Ética dos Pais* 1, 2.
3 *Zohar Vayikrá* 73a.
4 *Shemot Rabá* 34, 4.

sinagoga, não se sente como uma ovelha perdida, mas sim como um ser vivo protegido por um fiel e carinhoso pastor.

2. O motivo educativo-cultural: a sinagoga tem por dever divulgar a sabedoria judaica, o pensamento judaico, e por isso os velhos chamaram a sinagoga *shul* (Schule): os adultos devem aprender da boca do rabino o sentido dos ensinamentos da Torá, para depois poder transmiti-los à geração nova. A Torá é comparada na alegoria a uma vinha, *kérem*, e os seus ensinamentos ao vinho, *yeiná shel Torá*; e nós sabemos que vinho, quanto mais velho, tanto melhor, tanto mais saboroso e mais caro. Quanto mais nos aproximamos das criações antigas do espírito judaico e da fonte primitiva do pensamento e da filosofia judaica, tanto maior é a delícia intelectual, e daí a comparação entre "vinha" e "guardião".

3. E finalmente vem o motivo nacional; a sinagoga é um Beit Haknésset, a casa que congrega gente judaica, robustecendo nela o sentimento de pertencer ao povo de Israel, ao *beit Israel*, à casa de Israel, filhos de um pai, sendo assim justificada a comparação no *Midrash*: pai e filhos. O *Midrash* narra também uma discussão interessante entre famosos *tanaim* (mestres da *Mishná*), que indagavam qual é a máxima de mais profundo significado da Torá. Ben Zoma disse: *Shemá Israel*, esse lema é a maior expressão da fé judaica; Ben Nanás opinava: *veahavtá lereiachá kamôcha* (amarás o teu próximo como a ti mesmo): esse preceito é muito mais expressivo do pensamento judaico do que a confissão do Shemá; enquanto Ben Pazi argumentava: *et hakeves haechád taasé babóker*: um cordeiro oferecerás durante o serviço matutino, essa sentença representa a quintessência do judaísmo. Levantou-se Rabi Yehudá Hanassi, o compilador da *Mishná* e decidiu: Concordo com a opinião de Ben Pazi[5].

É fácil compreender a razão dessa discussão. Os mestres quiseram averiguar, através de uma polêmica construtiva, qual é o motivo mais forte e mais importante que sustenta o judaísmo. Ben Zoma baseou a sua afirmação no fator religioso: *Shemá Israel*, querendo com isto expressar a sua convicção de que a crença num único D'us e a fé judaica são e serão para sempre os alicerces da nossa continuidade. Ben Nanás opinava

---

5   *Midrash* de origem desconhecida, citado na introdução do Perush ha-Kotêv ao livro *Ein Yaacov*.

que a fé sem *Torá* não pode garantir o nosso *kiyúm*, a existência judaica, e por isso argumentou com "amarás o teu próximo como a ti mesmo", pois o seu mestre, o mártir Rabi Akiva, baseado em Hilel, disse: *veahavtá lereiachá kamócha, ze clal gadol ba*Torá: a regra pilar da *Torá* é o amor ao próximo[6], fazendo entender que *Torá*, viver dentro do espírito dos preceitos da *Torá*, é superior a *emuná*, fé. Ben Pazi foi mais além, e manifestou a importância da força de união: sem *achdút* não há garantia para a nossa continuidade.

O cordeiro ofertado diariamente durante o serviço divino matutino, *Korbán tamid*, era adquirido pela contribuição do meio *shekel*, oferecido anualmente obrigatoriamente por cada judeu, como demonstração da sua ligação com o povo de Israel. A história judaica ensina-nos que esses debates nas academias rabínicas, do século I até a conclusão do *Talmud* no século V, tiveram uma motivação psicológica, e que as conclusões de Ben Pazi e de Rabi Yehudá Hanassi são absolutamente certas, não perdendo sua atualidade.

A história judaica pode ser dividida em três épocas distintas: A do Primeiro Templo, a do Segundo Templo, e a era atual.

Quando o rei Salomão inaugurou o Primeiro Templo, sublinhou particularmente o momento religioso, distinguido por *riná*, canto, *techiná*, louvor, e *tefilá*, prece, querendo que nessa Santa Casa fossem ouvidos os louvores e a ação de graças de todos, sem distinção de credo, que viessem ao Santuário à procura de conforto espiritual. O Primeiro Templo era uma Casa Divina que aproximou o homem do seu Criador.

O Segundo Templo era principalmente uma Casa de *Torá*. O Sanhedrin tinha a sua sede no Beit Hamikdásh, os Homens da Grande Sinagoga *Anshéi Knésset haguedola, os sofrim*, escribas, todo o desenvolvimento da *Torá sheb'al pé*, *Torá* Oral, todos esses acontecimentos de transcendental importância para a vida judaica, surgiram durante a época do Segundo Templo. E mesmo assim, todo esse maravilhoso serviço Divino do primeiro Templo não foi capaz de impedir a sua destruição; o vírus da idolatria foi a causa da sua derrocada. *Avodá zará*, crença sem *Torá*, sem a filosofia vivificadora da *Torá*, pode conduzir à idolatria, à superstição.

---

6 *Sifrá Kedoshim* 4; *Yerushalmi Nedarim* 9, 4.

O Segundo Templo teve *Torá*, mas só a *Torá* não é bastante eficaz para garantir a continuidade. Foi na época do Segundo Templo que surgiram as diversas seitas e partidos políticos que minaram os alicerces da Casa de Israel, e a consequência foi a destruição do Segundo Templo, e a causa primordial: *Sinát chinám*, ódio injustificado, inveja, intriga, brigas ideológicas, incompreensão mútua.

A verdadeira salvação, a definitiva redenção e a absoluta garantia do nosso *kiyúm*, existência, e do *hemshech*, continuidade do povo de Israel, só surgirá se a fé e a *Torá* se congraçarem com os sentimentos nacionais, quando todos os filhos de Israel se unirem em torno de um grande e elevado ideal, quando todos nós reconhecermos e sentirmos que somos irmãos, filhos de um Pai, e que o segredo da nossa eternidade consiste em: *Kudshá berích Hu Oraitá, ve Israel chád hu*: O Santo, abençoado seja Ele, a *Torá* e o povo de Israel formam uma Unidade inseparável e indelével.

II

Veassú lí mikdásh, veshachantí betochám: E me farão um santuário, para que EU possa habitar no meio deles.

Essa sentença, aparentemente paradoxal do ponto de vista da gramática, despertou a curiosidade de todos os exegetas clássicos da *Torá*. Todos eles apontam: Se aos filhos de Israel se ordenou fazer um santuário, seria lógico que a frase nos dissesse: "Para que EU possa habitar" *betochó* nele, isto é, no santuário; porque então diz o texto *betochám*, no meio deles, no plural?

Mas vejamos o que este *Mishkán* (tabernáculo) ou *Mikdásh* (santuário) deverá representar para os filhos de Israel do ponto de vista espiritual. Encontrando-se ainda no deserto, vagueando de lugar em lugar, estando divididos em diversas tribos nômades, deveriam edificar um centro espiritual que os unisse, fazendo deles uma unidade homogênea, fazendo-os compreender e sentir a sua ligação íntima àquela herança transcendental que receberam no Monte Sinai. As condições físicas da sua vida anormal obrigaram-nos a criar um centro espiritual no meio de seus acampamentos, com o intuito de purificar e consagrar a vida de todas as camadas populares, elevando-se assim acima da vida material e das preocupações cotidianas.

Outra versão diz que o *Mishkán* (do verbo hebraico *shachón*, repousar, habitar) deveria reconciliar o povo de Israel com o seu Criador, para demonstrar aos povos vizinhos que lhes fora perdoada a grave falta cometida com a feitura do bezerro de ouro.

E a edificação de um santuário nunca cessou na história e na vida do nosso povo. O tabernáculo móvel, provisório, instável, do deserto foi substituído pelo Beit Hamikdásh (Casa Santa) de Jerusalém, que também se tornou um centro espiritual religioso-nacional, unindo o pensamento do povo ao seu mais elevado ideal, a fé num único D'us e numa única *Torá*. O Beit Hamikdásh não era somente uma casa de oração, mas sim uma fonte inesgotável de energia espiritual, que inspirava coragem mesmo àqueles que viviam dispersos na diáspora.

E quando após à destruição do Segundo Templo fomos obrigados a tomar o bastão do peregrino, procurando refúgio e descanso entre os diversos povos, a primeira coisa que fizemos foi construir um *beit haknesset*, ou *beit hamidrash* (uma sinagoga ou casa de estudo).

E de fato as sinagogas, grandes ou pequenas, ricas ou modestas, foram para os nossos antepassados *Mikdashei Meát*, santuários em miniatura, onde se concentrava toda a atividade religiosa, cultural e social judaica. Entre os muros das sinagogas, os judeus se sentiram unidos e ligados pela mesma fé e pelo mesmo destino a todos os seus irmãos no mundo inteiro; o judeu viu na sinagoga não somente um retiro espiritual para desabafar o coração perante seu D'us, mas também um refúgio para procurar conforto e consolo em momentos de tormento físico ou psíquico.

Mesmo assim, encontramos no profeta Isaías uma pergunta, que é ao mesmo tempo uma advertência severa contra aqueles que pensam que a Shechiná, a Onipresença Divina, necessita de um recanto especial, e que ela pode ser limitada e condensada num lugar fixo, num edifício adequado.

O profeta pergunta: *Eize báyit ashér tivnú lí veéize makóm menuchatí?* Que casa me edificareis, e qual é o lugar do Meu repouso?[7]. Acaso o Universo todo não é cheio de Minha glória? Para que então serve a sinagoga?

---

7 Is 66, 1.

E para que serviu o tabernáculo-santuário? Um texto talmúdico nos ajudará a encontrar uma resposta plausível. Duas categorias de serviço Divino havia no tabernáculo-santuário: sacrifícios e *Torá*. Lá estava a sede do Sinédrio, que divulgava instrução e orientação religiosa para todo o povo de Israel[8]; e após a destruição do Templo, o Santuário servia para oração e ensino: "As orações substituirão as oferendas permanentes"[9]. Mas seja para a prece, seja para o ensino da *Torá*, é necessário antes de mais nada um tabernáculo e um santuário, e ambas as coisas são representadas pelo homem, como nos diz o rei David: *vayitósh mishkán shiló, óhel shikén baadám*, "por isso abandonou o tabernáculo de Shiló, a tenda de sua morada entre os homens"[10].

E nesse contexto exorta-nos o profeta Jeremias: "Não confieis em palavras falsas, dizendo: Templo do Eterno, Templo do Eterno é este"[11]. Não são os tendões, as veias, a carne e a pele que fazem o homem, mas sim o espírito, o espírito da *Torá*: *Zot haTorá-adam*, se queres saber o que é o homem, observa até que ponto ele vive dentro do espírito da *Torá*. *Zé sef er-toledót adám*[12]. A moderna escola hassídica interpreta essa sentença da seguinte forma: "Os filhos do homem formarão o verdadeiro livro: Eles trazem a *Torá* no coração e também os seus descendentes".

Se quereis saber o que esse livro da *Torá* representa, vede a biografia do homem, examinai minuciosamente se ele cumpre os preceitos éticos da *Torá*. Se não houver o homem, homem no mais profundo sentido da noção, não pode haver prece, não pode haver *Torá*, conforme as palavras de Isaías: "Quando estendeis as vossas mãos, escondo de vós os Meus olhos; sim, quando multiplicais as vossas orações, não as ouço, porque as vossas mãos estão cheias de sangue"[13].

E por isso, assim como se nos ordenou erguer um tabernáculo e celebrar dentro dele os serviços divinos, assim também devemos erigir em

---

8   *Mishná Sanhedrin* II, 2.
9   *Berachot* 26, 2.
10 *Sl* 78, 60.
11 *Jr* 7, 4.
12 *Gênesis* 5, 1.
13 *Is* 1, 15.

nossos corações altares sagrados para que o próprio homem se torne um santuário em miniatura. Assim o termo *betochám* (habitar no meio deles) terá a sua insofismável justificação, pois D'us habitará então em cada coração, em cada alma humana, em cada alma judia. E é sem dúvida alguma dentro desse espírito que o famoso rabino chassídico Naftali de Ropszyc respondeu àquele homem que lhe perguntou: "*Naftuleniu* (ele tinha apenas 4 anos), diga-me: onde mora D'us?" E o pequeno respondeu: "Onde O deixam entrar". A indagação do profeta: "Que casa Me edificareis?" é mais que justificada, se analisada à luz da história judaica. Pois onde se concentrava a Shechiná (a Onipresença Divina) quando mãos bárbaras destruíram as nossas sinagogas, as nossas famosas *yeshivot*, onde se formaram os grandes cultos rabínicos? Onde se colocou a *chanukiyá* (o candelabro de Chanuká) que deveria ser posta perto da janela que dá para a rua, para tornar público o milagre, quando em horas de perigo, nos tristes tempos dos *pogroms* na Rússia czarista, ela não podia ficar no lugar indicado?

Ela foi posta na mesa dentro do quarto, as janelas e as portas bem trancadas, por causa do perigo iminente, e em torno dessa luz escondida cantava a família *al hanissim* e *Maoz tzúr yeshuatí*, e servindo-se da luz do *shamash* estudava-se a *Torá* e o *Talmud*. Nesses momentos então, a casa judia tornou-se um *mikdásh meat*, um santuário em miniatura, concretizando-se, destarte, a afirmação da *Torá*: "Em todo lugar onde Eu quero que seja evocado o Meu nome, virei a ti e te abençoarei"[14]. A casa judia tornou-se uma fortaleza inexpugnável.

Nesse contexto devemos distinguir entre *Errichten* e *Erhalten*, *Edificar* e *Sustentar*.

Através de todos os tempos, os nossos belos santuários foram edificados na esperança de serem sustentados pelas casas judias, e não somente através do serviço divino na sinagoga. O *mishkán*, o tabernáculo móvel e desmontável, é, conforme a magnífica interpretação do saudoso prof. Cassuto, nada mais do que um Monte Sinai móvel, que acompanha o povo de Israel através de todas as tempestades e contextos cambiantes do destino.

No começo do ano letivo, nós apelamos a todos os pais interessados na continuidade judaica: "Fazei das vossas casas um *mikdásh*, um santuário

---

14 *Ex* 20, 21.

em miniatura, para que a chama da alma judia, acesa na casa judia, possa sustentar e iluminar as nossas sinagogas, e para que D'us, cujo nome é também *Makom* (lugar), encontre lugar em todas as nossas casas, para habitar dentro de nossos corações".

III

A *parashá* da semana passada denominava-se *Mishpatim*, estatutos, ou código jurídico-ético, e a desta semana chama-se *Terumá*. A coordenação das duas *parashiot* é absolutamente lógica, e corresponde exatamente à nossa maneira de pensar e de atuar. Uma pessoa honesta e correta deve se esforçar para ganhar escrupulosamente o seu sustento, e só depois poderá dispor do seu ganho, distribuindo-o em *terumá*, *tzedaká* e *nedavót*. O termo *terumá* tem diversas significações, como: separar, contribuir e elevar. E a *Torá* pretende ensinar-nos que, com a separação de uma parte da fortuna para fins sagrados e caritativos, o doador eleva-se a um nível ético. Nos provérbios de Salomão encontramos esta bela máxima: *tzedaká teromem goy*: a justiça exalta a nação[15].

Ensinaram-nos, e nós acreditamos piamente, que não são a fortuna ou os bens materiais que fazem a felicidade humana, mas sim a sua boa e justa aplicação.

Veyikchú lí terumá li-lishmí (Rashi). Se a interpretação de quase todos os tradutores "que me tragam uma oferta" é certa, o texto deveria então rezar filologicamente *veyitnú* (eles me darão uma oblação) ou *veyavíu* (eles me trarão a sua oferta); por que usa a *Torá* o termo *veyikchú*, tomarão? O que a *Torá* pretende com o termo *veyikchú* é o seguinte: Seria utópico e quase sobre-humano se cada um que oferece, dá ou contribui, o fizesse puramente por amor à causa, se a motivação de dar fosse pura e simplesmente o fim elevado em si, ou, na terminologia hebraica *leshém shamáyim*, com as vistas postas no Céu; mas desde que isso não é possível, subentende-se do texto, o seguinte: não é absolutamente necessário que o contribuinte dê o seu óbulo *leshém shamáyim*, pois os mestres nos

---

15 Pr 14, 34.

ensinam que se alguém perdeu uma moeda, e um pobre a achou, o perdedor é considerado como se ele tivesse feito uma caridade. Os mestres se referem àqueles abnegados e desinteressados ativistas que se dedicam a angariar fundos para a assistência social e para fins sagrados: estes sim devem saber e se compenetrar que a sua atividade é puramente *leshém shamáyim*, pois se o fizeram com outra intenção, não serão bem-sucedidos, e sua dedicação perderia o valor principal.

No tratado talmúdico *Bavá Batrá* 9a, encontramos a máxima de Rabi Elazar *Gadol hameasé yotér min haossé*: fazer com que os outros contribuam é muitas vezes mais importante do que a nossa própria doação. Claro está que aqueles que se dedicam à *mitzvá* de coletar fundos para fins caritativos devem começar consigo próprios, eles devem ser os primeiros a dar o exemplo, pois é sabido que o contribuinte tem muito mais respeito e admiração pelo ativista do qual se sabe que não se contenta só com palavras bonitas para os outros, que só sabe pedir e não tem coração para dar. E é nessa ordem de ideias que devemos entender as palavras de Jó, *sarim atzrú bemilim, vecháf yassimu lefihem*, os príncipes reprimiam as suas palavras e punham a mão sobre a boca[16]. Do momento em que aceitaste o emprego nobre de angariar contribuintes para obras sociais, religiosas ou educativas, cuida para que a tua própria mão esteja ativa.

Mas no texto da *parashá* encontramos também outra explicação bem humana e ética. O texto reza: *meeit kol ashér yidvénu libó, tikchú et terumatí* de todo homem cujo coração o impelir a isso, tomareis minha oferenda.

Também aquele que gostaria de dar, mas que infelizmente não tem meios, e a única coisa com que pode contribuir é o seu coração, a sua boa vontade de colaborar, a sua compaixão e compreensão, isso também é considerado como *tzedaká*.

"Cada rico", dizia um rabino hassídico, "possui duas qualidades de pedras: pedras vulgares e pedras preciosas. Mas nem todos os ricos têm as pedras no mesmo lugar: Um tem a pedra ordinária no coração e o brilhante no bolso, enquanto no outro o caso é o contrário, o brilhante está no coração e a pedra vulgar no bolso".

---

16 Jó 29, 9.

Na *Ética dos Pais*, lê-se: "Aqueles que dizem: O que é meu é meu, e o que é teu é teu"[17] são os mais vulgares, mas há quem opine que foi esse o uso dos habitantes de Sodoma. Como explicar essa crassa divergência de opiniões? Entre a virtude medíocre e aquela praticada pelos habitantes de Sodoma, existe, parece-nos, uma grande diferença. O famoso rabino hassídico Isaac de Worke ajuda-nos a interpretar essa sentença confusa. Diz o Rabi: "Se batermos à porta de alguém para lhe pedir um donativo para fins caritativos, e ele nos responde: *shelí shelí*, eu tenho meus próprios familiares necessitados que preciso sustentar, *zú midá beinonít*, isso podemos considerar como uma atitude medíocre, bastante vulgar, que querendo podemos compreender e aceitar como desculpa, por se tratar de pobres de sua própria família. Mas *veyésh omrím*, se esse indivíduo só alega com palavras que tem gente pobre na família, e todos sabem que não é verdade, e que a desculpa de ter necessitados na família lhe serve simplesmente como pretexto para não contribuir, essa pessoa pertence moralmente à classe dos habitantes de Sodoma, que a *Torá* descreve como *raím vechataim laDoshem meód*, maus e grandes pecadores aos olhos do Eterno"[18].

"Em que mundo ruim nós vivemos", dizia o Malbim – "o *Sefer Torá* beija-se com a mão, e *tzedaká* faz-se com a boca; a pessoa, quando chamada à *Torá*, costuma fazer uma promessa (*néder*), mas quando o coletor se apresenta para receber a dádiva oferecida, ela lhe é negada. Deveria ser o contrário: beijar a *Torá* com a boca e pagar o que foi ofertado com a mão aberta".

A *tzedaká* é, como sabemos, uma grande *mitzvá*; por que então, pergunta o Mestre Rashba[19], não se pronuncia uma bênção como costumamos fazer antes de qualquer outra *mitzvá* (*tefilin*, *talit*, *kidúsh*, *sucá* etc.)? Há quem responda sarcasticamente: se houvesse uma *berachá* a fazer antes de dar uma esmola, haveria como sempre divergência de opiniões sobre qual deverá ser essa bênção: um rabino diria que antes de pronunciar a bênção, deve-se lavar as mãos, como antes de comer; outro rabino,

---

17 *Ética dos Pais* 5, 10.
18 *Gn* 13, 13.
19 *Responsa* I, 18.

para contrariar o seu colega, decidiria que um dever tão importante e humano necessita *tevilá* (submersão), e entretanto o pobre necessitado morreria de fome.

Para praticarmos beneficência são necessárias apenas três coisas importantes: boa vontade, compreensão e mão aberta.

IV

Vechiskú bó et beit Hashém: E reparavam com ele (suas contribuições) a casa do Eterno[20]. No tratado talmúdico *Shekalim* 2, 1, lê-se o seguinte:

"Se os habitantes de uma cidade mandaram os seus *shekalim* a *Eretz Israel*, e a contribuição enviada foi roubada ou extraviou-se no caminho, os donativos obrigatórios devem ser substituídos por outras contribuições; se foram encontrados, ou se os próprios ladrões se arrependeram e os devolveram para o fim predestinado, essas ofertas continuam a ser consideradas como *shekalim*, e não devem ser contabilizadas na conta corrente do próximo ano".

Beechád beadár mashmiín al hashekalím: no 1º dia do mês de Adar, proclama-se a campanha dos *shekalim*[21]. O sumo sacerdote Yehoyadá restabeleceu a contribuição anual do "meio *shekel*", contribuição essa que deveria servir para as necessidades da Casa Santa (Templo). O *shekel*, que primitivamente fora introduzido por Moisés quando os judeus ainda estavam no deserto, tinha por fim elevado o *kófer néfesh*, o resgate da alma, o remir-se do grande pecado do bezerro de ouro, pois se não hesitaram em contribuir com ouro, prata e joias para fabricar um bezerro, não havia justificação alguma para dispensá-los dessa sagrada dádiva, que é o *shekel*.

Kol haovér al hapekudím[22], isto dará cada passante, para que o incluam no número dos que são contados – o que podemos interpretar: quem pretende identificar-se e quiser ser incluído na coletividade judaica, deve contribuir

---

20 *2Rs* 12, 15.
21 *Mishná Shekalim* I, 1.
22 *Ex* 30, 13.

com o seu óbulo. *Venatnú*, e darão, darão voluntariamente, dar de todo o coração, com entusiasmo, com ardor, com alegria e a satisfação de poder dar, e de ter algo para dar. Já foi dito que a ideia básica de dar somente meio *shekel*, e não um *shekel* inteiro, era para nos ensinar que um judeu que não se sente ligado ao seu correligionário, que não procura ou não quer identificar-se com a sua coletividade, é só meio judeu, é um judeu mutilado, imperfeito. Isso não diz respeito somente aos judeus; a ética judaica não é e nunca será chauvinista. Um indivíduo para o qual o destino do seu semelhante é indiferente não passa de uma criatura mutilada, que necessita de nossa compaixão. Isso nos faz lembrar a magnífica lição de moral que o saudoso mestre e inolvidável moralista Rabi Israel Salanter deu aos seus discípulos, através de um exemplo popular, tirado da vida cotidiana, em contato com a massa humana do seu ambiente não judaico.

"Numa das noites frias e escuras da Rússia, quando voltou à sua casa para um breve descanso, após ter ensinado durante muitas e muitas horas a fio *Talmud* e *Mussar* (ética), Rabi Israel passou por uma das estreitas vielas cheias de tabernas ordinárias, onde o populacho russo costumava beber até altas horas da madrugada, beber até a extrema embriaguez, para destarte esquecer a miséria da sua existência.

Na porta de uma dessas tascas, que lhe chamou a atenção pelos gritos misturados com canções melancólicas, Rabi Israel Salanter parou, abriu a porta, e notou nessa nuvem de fumo ordinário dois homens bêbados, abraçados um ao outro, beijando e acariciando-se mutuamente com declarações de amor, até que, num momento de lucidez, um deles levantou o braço num gesto de ameaça, e gritou para o seu camarada de bebedeira:

– Tu, mentiroso, larápio, vagabundo, como podes gritar tão alto que gostas de mim, se não sabes quem eu sou, em que trabalho, o que eu ganho, e o que eu estou sofrendo? O que te faz declarar-me o teu amor não é a tua simpatia, a tua compaixão sincera, a tua verdadeira amizade; o que fala em ti, é o excesso de álcool que já consumiste.

Ouvindo esta discussão, o Salanter (como é conhecido no mundo religioso judaico) voltou para o *beit hamidrash* (casa de estudo) e disse aos estudantes que costumavam dormir no *beit hamidrash*:

– *Kinderlach* [meus filhos], "acabei de receber uma magnífica e profunda lição de verdadeiro amor do próximo de dois *goyim* bêbados. Como pode haver verdadeiro *ahavát* Israel de um *yid* para com o outro, se não quero saber das necessidades e das preocupações do meu vizinho? Se nunca me interessei em saber se ele tem meios suficientes para sustentar a sua família, se tem lenha para esquentar a sua casa, dinheiro para pagar o médico ou o *melamed* (o professor)? O verdadeiro amor fraterno não é aquele que se manifesta por palavras bonitas, mas sim cultivado e praticado por um coração nobre e ações caritativas. Essa espécie de fraternidade apressará a vinda do Redentor".

Com o *shekel*, dizem os mestres, Moisés elevou novamente o prestígio do povo de Israel. Eles se humilharam, se desprestigiaram com a afirmação: "Este homem, Moisés, não sabemos o que lhe aconteceu"[23]. Não quiseram esperar o seu retorno, e obrigaram Aarão a fazer o bezerro; e eles hão de reabilitar-se dessa grave falta, com o *shekel* com que contribuirão. Com os donativos dos *shekalim*, comprava-se o *korbán tamíd*, o sacrifício popular cotidiano para o bem-estar de todo o povo. Tendo esse sacrifício por fim unir todos os judeus a D'us, ele deveria ser adquirido pelos donativos individuais, por assim dizer, por impostos obrigatórios de cada judeu. Esse sacrifício era também denominado *korban tzibúr*, oferta solene da coletividade, de maneira que mesmo o maior donativo de um único indivíduo não era aceito para desobrigar a coletividade das suas ofertas. Com os donativos dos *shekalim*, consertavam-se as fendas do *Beit Hamikdásh*, demonstrando assim que a conservação da Casa Santa não podia depender da boa vontade de uma pessoa, de um gesto esporádico de um único benfeitor; a coletividade na sua totalidade deve participar na manutenção digna de seus lugares santos. O centro espiritual que congrega todos os judeus, sem distinção, deve ser conservado por todos; pois perante o Eterno não existem diferenças de classes sociais, de camadas privilegiadas. Perante Ele, são todos iguais.

É por isso que os *cohanim* (sacerdotes), que em geral estavam dispensados do pagamento de impostos, eram obrigados a ofertar o seu *shekel*; *kol cohen sheeinó shokel, choté*: o *cohen* que não quiser pagar o seu *shekel* é considerado pecador[24].

---

23 *Ex* 32, 1.
24 *Mishná Shekalim* 1, 4.

E assim o *shekel* serviu como laço de congraçamento espiritual e nacional de todo o povo. E até hoje em dia, havendo já graças a D'us um Estado de Israel independente, as nossas contribuições para as necessidades da *Mediná* não são outra coisa senão a identificação da nossa parte com a existência de *Medinat* Israel, e com todo o povo de Israel, onde quer que ele se encontre.

Tetzavê

Veatá tetzavê et benei Israel: E tu ordenarás aos filhos de Israel, que tragam azeite de oliveira puro. "E tu ordenarás", disse Moisés a D'us: "dos setenta povos que criaste, nenhum deles foi incumbido de qualquer missão; somente ao povo de Israel TU confias encargos, como está escrito: 'Fala aos filhos de Israel', 'diz aos filhos de Israel', 'ordena aos filhos de Israel'. Sempre os judeus e quase só os judeus; por que essa distinção?"

E D'us lhe responde: "Dirijo-me aos filhos de Israel, por serem os mais ligados a mim, por serem eles os mais dedicados à causa e às ordens do Criador"[1].

A ideia básica de construir um *mishkán*, um tabernáculo, não foi, como já dissemos na *parashá* anterior, de construir para D'us um lugar de habitação na terra; isso seria uma contradição da concepção judaica de D'us, uma contestação daquilo que o rei Salomão afirma. "Mas, na verdade, habitaria D'us na terra? Eis que os céus, e até o céu dos céus não Te poderiam conter, quanto menos esta casa que eu edifiquei!"[2] Ou como nos diz o Zohar, *let atar panui minê*, não existe um lugar em que D'us não esteja[3].

O que a *Torá* pretendia com a construção de um tabernáculo, e o rei Salomão com a edificação do Templo, era, em ambos os casos, criar um centro espiritual, em torno do qual os judeus se congregassem, um centro capaz de uni-los, de aproximá-los dos ensinamentos da *Torá*, de robustecer neles a sua fé em D'us e nos ideais sublimes da doutrina judaica.

---

1 *Pessikta* 2 (Shekalim).
2 1Rs 8, 27.
3 *Tikunei ha-Zohar* 57.

Todo o projeto e o objetivo principal desse santuário deviam ser elaborados no intuito de poder traduzir essa união espiritual.

E por isso também os objetos que deviam ornamentar o santuário teriam que ser colocados em tal ordem, que pudessem simbolizar, pela sua forma e disposição, a maneira de viver e o estilo de pensar judaicos; em outras palavras, o propósito não foi simplesmente decorar o ambiente, mas sim ressaltar e evidenciar a essência da doutrina judaica.

O objeto mais sagrado que ornamentava o tabernáculo era o *arón*, arca sagrada que guardava as Tábuas da Aliança, *luchót haberít*, e por isso foi colocada no lugar sacrossanto, *kodesh hakodashím*, recinto esse onde o sumo sacerdote só podia entrar uma vez por ano, no dia de Yom Kipur.

O conhecido intérprete da *Torá*, Malbim[4], opina na sua obra *HaTorá Vehamitzvá* que a colocação da arca sagrada num lugar tão sagrado e separado se deve ao fato de ela representar e simbolizar a *chochmá haelyoná*, a sapiência superior que nem a todos é dado compreender; só os sumos sacerdotes, graças às suas extraordinárias faculdades espirituais e intelectuais, seriam capazes de perceber e de penetrar os exatos ensinamentos da *Torá*, o que não implica que as leis ético-sociais não devessem ser cumpridas por todos.

À direita da arca sagrada estava colocada a *menorá*, o candelabro de ouro, forjado de uma única peça, ornamentado por cálices, maçanetas e flores feitos com ouro batido; mas todos os sete braços da *menorá* deviam ser orientados para o braço central, as sete lâmpadas deviam alumiar a lâmpada central do candelabro.

O candelabro era feito de ouro e de uma só peça e tinha por base uma espécie de caixa de três pés. A fabricação da *menorá* era tão difícil que o próprio Moisés não compreendia como fazê-la, até que D'us mostrou-lhe o modelo exato, feito de fogo[5]. Variadíssimas são as explicações dos comentaristas, a respeito do simbolismo do candelabro. A Cabala diz que a Menorá simboliza a árvore da vida, e os sete braços, os sete planetas, ou as sete primeiras palavras que compõem a primeira frase da criação do Universo do livro *Bereshit*. Segundo o Malbim, a Menorá simboliza a

---

4   Meir Leib ben Yechiel Michel, rabino em Kempen, 1809-1879.
5   *Rashi, Ex* 25, 40; *Menachot* 29a.

ciência leiga, *chochmá chitzonít*, e os seus sete braços representam as sete artes, ou as sete ideias básicas do Universo. Para a melhor compreensão dos ensinamentos sublimes da *Torá*, podemo-nos servir da luz e dos esclarecimentos das outras ciências, mas o judeu ciente nunca deve perder da mente que tudo que aprendermos de fontes estranhas, de filosofias leigas, devem servir *el múl pnei hamenorá*[6], para melhor compreensão da luz que emana da *Torá*, para melhor penetração do nosso próprio espírito, para a mais correta e mais exata divulgação das obras criativas do nosso gênio, para podermos assim livrar-nos de todos esses complexos de inferioridade que a diáspora milenar criou em nossas almas. Se todos esses famosos vultos espirituais com que o judaísmo contribuiu para o mundo durante a sua existência na arena da história universal tivessem concentrado o seu saber *el múl pnéi hamenorá*, para o ponto central do espírito popular judaico, para a pura *ídishkeit*, se não nos tivéssemos deixado perturbar por doutrinas falsas, erradas, e não nos tivéssemos deixado iludir por águas turvas e ideologias nefastas e destrutivas, se tivéssemos tido a coragem de retornar à fonte primitiva e vivificante do ensinamento judaico-universal, sim, judaico-universal, porque o judaísmo pretende enobrecer a humanidade, oh, se tivéssemos cultivado tudo aquilo que é original em nós, teríamos então contribuído não somente para o nosso próprio engrandecimento e a nossa própria redenção, mas também para o esclarecimento de toda a humanidade perplexa.

Uma Menorá que devia simbolizar ideias e ideias tão sublimes teria que ser iluminada com azeite de oliveira puro, batido para iluminação, para acender a lâmpada eterna. Os mestres, meticulosos na interpretação exata de cada palavra, concluíram dessa primeira sentença da *parashá* ideias transcendentais. A frase diz: *lehaalot*, elevar, mas tratando-se em acender, não seria mais correto filologicamente o uso do termo *lehadlik*, que, traduzido exatamente, seria "acender"? Por que então o termo "elevar"?

E respondem: "pelo fato de vocês acenderem a luz eterna vocês se 'elevam' com essa ação". A explicação do *Midrash*, *Yalkut Shimoni*, a esse respeito é interessantíssima. Reza o *Midrash*: "Senhor do Universo!", disseram os filhos de Israel, "TU, que estendes a luz sobre toda a terra, nos

---

[6] Nm 8, 2.

ordenas iluminar o tabernáculo? Como iluminaremos a quem criou a luz?" E D'us responde: *eilécha* para ti, e não para mim, *lo leorá ani tzarích*[7].

Não é para mim que acendereis a lâmpada, mas sim para aqueles que permanecem na escuridão, nas trevas, para aquela gente que continua ignorando a existência do Criador do Universo, pois quando as luzes brilharem na minha morada, os povos hão de indagar espantados: Em honra de quem os filhos de Israel iluminam o Santuário? E vocês responderão: Em honra Daquele que ilumina tudo. A interpretação dos mestres continua. *Shemen*, azeite puro; o líquido de acender devia ser azeite puro, e não qualquer outro material de queimar. Por quê? Porque *kol hamashkin mitarvín zé bazé, vehashémen einó mitarév*, todos os outros líquidos se diluem facilmente um ao outro, exceto o azeite, que nunca se dissolve, ficando sempre separado; assim também o povo de Israel não se deixa desmembrar entre os povos.

E mais: quando todos outros líquidos se dissolvem, não se pode distinguir qual deles ficou embaixo e qual subiu, exceto o azeite que, por mais que se misture, continuará sempre por cima. Assim também é o povo de Israel; sempre que obedecer a vontade Divina, vivendo judaicamente, ele se distinguirá dos outros povos[8]. E mais – Por que só azeite puro? Os outros óleos que servem para acender, *ein nimshachín achár hapetilá* não puxam bem a luz do pavio, e a chama não é bastante clara[9]. Os óleos que devem iluminar a educação da nossa juventude devem ser livres de qualquer outra mistura de óleos impuros; uma educação judaica que não estiver intimamente ligada com a luz primitiva e pura da *Torá*, a luz cujo pavio não se alimentar do espírito genuíno judaico, está ameaçada de apagar-se pelo mais ligeiro contato com outras doutrinas e culturas. Franz Rosenzweig, falando da educação judaica e do sistema pedagógico judaico, ele que presenciou na Alemanha a total assimilação, adverte os educadores e os pais para o perigo que poderá advir do meio ambiente, caso não cuidem que a educação judaica seja sólida e enraizada, para que nenhuma influência vinda de fora possa abalá-la.

---

7   *Menachot* 86b.
8   *Shemot Rabá* 36.
9   *Shabat* 21a.

Katít lamaór, batido para iluminação. O autor da obra apologética *Toledót Yitzhák*[10] encontra nas letras da palavra *katit* uma indicação da duração dos três Templos. O valor aritmético das letras *tav* e *yod* é 410, indicando os anos que o primeiro Templo existiu; as letras *taf* e *kaf* valem 420, os anos que o segundo Templo persistiu, enquanto as palavras *ner tamid*, luz contínua, já se referem ao terceiro Templo que será erguido no independente Estado de Israel, e que com vontade Divina e a cooperação de todo o povo de Israel, perdurará eternamente.

---

10   Rabi Isaac Karo, nascido em Toledo, 1458-1535.

Zachór

I

Zachór et ashér assá lechá Amalek – veatá ayeif veyagueia veló yarê Elokim – timché et zecher Amalek mitáchat hashamáyim, lo tishkách.

Recorda-te do que te fez Amalek – e tu estavas cansado e enfraquecido, e Amalek não temeu a D'us – apagarás a memória de Amalek debaixo dos céus, não te esquecerás[1].

Zachór-Izkór = recordar, relembrar. Além do seu sentido restrito, a cerimônia de evocação que se repete várias vezes no ano tem profunda significação, sentido que encerra algo de realmente transcendental, de básico no judaísmo.

Zikaron = memória. Nessa faculdade da mente humana, se acham colocados os pontos cardeais da nossa fé, do nosso povo, e até certo ponto, de nossa maneira de ser.

Zecher lemaassé bereishít, em memória da obra da Criação. O Shabat é sem dúvida o alicerce do judaísmo; aquele que guarda o Shabat é tido como se zelasse por todas as prescrições da *Torá*. O Shabat é a lembrança, o testemunho de cada judeu da sua profunda e inquebrantável convicção em que o Onipotente criou o céu e a terra em seis dias, e repousou no sétimo dia. O Shabat é o parceiro de Israel[2]. No descanso sabático, repousa o conceito da lembrança da criação do Universo. Embora os judeus

---

1 Dt 25, 17-19.
2 *Bereshit Rabá* 11, 9.

guardassem o dia de Shabat, foi o Shabat que guardou o povo de Israel do desaparecimento[3].

Péssach = *zecher liyetziát mitzráyim*, recordação do Êxodo do Egito.

Shavuót = *zecher matán Torá*, recordação da entrega da *Torá*.

Sucót = *zecher lehashgachát Haborê*, testemunho da proteção Divina com que os nossos antepassados foram beneficiados durante a sua permanência no deserto após a redenção da escravidão egípcia.

Rósh-Hashaná = *Yom hazikarón*, por suas características intrínsecas, o dia de recordação por excelência.

Yom Kipur-Neilá: na hora do encerramento do serviço religioso, rezamos: *zechór berít Abraham, vaakeidát Yitzhák*, recorda-Te, oh Eterno, do pacto de Abraham e do sacrifício de Isaac.

Em Chánuca e Purim recordamos os milagres que possibilitaram a sobrevivência e o engrandecimento de Israel.

Em 9 de Av, lembramos a destruição do primeiro e segundo Templos, e as nefastas consequências que assolaram a pátria e o exílio de nosso povo.

Yaalé veyavó, a linda canção que entoamos em todas as ocasiões festivas, alcança seu clímax quando pedimos para sermos lembrados pelo Onipotente, nós, nossos antepassados, o Messias, Jerusalém, e todo o povo de Israel, onde quer que se encontre.

Na oração silenciosa Shemoné Esré, prece esta que repetimos três vezes ao dia, enaltecemos o Eterno pela sua recordação das virtudes dos patriarcas: *vezocher chasdei avót*, lembra o amor praticado pelos antepassados.

Os mouros nos outorgaram o título *am hasefer*, o povo do livro, mas parece-nos que não seria exagerado, se afirmarmos que, acima de tudo, que antes de tudo somos um *am hazikarón*, o povo da memória, o povo da recordação. Num outro lugar e numa outra ocasião, demonstraremos aos nossos jovens, pois são principalmente eles que nos interessam, e é a eles que dedicamos esses modestos estudos e interpretações no verná-

---

3   Achad Haam (Asher Tzvi Ginzberg, 1856-1927), em artigo publicado em diversas fontes, sendo a primeira o periódico *HaShelach*, ano 3, fasc. 6, sob o título O Shabat e o Sionismo.

culo português, sim, a eles demonstraremos com fatos históricos, quão boa e lúcida é a memória do nosso povo. Aliás, época houve em nossa história, quando tudo era estudado de cor, pois durante dezenas de gerações nada foi redigido.

Essa recordação desempenha um papel duplo na nossa filosofia religiosa. Há uma justaposição, uma reciprocidade de nossa recordação com a relembrança Divina.

O Todo-Poderoso chama o seu profeta e ordena-lhe que visite Jerusalém e proclame aos seus habitantes que Ele não esqueceu a lealdade demonstrada pelo povo de Israel, quando, apesar de todos os obstáculos, seguiu-O fielmente através do deserto. *Zachárti lách chésed neurayich*, Eu recordo a dedicação que Me deste na tua juventude[4]. Nós lembramos a benevolência e a misericórdia do Eterno, e Ele se lembra das virtudes e da fidelidade do povo de Israel.

Desde os primórdios da nossa caminhada pela história, fomos orientados a lembrar, a não esquecer nenhum detalhe do que conosco ia acontecer, quando dávamos os primeiros passos no cenário universal.

Maassé avót siman lebanim: os feitos dos pais devem servir de marcos para os filhos. Esse é o nosso mais velho lema.

Mas a memória, a recordação, tem suas desvantagens. A vida humana se tornaria impossível, sim, insuportável, se não possuíssemos a faculdade de esquecer os momentos negros da nossa existência. O cérebro humano que guardasse tudo que a desgraça e a miséria nos causou, aquilo que o sofrimento e as privações nos proporcionaram, estaria condenado a enlouquecer.

Para o equilíbrio mental do homem e para sua felicidade espiritual, foram-lhe outorgadas a memória e o esquecimento. Dotados com essas duas faculdades, existe o perigo de que empreguemos o esquecimento onde deveria prevalecer a memória, aproveitando-nos de um bem maravilhoso que nos foi concedido, para olvidar tudo aquilo que devia ser recordado, e eventualmente olvidando o próprio Criador que nos concedeu as duas faculdades.

---

[4] Jr 2, 2.

Considerando que a verdade nos foi dada para ser dita, devemos confessar, para o nosso próprio bem, que a nossa memória tem andado muito fraca. A faculdade do esquecimento tem invadido território proibido, onde somente sua rival deveria reinar; e eis-nos distantes, muito distantes, daquilo que nossos pais e avós nos recordariam se pudéssemos recorrer a eles, ainda que fosse por alguns instantes apenas.

Claro está que de maneira alguma podemos esquecer o que os *amalekim* nos fizeram durante todas as gerações, especialmente o que o último e mais cruel Amalek, Hitler, nos fez. Já o autor da *Hagadá* de Pessach chama a nossa atenção para o fato de que: *bechól dór vadór omdím aléinu lechalotéinu*, em todas as gerações se levantam contra nós inimigos com o intuito de aniquilar-nos, mas *al tishkách*, não esqueças o que deves a ti próprio, aos teus antepassados e aos ensinamentos éticos e humanitários do judaísmo, que são um veemente protesto contra os princípios de Amalek, sistemas de barbaridade e ataques contra gente e povos fracos e indefesos, preceitos esses que prevalecem infelizmente até hoje em dia, e de cujo banimento depende o futuro da humanidade, e a concepção íntegra e pura do Reino Divino e da justiça absoluta.

II

Enquanto nenhum dos livros que nos relatam a gloriosa vitória dos macabeus sobre o poderoso exército sírio-grego mereceu ser incluído no cânon bíblico, o rolo que lemos na noite e no dia de Purim, *Meguilat Ester* encontrou o seu lugar na *Bíblia*, e mereceu um tratado no *Talmud*. Meguilat Ester é tratada pelos mestres com o mesmo critério consciencioso e rigorosa meticulosidade de um *Sefer Torá*. Ela tem que ser escrita no pergaminho, e o escrivão, *sofer*, deve respeitar as mesmas normas e formas aplicadas para uma *Torá*. E quando Rabi Yochanán afirmou que "nos dias messiânicos os livros dos profetas anteriores e posteriores serão anulados, querendo indicar que, nos tempos messiânicos, o povo de Israel não precisará mais nem das advertências e tampouco das consolações; que não lamentará mais com o Salmista, e não duvidará mais como Jó; mas que os cinco livros da *Torá*, sendo a expressão máxima do pacto entre D'us e Israel e revelação Divina à humanidade inteira, ficarão inalteráveis para toda a eternidade"; quando Rabi Yochanán fez essa declaração, levantou-se Rabi Shimon ben Lakish e disse: "Também *Meguilat Ester*, com o seu profundo e significativo conteúdo, há de ficar eterno e inalterável, e nenhuma circunstância há de suplantá-lo"[5].

A equiparação da *Meguilá* no que concerne o seu conteúdo e forma à *Torá* desperta tanto mais a nossa admiração quando sabemos que em toda a *Meguilá* não se encontra nem uma única vez o nome de D'us, e que a redenção dos judeus no reino persa é descrita como acontecimento natural e simples, sem visível intervenção divina.

E de fato, não faltam críticos, especialmente não judeus, que não concordam com a distinção reservada à *Meguilá* no cânon bíblico.

Mas também nesse caso devemo-nos curvar respeitosamente perante a profunda inteligência e os grandes conhecimentos da psicologia humana dos nossos sábios. Pois *Meguilat Ester* é uma espécie de *"Torá* em miniatura" para os judeus da diáspora. Dispersos por todos os confins do Universo, crivados de insultos, manchados pela lama da calúnia, desprezados e oprimidos, expostos em toda parte da sua dispersão a toda espécie de difamações e perseguições, o povo judeu necessitou, para a sua defesa, estímulo e conforto, de um pequeno livro escrito numa linguagem popular, que expusesse, num estilo narrativo, o inimigo e a luta, o amigo e a defesa, o fim e a vitória, enfim, uma narração que o estimulasse a não perder a fé, fosse qual fosse a circunstância, e o ensinasse como se defender e se salvar das mãos do inimigo.

Acostumados que somos a pensar, a meditar e a analisar, mesmo quando já temos perante nós conclusões concretas e decisões claras, servimo-nos também dessa vez do critério analítico, e indagamos: qual é a razão de a *Torá*, essa *Torá* que da primeira até a última palavra do *Deuteronômio* é cheia de amor, misericórdia e compaixão para com todos os seres humanos, essa *Torá* que nos proíbe rigorosamente de odiar o Egito, o Egito que nos subjugou durante 210 anos, a *Torá* cujos ensinamentos éticos não perderam a atualidade, apesar dos assim chamados progressos da civilização moderna, e das altissonantes doutrinas sociológicas, nos

---

5   Yerushalmi, Meguilá 1, 5.

ordena categoricamente duas vezes (no *Êxodo* e no *Deuteronômio*) odiar Amalek? Será que a *Torá* de Moisés não é coerente? Procurando, encontramos, também para essa indagação, uma explicação lógica e transcendental. Ordenando-nos a odiar Amalek, a *Torá* pretende chamar a atenção para o fato de que a nossa maneira de viver, de pensar e de agir, deve ser um veemente protesto contra os princípios amalekitas, isto é, contra a injustiça, contra a infâmia, contra a brutalidade e terror, contra toda espécie de abuso do poder do forte contra o mais fraco, contra a adoração do sucesso na vida particular ou coletiva.

A ordem de apagar a memória de Amalek não é dirigida contra aquele povo que já há milênios jaz na poeira, mas uma rigorosa advertência de banir dos nossos corações essa perfídia amalekita, que infelizmente perdura até hoje em dia, impossibilitando a harmoniosa convivência entre povos e credos. Pois, desde que um povo, uma raça humana ou uma tribo possa ser oprimida, perseguida e aniquilada pela sua idiossincrasia, pelas suas convicções religiosas, pelo fato de querer concretizar os seus ideais nacionais, isto significa uma profanação e uma provocação à existência Divina, um ultraje contra as regras elementares do humanismo, e cedo ou tarde essa blasfêmia será vingada.

Mas, perguntarão meus amigos, qual é a razão de falarmos hoje de Amalek e de seu procedimento ignóbil? A nossa resposta é que um dos principais protagonistas da história de Ester, Haman, era descendente direto, não somente fisiológica mas também ideologicamente de Amalek, e todos os malvados inimigos de Israel que o sucederam, e que conjuram contra a nossa existência física e psíquica, usaram e continuam usando ainda hoje, o mesmo método, a mesmíssima argumentação contra nós. Quando Jacó perguntou ao homem que lutou com ele pelo seu nome, ele não lhe respondeu, porque os que lutam com Jacó desde o momento que ele começou a chamar-se Israel, não têm nome certo; os nomes mudam conforme as circunstâncias, mas o que prevalece é o fim em, si, é a meta que consiste em odiar Israel. Os sistemas e os métodos, esses sim, mudam, com o progresso da ciência e da técnica, eles se aperfeiçoam.

Ouçamos o que o texto desta semana nos relata a esse respeito:
"Lembra-te do que te fez Amalek no caminho quando saías do Egito. Como veio ao teu encontro no caminho, e te atacou na retaguarda todos os

desfalecidos que iam após ti, quando estavas abatido e fatigado, e Amalek não temeu a D'us.

Quando pois, o Eterno teu D'us, te der descanso de todos os teus inimigos em redor, na terra que o Eterno te dá por herança, para a possuíres, apagarás a memória de Amalek de debaixo do céu. *Lo tishchách*, não te esqueças".

O que levou Antíoco Epifanes a tramar contra a alma judaica, querendo com as suas leis ferir o judaísmo, e não tanto os judeus, da sua época? Qual foi a justificação que induziu, dois séculos depois de Antíoco, o imperador Adriano a colocar no Beit Hamikdash uma estátua de Júpiter, a proibir o estudo da *Torá*, a observação do Shabat, da circuncisão, e a recitação do Shemá Israel? Por que condenou à morte de mártires os dez famosos mestres dessa época, entre eles o grande Rabi Akiva? Qual foi o motivo que moveu o antissemita clássico Apion a difamar o povo de Israel? Qual foi a razão do ódio de Cícero contra os judeus? Quantos inúmeros "por que" poderíamos ainda citar? Todas as nossas perguntas, todas as indagações que preocupam a nossa mente desde o dia que aparecemos na arena da história, até este dramático capítulo histórico que a nossa geração escreveu com tanto sangue e tantas lágrimas, todos esses "por que" convergem para a ignóbil acusação levantada contra nós por Haman perante o seu bêbado rei Achashverosh (Xerxes)[6]: "*Ieshnó am echád*, dentro do teu poderoso império de 127 países, vive um povo que de jeito algum se quer assimilar à nossa maneira de viver e de pensar. *Vedateihém shonót micól am*, as leis e os estatutos que orientam a vida dessa minoria, são tão diferentes das nossas, que não vejo utilidade nenhuma a deixá-la viver entre nós, pois o contato com esse povo inconformista representa um constante perigo para os outros agrupamentos étnicos que habitam dentro das fronteiras do teu império. Por isso, para evitar maiores complicações e aborrecimentos, proponho o extermínio radical e definitivo não só deste judeu Mordechái, mas de toda a sua grei. Mas antes de aplicarmos o processo da 'solução final', *ushlalám lavóz*[7], devemos confiscar as fortunas judaicas, todos os seus bens que durante

---

6   *Est* 3, 8.
7   *Est* 3, 13.

séculos acumularam com labor honesto, devem ser arrebatados para o erário". Essa proposta lógica do presidente do Conselho do Império Persa foi aceita pelo rei Achashverosh nos anos 485-465 a.c., de maneira que os cruzados, inquisidores, os carrascos dos *pogroms* na Rússia e Ucrânia, e acima de tudo e de todos os verdugos e assassinos de Hitler e Himmler, Stálin e seguidores, todos eles fiéis "discípulos" de Amalek e Haman, pecaram séculos depois, nas suas "soluções finais do problema judaico", pela falta de originalidade.

Queremos encerrar este relato trágico com um *midrash* confortador[8].

Quando Mordechái ouviu que Haman recebera plenos poderes para executar o seu plano nefasto, o nobre tio da rainha Ester dirigiu os seus passos para o gueto a fim de manter contato com seus correligionários, e para lhes relatar o acontecido. Entretanto entrou numa das muitas *yeshivot*, e perguntou a um dos alunos: "O que foi que você aprendeu hoje?" e o menino lhe responde: "Aprendi a sentença: *Al Tirá mipáchad pitóm, umishoat reshaím ki tavó*, não te assustes por um medo inesperado, e pelos pensamentos nefastos dos malvados"[9]; um outro aluno lhe respondeu: "*utzú eitzá vetufár, dabrú davar veló yakúm, ki imánu E-L*, forjai planos, tomai decisões contra nós, mas nada se concretizará, pois o Eterno está conosco"[10]; e o terceiro aluno lhe disse: "Eu aprendi a seguinte sentença: *Ad ikná aní hú, veád seivá ani esból, aní assíti, vaaní essá* – até a velhice Eu serei o único D'us, eternamente suportarei o meu povo, fui Eu que criei este povo, e Eu hei de salvá-lo eternamente"[11].

Ouvindo Mordechái em que espírito de fé e confiança essa geração estava educada, espírito de amor a D'us e amor ao povo, sentiu que o povo de Israel jamais sucumbirá, e enquanto dos povos poderosos que oprimiram só ficaram vagas recordações petrificadas, Israel reerguer-se-á após cada catástrofe para uma vida nova, para o seu próprio bem, e para bênção da humanidade.

---

8 *Yalkut Shimoni Ester* 1057.
9 *Pr* 3, 25.
10 *Is* 8, 10.
11 *Is* 46, 4.

Ki Tissá

I

Vayaassehu eguél massechá, vayomrú: eile elohecha Israel, ashér heelúcha meéretz mitzráyim. E fez (Aarão) um bezerro fundido, e disseram: Estes são teus deuses, Israel, os que te fizeram subir da terra do Egito[1].

Tudo o que pudermos achar de estranho no povo judeu não ultrapassa o espanto que a fabricação do bezerro de ouro desperta em nós. De fato, o bezerro Moisés queimou, mas a alma que quis o bezerro, e que dançou ao seu redor, Moisés não conseguiu queimar. Moisés moeu o bezerro de ouro, até que se desmanchasse em pó, e o espalhou sobre a superfície das águas. Mas por que ele fez beber aos filhos de Israel dessa água? Pois a água que Moisés os fez engolir se diluiu no seu sangue, sangue este que até hoje em dia ferve neles.

E o espanto aumenta; o espanto em relação ao povo, de Aarão, do próprio Moisés, e acima de Moisés. Acaso, durante os quarenta anos de peregrinação através do deserto, Moisés não poderia ter escolhido outros quarenta dias para o seu retiro espiritual, a não ser aqueles que se seguiram imediatamente à revelação Divina no Monte Sinai? Moisés, esse devoto pastor do seu rebanho, ele que conviveu com o povo durante quarenta anos, e tão bem conhecia a sua mentalidade e as fraquezas do seu caráter, ter-se-ia enganado na sua análise psicológica, não tomando em consideração o ambiente do qual esse povo acabava de sair? A tensão reinante em torno do Monte Sinai era indescritível; três meses não são sufi-

---

[1] *Ex* 32, 4.

cientes para desvanecer a tensão da saída confusa e apressada e do pavor perante o mar. E eis os três dias de limitação antes da revelação Divina; três dias de santificação, de preparação espiritual para o maior evento histórico-emocional jamais experimentado antes por qualquer outro povo, por qualquer ser humano; dinamismo sobrenatural na sua forma, e dinamismo sem precedentes no conteúdo dos mandamentos.

E depois, de repente, nada. O D'us, cujo verbo ainda há pouco ouviram, desaparece, Moisés sumiu. O que se nota é uma experiência espantosa, que faz estremecer a alma; todas as pedras do monte afligem o coração, a mente, o sangue. Quando Jacó fugiu da terra natal para se tornar servo de Lavan, pôs uma pedra à sua cabeceira, sonhando o sonho da escada cujo topo chegava aos céus; enquanto os seus netos, quando saíram da casa de escravidão, para se encaminharem à terra dos antepassados, derrubaram sobre si essa montanha rochosa. E quando Moisés subiu ao Monte Sinai, eles ficaram ao pé do monte, privados dessa escada que os ligava com o céu.

O fato de o povo ter afirmado poucos dias antes *naassé venishmá*, faremos e estudaremos[2], isto só pode ser atribuído ao desejo de fazer, desejo esse despertado nele depois de se ter libertado das algemas da opressão. Depois de terem trabalhado durante duzentos anos para os outros, para gente estranha, almejavam ansiosamente fazer algo para si mesmos ou para o seu D'us, que também significa trabalhar para si. Mesmo quando da saída do Egito, os filhos de Israel nada fizeram para si mesmos, pois foi D'us que lutou para eles, e isto é a motivação psicológica de terem adiantado o *naassé* faremos ao *nishmá* estudaremos; já estavam cansados de ouvir. A voz Divina ainda não tinha penetrado nos seus corações, porque o coração estava receoso, e o medo estorva a absorção. É por isso que as palavras ficaram só nos ouvidos, e estes se tornaram muito pesados. Eis a razão dessa decisão apressada, e é por isso que o povo tirou o aros de ouro de suas orelhas; porque sentiram o seu peso, e a tensão era grande.

Se Moisés tivesse antecipado a construção do tabernáculo, os filhos de Israel não teriam fabricado o bezerro de ouro. Com o levantamento do tabernáculo, satisfaziam o seu sentido visual, que ansiava "ver" algo con-

---

[2] Ex 24, 7.

creto onde a Divindade pudesse habitar, pois ela desaparecera da vista; a tensão acumulada para elaborar algo para si mesmo, teria encontrado no levantamento do *mishkán* uma válvula de escape; o fato de poder erguer um Santuário, um recinto espiritual, seria capaz de livrá-los não somente das grandes quantidades de ouro que levaram consigo quando da saída do Egito, mas principalmente, aliviá-los da tensão de terem adquirido a liberdade e recebido a *Torá*. Aquele que submeteu o patriarca Abraham a dez provações, das quais triunfara em todas, deveria também experimentar o povo? Será que uma coletividade pode sair vitoriosa como um indivíduo? Afinal, qual é a diferença, no âmago do problema transcendental, entre a cobiça de ter entre si um D'us depois que Moisés sumiu, e aquela ânsia de poder comer carne? O que eles desejavam ardentemente era ter um D'us. Nesse aspecto já eram adultos, apesar de continuarem pobres e atrasados em outros.

E mesmo a forma, a forma de um bezerro, não foram eles que a pediram, e não foram eles que a executaram, apesar de ela responder mais à sua compreensão do que uma visão abstrata de fogo, no monte. Foi Aarão que assentou a forma. E por isso, e muitas outras razões, o povo não foi castigado por essa transgressão. Nem D'us, se assim se pode dizer, e tampouco Moisés se conformam com essa ocorrência.

A discussão entre Moisés e D'us é a polêmica relacionada à vontade do povo em ter uma Divindade. D'us coloca no coração e na boca de Moisés aquilo que Ele quer ouvir. E nessa polêmica interna, a responsabilidade perante o passado (os patriarcas) e o futuro (predestinação), esse último pesa mais na balança. Mas essa polêmica é muito mais profunda, muito mais transcendental; ela chega a ser a polêmica sobre toda a nossa história; a discussão interna em toda a nossa história entre as forças da autodestruição e as da predestinação, em que vencem os elementos destrutivos, às vezes à custa de um preço muito caro, em gente e em tempo.

É por isso que a questão da culpabilidade de Aarão, de todo o povo, ou só de uma parte dele, é uma questão secundária; e é por isso que D'us não se sentou no trono do Seu foro para investigar quem era o maior culpado. O pecado por si mesmo é mais pesado do que a questão do pecador.

Porque o pecado é coletivo; Aarão não tem maior responsabilidade perante o povo, do que o povo perante ele. O profeta Isaías[3] expressou essa ideia em duas palavras: *kaam kacohén*: o povo será igual ao sacerdote, e D'us não perdoa ao povo o seu pecado, porque perdoar significaria "anular", "liquidar", e D'us não tenciona liquidar o pecado do bezerro, enquanto suas raízes permanecerem tão profundas; o que o Eterno, na Sua misericórdia, está disposto a fazer é suportar pacientemente o pecado. E não é um acaso que, logo após o capítulo do bezerro, a *parashá* enumere as virtudes de D'us. Moisés pretende compreender a essência do pecado e do perdão, visto que mesmo depois de os três mil homens, considerados como principais responsáveis, terem morrido pelas mãos dos filhos de Levi, Moisés sabia que o assunto ainda não estava liquidado, a transgressão do povo não terminara. Somente comparando o pecado do bezerro com a culpa dos espiões, *meraglim*, conseguiremos compreender a complexidade do problema. Essa comparação tentaremos fazer, com a ajuda de D'us, na *parashá Shelách Lechá*, *parashá* essa que relata o assunto dos espiões.

II

Eile elohecha Israel, ashér heelúcha méeretz mitzráyim: Estes são os teus deuses, ó Israel, os que te fizeram subir da terra do Egito.

Rabi Shimon bar Iochái disse: "Treze bezerros fizeram os filhos de Israel, um para cada tribo, e um para toda a coletividade"[4]. O acontecimento do bezerro de ouro é considerado pelos mestres como sendo a mais abominável e mais repugnante na vida do povo de Israel; constatação expressa na afirmação triste do Mestre Rabi Yitzhák: "não há nenhuma desgraça que se abate sobre a humanidade que não tenha em si pelo menos uma 24ª parcela de culpa do bezerro de ouro"[5]. Tudo que é detestável e vil nas ações do homem é avaliado pelo prisma do bezerro. Se durante a nossa história mártir, os povos em cujo ambiente vivíamos e vivemos aplicaram

---

3 *Is* 24, 2.
4 *Yerushalmi, Sanhedrin* 10, 2.
5 *Sanhedrin* 102a

contra nós leis drásticas, difamações e perseguições, o judeu consciente, que em todas as circunstâncias se identifica com o destino da sua gente, aceitava essas medidas desumanas com dolorosa resignação, afirmando: *kashé leisrael keyóm shenaasá bó haeguel*: "Este dia é tão doloroso para nós, como aquele em que foi fabricado o bezerro de ouro"[6].

Com esse ato tristíssimo, os judeus minaram o fundamento da sua fé e da sua crença na Unidade de D'us e na Sua Onipotência, demonstraram desprezo para com os ideais sublimes expressos no Decálogo recebido no Monte Sinai. A Shechiná, a Onipresença, que antes de pecarem se fez sentir em cada um individualmente, não podia, depois dessa transgressão, identificar-se com aqueles que, com esse ato, se desligavam dos preceitos elevados ensinados pela *Torá*.

Mas o que levou os filhos de Israel a praticar um ato tão ignóbil, tão desprezível? Os exegetas dão-nos diversas interpretações e diferentes explicações. Uns afirmam que os principais culpados desse movimento desmoralizador foram os três mil elementos do *érev rav*, da plebe egípcia, que se misturou e se juntou aos filhos de Israel quando saíram do Egito. Para essa população vil e ignorante, a ideia monoteísta era uma concepção incompreensível, pois no Egito tinham sido doutrinados no politeísmo; cada força da natureza representava para eles um ídolo.

Não eram capazes de compreender que todas as forças e todas as energias brotam da mesma fonte, de um único poder elevadíssimo que cria, constrói, destrói e domina. *Ivú leelohút harbé*, eles quiseram muitos deuses[7], deuses visíveis e palpáveis.

Os defensores dessa interpretação baseiam a sua argumentação nos textos da *Torá*. Quando Moisés estava no céu a fim de receber o Decálogo, o Criador do Universo lhe disse: *lech red, ki shichét amchá*: vai, desce, porque se corrompeu o teu povo; o texto não reza: *ki shichét haám*, o povo se corrompeu, mas sim *amchá*, *teu* povo. Moisés indaga: acaso os judeus não são *Teu povo* e não *meu*? E D'us lhe responde: Eu te disse: *vehotzeití et tzivotái et amí*[8], e tirarei os meus exércitos, o meu povo; Eu – diz o Eterno – te subli-

---

6 *Shabat* 17a.
7 *Sanhedrin* 63a; *Avodá Zará* 53b.
8 Ex 7, 4.

nhei claramente *amí, meu povo*, Eu tenciono tirar do Egito o meu povo, os descendentes de Abraham, Isaac e Jacob, aqueles meus filhos que, mesmo oprimidos pela dura escravidão egípcia, não duvidaram de que Eu hei de livrá-los da opressão; Eu não tencionei tirar o *erev ráv*, a massa dos egípcios convertidos, os oportunistas, aqueles elementos que, vendo a aurora da redenção judaica, se juntaram ao meu povo num entusiasmo hipócrita, e que, uma vez integrados, hão de amargar a vida de meus filhos, desviando-os de sua integridade religiosa e moral. Mas tu, Moisés, na tua indescritível modéstia, na tua profunda sinceridade e grande amor para com todos os seres humanos, me pediste: *leolám mekablim et hashavím*[9], devemos sempre aceitar os que retornam, os que se arrependem; e apesar de Eu já saber o que podemos esperar desses elementos, concordei contigo, e não rejeitei o teu pedido. Foi esse populacho que fabricou o bezerro de ouro, e foi o "teu povo", esse grupo social pelo qual tu, Moisés, pleiteaste, que fez pecar todo o povo de Israel. E por isso – continua o *Midrash* – não está escrito *eile elohéinu*, que significaria nosso D'us, mas sim *eile elohécha* estes são *teus* deuses, porque os convertidos, aquela massa estranha, fizeram o bezerro, apontando depois para o meu povo de Israel; "este é o teu D'us". Aliás, o *Zohar* é da mesma opinião, interpretando a sentença da *parashá vayár haám ki boshésh Moshé*, e viu o povo que Moisés demorava em descer do monte, indagando: *man haám?* Quem é povo? E responde: *inún érev ráv*[10], o sentido de "povo" é *plebe*.

Outros mestres opinam que os instigadores desse ato perverso foram as camadas ricas entre os próprios israelitas; os defensores dessa versão baseiam a sua tese no fato de Moshé Rabeinu ter-se queixado perante o Eterno, reclamando: *bishvíl késsef vezaháv shehishpáta lahém leisrael, garám lahém laassót elohéi zaháv;* por causa da abundância de ouro e prata que Tu, D'us, lhes concedeste, eles se adulteraram, fabricando ídolos dourados[11]. As classes abastadas sempre procuraram assimilar-se facilmente ao meio ambiente, imitando o seu estilo de viver, como se lê na ode de despedida de Moisés, censurando e advertindo o seu povo: *shamánta, avíta, cassíta,*

---

9   *Shemot Rabá* 42, 6.
10 *Ki Tissá* 191a.
11 *Berachot* 32a.

vayitósh Eló-ha assáhu, engordaste, engrossaste e de gordura te cobriste, e abandonaste o Eterno que te criou[12].

Foi essa classe rica, opulenta, que criou o movimento reformista no seio do judaísmo. O judaísmo conservador, tradicional, o judaísmo sem compromissos que os nossos antepassados viveram, e pelo qual morreram na época das cruzadas, nos autos de fé da Inquisição, nos *pogroms* ucranianos e nas câmaras de gás do nazismo, esse judaísmo era para essa camada um grande *handicap*, um obstáculo, que os impedia de viver à vontade. Tudo que está relacionado com o judaísmo da *Torá*: Shabat, *cashrút*, *tefilín* e *taharat hamishpachá*, são dogmas obsoletos, ultrapassados, e devem ser suprimidos. Um terrível complexo de inferioridade perante os vizinhos não judeus apavora-os, e é por isso que qualquer meio é bom para se afastarem da sua origem milenar, e através da imitação esconder a sua peculiaridade judaica.

E é dentro dessa ordem de ideias que um dos mestres modernos interpreta a seguinte sentença dessa *parashá*: *vayár haám ki boshésh Moshé*, e viu o povo que Moisés demorava. Os proprietários do ouro e da prata notaram com espanto que Moisés estava atrasado, isto é, ele não era esclarecido e progressista o bastante para a era em que vivia: e obrigaram Aarão, ordenando-lhe: *kúm assé lánu elohim ashér yelchú, lefanéinu*, levanta-te, faze-nos deuses que andem *diante* de nós, deuses capazes de nos conduzir para frente, em harmonia com os tempos modernos. Para que nos serve uma doutrina religiosa antiquada, que não é *up to date*, como dizem os ingleses? Esse homem, Moisés, a quem devemos de fato a nossa libertação e a saída do Egito, *lo yadánu mé hayá lo*, não sabemos o que lhe aconteceu. Então ele não vê que vivemos em outros tempos, em outras circunstâncias?

E como cada tribo tinha os seus próprios interesses, tornou-se necessário *eiguel lechól shévet*, um ídolo para cada tribo, adequado ao modo de vida que cada uma tencionava levar. Eles exigiram a reforma da religião judaica, tornando-a apta a assimilar-se à vida não judaica nos países e ambientes de sua convivência.

---

12 Dt 32, 15.

E o episódio lamentável do bezerro de ouro se repete infelizmente em todos os países, todas as épocas e todas as gerações. A ambição e a vontade de acumular ouro e prata pervertem a moralidade do homem, induzindo-o à autolatria, corroendo os laços de união do povo, apagando nele a imagem Divina segundo a qual foi criado, tornando-o um idólatra. E quando a imagem Divina nele se extingue, ele cria seu D'us conforme a sua imagem. Cada tribo, cada grupo étnico, cada movimento político, sim, cada sinagoga pequena ou grande, procura fazer o seu bezerro, em torno do qual dançam e gritam, reverenciam e se prostram.

O *Midrash Rabá* relata que quando Moshé Rabeinu desceu do céu, ouviu vozes de ofensas e de injúrias *kol anót*. Isso é claro e compreensível, pois quando se criam diversos ídolos, o ídolo da oposição tem que ser ofendido e combatido radicalmente, a fim de atrair mais adeptos para um partido, para uma ideologia.

Raá Moshé sheéin amidá leisrael, shavár et haluchót, veamar: mechéini ná misifrechá ashér catávta: Notando Moisés que os filhos de Israel haviam perdido a sua persistência religiosa e moral, quebrou as duas tábuas da Lei, e rogou a D'us: "apaga por favor o meu nome do livro sagrado que Tu escreveste"[13]. Esse triste capítulo da *parashá* desta semana deveria servir-nos de lição e de prova que *Achdút Hashém*, unidade de D'us, e *Achdút Israel*, a união do povo de Israel, são intimamente entrelaçados, e que *Ahavát Hashém*, *Ahavát Israel* e *Ahavát Eretz Israel* são as únicas garantias da nossa continuidade e as bases fundamentais da nossa existência.

---

13 *Shemot Rabá* 46, 1.

Vaiakhel

Uvayóm hashevií yihiyé lachém kódesh, shabát shabatón Ladoshém: E no sétimo dia haverá para vós santidade, sábado de repouso para o Eterno. Nessa reunião cerimonial da congregação de que nos fala a *parashá*, Moisés abordou com os filhos de Israel dois problemas importantes, diferentes na aparência, mas fundamentais para a essência espiritual do povo de Israel. A existência do mundo divide-se em três espécies: espaço, tempo e homem. Na literatura rabínica essas três espécies são denominadas: Universo, ano e alma. *Universo* é o espaço, tudo o que depende de um espaço definido; *ano* se relaciona com o tempo, período limitado; *alma* diz respeito ao homem. Resulta pois, que o tabernáculo simboliza o Universo, o espaço; o Sábado simboliza o tempo, e "reuniu Moisés toda a congregação dos filhos de Israel" simboliza o homem.

O Universo todo não é simplesmente uma conjunção de quantidades, de detalhes, de inúmeras partes, mas existe um poder central que une todos estes detalhes. Todas as partes do Universo se influenciam mutuamente e são interdependentes. Todas as forças que atuam no Universo funcionam em maravilhosa harmonia; criando-se uma coisa, completa-a o mundo. Os versados em ciências naturais designam essa maravilhosa harmonia como sendo o "segredo da natureza", enquanto a concepção judaica estabelece que é a força Divina que penetra e se interna no cerne do Universo, sustentando-o. Essa ideia é simbolizada através do tabernáculo, que é, pela opinião dos mestres, o centro do Universo. Isso está expresso no *Midrash* – *hamishkán naassé kenégued beriató shêl olám*: o tabernáculo foi erguido para representar a criação do Universo[1]. E

---

[1]   *Midrash Tadshé* 2.

no *Talmud*, afirmam os mestres que "quando se levantou *o mishkán*, a alegria perante o Eterno foi tão grande como no dia da criação do céu e da terra"[2]. A essência da santidade e da vitalidade de todo o Universo ficou centralizada no tabernáculo e na Casa Santa, e de lá derramou para todo o Universo. O dia de Shabat une e centraliza tudo o que o tempo simboliza. No *Talmud*[3], ensinam-nos que os últimos três dias da semana são designados "antes do Shabat" e os primeiros três dias "depois de Shabat" sendo assim todos os dias da semana intimamente relacionados com o dia de Shabat. Os dias que antecedem o Shabat servem para se preparar a receber o santo dia de descanso, como disseram no *Talmud*: "aquele que se esforçou na véspera de Shabat, comerá no dia de Shabat"[4]. E esse preparativo não é somente material, físico, mas também espiritual, moral; pois não se pode exigir e tampouco esperar de alguém que durante toda a semana é atarefado com coisas físicas, profanas e materiais, se assimile de um momento para outro à santidade do Shabat. E os dias depois do Shabat recebem a sua consagração do dia de descanso sabático. E assim o Shabat é o centro da semana e o ponto cardeal em torno do qual gira toda a nossa atividade cotidiana. Também o povo de Israel não é composto de indivíduos separados, de membros desvinculados; não, os filhos de Israel, todos eles, são como membros do mesmo corpo, membros interdependentes, completando-se mutuamente.

Essa noção está claramente expressa na conhecida máxima talmúdica: *Atém keruyím adám, veéin umót haolám keruyím adám*: "vós, da casa de Israel, sois considerados como um corpo inteiro"[5], um corpo no qual não pode e não deve faltar nenhum membro, para não ser considerado como mutilado. E é por isso que, quando os filhos de Israel foram instruídos a respeito do Shabat e do Tabernáculo, o apelo foi lançado na presença de toda a congregação: *vaiakhel*. Nessa ocasião, harmonizaram-se todos os três centros – o espaço, o tempo e o homem – na imagem do Tabernáculo, Shabat e Israel[6].

---

2 *Meguilá* 10b.
3 *Guitín* 77a.
4 *Avodá Zará* 3a.
5 *Yevamot* 61a.
6 Rabino Shelomo Joséf Zevin.

Moisés convocou toda a congregação para lhe entregar os planos da construção do tabernáculo e todos os objetos, conforme ouvira de D'us, e para lhe comunicar o nome do superintendente e diretor artístico. Apesar de ter sido D'us quem nomeou Betzalél para essa incumbência, por se tratar de um grande e competente artista, Moisés preferiu ouvir a opinião dos representantes da coletividade, para que não o acusassem de haver proteção na distribuição de todas as honrarias entre seus parentes. Com esse gesto magno, Moisés nos legou uma grande lição de autêntica democracia, ensinando as gerações vindouras que em tudo o que diz respeito a campanhas coletivas, contribuições vindas do povo, em tudo o que se relaciona com obras públicas, instituições comuns, a opinião pública deve ser consultada e respeitada. E não é um simples acaso que em todos os idiomas e dialetos existe a máxima: *kol hamón kekól Shadái*: *vox populi, vox Dei*.

E em vez de começar logo com as instruções concernentes ao levantamento do tabernáculo, Moisés proclama: "Seis dias trabalhareis, mas o sétimo dia vós será santo, o Sábado de repouso solene ao Eterno". D'us disse a Moisés "ensina publicamente na congregação as leis sobre como guardar rigorosamente o dia de Shabat, para que isso se torne hábito para as futuras gerações: reúnam-se nas suas comunidades, todos os Sábados, a fim de aprender e de ensinar os preceitos da *Torá*"[7]. Por que, se o fim transcendental do tabernáculo é criar um centro espiritual para unir o judeu ao seu Criador, à *Torá* e à sua fé, isso só poderia ser feito nos dias de Shabat e dias festivos? Porque as preocupações materiais cotidianas impedem-no de pensar em coisas espirituais. E para que o povo não pense que por ter construído um *mishkán*, um santuário, está dispensado de observar as outras prescrições religiosas, veio o aviso público que *yotér min hashabát ein chumrá, lo moadím veló davár achér*: não existe coisa mais importante e mais sagrada, capaz de testemunhar a íntima relação entre D'us e o povo de Israel, do que o dia de Shabat[8].

A respeito de Shabat, diz-nos a *Torá*: *ot hí béini ubeineichém ledoroteichém ladáat ki ani Hashém mekadishchém*: o Shabat é um eterno sinal de aliança

---

7 *Yalkut Shimoni.*
8 *Midrash Agadá.*

entre Mim e vós, para saberdes que Eu, vosso D'us, vos santifiquei[9]. E os mestres interpretam: *lo amárti elá bemí sheyésh bó dáat*[10], isso só diz respeito àquele que tem inteligência para compreender e para avaliar a importância desse dia, e o que ele significa para a existência do povo de Israel. O Shabat não é um simples dia de descanso, mas sim uma interrupção da banalidade, da futilidade cotidiana; o Shabat liberta o judeu da mesquinhez pessoal, elevando-o às esferas sublimes desta vida. Os mestres querem que o dia de descanso sabático tenha sido estabelecido por Moisés ainda durante os anos da escravidão judaica no Egito, argumentando que, quando Moisés notou que os filhos de Israel não quiseram ouvi-lo "por causa da angústia do espírito, e pela dura servidão"[11], compreendeu que essa letargia devia ser atribuída também ao cansaço físico, e introduziu o dia de Shabat[12]. A motivação formal para pedir ao rei um dia de descanso foi: "para que os escravos judeus possam render mais no trabalho"; mas no seu íntimo, ele quis proporcionar aos seus infelizes e torturados irmãos um dia por semana de descanso, a fim de poder convocá-los, congregá-los, para lhes expor a ideia da redenção que não tardaria, para despertar neles o ânimo do movimento libertador. Vê-se, pois, que o Shabat foi um dos mais importantes fatores a contribuir para a primeira redenção do nosso povo.

Mas com todas as suas vantagens, sabemos perfeitamente que um simples dia de descanso não é suficientemente importante para ter um caráter nacional.

Descansar para poder trabalhar depois é um alvo materialista demais.

Para que o Shabat seja um incentivo espiritual e não nos deixe cair debaixo da carga materialista cotidiana, necessitamos de uma *neshamá yeteirá*, de uma alma sublime capaz de livrar-nos da rotina cotidiana, e por isso a *Torá* fala de um *Shabat Shabaton*, Shabat sabático, pois ele deve cumprir uma dupla missão: *shevitat hagúf, ushevitat hanéfesh*, descanso físico e descanso psíquico. Ambos têm o mesmo fim: alcançar, através de repouso físico, um descanso metafísico.

---

9   *Ex* 31, 13.
10 *Mechilta*.
11 *Ex* 6, 19.
12 *Midrash Shemot Rabá*.

E não é um mero acaso que o primeiro Shabat que os judeus guardaram após a saída do Egito, se tenha denominado *Shabat hagadol*, o grande Sábado, porque um Shabat nacional para a alma e para o corpo contribui para que a alma de todo o povo se torne grande e resistente, garantindo a sua eterna continuidade.

Nas primeiras tábuas da Lei, está escrito *zachór et yom hashabát lekadeshó*: "lembra-te" do dia de Sábado para santificá-lo[13], enquanto nas segundas tábuas, o Decálogo ordena-nos *shamór et yom hashabat lekadeshó*: guardarás o dia de Shabat para santificá-lo[14]. Essa diferença, os mestres explicam pela afirmação: *shamór vezachór bedibúr echád neemrú*[15], ambos os mandamentos foram pronunciados simultaneamente, querendo com esse fato indicar que, através da recordação, o dia de Shabat está intimamente ligado à criação do Universo e ao seu Criador. Recordando que Shabat é um dos três principais sinais de aliança entre nós e o Eterno (os *tefilin* e a *brit-milá* são os outros dois sinais), ficaremos cientes que o Eterno jamais anulará esses laços do pacto, e que a Sua mão protetora estará eternamente estendida sobre nós. Os judeus – diz o poeta Jacob Fiebman – "consideraram sempre o Shabat como sendo o dia e o sinal da redenção, dia que nos redime da tristeza cotidiana".

O Shabat é para nós o dia de triunfo, o triunfo da santidade sobre o profano. No *Midrásh Tehilim* lê-se: "Em cada dia do *Gênesis*, nos seis dias da criação do mundo, está escrito: *vayehí érev, vayehí bóker* e foi a tarde e foi manhã, só em relação de Shabat não está mencionado *érev shabát*, véspera de sábado"[16]. E é por isso que todos os inimigos de Israel se esforçaram para suprimir por todos os meios esse nosso dia de descanso sabático, pois sabiam que, enquanto o povo de Israel guardar o Shabat, não há força inimiga capaz de nos causar mal e de nos alienar da aliança com o Criador.

O Shabat uniu o povo judeu em todos os países durante as longas e escuras noites da diáspora, e se não fosse o Shabat que nos protegeu, já nos teríamos assimilado, misturado e perdido entre os povos.

---

13 *Ex* 20, 8.
14 *Dt* 5, 12.
15 *Shvuot* 20b.
16 *Midrash Tehilim* (também chamado *Shocher Tov*) *Sl* 92.

Essas convicções levaram os Sábios à afirmação: *ilmalé meshamrín Israel shtei Shabatot kehilchatán, miyád nigalin*: se o povo de Israel guardasse dois Sábados conforme o rigor da prescrição, seria imediatamente redimidos[17].

E no dia de Shabat rezamos na oração depois das refeições: *Harachamán Hu yanchilénu yóm shekuló Shabat, umnuchá lechayê olamim* – Que o Misericordioso nos faça participar de um dia todo ele cheio de espírito sabático, assim como do repouso da vida eterna.

---

[17] *Yerushalmi, Taanit* 1, 1; *Bavli, Berachot* 118b.

Pekudê (Parashat Pará)

O terceiro Shabat que nos anuncia a chegada da primeira festa nacional-religiosa, Pessach, é conhecido como *Shabat Pará*. Também nesse Shabat, como nos dois que lhe antecederam, *Zachór* e *Shekalim*, se tiram dois *sefarim*, o *maftir* do segundo *sefer* é lido na *parashá chukát* (*Bamidbar*, 19) sendo a *haftará* a ser recitada do profeta *Yechezkel*, 36, 16-38.

Já o termo *chukát* aplicado pela *Torá* ao preceito da *pará adumá*, vaca vermelha, despertou entre os exegetas os mais variados comentários e as mais complicadas interpretações. A primeira questão é: Qual a razão de a *Torá* usar o termo: *zot chukát haTorá*, esse é o *estatuto* da vaca vermelha? Por que *chuká* e não, como geralmente usado, *din, mitzvá ou mishpát*? Na reza noturna nós oramos: *Torá umitzvót, chukím umishpatím, otánu limádta* – A *Torá* e os ensinamentos, os estatutos e os preceitos nos ensinaste. O preceito da vaca inteiramente vermelha é uma lei denominada *chuká*, isto é, uma das diversas sentenças de D'us que não têm explicação racional; mas nem por isso deve deixar de ser observada indiscutivelmente, como explica Rashi: *guezeirá hí milfanái ein lechá reshút leharhér acharéha*[1]. Caso os povos não israelitas indagarem pela razão desse preceito instituído, sabe, ó filho de Israel, que isso é um decreto de D'us, e não tens direito de examinar a sua motivação. Em outras palavras, basta ele ser um preceito Divino, para que devamos observá-lo rigorosamente, como sinal de obediência ao Criador. A proibição de não comer carne de porco, de não misturar no nosso vestuário lã e linho também carecem de uma explicação lógica, mas nem por isso deixamos de respeitar a ordenação da *Torá*.

---

[1] Nm 19, 2.

Essa interpretação de absoluta obediência, e a complexidade da lei da vaca vermelha, cuja cinza misturada com "água viva" (*máyim chayím*) tinha a faculdade de fazer tornar puros os impuros, e os homens puros que se ocupavam do processo da vaca, ficavam impuros com o seu contato, segundo nos relata o capítulo da *parashá* supracitada, incitou os mestres a aprofundar-se nesse estatuto. O próprio rei Salomão, o mais inteligente dos homens, indaga a razão desse preceito, e afirma: *amárti echkamá, vehí rechoká miméni*[2]: tudo isto inquiri com sabedoria; e disse: adquirirei sabedoria, mas ela, a sabedoria, ainda está longe de mim. Essa afirmação pessimista de Salomão refere-se, segundo a opinião dos sábios, ao problema da vaca vermelha.

Vejamos o que o *Midrash Rabá* relata a esse respeito. "Um ateu perguntou ao Mestre Yochanán ben Zakái: Não lhe parece que todo esse processo da água misturada com a cinza da vaca vermelha, que ao mesmo tempo que purifica também impurifica não passa de uma pura bruxaria?" Respondeu-lhe o Mestre: "Diga-me a verdade: Nunca você teve um ataque de loucura?" "Não", respondeu o ateu. "Mas", continuou Rabi Yochanan, "você deve conhecer alguém que já sofreu uma alienação mental?" "Sim", – foi a resposta. "E como foi curado?" indagou o Mestre. "Trouxeram várias plantas e as queimaram, a cinza misturaram com água e derramaram-na sobre o doente, e o espírito mau abandonou o corpo do doente". "Ouviste bem o que acabaste de dizer?" indagou o Mestre.

"Sabe, pois, que o espírito que acometeu o que se impurificou pelo contato com um cadáver é impuro", conforme está escrito no profeta *Zechariyá*, 13, "e farei sair da terra o espírito da impureza". Então asperge-se sobre ele esta água purificadora, e o mau espírito desaparece.

Depois de o ateu ter saído do estúdio do Mestre, disseram-lhe os seus alunos: "Mestre, aquele ateu ignorante despachaste com uma resposta ridícula, deixando-o acreditar que se pode afastar um espírito impuro com bruxaria; mas qual é a explicação que darás a nós?" Ao que o Mestre respondeu: "Sinceramente, o morto não impurifica, e a água não purifica, mas D'us disse: Eu decretei, Eu legislei, e este fato é mais que suficiente para que acates o que te foi ordenado"[3].

---

2   *Ecl* 7, 23.
3   *Bamidbar Rabá*, 19, 4.

Num outro lugar do *Midrash Rabá*, lê-se o seguinte: "Quando Moshé Rabeinu subiu para o céu pela segunda vez para receber as duas tábuas da lei, encontrou D'us Bendito ocupando-se com o capítulo da vaca vermelha, e quando Moisés perguntou pela razão dessa ordenação, D'us lhe respondeu: *lechá ani megalé taam pará, avál leachér chuká*: a ti, Moisés, explicarei o sentido, mas para os outros este preceito ficará como sendo um decreto"[4].

Sabendo e acreditando piamente que o judaísmo e os seus preceitos são muito mais do que uma matéria de doutrina abstrata, um vago sistema filosófico, tentaremos, baseados na *haftará* desta semana (*Yechezkel*, 36) e na moderna literatura rabínica, explicar o conceito de *tumeá*, conspurcação, e *tahor ou tahará*, puro, ou pureza. Havendo quase sempre um nexo entre o conteúdo da *parashá* e o da *haftará*, essa nossa tentativa fica facilitada.

Enquanto no *maftir* da *parashat Pará* (*Bamidbar Chukát*) a *Torá* trata de vários aspectos concernentes à pureza do homem que contacta com o morto, na *haftará* recitada esta semana a impureza não é um conceito concreto que necessita de uma ação purificadora a fim de fazer retornar o conspurcado à Casa de D'us, lugar da pureza. No trecho diante de nós, a impureza parece simbólica, representando o "pecado". Nas primeiras duas sentenças da nossa *haftará* aparecem o exemplo e a moral, nessa linguagem: "A casa de Israel habita na sua terra, contaminando-a" (exemplo) "com os seus caminhos e com as suas ações" (Prova) "como a imundície de uma mulher em sua menstruação" (exemplo) "derramei, pois sobre eles, o meu furor, por causa do sangue que derramaram, e por causa dos seus ídolos com que a contaminaram" (consequência)[5]. A singularidade da *haftará* não consiste em assinalar o pecado como conspurcação ou imundície, mas sim no fato de transferir a ação de borrifar com águas vivas do ponto de vista tradicional descrito na *Torá*, para o estilo simbólico, fornecendo destarte uma espécie de nova interpretação, ou uma explicação suplementar para aquilo que está escrito na *Torá*. Isso se pode deduzir do próprio texto no qual o profeta prediz a redenção espiritual e material: *vezaraktí aleichém máyim tehorim, uthartém mikól tumeoteichém*:

---

4 Idem.
5 Versículos 17-18.

então aspergirei água pura sobre vós, e ficareis purificados de todas as vossas impurezas, e de todos os vossos ídolos vos purificarei[6]. E o famoso exegeta Radak[7], acrescenta: Assim como o impuro se purifica nas águas em que submerge, assim também o conspurcado por pecados se purifica através do perdão.

E a moral: *venataí lachém lév chadásh, verúach chadashá etén bekirbechém*, e vos darei um coração novo, e porei dentro de vós um espírito novo[8].

Ainda assim podia-se perguntar: Com que contribuiu essa explicação para a melhor compreensão do texto bíblico? Pode ser que a questão fique esclarecida, uma vez que analisarmos a essência da impureza tradicional mencionada na *Torá*, chegando depois a melhor compreensão das palavras do profeta.

O rabino Samson Raphael Hirsch (1808-1888), fundador e guia espiritual da Nova Ortodoxia na Alemanha, deduz, na sua profunda explicação da *parashá Chukát*, a conclusão de que não existe coisa alguma capaz de enganar mais o homem, levando-o a considerar-se como sendo parte de uma existência sem liberdade, sem volição própria e sem o livre-arbítrio, do que a contemplação de um corpo morto, que ainda há pouco estava cheio de energia e atividade excitante. Nesse momento, o homem é capaz de meditar sobre o valor da sua vida, e sobre o mérito de todas as suas aspirações. Esses pensamentos penosos e prejudiciais, que penetram profundamente no coração humano têm o efeito de conspurcação. E ao contrário disso, anuncia a pureza que a vida tem sentido, conteúdo e alvo, que a existência do homem não é ocasional-obrigatória, que existe a condição da liberdade e da vontade absoluta. Pureza identifica-se com liberdade; livre-arbítrio e vontade independente, esses fatores positivos perfazem as bases e a razão no cumprimento do dever moral e do preceito religioso. Pois, se tudo está perdido, se tudo na vida não passa de um simples acaso, um capricho, uma pura arbitrariedade, não há lugar para o empenho do homem em praticar boas e corretas ações.

---

6   Versículo 25.
7   David ben Josef Kimchi, Narbonne, 1160-1235.
8   *Ez* 36, 26.

E daí a conclusão positiva e lógica, conclusão que o profeta Yechezkel deduziu pela confrontação de uma com a outra – a conspurcação e a renovação, o coração de pedra e o coração de carne. Lá onde o homem tem livre-arbítrio, liberdade de escolha para praticar a boa ação, lá onde o ser humano sabe usar convenientemente o livre-arbítrio, lá existe também a possibilidade de uma renovação permanente.

Concluindo, podemos dizer que enquanto existia o Beit Hamikdásh, a significação espiritual da vaca vermelha era preparar um por um para o cumprimento da *mitzvá* da purificação; e nos nossos dias, esse preceito tem o sentido de identificação espiritual e sentimental com o conjunto de ideias expostas pelo profeta na *haftará* desse Shabat especial, na qual Yechezkel nos faz compreender que não pode haver razão e expectativa para qualquer tentativa de renovação, para um "começo de redenção" (*atchaltá degeulá*), se não houver antes "uma renovação do coração". Comparando a purificação física através da cinza da vaca, com o "transplante" de um coração puro e novo, a *Torá* tirou o preceito da esfera mágica, dando-lhe um caráter puramente simbólico, fato que podemos deduzir do texto *vehasoréf otá yechabés begadáv – vetamé ad haárev*, e aquele que a queimar, lavará suas roupas na água, e impuro estará até a tarde[9] – com essas palavras a *Torá* quis dar a entender que o corpo da vaca ou a sua cinza não escondem qualquer força mágica, capaz de modificar a condição de ser do homem; eles são somente um símbolo, que interpreta uma ideia.

---

9   *Nm* 19, 8.

VAYIKRÁ

(Terceiro Livro da *Torá: Levítico*)

Introdução

O terceiro livro da *Torá*, VAYIKRÁ, (*Levítico* ou Livro de Ensinamentos para os sacerdotes) é denominado na literatura rabínica SEFER TORAT COHANIM. O livro, exceto dois relatos pormenorizados a respeito da morte dos dois filhos de Aarão e do blasfemador, trata, especialmente na sua primeira parte, de leis e ensinamentos concernentes ao Santuário, aos sacrifícios, à pureza e à conspurcação; enuncia as regras que deviam orientar a vida de Aarão e a dos seus filhos sumos sacerdotes; vida essa dedicada ao serviço do Eterno e ao culto Divino. Essa *parashá* explica detalhadamente todas as espécies e variedades de sacrifícios e oferendas (*korbanót*) que, conforme as circunstâncias e as ocasiões, deveriam ser oferecidas no altar do tabernáculo, e depois, no Primeiro e no Segundo Beit Hamikdásh (Templos).

O termo *korbán* tem a sua origem etimológica no verbo *karov*, que significa "aproximar", "aliar", "unir". Essa explicação é de máxima importância para a maneira de pensar e para a concepção filosófico-judaica, pois só dessa forma conseguiremos compreender o valor ético e moral do sacrifício, bem como analisar as profundas divergências que esse preceito provocou entre os sacerdotes e os profetas.

Os sacrifícios a serem ofertados no tabernáculo ou Templos podem ser divididos em três categorias principais:

Korbán Tamid – sacrifícios constantes ou populares, que serviam para unir o povo espiritual e religiosamente;

Korbán Todá, Shelamím – oferecidos em sinal de gratidão a D'us pelo bem recebido, testemunhando dessa maneira o reconhecimento que aquilo que o homem possui não é devido ao seu próprio esforço, nem ao seu grande talento, à sua capacidade intelectual ou à sua competência produtiva, mas que esses seus bens materiais são uma dádiva abençoada de D'us.

Korbán Olá, Ashám, Chatáat – sacrifícios ofertados em sinal de remorso, arrependimento, e inquietação da consciência, por faltas praticadas para com o Criador ou o seu semelhante.

A respeito da introdução dos sacrifícios no culto religioso judaico, existem na literatura rabínica profundos desacordos entre os maiores mestres e rabinos. Maimônides, por exemplo, opina que esse serviço teve por fim evitar que os Filhos de Israel sacrificassem seus filhos à idolatria, como a praticavam os egípcios e os cananeus, povos esses em cujo ambiente o povo de Israel viveu durante séculos[1]. O *Midrash* é da mesma opinião, afirmando: "Como povo santo (*goi kadósh*) que são, vocês não podem imitar esse abominável serviço idólatra que observaram entre os povos da sua convivência"[2].

Um outro famoso, mestre RAMBAN (Nachmânides), rejeita a explicação do RAMBAM e afirma que o alvo básico do sacrifício não era no sentido negativo, isto é, para evitar a idolatria, mas sim um alvo positivo, quer dizer: despertar, pelo sacrifício oferecido, sentimentos de remorso pelo mal praticado e avivar a responsabilidade que cada ser humano deve ter perante D'us e a sociedade[3]. "Boas ações estimulam a consciência". E o Ramban conclui, motivando: "Aquele sacrifício, dádiva ou oferta que não é nada mais que simples rotina, que não tem bases éticas, que é despido de sentimentos elevados, é considerado por D'us como sendo *zévach reshaím*, oferta ignóbil, e deve ser desprezado[4].

Os Sábios e os comentaristas da *Torá*, que encontraram em cada palavra, às vezes em cada letra, pontos de apoio para os seus ensinamentos éticos, chamam a nossa atenção para a palavra *vayikrá* com que começa a *parashá*. Não somente nos livros impressos, mas também na própria *Torá*, a última letra da palavra *vayikrá*, o *alef*, é minúscula, dando-nos nesse contexto duas belíssimas lições de educação cívica:

---

1   *Guia dos Perplexos* 3, 32.
2   *VayikrÁ Rabá* 23, 5.
3   Lv 1, 9.
4   *Zevachím* 7b.

1. o prazer e a alegria de oferecer algo deve ser ensinado mesmo às crianças pequenas, a criança na mais tenra idade. Se ela é favorecida pela sorte e tem muitos livros ou brinquedos, deve aprender a dar aquilo que possui a mais ao seu amigo ou amiga e a um pobre que não tem nada ou muito pouco;

2. que cada *alef*, e o *alef* vale um, cada qual, mesmo com meios muito limitados, não se pode excluir nem esquivar de contribuir, na medida de suas posses, para fins nobres e caritativos. O fato de ser menos ou mesmo pouco favorecido pelo destino não deve servir de pretexto para não contribuir com seu óbulo quando e onde for pedido. O homem de fato aprecia o valor das coisas pelo tamanho e a quantidade, mas D'us considera as nossas ofertas pelo sentimento que as acompanha, e muitas vezes só a boa intenção equivale a uma boa ação. *Machashavá sheossá perí, Hakadósh Barúch Hu metzarfá lemaassé*: Uma boa intenção que produz proveito, D'us considera-a como se fosse praticada[5]. Porque o homem só vê os olhos, enquanto D'us vê o coração, e é o coração, o sentimento, a intenção, que D'us deseja: *Hakadósh Barúch Hú libá baí*[6].

E há mais um aspecto que não podemos deixar de mencionar nesse contexto, para a melhor compreensão do valor dos sacrifícios. Nos tempos primitivos da nossa história, diversos reis e uma grande parte da hierarquia sacerdotal interpretaram erroneamente o verdadeiro sentido desse preceito. O seu comportamento, as suas ações e o seu estilo de viver estiveram em crasso contraste com os mais elementares preceitos morais da *Torá*; eles pensaram que as suas iniquidades, o seu procedimento indigno e desprezível seriam compensados pela maior ou menor quantidade de sacrifícios oferecidos no altar do Templo, conseguindo destarte a absolvição dos pecados, e D'us reconciliar-se-ia com eles. Contra essa materialização e deturpação da sublime ideia, pugnaram com todo o seu vigor os profetas, censurando amargamente reis e sacerdotes.

Assim ouvimos como Samuel critica e condena severamente a atitude do rei Saul, quando lhe diz: "Achas que o Eterno tem algum agrado nos sacrifícios de bois e vacas gordas? Sabe *hiné shemóa mizévach tov*, que o

---

5   *Kidushin* 40a.
6   *Sanhedrin* 106b.

obedecer é melhor do que ofertar-lhe; *lehakshív mechélev eilím*, atender e cumprir o mandamento Divino, é mais importante do que a gordura dos carneiros"[7].

No mesmo sentido e no mesmo espírito, repreendem o povo e os sacerdotes os profetas Amós, Yeshaiahu e Yermiahu, bradando amargurados em nome do Eterno: "Os vossos holocaustos são um sacrilégio aos meus olhos, os vossos sacrifícios são-me desagradáveis".

Láma li róv zivcheichém, iomár Hashem: De que me serve a mim a multidão dos vossos sacrifícios? *Vedam parím uchvassim veatudím lo chafátzti*: E não me agrado do sangue de novilhos, nem de cordeiros, nem de bodes.

Rachatzú, hizakú, hassíru roa maaleleichém minégued einái: lavai-vos, purificai-vos, tirai a maldade de vossos atos diante dos meus olhos *chidlú haréa, limdú heitév, dirshú mishpát, ashrú chamótz, shiftú iatóm, rívu almaná*: aprendei a fazer o bem; atendei à justiça, repreendei o opressor, defendei os direitos do órfão, pleiteai a causa das viúvas[8].

Quão radicalmente diferente e oposto é o nosso conceito da oferta, do óbulo, do donativo material, daquele que uma grande religião, saída do nosso seio, ensina!

E é sem dúvida esse o sentido das belas palavras do rei David no seu salmo 24: *mi iaalé behár Hashém umí iakúm bimkóm kodshó? Nekí kapáim, uvar leváv*. Quem subirá ao monte do Eterno, e quem permanecerá no Seu lugar santo? O que é limpo de mãos e puro de coração.

De toda essa vastíssima literatura que trata da questão do sacrifício, ou melhor dito, de toda a variedade de sacrifícios materiais, só podemos deduzir que o "dar" por si mesmo só é digno de consideração se brota da devoção, da dedicação sincera, da integridade ética, do amor ao próximo, de puros sentimentos humanistas, e acima de tudo do temor de D'us. Isso corresponde à verdadeira concepção judaica, e é nesse espírito que aspiramos viver.

---

7   *1Sm* 15, 22.
8   *Is* 1, 11-17.

Vayikrá

Antigamente, nos tempos de máximo florescimento do judaísmo nacional-religioso a educação judaica começava a ser inculcada na mente da criança, mal ela começava a falar. Tendo apenas três anos, o menino já era trazido para o *chéder* para aprender as primeiras orações, e com apenas cinco anos, já era introduzido no estudo da Torá, segundo as instruções na *Ética dos Pais*[1], que aos cinco anos deve-se começar o estudo da Bíblia. Começava-se então com o terceiro livro da Torá, isto é, com *Vayikrá*. Esse fato despertou a curiosidade do Mestre Rabi Assi, que indaga: "Qual é a explicação para que comecemos a ensinar as crianças com *Torat Cohanim* (*vayikrá*) e não, como seria talvez mais fácil e mais interessante, com o primeiro livro, *Bereshit*?" E ele responde: "As crianças são puras, e os sacrifícios são puros, que venham pois os puros e se dediquem ao estudo de uma disciplina pura"[2].

O *alef* minúsculo da palavra *Vayikrá* indica que, para se tornar um judeu consciente de seus deveres e responsabilidades, para conhecer e para se poder aprofundar nos eternos valores espirituais, é necessário estudar a Torá escrita e oral desde pequeno, desde a tenra infância. Essa letra minúscula indica também que a garantia da nossa existência e da nossa continuidade é a juventude, o mais rico tesouro que um povo pode possuir. Ela é o pilar cardeal da Casa de Israel, segundo as palavras do Salmista *mipí olelím veionkim yissadta oz*: da boca dos pequeninos e das crianças, suscitaste a força[3]; e,

---

1   *Ética dos Pais* 5, 21.
2   *Vaiykrá Rabá* 7, 3.
3   Sl 8, 3.

conforme a interpretação dos mestres, o nosso *oz* (força) consiste em *Torá*. Se queremos ter futuras gerações que se identifiquem com aquilo que o espírito de Israel já deu e ainda dará à humanidade, devemos ensinar-lhes que ser judeu significa prontidão constante para oferecer, para dar algo de si para a causa de Israel; e isso deve ser apreendido desde a infância, para que possa fazer parte integral do nosso ser, para que a vontade e a necessidade de "dar" não se torne, com o decorrer dos tempos, uma carga pesada, como infelizmente muitos dos nossos correligionários encaram esse dever sagrado.

Tentaremos nesta exposição interpretar os ensinamentos da *parashá* do ponto de vista alegórico. E assim como a lenda se pode tornar história (Chanuká), a alegoria no pensamento judaico é profundamente ilustrativa e instrutiva.

Vezarkú benéi Aharon hacohaním et hadám al hamizbéach saviv: e espalharão os filhos de Aaron, os sacerdotes, o sangue sobre o altar, em redor[4]. *Dam* (o sangue), simboliza temperamento, agilidade, atividade, enquanto que *chélev* (sebo, gordura), significa: passividade, preguiça, estagnação. De ambos, *dam* e *chélev*, necessita o homem. Atividade para praticar o bem, para cumprir *mitzvót* e *maassim tovim*, boas ações; e passividade, para evitar e fugir de más ações.

Mas acontece, como a vida nos ensina, que o homem desvirtuado troca os papéis, abusando das dádivas de D'us para fins contrários; e é por isso que se sacrificavam no altar essas duas partes, sangue e gordura, que o pecador trazia.

A respeito do sacrifício de ave, rolas ou pombos, lê-se na *Torá veshissá otó bichnafáv*, e o rasgará pelas asas[5]. Nesse contexto encontramos no livro *Yalkut haderush* (Coletânea de Homilética) a seguinte exposição: *mavdilín beolát haóf, veéin mavdilín bechatát haóf*: distingue-se entre o sacrifício do holocausto de ave, e não fazem distinção no sacrifício de ave por expiação. O famoso Rabi Bachiá ben Asher[6], oriundo da Espanha, explica a razão de ser o primeiro sacrifício mencionado logo no começo do terceiro

---

4   Lv I, II.
5   Lv I, 17.
6   Séculos XIII-XIV.

livro da *Torá* a *olá* (oferta que deveria ser queimada totalmente no altar): porque esse sacrifício tinha por objetivo perdoar antes de mais nada os maus impulsos do coração e os perversos pensamentos; o coração e os pensamentos são os dois maiores propulsores de persuasão, pois toda ação tem a sua origem numa ideia; e enquanto o homem não for capaz de reprimir os seus maus impulsos, nem de conter os seus pensamentos desprezíveis, todos os seus sacrifícios materiais serão considerados aos olhos do Eterno como uma blasfêmia.

E voltando para a citação do *Yalkut Haderúsh*, o autor pretende explicar simbolicamente a distinção entre *olát haóf* e *chatáat haóf*. Geralmente, diz o *Yalkut*, a coletividade não é responsável pelo indivíduo; em nenhum outro povo poderá acontecer que a coletividade seja culpada pelos delitos de um único indivíduo.

Só no caso do povo de Israel essa aberração é aplicada; senão vejamos. Quando um judeu doa uma grande quantia para fins filantrópicos, culturais e científicos, sacrificando-se a si mesmo ou à sua fortuna, parando o bem-estar do seu meio ambiente, *mavdilin*: esse mesmo meio ambiente, essa mesma coletividade que usufruiu da sua contribuição material ou intelectual, separa-o, distingue-o do *klal Israel*, e a sua generosa e frutífera ação fica anotada na sua conta individual; mas *ein mavdilín bechatáat haóf*, não distinguem na expiação da ave; se um judeu praticar uma injustiça, um ato abominável, uma infração contra as leis do país ou da sociedade, então ele não é excluído da coletividade judaica, mas todos nós somos delinquentes, todos nós somos tachados de responsáveis. Todos os grandes cientistas, artistas famosos, escritores célebres, todas essas notáveis figuras judias que enriqueceram com o seu espírito as culturas mundiais, com raras exceções, continuam sendo considerados como filhos do povo judeu. Sabendo disto, os mestres fixaram para a eternidade o axioma: *melaméd shekól Israel areivin zé bazé*: sabei que os israelitas são responsáveis um pelo outro[7].

E dentro desse espírito alegórico, continuaremos a transmitir algumas explicações da literatura rabínica, alegorias essas que sem dúvida alguma representam preciosas sínteses do pensamento judaico. Ki *chól seór vechól*

---

7 *Shvuot* 39a.

devásh, lo taktíru miménu: não fareis queimar fermento algum ou mel algum[8], como oferta queimada ao Eterno.

Seór é fermento, e *devásh* é o mel, ou qualquer coisa doce; são dois elementos extremos, as suas qualidades e sabores são radicalmente opostos um ao outro; isso indica-nos que extremismos e radicalismos são prejudiciais, e que de ambos nos devemos afastar. O judeu consciente deve escolher *o dérech hamemutzá*, o caminho do meio.

E para encerrar as explicações e interpretações alegóricas, citaremos um belíssimo *Midrash*[9].

Néfesh ki techtá bishgagá: quando uma alma pecar por erro[10]. Por que o termo *néfesh* (alma)? E não, como seria normal, *adám ou ísh* (alguém)? Eis a explicação do *Midrash* através de uma bela alegoria:

"Um rei tinha um lindo pomar com maravilhosas árvores frutíferas. Para que ninguém pudesse furtar as belas frutas, colocou dois guardas, um coxo e um cego, tornando-os responsáveis por qualquer roubo. Um belo dia, disse o coxo ao cego: – Que linda fruta temos nós na nossa frente; por que não devemos deliciar-nos com ela? Respondeu o cego: – E por que não? Traga-me uma. – Impossível – replicou o coxo –, não vê você que, como coxo, não posso subir na árvore? – E eu – suspira o cego – ainda menos posso fazer algo, pois não vejo nada. Ambos os guardas começaram a pensar na melhor maneira de concretizar o plano de ação. E encontraram uma solução. O coxo montou em cima do cego, alcançaram as árvores que tinham em mira, arrancaram quanto lhes apeteceu, encheram ainda os bolsos e cestos, voltando depois cada um para o seu lugar, como se nada de extraordinário tivesse acontecido.

Dias depois, apareceu o rei inesperadamente e reparou no acontecido. – O que fizeram com a fruta desta e daquela árvore? – indagou furioso. – Majestade – começa o cego a desculpar-se assustadíssimo – serei eu, que não vejo nada, o culpado? – Poderei eu – o completamente aleijado – ter feito isto? – suplicou o coxo – Eu não me posso mexer do lugar.

---

8   Lv 2, 11.
9   Vayikrá Rabá 4, 5.
10 Lv 4, 2.

Que fez o rei? Montou o coxo em cima do cego, e exclamou: – Eis a maneira como vocês dois praticaram o roubo."

Depois da morte, quando o homem se apresenta perante o tribunal Divino, perguntarão à *neshamá* (alma): – Por que pecaste? E ela responderá: – Criador do Universo, não fui eu que pequei, mas sim o meu corpo (*guf*) – e prova: – Mal me livrei dele, abandonei a terra, voando agora nestas esferas limpas e puras, como um passarinho inocente. Então o júri celestial dirigirá a pergunta ao corpo: – E tu, por que pecaste? – Eu? – retorquiu o corpo –, acaso tenho eu forças para pecar? Ela, a alma, é a instigadora das minhas transgressões; pois vede, ilustres juízes, mal a alma me abandonou, estou completamente paralisado, um cadáver morto, como uma pedra. Que fará então D'us? Colocará a alma dentro do corpo, e ambos serão julgados.

Im hacohén hamashíach iechtá, leashmát haám. Se o sacerdote ungido pecar: se o ungido e o eleito do povo, o chefe espiritual supremo pecar? A consequência inevitável é *leashmát haám*: as massas populares que o elegeram também pecam, pois ele lhes serve de exemplo.

"Ai daquele país cujo médico é paralítico, cujo oculista é cego, e cujo protetor e defensor se torna um perigoso delinquente"[11].

---

11   *Vayikrá Rabá* 5, 6.

Vayikrá
(Parashat Zachór)

Também neste Shabat especial lemos de dois *sefarim*; o *maftir* é do livro *Devarim* 25,17-19, e a *haftará* é recitada do livro de *1Samuel*, 15, 1-34.

O nome de *Shabat Zachór* deve-se à primeira palavra com que o *maftir* começa: *Zachór et ashér assá lechá Amalék*: Recorda-te do que te fez Amalek no caminho, quando saías do Egito; como te veio ao encontro no caminho, e atacou na retaguarda todos os desfalecidos que iam após ti, quando estavas abatido e fatigado; e Amalek não temeu a D'us.

Quando, pois, o Eterno teu D'us te houver dado sossego de todos os teus inimigos em redor, na terra que o Eterno teu D'us te dá por herança para a possuíres, apagarás a memória de Amalék de debaixo do céu, *lo tishkách*: não te esqueças.

Esse traiçoeiro assalto da parte de Amalek contra o povo de Israel, que a *parashá* desta semana nos ordena recordar, pode ser considerado como primeira agressão antissemita, lançada contra nós logo nos primórdios da nossa história, quando, mal restabelecidos do sofrimento egípcio, nos preparávamos para entrar na arena da história universal. Desde então, os diversos *amalekim* se tornaram os simbólicos inimigos do povo judeu; desde então, designamos tiranos individuais ou povos inteiros, que atentam contra a nossa existência física e espiritual, como sendo descendentes de Amalek. E, infelizmente, pode-se afirmar que essa denominação é aplicável a muitos povos com os quais convivemos durante a nossa história milenar.

Uma prédica limitada no tempo, e o púlpito da sinagoga, não nos permitem traçar detalhadamente o curso do antissemitismo através dos séculos. Podemos somente ressaltar que esse *Shabat Zachór* projeta dois aspectos diferentes, mas entrelaçados, no que concerne à essência da história. Um traz à nossa memória as trágicas experiências antissemitas do povo judeu no passado, enquanto o outro nos faz recordar a promessa Divina de que o povo de Israel jamais desaparecerá, promessa essa condicionada à nossa própria contribuição e firme vontade de sobreviver. Duas vezes a *Torá* nos relembra que todos os *amalekim*, os nossos opressores, serão banidos da face da terra, e que Israel há de sobreviver. No *Êxodo* lemos: "Então disse o Eterno a Moisés: Escreve isto para memória num livro, e repete-o a Yehoshua, porque EU hei de apagar totalmente a memória de Amalek de debaixo do céu"[1]. O texto no vernáculo hebraico reza *machó emché*: EU, D'us, me encarrego de apagar a memória de Amalek dos anais da história; enquanto no *maftir* desta semana, o texto diz: *timché et zecher Amalék*, indicando: tu, povo de Israel, deves riscar o nome de Amalek. Essa diferença de expressões, que parecem contradizer-se, foi apontada pelos exegetas, que indagam: será o Eterno que travará a luta contra os inimigos de Israel, ou essa missão cabe a nós próprios?

Analisando esse problema doloroso, a "alergia social", como meu ilustre amigo carioca, dr. Isaac Izecksohn o denomina no seu magnífico estudo "O Antissemitismo", chegaremos a interessantes e criteriosas conclusões. De fato, existem dois grupos definidos de antissemitas. Aquele que, sem explicação clara ou definida, guarda no seu coração rancor contra judeus e judaísmo, cujo preconceito baseia-se simplesmente naqueles odiosos e hediondos *slogans* antijudaicos, que envenenam a sua alma, não será refutado pelos mais convincentes argumentos racionais, porque ele extrai a sua força da própria irracionalidade. Basta recordar a Peste Negra, em 1348, quando os povos cristãos da Europa aceitaram apressadamente a infame e falsa acusação de que a terrível epidemia era o produto de uma conspiração mundial dos judeus, e os massacraram sadicamente, aos milhares, ao invés de exterminar radicalmente a praga dos ratos, portadores perigosos do vírus da doença.

Lembramos os casos dos judeus torturados sob a falsa acusação de profanar hóstias e tirar delas sangue; de imolar crianças cristãs, para com o seu sangue amassar os *matzot* (pães ázimos) para a festa de Pessach; essa im-

---

[1] Ex 17, 14.

putação hedionda foi levantada contra Mendel Beilis em 1913, o qual, após muitos anos de indescritíveis sofrimentos nas prisões da Rússia dos czares, foi finalmente reconhecido como inocente, graças à magnífica defesa do advogado Grusenberg e colegas, e do então rabino-chefe de Moscou, Jacob Maaze. O drama de Beilis foi admiravelmente relatado numa obra do escritor judeu Bernard Malamud, e num filme comovente, sob o título *O Homem de Kiev*. Recordamos também o caso do judeu húngaro Hilsner, que, ao fim da Primeira Guerra Mundial, foi acusado do mesmo crime, e depois absolvido e reabilitado. Citamos o famoso caso Dreyfuss, na França, em que esse capitão judeu, só pelo fato de ser judeu, foi acusado e condenado por espionagem, enquanto o verdadeiro traidor, o barão Eszterházy, continuou em liberdade, até o dia em que foi desmascarado. Foi essa infâmia que levou o grande escritor francês Émile Zola a lançar o seu brado *J'accuse*, que despertou a consciência da intelectualidade francesa, e levou o dr. Theodor Herzl, o fundador do sionismo político, à identificação com o grave problema do judaísmo nas diversas diásporas e à procura de uma solução radical. Mencionamos nesse contexto a facilidade com que os povos, ainda neste século, acreditam em todas as calúnias que atribuem aos judeus intuitos traiçoeiros e criminosos, como os *Protocolos dos Sábios de Sião*, que apesar de serem condenados por uma corte internacionalmente reconhecida como justa e correta, o Tribunal Internacional de Haia, como sendo um panfleto vil e ignóbil, é ainda hoje em dia divulgado em milhares de exemplares e vendido às massas populares como argumentação discriminatória contra os judeus. Lembramos o "Processo de Praga", no qual o secretário-geral do Partido Comunista da Tchecoslováquia, Slansky e seus colegas foram simplesmente assassinados; o caso dos "nove médicos 'judeus", que segundo a acusação, pretendiam envenenar Moscou, e por isso foram assassinados pelos carrascos de Stálin e Béria. Se quiséssemos continuar nas citações dos horripilantes e falsos delitos atribuídos aos judeus, seríamos obrigados a escrever ou a reescrever a história judaica dos últimos dois milênios, que assinala o drama e a corrente ininterrupta do inocente sangue judeu derramado como consequência das calúnias e difamações, inventadas e instigadas por aquela religião que pretende ser a "religião do amor".

 Franz Rosenzweig considera esse tipo de antissemitismo como metafísico, e Wladimir Jabotinski, na sua obra *A Guerra e os Judeus*, opina que se trata de um antissemitismo "subjetivo", pois todo esse clima de fobia que provoca reações de temor e de ódio procura toda espécie de razões para as suas atitudes, mas nenhuma se baseia sobre experiências pessoais ou concretas. O próprio Shakespeare é o protótipo desse gênero de antissemitismo. Ele não teve ocasião de conhecer pessoalmente um judeu, pois é demonstrado historicamente que nessa época não havia judeus na Inglaterra; mas esse fato não o impediu de caracterizar seu Shylock (o mercador de Veneza) como um judeu desprezível, avarento, um cambista sem escrúpulos. Eis uma aversão instintiva, contra a qual não há argumentação lógica ou persuasiva.

Contra esse tipo de antissemitismo, só D'us é capaz de nos defender e proteger; somente Ele libertará as almas dessa alergia social, iluminando as consciências humanas, banindo toda espécie de maldade da face da terra, criando destarte uma atmosfera de mútua harmonia e compreensão entre os povos e diversos credos.

Mas existe infelizmente uma outra atitude antissemita que deriva, a verdade tem que ser dita, da experiência pessoal da convivência conosco. Quantas vezes já não fomos testemunhas oculares de que *ishuvim* judaicos inteiros foram difamados por causa do comportamento indigno de um único judeu? Quantas vezes já não foram caluniadas comunidades inteiras judaicas, pela atitude incorreta de um único correligionário? O mundo não judeu, que não quer e não tenta nos compreender, não generaliza a partir das grandiosas contribuições dos nossos célebres cientistas e famosos artistas, que proporcionalmente foram em maior número do que os dos não judeus; mas desgraçadamente generaliza a partir da conduta ignóbil de um político reacionário que por acaso nasceu judeu, ou pelos negócios ilegais de um membro da nossa estirpe. E se não há dúvida alguma que essa generalização é uma infâmia penosa contra a reputação e boa fama do nosso povo, não podemos, por outro lado, em nome da pura verdade, deixar de expressar a nossa veemente censura e mais severa crítica contra a falta de tato, de bom senso e dignidade da parte de certas camadas dos nossos irmãos e irmãs.

Observando às vezes o indiscreto comportamento da nossa gente, ficamos perplexos e envergonhados, perguntando a nós mesmos se acaso a modéstia e a decência, essas belas e nobres virtudes que sempre distinguiram o povo de Israel, já pertencem às relíquias arcaicas da ética judaica. Esse tipo de antissemitismo devemos nós próprios eliminar. Não podemos obrigar todos que a nós pertencem a observar escrupulosamente todo o código do *Shulchán Arúch*, a guardar as 613 *mitzvót* da *Torá*; não somos capazes de impedir o *chilúl Shém Shamáim*, a blasfêmia do nome Divino, mas é conosco, e exclusivamente conosco, não consentir, através de constantes ensinamentos e ininterruptos esclarecimentos, que um judeu que pretende identificar-se com os seus correligionários se atreva a macular ostensiva ou ocultamente a reputação impecável do povo judeu, contribuindo com a sua conduta censurável para o *chilúl Shém Israel*, blasfemando o nome de Israel.

O que o povo de Israel sempre aspirou e continuará a desejar é nada mais do que o enobrecimento da vida humana; e, para que possamos concretizar esse ideal, o nosso estilo de vida deve servir de exemplo. Pois *ki shém Hashém nikrá alécha, veiareú miméká*: verão todos os povos da terra que o nome do Eterno é invocado sobre ti, e te respeitarão[2].

Essa é a dupla mensagem deste *Shabat Zachór*, do Shabat de recordação.

---

2   Dt 28, 10.

Tzav

I

Im al todá iakrivénu: Se por ação de graças oferecer...[1]
A *parashá* desta semana, dedicada a toda espécie de sacrifícios, não começa, como se pode verificar pelo texto, com a oferta de *chatáat ou ashám*, isto é, com sacrifícios por pecados ou delitos cometidos, mas sim com *olá, todá, minchá e shelamím*, sacrifícios de holocausto, de gratidão, de oferenda e de pazes, de harmonia, oferecidos a D'us em sinal de gratidão, por ação de graças. Como interpreta Rashí: oferecer por gratidão, quer dizer: por um milagre que lhe aconteceu, como viagens marítimas, os que atravessam desertos, os libertados da prisão ou restabelecidos de uma prolongada enfermidade, que devem agradecer a D'us, e dos quais o Salmista canta: "Rendam graças ao Eterno por Sua bondade, e por suas maravilhas para com os filhos do homem"[2]. E como esclarece o Rabi Meiri: *kol iachíd sheiraathu tzará venigal heiména, rashai likvóa halél leatzmó beeize ióm bechól shaná*, cada indivíduo que sobreviveu a um desastre, a uma grande calamidade, ou se vê livre de uma desgraça, pode fixar um dia no ano para nele proferir a oração de Halél de louvor e gratidão ao Eterno[3]; mas *einó mevaréch aláv*, não se pode dizer a *berachá* no começo do Halél; isso diz também respeito a qualquer coletividade salva de uma calamidade pública, e assim também proce-

---

1 Lv 7, 12.
2 Sl 107, 31.
3 Beit ha-Bechirá, Pessachim 117

deram os profetas, que costumavam recitar o Halél cada vez que eram libertos de uma desgraça.

Os sacrifícios oferecidos no altar do Eterno como expressão de gratidão por ação de graças, mencionados na *parashá*, e a faculdade concedida a cada indivíduo de louvar o Eterno por sair ileso de uma desgraça, segundo a ilustração do *Talmud*, deveriam servir-nos como exemplo ético, isto é: que antes de mais nada devemos procurar as boas qualidades e as virtudes do nosso próximo, e não como habitualmente acontece, os seus defeitos.

Zót Torat hachatáat, bimkóm ashér tishachét haolá, tishachét hachatáat, essa é a lei do sacrifício do pecado; no lugar em que for degolada a *olá* (sacrifício de gratidão) será degolado o sacrifício de pecado (*chatáat*)[4]; *demar Rabi Levi: sheló lefarssém et hachataím*[5]: ambos os sacrifícios, apesar da diferença de causa e origem, deveriam ser sacrificados no mesmo lugar, para não tornar públicos os pecados. E o autor da obra *Korbán ha-Edá* explica a motivação do Rabi Levi, já por si bastante humana, com profundos conhecimentos psicológicos, dizendo: *lachén lo kavá lechatáat makóm bifnei atzmó lishchitató; sheló iavínu haroím shehú chatáat, umitbaiésh*, e é por isso que não destinaram um lugar especial para o sacrifício do pecado, para que os espectadores não entendam que se trata de uma oferenda de pecado, e assim o oferecedor fique envergonhado. Essas duas explicações são magníficas, e deveriam servir como lição para a humanidade inteira. A *Torá* não pretende tornar públicas as transgressões do indivíduo, para não envergonhá-lo.

A *Torá* conhece e toma em consideração as fraquezas humanas, e sabe que um erro do ser humano é natural, e desde que é natural (*errare humanum est*) não será justo que, além da sua confissão e do seu sacrifício, o homem seja ainda envergonhado publicamente. Basta que ele próprio se sinta envergonhado: *adám ovér aveirá umitbaiésh bá*: o homem pratica uma transgressão e no seu subconsciente ele sente vergonha; e esse estado de espírito perdoa-lhe todos os seus pecados, segundo a afirmação de Rabá bar Chinená em nome de Rav: *kol haossé dvár aveirá umitbaiésh bó, mochalín lo al kol avonotáv*[6]: mas humilhá-lo perante os outros é absolutamente

---

4   Lv 6, 18.
5   *Yerushalmi, Yevamot* 8, 3.
6   *Berachot* 12b.

contra a concepção ética do judaísmo. Essa maneira de pensar judaica levou os mestres a estabelecer essa importante máxima: *kol hamalbín et p'nei chaveró barabím, keilú shoféch damim*: o que ofender o seu próximo publicamente, é considerado como se derramasse sangue[7]; *aval hamalbín et p'nei chaveró barabím, ein lo chélek leolam habá*: o que ofender o seu próximo publicamente, não tem a sua parte no mundo vindouro[8].

E no *Talmud* assevera Rabi Eliezer, o Modaíta: *hamalbín p'nei chaveró barabím, af al pi sheiésh bó Torá umaassím tovím, ein lo chélek leolam habá*, se alguém ofender o seu próximo publicamente, mesmo que ele guarde os preceitos da Torá, e pratique boas ações, não tem a sua parte no mundo do além[9].

Foi dentro desse espírito, e com o intuito de sublinhar a importância da vida humana e da dignidade do ser humano, que os mestres interpretaram o mandamento do Decálogo *Lo tirtzách* (não matarás); "matar" no lato sentido da noção, não quer dizer tirar violentamente a vida, causar a morte de alguém; insultar com palavras afrontosas, vexar, injuriar publicamente, é considerado um crime. "Teria preferido uma facada no coração, em vez desta humilhação", ouvimos tantas vezes.

Nesse contexto, ocorre-nos um episódio inolvidável ocorrido na casa paterna, e uma bem profunda lição, recebida do nosso saudoso pai e mestre.

Um certo dia entrou um mendigo no escritório do nosso pai, e pediu uma esmola de uma maneira bastante arrogante, e muito rara entre judeus pobres mas profundamente religiosos. O nosso saudoso pai deu-lhe o seu óbulo num envelope, no espírito de *matán besséter* (donativo discreto) e disse-lhe serenamente: "Reb Yid, nós sabemos que pobreza não é vergonha, mas que um pobre não tenha vergonha, é uma grande vergonha".

O criador do Universo outorgou a cada ser humano o mais caro dom, a dignidade, e cada judeu que se preza, *vos hot far sich alein dérech éretz*[10], deve cuidar desse bem precioso, para que ninguém possa feri-lo em nós.

E se no *Tanách* (Bíblia) encontramos inúmeras citações de erros e desvios da parte das mais destacadas figuras do povo judeu, como Moisés,

---

7 Bavá Metzia 58b.
8 Bavá Metzia 59a.
9 Sanhedrin 99a.
10 Iídiche, "que tem amor próprio".

Arão, Saúl, David e Salomão, isso acontece com o intuito de demonstrar ao mundo que também essas celebridades e famosos guias da nossa história são simples seres humanos, e como tais, como qualquer outro ser mortal, expostos a errar, pois no livro *Kohélet*, o rei Salomão confessa modestamente: *ki adám ein tzadík baáretz, ashér iaassé tov veló iechtá*: não há homem justo sobre a terra, que faça o bem e que não peque[II]. Se conseguíssemos compreender a pura intenção e o verdadeiro sentido do pecado atribuído a essas figuras de destaque, não resta dúvida alguma de que a nossa vida social teria um outro aspecto; reinaria maior união e mais harmonia na sociedade humana, e não haveria lugar para o ódio, a inveja, a mentira, e tanta calúnia, esses males hediondos que envenenam a convivência e a tranquilidade humana.

Infelizmente, nesse ponto, queremos ser mais papistas que o papa, mais religiosos que o próprio Criador do Universo. Interessamo-nos mais pelo pecado do próximo do que com as faltas cometidas por nós próprios; e mal apanhamos um conhecido ou um estranho no mais insignificante lapso, apontamos logo com o dedo, tratamos de dar-lhe a "publicidade" necessária. E pior de tudo: não nos limitamos a relatar somente aquela única falta, mas cada um aumenta o número de transgressões segundo a sua fantasia, e o grau de relações existentes entre ele e o "pecador", ornamentando os pecados conforme as conveniências, isto é, com as cores mais berrantes. Para as faltas dos outros aplicamos o microscópio, enquanto para os nossos próprios erros ficamos geralmente míopes, e tantas vezes completamente cegos.

E é exatamente isso que a *Torá* nos pretende ensinar: "Não procures os defeitos do teu semelhante, mas sim as suas qualidades; faz publicidade das suas virtudes e nunca das suas transgressões".

II

Nas primeiras duas *parashiot* do livro *Vayikrá*, a *Torá* detalha os diversos sacrifícios conforme suas categorias e gêneros. Tentaremos agora esclarecer o importante problema do sacrifício sob o ângulo do culto e do aspecto moral, isto é, a ligação existente entre o culto religioso

---

[II] Ecl 7, 20.

e o dever do comportamento moral. Queremos elucidar, baseando-nos nas fontes do *Tanách* e da contemplação judaica, quais são as relações entre oferecer um sacrifício de pecado, ou sacrifício de delito, e o cumprimento dos deveres morais.

Examinando os poucos relatos do livro *Bereshit*, concernentes ao oferecimento de sacrifícios, encontraremos diferentes espécies de sacrifícios, como a oferta de Caim e Abel, o sacrifício de Noé, o sacrifício no holocausto do carneiro em substituição a Isaac, e as oferendas do patriarca Jacob, ao D'us do seu pai Isaac[12]. Entre esses sacrifícios não encontramos o de pecado, o de delito, pois a base e a origem dos sacrifícios mencionados não são motivados pela noção do pecado que o homem sente.

É sabido que o sacrifício de pecado é oferecido por uma ação praticada involuntariamente e não conscientemente: pois a oferenda não é capaz de perdoar delitos praticados entre o homem e o seu semelhante.

Uma hipótese muito interessante e instrutiva a respeito do sacrifício de pecado encontramos na obra *A Moral e a Justiça em Israel*, do rabino dr. Shimon Federbusch. Escreve o autor: "Primitivamente, o elemento básico da moral era determinado somente pela ação, sem tomar em consideração a motivação daquele que a praticara. Os vestígios dessa moral encontramos nos povos da Antiguidade. Segundo a lenda grega, Agamêmnon matou um veado consagrado a Ártemis, sendo por isso obrigado a sacrificar a sua filha, a fim de redimir o seu crime, apesar de ter morto o animal inconscientemente; Édipo mata nas suas atribulações uma alma humana, sem saber que se trata do seu próprio pai, e casa-se com uma mulher, sem perceber que esta era sua mãe. Segundo nos é relatado na tragédia de Sófocles, Édipo recebeu severo castigo por causa dessas suas transgressões, mas Sófocles não toma em consideração que os atos abomináveis de Édipo foram praticados involuntariamente, pois só o fato por si, o de ter infringido os preceitos morais, mesmo sem intenção alguma, exige a mais severa punição".

E o dr. Federbusch deduz, e afirma: "Se aceitarmos a interpretação do Rambam (Rabi Moshé ben Maimon) de que o objetivo elevado dos sacrifícios era desabituar o homem pouco a pouco dos costumes e das práticas

---

12 Gn 46, 1.

do seu antigo meio ambiente, é compreensível que mesmo o sacrifício pelo pecado, sem ser premeditado, nos fosse ordenado pela *Torá*, com o intuito de ensinar os filhos de Israel que o pecado pode ser redimido através de um sacrifício". O racionalista Rambam tem absoluta razão: seria colocar-se acima da compreensão, da geração liderada por Moshé Rabeinu querer elevá-la repentinamente a um nível tão alto, que o decisivo não fosse o ato praticado, mas sim a intenção; isto é, que não há diferença alguma entre ações premeditadas ou involuntárias. E é por isso que a *Torá* limitou a responsabilidade do homem quanto à *shgagá*, ao erro cometido sem saber, somente ao espaço religioso, quero dizer, à oferenda do sacrifício do pecado, sublinhando destarte que o ato de oferendar é suficiente para perdoar o erro cometido sem intenção, e o transgressor é absolvido de qualquer outra punição.

Parece-nos que o próprio texto bíblico vai ao encontro da nossa suposição, pois o texto reza *veím néfesh achát techtá bishgagá, vehikríva ez bat shenatá lechatáat – haezrách bivnéi Israel, velaguér hagár betochám, torá achát yihié lachém laossé bishgagá*: E se uma alma pecar por inocência, oferecerá uma cabra de um ano, por oferta de pecado; para o natural entre os filhos de Israel, e para o estrangeiro que habitar no meio deles, a mesma lei orientará a vossa vida, para aquele que pecar por ignorância[13]. E nós sabemos que cada vez que a *Torá* menciona e acentua que "uma mesma lei haverá para o natural dos filhos de Israel e para o estrangeiro", a sua intenção é dar direitos humanos iguais para todos, sem discriminação em prejuízo do estrangeiro que fixou residência entre nós. Sabendo isso, pode-se indagar: qual será a explicação plausível para que só em relação do pecado sem intenção a *Torá* tenha achado necessário sublinhar a igualdade de direitos entre o natural e o estrangeiro? Por que não explicar a *Torá* que também em relação a outros sacrifícios os direitos são absolutamente iguais?

Mas, conforme a nossa interpretação supracitada, pode-se deduzir que o propósito do texto consiste em demonstrar que "a oferta do sacrifício de pecado é um grande privilégio para quem errar sem querer", pois através desse significativo ato de remorso o homem é absolvido de qualquer

---

13 Nm 15, 27-29.

responsabilidade perante a justiça. E se a *Torá* não fosse bem explícita, e não tivesse o cuidado de tornar evidente a igualdade de direitos, poder-se-ia pensar que só o israelita goza desse privilégio, enquanto o estrangeiro ficaria sob a jurisprudência antiga, que não faz distinção entre o pecado sem intenção e o premeditado.

Aliás, ao contrário de outros sacrifícios de delito e de pecado, pode-se concluir das inúmeras provas na jurisprudência rabínica que precisamente no concernente às transgressões morais não existe diferença entre *shoguég* (sem querer) e *meizid* (propositadamente).

Eis algumas opiniões que explicam o problema das oferendas por delitos éticos. A *Tossefta Shvuot*[14] opina que a causa principal de delitos entre o homem e seu semelhante (*bein adám lechaveró*) é a falta de fé em D'us.

Ein adám kofér baamitó, ad shekofér beikár: o homem não rejeita o seu próximo, enquanto não declina a existência de D'us. O texto bíblico, tratando dos delitos de roubo, empréstimos em dinheiro, coisas entregues sob custódia, falsidade, menciona logo na introdução: *Néfesh ki techtá umaalá máal ba-Adoshem, vechichésh baamitó*: quando alguma alma pecar, e transgredir contra o Eterno, e negar ao seu próximo[15].

E o *Sifrá* analisa: "Rabi Akiva pergunta: Que quer dizer *lim'ól maal ba-Adoshém*, fazer falsidade contra o Eterno, transgredir contra Ele? E explica: As transações comerciais, assim como os empréstimos, são efetuadas perante testemunhas, contratos e recibos, e se se negar o empréstimo recebido ou as combinações realizadas, se nega diretamente a existência de testemunhas ou contratos; mas se se entrega ao seu companheiro um objeto valioso sob custódia, e não se quer que alguém saiba desse ajuste, confiando na boa-fé do seu amigo, e sem a presença de um terceiro entre eles, nesse caso o terceiro é D'us, e caso o segundo negue que recebeu algo em custódia, ele declina também o terceiro, quer dizer, ele contesta a existência daquele invisível mas Onipresente Terceiro, que quer que todas as combinações e os ajustes entre os homens sejam feitos com fidelidade mútua e com sinceridade recíproca"[16].

---

14 *Shvuot* 3, 5.
15 *Lv* 5, 21.
16 *Sifrá* § 372.

E para finalizar a nossa análise das relações existentes na concepção judaica, entre custo e a moral, não podemos deixar de acentuar que o próprio texto bíblico salienta em diversos lugares que o lugar do altar e do santuário são também os recintos de justiça e moral.

Especificando no livro *Devarim*[17] os sacrifícios a *Torá* denomina o Beit Hamikdásh (Casa Santa) *bamakóm ashér yivchár Adoshém beachád shevatécha*, o lugar que o Eterno escolher numa de tuas tribos; exatamente o mesmo termo que serve para designar o lugar do Supremo Tribunal, *Veassíta al pi hadavár ashér iaguídu lechá min hamakóm hahú, ashér yivchár Adoshem*, e farás conforme o mandato da palavra que te anunciarem do lugar que escolher o Eterno[18]. E também a *Mishná*, no fim do tratado *Midot*, denomina o lugar reservado na Casa Santa para a Justiça, como sendo *lishkát hagazit*: o recinto onde o Grande Sanhedrin (Supremo Tribunal) se reunia.

Também o rei David identifica claramente o lugar da Shechiná (Onipresença Divina) como sendo o lugar da justiça e da moral. Assim lemos no Salmo 15: *Adoshém, mi iagúr beoholécha, mí ishkón behár kodshécha?*, Eterno, quem habitará no Teu tabernáculo? Quem morará no Teu santo monte? Aquele que anda em sinceridade, e pratica a justiça e fala verazmente segundo o seu coração; aquele que não difama com a sua língua, nem faz mal ao seu próximo; *caspó lo natán benéshech, veshocháad al nakí lo lakách, ossé eile lo yimót leolám*: aquele que não empresta o seu dinheiro com usura, nem recebe suborno contra o inocente, quem faz isso, nunca será abalado. E no Salmo 24, essa mesma concepção está mais condensada em forma de perguntas e respostas. *Mi iaalé behár Adoshém, umí iakúm bimkóm kodshó?*: Quem subirá ao monte do Eterno, e quem estará no Seu lugar santo?. *Nekí chapáyim uvar leiváv, ashér lo nassá lasháv nafshó veló nishbá lemirmá*: Aquele que é limpo de mãos e puro de coração, que não entrega a sua alma à vaidade, nem jura enganosamente.

---

17 Dt 12, 14.
18 Idem, 17, 10.

Shemiví

Vaiehí baióm hasheminí: E foi no oitavo dia. E o *Midrash Rabá* comenta: o termo *vaiehí* indica aflição, enquanto que o termo *vehaiá* enuncia alegria[1]. Chegou por fim o dia ansiosamente esperado, o dia da inauguração do *mishkán* (tabernáculo) e o começo do serviço sagrado. Durante todo o tempo da construção do *mishkán*, os filhos de Israel viviam numa constante tensão, nervosos e preocupados, sim, inquietos, pois não sabiam com certeza se a Shechiná (a Onipresença Divina) repousaria entre eles, se essa obra a ser fabricada para servir como centro espiritual do povo seria de agrado do Eterno, pois não se podiam livrar do pesadelo do abominável ato do bezerro de ouro, receando talvez não terem ainda granjeado o perdão de D'us. Apesar de Moisés os ter acalmado, dizendo que a ordem de construir o *mishkán* lhe fora determinada por D'us, como sinal do Seu perdão, tiveram medo do que aconteceria.

Na *Pessikta Rabatí* diz-nos Rabi Eleazar: *Ad sheló hucam hamishkán, haietá tacharút baolam*: enquanto o *mishkán* não estava construído, havia divergências e brigas entre os judeus[2]. O povo acusou os seus líderes de se terem deixado persuadir para fabricar o bezerro de ouro, estiveram zangados com Aharon por ter dado ouvido ao *érev ráv*, o populacho, ajudando-o nesse ato decadente. E quando lhes foi anunciado que Aharon seria nomeado sumo sacerdote, ficaram pasmados, atônitos: "Como é possível que o homem que colaborou na fabricação do bezerro de ouro chefie os serviços Divinos no tabernáculo? Nos primeiros sete dias após o ergui-

---

[1] *Vayikrá Rabá* II, 7.
[2] *Pessikta Rabatí* 5, II.

mento do *mishkán*, o povo não podia se aproximar do recinto, a fim de observar de perto o que estava acontecendo, pois esses sete dias foram os *shiv'át ieméi hamiluim*: os dias de exercício, de ensino e de aperfeiçoamento, instruindo Moisés seu irmão Aharon e seus quatro filhos na maneira e na ordem de dirigir e cumprir a sagrada missão do sacerdócio. E quando finalmente no sétimo dia o tabernáculo foi aberto para o público, Moisés disse a Aharon: *kách lechá éiguél ben bacár lechatáat*: toma para ti um bezerro como oferta de pecado, e um carneiro sem defeito, como holocausto, e oferece-os diante do Eterno. Na linguagem do *Midrash*, Moisés disse a Aharon: "O bezerro de ouro que ajudaste a fabricar desacreditou-te na opinião do povo, contribuindo para desvanecer o teu prestígio para o cargo do sacerdócio; mas com este *eiguel lechatáat*, com o bezerro de pecado que vais oferecer, serás reabilitado; este sacrifício servirá como uma demonstração pública que tu e o povo vos arrependestes do pecado praticado, e de hoje em diante *veieirá aleichém kevód Adoshém*, a glória do Eterno aparecerá a vós"[3].

Durante a cerimônia do ato de sacrificar o bezerro, o povo duvidava se esse sacrifício seria aceito por D'us. Mas vejam: vateitzé éish milifnéi Adoshém, vatochál al hamizbéiach et haolá veét hachalavím, vaiar kol haám, vaiarónu, vayiplú al peneihém: E saiu fogo diante do Eterno e consumiu o holocausto e as gorduras sobre o altar, e viu todo o povo, e jubilou-se e prostrou-se sobre as suas faces[4].

E de repente, no meio desse fervor religioso, no auge do devoto contentamento e profunda gratidão, *vateitzé éish milifnéi Adoshém*, saiu fogo diante do Eterno, *vatochál otám, vaiamútu lifnéi Adoshém*, e os dois filhos mais velhos de Aharon, Nadáv e Avihú, foram consumidos pelo fogo, e morreram diante do Eterno[5]. O pavoroso desastre inesperado causou uma emoção tão profunda, que Moisés exclamou: *Vaacheichém kol béit Israel, ivkú et hasreifá ashér saráf Adoshém*, e vossos irmãos, toda a casa de Israel chorarão este incêndio que o Eterno acendeu[6].

---

3 *Sifrá* 193.
4 *Lv* 9, 24.
5 *Lv* 10, 2.
6 *Lv* 10, 6.

Qual é a razão dessa morte tão trágica, tão fulminante nesse dia de júbilo para o povo e de louvor ao Eterno? Todo o povo sabia que Nadáv e Avíhu eram pessoas muito distintas, notáveis e respeitados por todos, que haviam de substituir Moisés e Aharon nos seus poderes hierárquicos. Qual, pois, a razão do seu pecado, que os fez merecer tamanha punição? Inúmeras são as motivações citadas no *Midrash*, no *Sifrá* e os diversos exegetas, divergindo nas opiniões concernentes ao delito. O *Sifrá*[7] opina que a inveja de Moisés e de Aharon foi o motivo grave da punição: observando que nos cortejos e nas cerimônias Moisés e Aharon andavam na testa, seguido por eles e os outros sacerdotes, e atrás deles andava o povo, disse Nadáv à Avihú: "Não levará muito tempo e estes dois velhos morrerão, então nós guiaremos o povo". Mas D'us disse-lhes: "Vocês esperam a morte destes dois velhos líderes, saibam que vocês hão de morrer antes deles"; em outras palavras, morreram não por terem transgredido qualquer um dos mandamentos da *Torá*, mas sim por falta de paciência em esperar até chegar o seu dia, para serem chamados para o elevado encargo.

Rashi cita as opiniões de Rabi Eliezer, que diz: *al iedéi shehorú halachá bifnéi Moshé Rabán*: tiveram a ousadia de pronunciar sentenças jurídicas conforme o seu próprio critério, sem tomar em consideração a presença do mestre Moisés; Rashi baseia a sua opinião na indagação que se encontra no tratado talmúdico, onde a *Guemará* pergunta: *Umai darúsh*?[8]

O que foi que Nadáv e Avihú decidiram sem perguntar ao Mestre? E responde: No *Levítico* diz o texto bíblico *venatnú benéi Aharon hacohén éish al hamizbéiach*, e porão os filhos de Aharon, o sacerdote, fogo sobre o altar[9], e foi desse texto que Nadáv e Avihú concluíram: não obstante o fato de o fogo descer do céu, é uma *mitzvá* contribuir com fogo qualquer pessoa comum. O *Sifrá* procura atenuar a atitude dos filhos de Aharon: "Vendo o fogo, quiseram, na sua euforia, no seu entusiasmo, dar algo de si, contribuir com seu fogo". Também o Malbim[10], no seu famoso comentário *Hatorá Vehamitzvá* entende que a causa de terem trazido fogo

---

7   *Sifrá* 193.
8   *Eiruvin* 63a.
9   Lv 1, 7.
10 Rabi Meir Leib ben Yechiel Michel, 1807-1879; Lv 16, 2.

estranho (*eish zará*) foi só consequência de grande alegria, fato esse que se pode deduzir do próprio texto, no qual se lê "e todo o povo viu e jubilou-se", e depois *vaikchú benéi Aharon* e os filhos de Aharon, Nadáv e Avihú, tomaram seus incensários, e puseram fogo neles[11].

Rabi Yishmael manifesta a opinião de que o delito dos filhos de Aharon consistia em *shetuiéi iayin nichnassú lamikdásh*: por terem entrado embriagados no recinto sagrado, o que era estritamente proibido para os sacerdotes[12].

O *Midrash Tanchumá* entende que o seu grande orgulho foi a causa da morte, porque "eles se consideraram tão dignos e tão importantes, que não encontraram mulheres decorosas bastante, para casar com eles"[13].

Das opiniões supracitadas ressaltam três motivações que justifica a severidade da punição. São elas: inveja, orgulho e desobediência.

Mas lendo minuciosamente o texto, notaremos uma razão muito mais profunda, muito mais adequada e aplicada aos tempos que vivemos. E deixamos isso mais uma vez claramente explicado: o objetivo elevado e sagrado destas nossas interpretações das *parashiot* é ilustrar e comentar os eternos ensinamentos da sagrada *Torá* à luz do pensamento moderno, ficando fiéis às eternas e velhas prescrições da *Torá* escrita e oral, transmitindo-as às gerações modernas em roupagem atualizada, demonstrando aos jovens que nos leem, a veracidade, a perpetuidade e a imutabilidade da *Torá* que consideramos *Torat chayím*, doutrina de vida.

Reza o texto *vaiakrívu lifnei Adoshém éish zará ashér lo tzivá otám*: e ofereceram diante do Eterno, um *fogo* estranho, o que não lhes ordenara[14]. Nota-se que a palavra-chave do texto de Lv 9, 24 até Lv. 10, 1-6 é *éish* (fogo). Não querendo esperar – segundo a opinião de RASCHBAM – o fogo que devia cair do céu, apressaram-se, e ofereceram fogo estranho. Preocupados com que a assistência, por causa do prolongado serviço, perdesse a paciência e se afastasse antes da cerimônia terminar, introduziram fogo estranho, que não lhes foi ordenado.

---

11 Lv 9, 24; 10, 1.
12 *Vayikrá Rabá* 12, 4.
13 *Acharei Mot* 6.
14 Lv 10, 1.

A fé judaica não admite e não suporta fogos estranhos. Mal o judaísmo tenta fazer entrar *éish zará*, fogos estranhos, procurando atrair os seus fiéis através de reformas, costumes, ideias e concepções de outras religiões e filosofias, do momento que queremos imitar as outras religiões, desde que nos afastamos do *Urjudentum* (judaísmo primitivo e fundamental), para nos tornarmos, através da *mise-en-scène*, um *Uhrjudentum* (judaísmo orientado pelo relógio), o judaísmo torna-se profano, e os alicerces das nossas tradições milenárias ficam abaladas. O *Talmud* explica-nos o que aconteceu com Nadáv e Avihú: *Sereifát haneshamá, vehagúf kaiám*, a alma queimou-se, mas o corpo ficou resguardado[15]. A nossa crença é uma ponte que nos une com D'us; se o judeu se desliga do seu maravilhoso passado, e da peculiaridade da sua maneira de pensar, ele perde a sua sombra; fisicamente é um corpo, um ser humano igual aos outros, mas psiquicamente falta-lhe o fator principal que o une à sua origem, ao seu passado; não ter sombra é pior do que sair nu à rua. O que passeia nu, é só despido exteriormente; interiormente ele é igual aos outros. Mas aquele que não tem sombra, é considerado como se fosse nu interiormente, uma espécie de *sereifát haneshamá, vegúf kaiám*: a alma ficou queimada, enquanto o corpo vagueia cegamente.

Uma magnífica descrição a respeito do homem sem sombra traça o poeta alemão Chamisso, no seu opúsculo *Pedro Schlemihl*. O Schlemihl é descrito como sendo um grande industrial, homem riquíssimo, que, graças à sua fortuna acumulada, ambiciona conquistar a alta sociedade.

Mas acontece-lhe um desastre; num lugar, sem saber exatamente onde, ele perdeu a sua sombra, considerando-se um ser morto. Esse fato causa-lhe grandes dissabores, e em parte alguma ele se sente bem. A sociedade que tanto ambicionou conquistar recebe-o com indiferença; ele é admitido e tolerado só graças à sua grande fortuna, mas sem respeito, pois afinal de contas, consideram-no como um *parvenu*, o homem sem sombra, sem genealogia.

Convencido, como aliás todos os ricos, que tudo nesta vida (mesmo nobreza de alma) pode ser adquirido com dinheiro, ele se dirige ao maior retratista, pedindo-lhe para criar uma sombra artificial, em substituição àquela que perdera. O preço do quadro não é discutido. O artista ficou perplexo.

---

[15] *Shabat* 113b.

Sendo mestre no seu ofício, já conseguira fixar na tela muitas coisas, dando-lhes vida; o ouro do sol, o verde das árvores, as belas cores das flores, o brilho da lua. Mas pintar uma sombra, nunca ninguém lhe pedira. E quando o pintor lhe perguntou onde perdera sua própria sombra, Schlemihl sente vergonha em contar a verdade, e diz: "Durante as minhas viagens através dos frios países nórdicos, a minha sombra ficou congelada na terra, e, não tendo bastante tempo para esperar o descongelamento, desliguei-me dela".

Ouvindo essa história, o artista lhe responde com desprezo: "Como poderei confiar-lhe uma obra artística, se o senhor não foi capaz de conservar uma coisa natural? Saiba que o senhor é um homem infeliz, por ter-se desligado do seu passado. Todas as sombras artificiais não poderão cobrir a sua nudez".

Essa história poderá ser aplicada aos assimilacionistas da nossa geração. Eles perderam em algum lugar a sombra do seu passado, desligaram-se conscientemente das nobres e antigas tradições judaicas, renunciaram à herança milenar e às aspirações tradicionais judaicas, procuraram por todos os meios, e pagando um preço caríssimo, submergir nas águas turvas do seu meio ambiente, envolvendo-se numa sombra artificial que emprestaram aos povos do seu convívio. Coitados daqueles ignorantes assimilacionistas, como andam e vivem numa perpétua autoilusão! Eles esquecem, ou talvez não lhes convenha apreender, que aquele ambiente ao qual pretendem com tanto zelo assimilar-se, os fará sempre sentir que são somente tolerados; e desde que a tolerância depende de certas circunstâncias, existe o perigo de que com o desaparecimento das circunstâncias favoráveis se desvaneça a tolerância. E mais, indivíduos ou povos que vivem à custa de constantes empréstimos, não têm assegurados os alicerces da sua existência, e não desfrutam da confiança de seus fiadores.

E nós, filhos da Casa de Israel, não precisamos graças a D'us de fogos estranhos; nós não somos *parvenus*, gente sem sombra. A luz da nossa *Torá* iluminou todas as crenças monoteístas, os outros credos seguem os passos da nossa sombra, o lume do nosso fogo aqueceu e continua a aquecer a humanidade inteira. O que pedimos dos povos é apenas que nos deixem viver e preservar o *Or haTorá*, a luz da *Torá*, que nos deixem aquecer no *Eish haTorá*, na chama sagrada e perpétua dos ensinamentos de D'us, para o nosso próprio bem e para a felicidade do mundo inteiro.

Tazría

A *parashá Tazría* é um compêndio que trata do nascimento do homem, da higiene da mulher quando concebe e dá à luz um varão, e os cuidados que ela deveria adotar durante os dias da impureza, em sua indisposição. Uma outra parte da *parashá* ocupa-se com a descrição das diversas doenças da pele, suas características e desenvolvimento, os perigos do contágio e de infecção, e seu tratamento e isolamento pelo sumo sacerdote, que, segundo nos ensina a *Torá*, devia ser uma espécie de especialista em dermatologia, para saber diagnosticar e aplicar o tratamento adequado.

Apesar de as inúmeras prescrições de pureza e de pudor mencionadas na *Torá* não terem mais muito poder do ponto de vista legislativo-prático (com exceção das leis de *nidá*, indisposição mensal, e *taharát hamispachá*, que continuam em vigor), os comentaristas da *Torá*, os exegetas do *Tanách*, assim como os historiadores da medicina, não deixaram de se interessar pelos problemas abordados nas duas *parashiot Tazría* e *Metzorá*.

Tentaremos, pois, fazer uma análise essencial daquilo que a *Torá*, como fonte primitiva, nos relata a respeito da *tzaráat* (lepra), examinando depois as narrações bíblicas concernentes à natureza da doença, para podermos concluir se ela é descrita como sendo uma simples enfermidade, ou se ela aparece como moléstia que ataca o homem inesperadamente como castigo por um mal praticado.

Quando Moisés é incumbido da elevada missão de redimir o povo de Israel da escravidão egípcia, ele argumenta: *vehén lo iaamínu li, veló yishmeú bekolí, ki iomrú lo nireá eilécha Hashem*, e eles não me acreditarão, nem ouvirão a minha voz, dizendo: O Eterno não te apareceu¹. E quando o Eterno dá a Moisés o segundo sinal, reza o texto: *havé ná iadéchá becheikécha*, leva por favor a tua mão ao teu peito, *vaiavé iadó becheikó, vaiotziá, vehiné iadó metzoráat kasháleg*, e levou a sua mão ao seu peito, e a tirou, e eis que a sua mão estava leprosa como a neve². E a segunda ordem do Eterno, *hashév iadécha el cheikécha*: recoloca a tua mão no teu peito, *vaiáshév iadó el cheikó, vaiotziá, vehiné sháva kivsaró*, e tornou a sua mão ao seu peito, e tirou-a, e eis que havia se tornado como a sua carne: isto é, curada radicalmente. Rashi e o Ramban, baseados nas interpretações dos mestres, consideram esse milagre como tendo sido um castigo para Moisés, por ter falado mal de Israel, quando afirmou *vehén lo iaamínu li*, e eles não acreditarão em mim. O Sforno³, famoso como exegeta bíblico, filósofo e médico, um dos mestres de Johannes Reuchlin, opina que a cura da doença leprosa mencionada na *Torá* tem por objetivo robustecer no povo a fé em D'us, porque não existem remédios e não há tratamentos capazes de curar essa terrível moléstia, fazendo-a desaparecer como a neve, por se tratar de infecção crônica produzida por um bacilo específico.

O rabino Issachar Jacobson cita na sua obra *Biná Bamikrá* a opinião do rabino Herz da Inglaterra, segundo a qual a lepra era no Egito uma moléstia muito generalizada; e, não constando dos anais da medicina egípcia ter ocorrido nesse país um tratamento eficaz da doença, o Eterno, abençoado seja Ele, outorgou a Moisés um poder convincente para poder curá-la milagrosamente. M. Kalish, que também menciona a opinião do Rav Herz, baseia-se no texto bíblico, onde se lê: *iakechá Hashém bishchín Mitzrayim... ashér lo tuchál leherafé*": ferir-te-á o Eterno com a sarna do Egito, da qual não te poderás curar⁴.

Por duas vezes a *Torá* nos relata a respeito da praga da lepra, com a qual Miriam foi castigada por ter falado mal. No livro *Números* 12,1, lê-se: *vatedabér Miriam veAharón beMoshé al odót haishá hakushít ashér lakách*, e falaram Miriam e Aarão contra Moisés por causa da mulher etíope que tomara. A *Agadá* deduz que Miriam foi castigada por ter falado com arrogância e

---

1 *Ex* 4, 1.
2 *Ex* 4, 6-7.
3 Obadia ben Jacob, c. 1475- c.1550.
4 *Dt* 28, 27.

altivez contra seu irmão, e aconteceu que, *vehaanán sár meál haóhel, vehiné Miriam metzoráat kasháleg*, e a nuvem retirou-se de sobre a tenda, e eis que Miriam estava leprosa, branca como a neve[5]. E ela ficou curada graças à mais famosa e mais curta oração de Moisés, como reza o texto: *vayitz'ák Moshé el Hashém leimór, E-L ná refá ná lá*, e clamou Moisés ao Eterno, dizendo: D'us! rogo-Te, cura-a[6]. E logo depois o Eterno disse a Moisés para isolar Miriam fora do acampamento durante sete dias, pois segundo a interpretação de Ibn Ezra, esse isolamento não é simplesmente um castigo, ou uma precaução contra um eventual contágio, mas sim um processo de humilhar, para afastar o transgressor por um tempo limitado do convívio com a coletividade do Eterno.

O texto bíblico[7] ajuda-nos a compreender a dedução de Ibn Ezra. As palavras bíblicas ensinam-nos: *hishamér benéga hatzaráat lishmór meód velaássot, kechól ashér iorú etchém hacohanim haleviyím*, guarda-te da chaga da lepra, de observar bem e de fazer conforme a tudo que te ensinarem os sacerdotes-levitas, e a sentença que segue motiva a ordem, advertindo: *zachór et ashér assá Hashém Elokécha leMiriam, badérech betzeitchém mimitzráim*, recorda-te do que fez o Eterno teu D'us, a Miriam, no caminho, quando saíste do Egito. Essas duas sentenças não deixam, na nossa modesta opinião, dúvida alguma de que a *Torá* não viu na doença da lepra uma enfermidade como qualquer outra, mas sim um castigo do céu, para a regeneração moral do homem. E Rashi explica no lugar: "Trata-se de uma advertência e uma motivação: se te queres precaver da lepra, não fales mal de ninguém".

E para acabar, não podemos deixar de mencionar uma passagem talmúdica muito interessante e principalmente muito educativa e sobremaneira moral. No tratado talmúdico *Arachín* 16a, diz-nos Rabi Shemuel bar Nachmáni: *al shivá devarím negaím baín: al lashón hará, veál shfichút damim, veal shvuát sháv, veal guilúi araiót, veal gassút harúach, veal haguézel, veal tzarút haáyin*, por sete motivos o homem é acometido de chagas: por causa de má língua, por homicídio, por injúria, por incesto, por arrogância, por roubo e por inveja. Palavras sumamente instrutivas; ide e analisai-as.

---

5   Nm 12, 10.
6   Nm 12, 13.
7   Dt 24, 8-9.

Metzorá

Esta *parashá* é uma continuação da anterior, ocupando-se também com o problema da lepra, problema já analisado sob certos aspectos na *parashá Tazría*. Uma questão básica que ocupa a atenção de quase todos os exegetas é: afinal, qual é a natureza dessas pragas e moléstias? Trata-se de fato de doenças que deveriam ser observadas pelo sacerdote, para o devido tratamento? E o isolamento do qual a *Torá* nos fala, será que essa quarentena rigorosa foi prescrita a fim de evitar o perigo do contágio? Ou talvez a *Torá* nos quisesse indicar que todas essas doenças e pragas não são outra coisa senão castigos miraculosos, visto que também nessa *parashá* encontramos referências a *néga tzaráat babáit* (doença leprosa da casa), algo que é impossível imaginar? Na procura de uma resposta sobre a natureza da lepra, apoiar-nos-emos principalmente nas opiniões dos mestres, nos maiores comentaristas, assim como nos resultados das pesquisas clínicas dessa matéria.

Para facilitar a nossa tarefa, repetiremos a citação talmúdica, mencionada na *parashá* anterior. No tratado *Arachín* (16a), ensina-nos Rabi Shemuel bar Nachmáni: *al shivá devarím negaím baín: al lashon hará, veál shfichút damím, veál shvuát sháv, veál guilúi araiót, veál gassút haruach, veál haguézel, veál tzarút haáyin*, por sete motivos o homem é acometido de chagas: por causa da má língua, por homicídio, por injúria, por incesto, por arrogância, por roubo e por inveja.

O nexo entre "má língua" e "lepra" a *guemará* supracitada deduz, aplicando a regra de paridade filológica: "Esta será a lei do leproso"[1] e desse

---

[1] Lv 14, 2.

texto conclui o *Talmud* "esta será a lei daquele que fala mal dos outros, que espalha mentiras". E o *Talmud* continua: 1. *al shfichút damím*, por homicídio: como está escrito[2] *veal Yikarét mibéit Joáv, zav umetzorá*, jamais falte da casa de Joabe quem tenha fluxo, quem seja leproso, e Rashi a propósito explica: "Isto tudo por ter derramado o sangue de Abner, filho de Ner". 2. *Veal shvuat sháv*, por injúria, como está escrito[3].

Vaiómer Naamán: Hoél kách kikarim. E disse Naaman: Por favor, toma dois talentos; e Rashi esclarece que o termo *hoél* aplicado nesse contexto não quer dizer, como geralmente, "por favor", mas sim "como juramento". Como se Naamán lhe dissesse: Jura-me, então tomarás em vez de um talento, como pediste, o dobro, dois talentos. E logo depois lê-se: *Vetzaráat Naamán tidbák bechá, uvezar'achá leolám, Vaietzê milefanáv metzorá kasháleg*, portanto a lepra de Naamán se pegará a ti e à tua descendência para sempre; então saiu de diante dele leproso, branco como a neve[4]. 3 *Veál guilúi araiót*, por incesto, adultério, como está escrito: *Vaienagá Hashém et Par'ó negaím guedolím, veét beitó, al devár Saráí éishet Avrám*, e inflingiu o Eterno ao Faraó e à sua casa, grandes chagas por causa de Sara, mulher de Abraham[5]; sendo Sara uma mulher casada, por isso o Faraó mereceu esse castigo. 4 *Veál gassút haruách*, por arrogância. Para ilustrar, porque a arrogância, a altivez, como aberração ética, merecem o castigo de uma praga leprosa, o *Talmud* cita o acontecimento com o rei Uziáhu-Azariáhu, a respeito do qual o Livro nos relata: *Uchechezkató gavá libó ad lehashchít, vayim'ál BaDoshém Elo-háv*, mas havendo-se já fortificado, exaltou-se o seu coração para a sua própria ruína, e cometeu transgressões contra o Eterno seu D'us[6]. E no mesmo capítulo, sentença 19, o relato continua: *Vaiizáf Uziyáhu; uveza'pó im hacohaním, vehatzaráat zarchá bemitzchó*, então Uzias se indignou; indignando-se ele contra os sacerdotes, a lepra lhe saiu na testa perante os sacerdotes. E o triste relato, acaba: *vaiehí Uziyáhu hamélech metzorá ad íom motó, vaiéishev béit hachofshít*

---

2   2Sm 3, 29.
3   2Rs 5, 23.
4   2Rs 5, 27.
5   Gn 12, 17.
6   2Cr 26, 16-26.

metzorá, assim ficou leproso o rei Uzias até o dia da sua morte, e morou, por ser leproso, numa casa separada[7].

A respeito do roubo (furto) e da mesquinhez (inveja) o *Talmud* não se baseia sobre acontecimentos citados na *Bíblia*, mas menciona homílias fundadas nas interpretações de textos bíblicos.

Voltaremos novamente ao ponto de partida, isto é, o tratado talmúdico *Arachín* 15b, a fim de indagarmos o porquê do desprezo e da indignação dos mestres para com os que falam mal dos outros, e as consequências nefastas dessa imoralidade, o horrível mal da sociedade.

Lashón telitai katíl telitai: horég limsapró velimcabló, velaomrím aláv. A tagarelice a respeito de uma terceira pessoa mata três pessoas: o que espalha a calúnia, o que a admite e aquele a respeito do qual se falou[8]. Se existe neste mundo uma malícia, uma crueldade desnecessária, é ela aquela aberração à qual todos nós nos inclinamos: a crueldade da má língua. Cá estamos, lançados na vida contra nossa vontade. Quantos sofrimentos, quantas mágoas esta vida nos proporciona? Todos nós somos, como dizia Victor Hugo, prisioneiros torturados, condenados a morrer. Poder-se-ia imaginar pela experiência do nosso próprio destino que a mágoa e o sofrimento são partes inevitáveis da vida, e teríamos um pouco de simpatia para com o nosso próximo; mas infelizmente, caluniamos, difamamos, amargamos destarte a vida do próximo, tornando este curto lapso de tempo que nos é dado para viver desnecessariamente mais difícil, mais cruel, mais desumano. Duas pessoas se precipitam num remoinho de água, lutando pelo pão, enfrentando ondas frias, rochas perigosas. Um deles, por ser mais forte, mais bruto, sem escrúpulos, consegue arrancar o pão cobiçado do próximo, ferindo-o gravemente. Diremos que isso é horrível; mas a má língua causa os mesmos danos abomináveis.

Haló áv echád lechulánu, haló Ei-1 echád beraánu, madúa nivgád ish beachív lechalél berit avotéinu? Não temos nós todos o mesmo Pai? Não nos criou o mesmo D'us? por que seremos desleais uns para com os outros, profanando a aliança de nossos pais?[9] Acaso não somos irmanados na vida e

---

7   2Cr 26, 16.
8   *Arachín* 15b.
9   Ml 2, 10.

no sofrimento? Por que então nos atraiçoamos reciprocamente, apunhalando-nos nas costas? Quais podem ser as causas horríveis e detestáveis, capazes de justificar essa malvada selvajaria humana? Por que falar mal do próximo? Somente almas vazias, que não sabem falar a respeito de outras coisas, gostam da maledicência; pessoas cultas, inteligentes, têm outros temas de discussão e de conversa. Qual é a motivação da má língua? O desejo de ser o centro da atração? A vontade de chamar para si a atenção dos outros? O instinto para ser mais santo que você? O pecado de *mitchabed bekalón chaveiró*[10,] conquistando honrarias e fama à custa da humilhação do próximo?

Os mestres nos dizem: *Kashá lashón hará mishfichút damím, umeguilúi arayót, umeavodá zará*, o pecado de falar mal é pior do que o homicídio, o incesto e a idolatria[11]. Não há pois nenhuma justificação para a maledicência, quer ela seja verdadeira ou falsa. Se o seu próximo pecou, e você pretende fazer algo a esse respeito, então *hochéiach tochíach et amitécha*[12], repreenderás o teu próximo: fale com o seu vizinho, chame a sua atenção para a transgressão e censure-o.

Mas não há nada mais perigoso ou mais destrutivo do que tolerar o doce pecado, falando mal a respeito das fraquezas do vizinho.

A má língua é mais perigosa do que qualquer arma mortífera. E é por isso que o rei Salomão nos adverte: *Mávet vechayím beiád halashón*, a morte e a vida estão no poder da língua[13]. O que é falado num lugar, mata em outro lugar. Só quando somos capazes de considerar as dimensões desse vício podemos avaliar as suas consequências perigosas.

Existem duas espécies de bisbilhotice, uma verdadeira e outra mentirosa. A verdadeira: um dos seus conhecidos cometeu um erro, ele está ciente do seu ato incorreto e por isso se sente deprimido; você pretende ocultar o fato no intuito de defender o seu próximo. Mas, sempre haverá alguém que se sentirá obrigado a divulgar o acontecido, para todo o mundo. Usando a linguagem rabínica: *Lidchei éven achár hanofél*, lançando

10 .*Yerushalmi, Chaguigá* 2, 1; 77c.
11 *Tanchumá, Metzorá* 2.
12 Lv 19, 17.
13 Pr 18, 21.

uma pedra naquele que caiu[14], ferindo-o quando se sente abatido. O que lhe interessa é acelerar a sua ruína. E por que não? A vida do próximo não lhe diz nada.

E no caso de não verdade? Qual é o objetivo da intriga? O boato é espalhado, ele terá que provar a sua inocência. Como se pode refutar um boato?

Eis os efeitos de pecar pela má língua: 1. ignomínia; 2. adquirir a reputação de ser perigoso, e 3. ela retorna como destino infalível.

Chavrách chavrá it lei, vechavrá dechavrách, chavrá it lei: O teu amigo tem um amigo, e o amigo de teu amigo tem um amigo[15], sê pois cuidadoso, se não és capaz de falar bem do teu próximo.

Assim é o tagarela. Ele é cruel, malicioso, demonstra o esvaziamento da alma e a má índole do coração; ele é perigoso e destrutivo. Os mestres nos ensinam: D'us formou o homem com lábios e dentes, isto é, munindo-o com duas barreiras. Se você souber algo que é verdadeiro a respeito do seu próximo, feche as barreiras, pois é cruel e desumano falar. Se souber algo que é mentira, feche as barreiras, pois abrindo-as, você é capaz de destruir a vida do seu semelhante.

O *Talmud*[16] relata: *machríz Rabi Alexandri man baei chaiéi, man baei chaiéi? K'núf veatú kuléi almá legabei: amrei lei, háv lán chaiéi! Amár lehú: Mí haísh hechaféiz chayím? Netzór leshonchá merá, usfatécha midabéi mirmá*[17].

Rabi Alexandri costumava proclamar publicamente: Quem quer vida, quem quer vida? Juntaram-se em torno dele muita gente, e reclamaram: dá-nos vida! E Rabi Alexandri lhes respondeu: Quem é o homem que ama a vida e quer longevidade para ver o bem? Afasta a tua língua do mal, e os teus lábios de falarem dolosamente.

No silêncio há vida, vida para o que fica calado, vida para aquele a cujo respeito o silêncio é preservado.

Se você gosta da vida, então guarde a sua língua de falar mal: *Netzór leshonchá merá*.

---

14 Kidushín 20b.
15 Arachín 16a.
16 Avodá Zará 19b.
17 Sl 34, 13-14.

Acharê Mot

Nessa *parashá* a *Torá* nos adverte: *dabér el bnei Israel veamartá aleihém,* ANÍ *Hashém Elo-heichém. Kemaassé éretz mitzráim ashér ieshavtém bá lo taassú; uchmaassé éretz kenáan ashér aní meiví etchém sháma, lo taassú, uvchukoteihém lo teléichu. Et mishpatái taassú, veét chukotái tishmerú laléchet bahém,* ANÍ *Hashém Elokeichém. Ushmartém et chukotái veét mishpatái, ashér iaassé otám haadám, vachái bahém,* ANÍ *Hashém.* Fala aos filhos de Israel, e dirás a eles: EU sou o Eterno, vosso D'us. Segundo as obras da terra do Egito, na qual estivestes, não fareis, e segundo as obras da terra de Canaã, à qual Eu vos levo, não fareis; e não andareis segundo os seus costumes. Os meus juízos cumprireis e os meus estatutos guardareis, para segui-los; EU sou o Eterno vosso D'us. E guardareis os meus estatutos e os meus mandamentos, cumprindo os quais, o homem viverá por eles; EU sou o Eterno[1].

Para compreendermos melhor a análise dessa *parashá*, devemos recordar a ordem dada aos sacerdotes (*cohanim*) a respeito das prescrições dietéticas: *ki Aní Hashém Elokeichém, vehitkadishtém, vihiyitém kedoshím, ki kadósh Aní*: porque EU sou o Eterno vosso D'us; e santificar-vos-ei, porque eu sou santo[2].

Acaso não haverá nesse complexo código de exigências e prescrições aos *cohanim* e ao povo um traço peculiar da *Torá*, que *a priori* quer demolir as barreiras, a severa distinção entre sacerdotes e leigos, como aquela que existia no país das castas, no Egito? Qual é a razão para que a *Torá* proíba aos *cohanim* de se impurificarem com os mortos (exceto o pai, a mãe, o

---

1 Lv 18, 2-5.
2 Lv 11, 44.

filho, a filha, o irmão e a irmã solteira)? Como explicar a ordem dada ao sacerdote, de se afastar de qualquer culto dos mortos?

O que a *Torá* pretende com essas rígidas prescrições é somente impossibilitar o surgimento no meio ambiente judaico de uma casta de sacerdotes como aquela que existia no Egito, onde o culto sacerdotal predominava sobre a vida comunal, e onde a camada de sacerdotes abusava para o seu próprio proveito dos que eram sem privilégios hierárquicos. Milhares e milhares de sacerdotes com os seus servos se dedicaram nas necrópoles[3] à arte do embalsamamento e à cerimônia do sepultamento. Com essa sua ocupação por demais corrupta, eles conseguiram uma inquebrantável fidelidade da parte do povo, pois na sua superstição fanática, cada um queria estar em "boas relações" com aquele sacerdote que, depois da sua morte, se ocuparia com o seu cadáver. Tomando em consideração esse ponto de vista, a proibição severa da *Torá* torna-se mais plausível, levando-nos a concordar que através da rígida disciplina que orientava a vida e a conduta dos *cohanim*, a *Torá* alcançava um feito de transcendental importância, facilitando-nos compreender a razão psicológica de por que um *cohen* não devia (e não deve) entrar no cemitério.

Vachái bahém, os ensinamentos de D'us Bendito são-nos ordenados para que possamos "viver" por eles, e dentro de seu espírito. A *Torá* é denominada *Torat chayím*, ensinamento vivo, que nos possibilita a *chaiê Torá*, um estilo de vida baseado nos princípios éticos da *Torá*. E é dentro dessa ordem de ideias que nós interpretamos a bênção *vechaiê olam natá betochénu*: vida eterna implantou em nós. Essa "vida eterna" não se refere à vida fisiológica, biológica, de cada um de nós, mas pretende sublinhar que, enquanto o povo de Israel souber viver dentro do espírito e dos ensinamentos da *Torá*, ele, Israel, viverá eternamente, assim como a *Torá* é e ficará eterna.

O judaísmo não quer um culto de mortos, mas tampouco admite barreiras que distingam sacerdotes e laicos. O ideal da *Torá* para com o povo de Israel é delineado sucintamente: *veatém tihiyú li mamléchet cohanim vegói kadósh*, e vós sereis para mim um reino de sacerdotes e um povo santo[4].

---

3   Do grego: *anekros*, morte, e *polis*, cidade: vastos subterrâneos destinados às sepulturas, dos quais os de Tebas e Mênfis eram os mais importantes.

4   *Ex* 19, 6.

Eis a exigência revolucionária da *Torá*. A *Torá* não pretende transmitir somente "religião", mas principalmente "cultura e civilização" no mais puro sentido do termo. Em face do despotismo egípcio e cananeu, a *Torá* aspira a ensinar e propagar verdadeira cultura humanista.

Isso nos fará compreender porque a *parashá* que segue, *Kedoshim* (santos) tem como introdução esta advertência rígida e bem definida: *kemaassé éretz mitzráim, uchmaassé éretz kenáan lo taassú*, segundo as obras da terra do Egito, e segundo as obras da terra de Canaã, não fareis[5].

O que profana a nossa vida? Para podermos apreciar devidamente o judaísmo, para compreendermos que ele não é uma religião no sentido vulgar da palavra, mas sim uma doutrina cultural, devemos conhecer um pouco a religião, os costumes e as práticas de culto dos povos antigos, especialmente os dos egípcios e cananeus. Só então perguntar-nos-emos, admirados: com o que essa doutrina humana, a *Torá*, foi capaz de contribuir para a formação do povo judeu?

Proibindo pormenorizadamente toda espécie de imoralidades, iniquidades e impudicícias, Moshé Rabeinu teve em mente os crimes libertinos praticados no Egito, especialmente em Nomos, na província de Góshen. Pior ainda que os egípcios, os cananeus afundaram-se em toda espécie de iniquidades, fazendo-as parte integrante da sua religião e do seu culto. Junto com a luxúria, surge em Canaã o abominável rito do ídolo Báal ou Moloch, do qual a *Torá* nos adverte claramente: *umizarachá lo titén lehaavír lamolech, veló techalél et shém Elokécha, Aní Hashém*, e da tua semente não entregarás nenhum, para fazê-la passar pelo fogo a Moloch, e não profanarás o nome de teu D'us; Eu sou o Eterno[6]. E mais detalhes nesse contexto: *vaaní etén et panái baísh hahú, vehichratí otó mikérev amó, ki mizar'ó natán lamólech, lemaán tamé et mikdashí, ulechalél et shém kodshí*, Eu porei a minha ira sobre aquele homem, e o banirei do meio de seu povo; porque de sua semente deu a Moloch para impurificar o meu santuário, e para profanar o nome da Minha Santidade[7].

---

5   Lv 18, 3.
6   Lv 18, 21.
7   Lv 20, 3.

Fenícios e cartagineses, escreve Riehm[8], assim como todas as tribos cananeias, ofereciam-lhe (a Moloch) sacrifícios, por duas razões: Quando a situação política do Estado estava calamitosa, e num dia fixo no ano, como fazendo parte do culto. Quanto ao cerimonial do rito encontramos na Torá um termo técnico *lehaavír lamólech* (passar a Moloch) e Rashi comenta: *maavirín et habén beragláv bén shtéi medurót haéish*, atava-se os pés do filho fazendo-o passar entre duas fogueiras. E do profeta Ezequiel ouvimos: *Vatishchatí et banái, vatitním behaavír otám lahém*, mataste a meus filhos, e os entregaste a elas como oferta pelo fogo[9].

Segundo Plutarco[10], obrigava-se em Cartago as mães a assistir à matança dos seus filhos, sendo-lhes proibido derramar uma lágrima; e caso elas não fossem capazes de dominar a expressão da sua profunda dor, castigavam-nas severamente, pois assim o afirmavam os sacerdotes: um sacrifício ao deus tem que ser feito com estoicismo; do contrário a oferta será rejeitada. Uma música barulhenta de flautas e tambores que acompanhava a cerimônia (um *background* musical, exatamente como o exigiam os carrascos de Hitler quando levavam suas vítimas inocentes às câmaras de gás de Maidanek e Auschwitz), uma música barulhenta, dizíamos, devia "cobrir" o pranto e os choros horrorosos das crianças queimadas vivas. Essa música barulhenta devia – como nas outras voluptuosas e cruéis orgias cananeias – despertar êxtase e delírio. Todos esses rituais estão descritos plasticamente na obra *Salambô*, de Flaubert.

Os punos conservaram esse ritual até à época de Tibério[11]. Acontece que também os hebreus rebeldes se deixaram seduzir por essa horrível loucura. As repetidas advertências de morte que nesse contexto encontramos na *Torá*, demonstram até que ponto os filhos de Israel inclinaram-se a essa imoralidade.

Só uma religião severíssima, baseada na fé inabalável num único D'us, poderia servir de barreira positiva contra esse ambiente desastroso, que ameaçava desmoronar a vida, a existência e a continuidade dos filhos de

---

8 Eduard Karl August Riehm, 1830-1888.
9 Ez 16, 21.
10 Historiador e moralista grego, 50-120.
11 Segundo imperador romano, que cometeu as maiores atrocidades, 42 a.E.C-37E.C.

Israel. Desse ponto de vista podemos compreender a rigorosa proibição de qualquer contato com os povos cananeus; só assim entenderemos o conceito deste tão erroneamente interpretado D'us zeloso e vingativo na rigidez da Sua vontade. Ele demonstra o seu amor à humanidade, como se nos dissesse: "Empregarei os meios mais drásticos, castigar-te-ei impiedosamente, mas *Vachái bahém*, para garantir a tua continuidade".

Em presença desses fatos irrefutáveis, parece justificada a interrogação: para onde teria conduzido a máxima consoladora *al kól peshaím techassé ahavá*, o amor faz encobrir todas as transgressões?[12] O que teria acontecido com esse povo que, apesar de todas as ameaças de pena capital, de advertências e ameaças de desaparecimento, de aniquilamento pela boca de seus profetas, decaiu sempre de novo nesse vício "natural"? Mas também isto podemos indagar: que força moral, quanta energia ética, quanta confiança em D'us, deveriam ter esses homens, para conseguirem, nessas aparentemente invencíveis dificuldades, formar um povo eticamente bem consolidado?

Uma outra loucura, e não menos perniciosa, operou na alma do povo, e por isso foi combatida com a mesma intransigência que a idolatria. Referimo-nos à última frase dessa *parashá: veísh o ishá ki yihié bahém ov o yid'oní mót iumátu, baéven irguemú otám, demeihém bám*: e homem ou mulher que fizerem magia ou feitiçaria, serão mortos; apedrejá-los-ão, seu sangue recairá sobre eles[13]. Isso é a tradução geral. Hoje não sabemos mais o que significa *ov* ou *yid'oní*. Segundo Riehm, trata-se de superstição, adivinhar pelo espírito do morto (*Wahrsagerei durch den Totengeist*), ou adivinhar pela possessão demoníaca (*Wahrsagen durch Besessenheit*).

Israel criou-se nos lugares centrais da antiga feitiçaria: Egito e Babilônia. O *Talmud* relata que "dez medidas de magia vieram ao mundo; nove delas engoliu o Egito, e uma medida ficou para o resto do Universo"[14]. Mas, baseados na afirmação talmúdica, pode-se concluir que essa única medida era, ainda assim, bastante poderosa e suficiente para envenenar a segunda poderosa potência dessa era com tremenda dose de superstição.

---

12 *Pr* 10, 12.
13 *Lv* 20, 27
14 *Kidushin* 49b.

Essa potência era a Babilônia. Um dos maiores conhecedores da religião babilônica, prof. Landsdorfer escreve a esse respeito: "Uma horripilante calamidade de superstição domina não somente a vida particular, mas também forma uma parte essencial da religião estatal. Curioso é o fato de que, em toda a literatura babilônica, não se encontre nenhum vestígio de protesto, nenhum sinal de ceticismo contra essa tradicional opinião. Ao contrário, nos últimos séculos, ela vai ganhando mais terreno e mais adeptos, e mesmo a ruína da Babilônia e o desaparecimento sucessivo da sua cultura, não conseguiram sufocá-la. Agora ela começou a sua marcha triunfal através de Grécia e Roma, para o Ocidente, e rói a medula da cultura cristã, até aos tempos modernos. Que triste herança deixou essa cultura babilônica!"[15]

Mas como dissemos: nenhum vestígio de protesto; somente na *Torat Moshé*. A religião oficial da Babilônia era um culto de fórmulas e costumes mágicos, uma superstição de quase incrível ingenuidade. A religião egípcia continuou a ser durante os milênios da sua existência o que fora desde os tempos primitivos, uma magia importante para deuses e homens. Na religião do brahmanismo sacerdotal hindu, o culto e a oração do sacrifício eram mais fortes que a própria deidade, de maneira que o sacerdote dominava os ídolos, servindo-os.

Nenhum outro povo antigo conseguiu livrar-se da superstição e da magia, como é o caso conosco. Sobre o ético D'us da vontade que a *Torá* nos mostra, o homem é incapaz de influir com qualquer meio mágico. É por isso que a feitiçaria é rigorosamente proibida. Eis a razão porque a religião do *Tanách* não tem fórmulas mágicas ou coisa semelhante, nem individualmente (na oração do indivíduo) e tampouco em contexto com os sacrifícios, apesar de que o serviço divino de ofertas era sempre acompanhado por orações. A oração no *Tanách*, e isso provam os *Salmos*, é uma íntima ligação com o Criador do Universo, é uma *hishtapchút hanéfesh*, um desabafo da alma perante o Eterno, experiência que não encontramos em nenhuma outra religião da Antiguidade. A ideia inquebrantável de um D'us único, baluarte fundamental da concepção judaica, destruiu radicalmente a demonologia.

---

15   *Cultura dos Babilônios e Assírios*.

Desse ponto de vista, compreende-se aquilo que os profetas não cessaram de repetir e de inculcar constantemente, em nome do Eterno: *Aní Hashém veéin od, zulatí éin Elokim; Ani Hashém veéin od, iotzér or uvoré chóshech, ossé shalóm uvoré rá, Ani Hashém ossé chól eile*: Eu sou o Eterno, e não há outro. Eu formo a luz e crio as trevas; faço a paz e crio o mal; além de Mim não há D'us; Eu sou o Eterno, e não há outro; Eu, o Eterno, faço todas estas cousas[16].

E na *Torá*, vemos a exortação de Moisés, antes de desaparecer "fisicamente" (pois "espiritualmente" ele continuará vivo eternamente): *reú atá ki Aní Aní hú, veéin Elokim imadí*, vede agora, que Eu sou, Eu somente, e mais nenhum D'us além de mim[17].

É por isso que o *leitmotiv* da nossa vida, que a quintessência do nosso ser e do nosso pensamento, não podia ser outra confissão, a não ser o *Shemá Israel, Hashém Elokéinu, Hashém Echád*: Escuta, Israel! o Eterno é nosso D'us, o Eterno é UM[18].

Galileu, esse ilustre matemático, físico e astrônomo, que a Inquisição considerou herege (o mesmo aconteceu com Copérnico) declarou: "A Escritura Sagrada e a natureza provêm ambas do verbo Divino; a primeira como inspiração do Espírito Sagrado (*Ruách hakódesh*) e a segunda, como executora das ordens Divinas".

---

16 Is 45, 5-7.
17 Dt 32, 39.
18 Dt 6, 4.

Acharê Mot – Kedoshim

I

Geralmente estas duas *parashiot* são lidas juntas no mesmo Shabat. Tendo já interpretado com bastante clareza os ensinamentos da *parashá* antecedente *Acharê Mot* que nos serviu, como já mencionado, de prelúdio para a *parashá Kedoshim*, e não podendo analisar detalhadamente todas essas elevadas prescrições ético-sociais que as duas *parashiot* nos transmitem, bastará citar a opinião de um dos grandes exegetas da *Torá*, Rabi Isaac Samuel Reggio[1]. No seu belo comentário, diz-nos o Rabi Reggio: "Se por uma fatalidade do destino cruel, ficássemos privados dos cinco livros da *Torá*, salvando-se somente a *parashá Kedoshim*, isso seria mais que suficiente para que, através dessas 51 *mitzvót* primordiais mencionadas nessa única *parashá*, o mundo civilizado e culto conhecesse a concepção do pensamento judaico". Porque o judaísmo não é somente um estilo peculiar de viver, mas principalmente, uma maneira de pensar, ou como dizem os ingleses: "a special way of life".

Sobre cada uma dessas 51 *mitzvót*, já foram escritos dezenas, sim, centenas de volumes explicativos e interpretativos, e a matéria, por ser tão atual, especialmente na época em que vivemos, ainda não está esgotada, dando muita margem para ilustrações à luz dos tempos correntes.

---

[1] Isaac Samuel Reggio, 1784-1855, fundador do Seminário Rabínico de Pádua em 1829; autor da obra *Hatorá vehafilosofia* (A Torá e a Filosofia); traduziu o Pentateuco para o vernáculo italiano.

Tentaremos agora esclarecer, numa linguagem simples e compreensível, uma cerimônia religiosa celebrada primitivamente no Santuário móvel, no tabernáculo (*mishkán*) e depois no Templo.

Referimo-nos à ordem dada ao sumo sacerdote Aarão para escolher dois bodes, dos quais um deverá ser destinado a D'us, isto é, sacrificado no altar, enquanto o outro, sobre o qual o *Cohen Gadol* confessava seus pecados, de sua família e da coletividade judaica, é depois mandado para o monte Azazel no deserto do Sinai, abandonando-o ao seu destino.

A *parashá* relata: "Foi após a morte inesperada de seus dois filhos Nadáv e Avihú", que, segundo nos explica o *Midrash*, morreram dentro do tabernáculo durante o serviço Divino, por terem cometido quatro graves transgressões:

1. por terem feito o sacrifício no lugar sagradíssimo, onde só o sumo sacerdote podia entrar uma vez por ano, no dia de Yom Kipur;
2. por terem apresentado uma oferta que não fora ordenada;
3. por terem tirado o fogo do holocausto, o que era proibido; e
4. por terem sido muito orgulhosos, e não se consultarem mutuamente[2].

"Aarão recebeu ordem do seu irmão Moisés, para escolher, ou melhor dito, para sortear dois bodes que, como já dissemos, deveriam levar destinos diferentes *gorál echád laAdoshém, vegorál echád laAzazél*: Aarão deveria lançar sobre os dois cabritos, sortes, uma para o Eterno e a outra para Azazel"[3]. Os cabritos foram colocados um à sua mão direita e o outro à sua esquerda. E nas duas mãos Aarão tinha as respectivas rifas, tiradas de um recipiente fechado, sem saber qual das rifas é *laDoshém* e qual *laAzazél*; estendeu as mãos por cima das cabeças dos bodes, e assim foi feito o sorteio. Os nossos exegetas interpretam essa cerimônia de rifar os cabritos como indicação simbólica para os dois diferentes elementos humanos e a sua maneira distinta de encarar os problemas da vida. Um,

---

2 *Vayikrá Rabá* 20, 6.
3 Lv 16, 8.

que encarna com o seu estilo de viver, pela pureza de suas ações e pensamentos, aquela máxima que em muitas sinagogas está gravada com letras douradas por cima do Aron HaKodésh, e reza: *Shivíti Adoshém lenegdí tamíd*[4] (tenho o Eterno sempre à minha presença, tudo o que eu faço e pretendo fazer é orientado e guiado por uma única motivação, viver sempre dentro das prescrições da *Torá*, amar a D'us, o meu povo e a humanidade inteira; e para concretizar esse meu ideal sublime, não receio qualquer sacrifício). Esse elemento humano, que representa pela nobreza do seu caráter a perfeição da criação Divina, é o símbolo de *laDoshém*.

Mas existe também um elemento radicalmente oposto, aquele ser humano cuja vida é nitidamente profana, cujos interesses nesta vida são de um vil materialismo, uma abjeção grosseira, o tipo de ser humano cujo maior ideal é o seu próprio ego, para o qual o meio ambiente não existe, porque ele é incapaz de dar algo de si. Esse tipo de homem vive na autoilusão de ser um elemento útil na sociedade, mas quem for capaz de deitar um olhar dentro da sua alma vazia e pobre, verificará facilmente que ele, coitadinho, não é nada mais do que um bode isolado num deserto. Pois nós todos sabemos muito bem que existem não somente desertos geográficos, mas também, e o que é mais lamentável, desertos espirituais, intelectuais, assim como existem climas que não dependem somente das condições atmosféricas, mas sim do calor das nossas almas e dos sentimentos de nossos corações.

Esse segundo elemento também não se importa de fazer toda espécie de sacrifícios para alcançar o seu fim, mas é o *fim* próprio que distingue esses dois caracteres. Enquanto para o primeiro o alvo é *laDoshém*, a meta do segundo é orientada para *laAzazél*.

Esses dois elementos humanos, simbolizados pelos dois cabritos, só refletem as formações de seus caracteres, mas de maneira alguma as causas que as originaram. Nesse sentido, já há uma grande diferença. Pois enquanto os dois cabritos do dia de Yom Kipur dependiam do sorteio, de um puro acaso, porque não havia causas positivas que determinassem esse acaso e, ao contrário, o *Talmud*[5] ensina-nos que os dois bodes

---

4   *Sl* 16, 8.
5   *Yomá* 62a.

deveriam ser absolutamente iguais na aparência, na altura e no valor, tal já não é o caso com os dois elementos humanos. No que diz respeito ao homem, não podemos afirmar que aquilo que forma o seu caráter e a sua maneira de pensar é puramente ocasional. O homem não é guiado por ninguém, a não ser por si próprio. Como ser vivo e racional, sendo a perfeição máxima da Criação, ele, o homem, decide o seu destino. Ele é um *baal bechirá*: o Criador do Universo lhe outorgou o livre-arbítrio, esse privilégio máximo está nas suas mãos, através do qual ele tem a possibilidade de escolher o caminho que conduz à vida. Tendo isso na mente, tornar-se-á fácil compreender o axioma profundo e significativo que encontramos no *Talmud*[6] – *badérech sheadám rotzé leiléch bá, molichín otó*, o homem só segue o caminho que ele próprio quer trilhar – e o fato de que a Torá nos recomenda *uvachartá bachayím lemáan tichié atá vezarécha*, escolherás pois a vida, para que vivas tu e a tua descendência[7], não são incoerências do livre-arbítrio. E é nessa escolha que consiste a diferença entre o homem e o animal.

A cerimônia de sortear os bodes, oficiada no dia mais sagrado, no lugar mais sagrado e pelo homem mais sagrado (o sumo sacerdote), é talvez a mais bela e mais significativa demonstração de que o acaso pode ser um fator decisivo quando se trata de carneiros inocentes, mas nunca em relação ao homem responsável pelos seus atos.

Citamos acima a *Guemará*, que os dois cabritos deveriam ser também iguais no preço. Se aplicássemos essa norma, isto é, os preços iguais, na nossa vida, o mal não seria tão grave. O que é lamentável e um fato triste, é a constatação que para o Azazel, para as coisas que se perdem no deserto, coisas fúteis, infrutíferas, levadas pelo vento, pagamos sempre um preço muito mais caro; nesses casos o dinheiro não tem importância nenhuma, é simplesmente esbanjado; mas quando se trata de contribuir *laDoshém*, para o sustento de obras caritativas, instituições de beneficência, assistência social, escolas, *yeshivot*, lamentamos que a crise comercial é grave, que os negócios são péssimos, enfim, procuramos mil e uma des-

---

6   *Makót* 10b.
7   Dt 30, 19.

culpas para nos esquivarmos de nossos deveres para com a coletividade e para com as obrigações humanitárias.

E é isso que devíamos apreender da *parashá* desta semana: já que não nos importamos com os gastos para fins egoístas, para prazeres individuais, devíamos oferecer pelo menos, se não mais, o mesmo para os fins sagrados.

Os dias entre Péssach e Lag-Baómer estão, como narra a tradição judaica, intimamente ligados à vida e à obra de Rabi Akiva. E esse Mestre, que é comparado a Moshé Rabeinu, o maior intérprete da *Torá* e o mais exato expoente do *Talmud*, nos legou entre outros inúmeros ensinamentos éticos, também esta máxima sublime: *hacól tzafúi vehareshút netuná, uvetóv haolám nidón, vehacól lefí róv hamaassé,* tudo está previsto, e o homem tem o seu livre-arbítrio. O mundo é julgado com benevolência, e tudo depende da maioria das ações praticadas[8].

Aquele que compreender esse ensinamento saberá escolher na vida o caminho que conduz *laDoshém*, para merecer a denominação honrosa *"homem"*, e para *vachái bahém,* para viver dentro do espírito dos ensinamentos da *Torá*.

II

Dabér el kól adát bnei Israel, veamartá aleihém: kedoshíi tihiyú ki kadósh Ani Hashém elokeichém. Fala a toda a congregação dos filhos de Israel, e lhes dirás: Santos sereis, pois santo sou Eu, o Eterno vosso D'us[9].

É com essa recomendação que começa o capítulo com as mais importantes prescrições de santidade da *Torá*. Apesar de já termos analisado com bastante clareza o que nós, filhos de Israel, entendemos por "santo", torna-se imperativo citar a explicação de Rashi nessa *parashá*, em conexão com a ordenação "santos sereis", que segundo esse famoso exegeta significa: "afastai-vos de toda espécie de imoralidade e da transgressão". Achamos que a noção de *kadósh* exige uma definição ainda mais clara.

---

8 *Ética dos Pais* 3, 15.
9 Lv 19, 2.

O judaísmo não conhece nenhum outro "santo" além de D'us. Em que então consiste a substancialidade de D'us? No "ser diferente", no "ser fora" de toda a natureza, e por isso na liberdade. A opinião de Spinoza, "deus sive natura" (D'us – Natureza) é uma flagrante renegação da doutrina básica do judaísmo. *Fora* da natureza, é o reino da liberdade. "Santo" significa livre no mais transcendental grau. Mas o homem nunca é fora da natureza; para o ser humano só pode prevalecer sempre a "aspiração à santidade", a aspiração que tem em mira livrar suas ações de tudo que é terrestre, material, fútil, mesquinho e profano, uma aspiração a que seus sentimentos e desejos sejam determinados o máximo possível pela sua consciência divino-espiritual. Sabemos que os moralistas de todos os povos orientam os seus adeptos nesse sentido.

Segundo Lazarus e Cohen, a definição de "santo" não se esgota no conceito ético. De fato, todos os grandes gênios religiosos sentiram que não pode haver religiosidade sem moralidade, que não pode ser religioso quem não tiver uma base ética. Mas só a ética por si não cria religião. (Fala-se também de lugares santos.)

A designação do Ser supremo como santo significa mais do que a Sua perfeição e absoluta justiça; a qualificação de "santo" em relação a D'us provoca no homem culto o sentimento de respeito, em alemão *Ehrfurcht*. Respeito pode harmonizar com o sentimento de amor, e nunca com o de medo[10].

Da harmonia entre o respeito e o amor resulta essa disposição fundamental da vida religiosa, que eleva o homem aos ideais sublimes da responsabilidade mútua, aos ideais de justiça, bondade e carinho. O santo torna-se bom, e o bom, por isso, santo, formando-se destarte uma síntese indissolúvel, sim, "sacrossanta". A combinação desses dois sentimentos é o que distingue a religião judaica. *Ein kamôcha baElokím Hashém, veéin kemaassécha* – Não há quem se iguale a Ti, entre os poderosos, ó Eterno, nem há feitos comparáveis aos Teus[11]. Somente o D'us de Israel é absolutamente santo, e nenhuma outra doutrina é igual à *Torat Moshé*, pois ela não somente é justa, como também puramente santa. *Barúch atá Hashém – ashér*

---

10   *Ehrfurcht* significa literalmente, *temor à honra*. O autor joga com o duplo sentido do termo alemão.

11   Sl 86, 8.

kideshánu bemitzvotáv: Louvado sejas, ó Eterno – que nos santificaste com os Teus mandamentos. Essa é a oração que pronunciamos antes de cada ação que deve introduzir solenidade na nossa vida, sabendo que oração e prescrição são somente "meios para o fim", isto é, a consagração, mas nunca serão considerados como sendo fins em si mesmos.

O *Rúach haKódesh*, o espírito sagrado em nós, a vontade coletiva do *am kadósh*, do povo santo, criou a oração como expressão da vontade Divina. Se indagarmos pela motivação dessa determinação da *Torá*, a resposta é: *kedoshim tihiyú ki kadósh Ani Hashém elokeichém*, santos sereis, pois santo sou Eu, o Eterno vosso D'us. Essa resposta só podemos compreender desta maneira: Vós fostes criados à imagem de D'us, *betzélem Elokím bará et haadám*[12]; sois seres humanos. A denominação "homem" só é justificada se aspirar à santidade. Essa é a chave para a compreensão dos heróis que o judaísmo produziu, os seus célebres profetas, e os seus milhões de testemunhas, cujo sangue foi derramado pela santificação do Nome Divino, e morreram *al kidúsh Hashém*.

Não podemos ser "homens" no lato sentido da noção, se não somos pessoas morais. "A Minha Santidade", diz o Eterno, "deve ser concretizada nas tuas ações, nos teus feitos, na tua maneira de pensar e de viver. A Minha vontade deve-se tornar a tua, *assé retzonó kirtzonchá; batél retzonách mipnéi retzonó*, executa a Sua vontade [de D'us] como a tua própria, sacrifica o teu desejo ao Seu[13].

Só na medida em que fores capaz de harmonizar os contrastes do teu ser, subordinando o natural em ti ao ético em ti, tornando-te *tu próprio* um *echád*, uma personalidade íntegra, um homem capaz de defender os interesses morais da humanidade como se fosse uma causa tua, pessoal, só então "és redimido do Egito", livraste-te do espírito da subjugação egípcia. Ser criado à imagem de D'us não é um fato consumado, mas sim uma elevada missão, uma potencialidade em constante desenvolvimento.

Ashér bará Elokím laassót: Que o Eterno criou para ser feito[14]: Não há dúvida de que a obra Divina terminou no sétimo dia, mas através do *laassót*

---

12   *Gn* 1, 27.
13   Raban Gamliel, filho de Rabi Yehudá Hanassí, na *Ética dos Pais*, 2, 4.
14   *Gn* 2, 3.

(para ser feito), o Criador outorgou ao homem o privilégio para se tornar o seu cooperador. A denominação *am hanivchár* (o povo eleito) não significa de maneira alguma, eleito *de* ou *entre* qualquer coisa, mas sim *"para"* qualquer coisa, para o cumprimento de uma missão elevada. E porque o povo que viver dentro do espírito da Torá nunca morrerá, ou como nos diz o *Midrash* a respeito de Moisés, *Moshé lo mét*, Moisés não morreu[15], porque se imortalizou pelos ensinamentos que legou a toda a humanidade, por isso mesmo que o *Tanách* em parte alguma coloca a ideia de *olam habá* (mundo do além) no primeiro plano. A exigência básica é *iehê adám* (torna-te homem), sendo homem aquele que acredita em D'us e observa os seus mandamentos (mandamentos que, aliás, não exigem de ninguém crer ou não crer, mas exclusivamente "fazer" ou "não fazer"). Tu te empenharás para que este mundo venha a ser um santuário Divino. A tua maior aspiração deve ser: *kedoshím tihiú*, e o *Sifra* interpreta: "Se vós santificardes a vós mesmos, Eu, disse D'us, hei de considerar este feito como se santificásseis a mim. Eu, vosso D'us, só me torno o 'absoluto Santo', à medida que concretizardes Meus ensinamentos"[16].

A criança recebe os primeiros alicerces para a formação moral na casa paterna. *Ish imó veavív tiráu*: cada um à sua mãe e ao seu pai temerá[17]. O termo *yir'a* (temor) é usado geralmente só em relação a D'us, especialmente na frase: *Reishít chochmá yr'at Hashém*, o temor a D'us é o princípio da sabedoria[18]. E por que essa exigência de "temor-respeito" dos pais é considerada como fundamento dos sentimentos éticos? Porque os jovens, que muitas vezes interpretam a autoridade dos pais como sendo uma carga pesada, como coerção, uma severa imposição, reconhecerão, se pensarem objetivamente, quão grande é a diferença no nosso julgamento a respeito de coisas da vida que tocam a nossa própria alma, o nosso próprio corpo, e aquelas que não nos atingem diretamente. Eles hão de reparar quão pouco sabem a respeito da sua própria vida emocional, e quanto menos ainda sabem da dos que vivem e sofrem conosco. E todos sabem

---

15 Sotá 13b.
16 Kedoshim 1, 2.
17 Lv 19, 3.
18 Sl III, 10.

(melhor – deveriam saber) que dessas relações emocionais que nos unem mutuamente, dependem a nossa felicidade, a paz na terra. Aquele que for capaz de compreender essa verdade sentirá a importância da modéstia. Não entenderá a razão da sua arrogância, da sua altivez para com o seu alheio, verificará que a juventude é incapaz de perceber os complexos problemas da vida, por falta de experiência, e esse entendimento há de encontrar a sua mais bela expressão naquilo que qualificamos por "respeito" (*Ehrfurcht*), respeito esse que um homem grande e livre como era Goethe considerava como sendo o elemento mais importante da verdadeira cultura. Aquele que tiver respeito demonstrará ser um verdadeiro sábio, e conhecerá as fontes das quais brota a pura sabedoria e que não superestima a transcendência das suas capacidades intelectuais. A mais bela e a maior prova de sabedoria consiste em respeitar os pais. O amor devoto e altruísta que uma mãe – seja ela a mulher mais simples e inculta – dedica ao seu filho, ultrapassa todos os valores da sabedoria. Para os filhos, os pais são mais que gente. Assim como somos incapazes de definir o que D'us é (nós como judeus só sabemos explicar o que Ele *não é*), tampouco o indivíduo é capaz de determinar o que são os pais. Mencionem-me todas as virtudes das mulheres que vocês conhecem; a mãe é muito, mas muito mais. É por isso que o mandamento do Decálogo, *kabéd et avícha veét imécha*, honrarás a teu pai e a tua mãe[19], forma em nós o amor a D'us e aos seres humanos. Quem faltar ao respeito aos seus próprios pais, não o sentirá para com o seu semelhante.

Claro está que para que haja respeito pelos pais é indispensável um ambiente familiar adequado. A atmosfera caseira deve ser, também nos dias da semana, "sabática". Os pais devem cuidar para que o lar de seus filhos preserve sempre, em todas as circunstâncias, a santidade elevada do Shabat. Numa casa onde os filhos só notam desarmonia, rudeza exagerada, divergências mesquinhas, brigas e insultos entre os pais, ou, conforme a lógica e sábia interpretação do rabino Samson Rafael Hirsch, os pais deixaram de respeitar em si próprios a dignidade de serem pais; enfim, num ambiente familiar onde não há interesses culturais e espirituais, onde é exigido dos filhos cega e rígida observação dos preceitos religiosos no

---

19 Ex 20, 12.

sentido de *mitzvót anashím melumadot*, rotineiro cumprimento dos ensinamentos da *Torá*, sem explicação do sentido e da razão dessa prática religiosa, dessa *mitzvá*, explicação essa sem a qual o jovem (a jovem) não é capaz de sentir essa elevação psíquica, indispensável para a sua formação moral e ética, nessa casa não pode haver "respeito" pelos pais (*Ehrfurcht*) mas sim "medo" (*Furcht*). E medo significa para o jovem "algemas" das quais ele há de procurar livrar-se por todos os meios, na primeira ocasião. O homem que perde o amor pelos pais perderá sucessivamente também o amor pelo D'us de seus pais, voltando-se para os ídolos dos outros. Sim, também esses ídolos ostentam traços éticos. Shamásh e Marduk, ídolos assírios, empenham-se pela justiça, amam a verdade e apiedam-se dos pobres. O ídolo lunar Sinn é um pai clemente e misericordioso. Os habitantes da Caldeia encerraram nos estatutos da sua constituição não só o poder como fator importante, como também a justiça e a bondade; as mesmas virtudes que nos constam de Osíris no *Livro dos Mortos* dos Egípcios[20].

Mas em parte alguma o puramente ético é predominante; o essencial, nesses ídolos, é que estão entrelaçados com a natureza. Querer atribuir aos deuses pagãos virtudes morais constitui uma inconsequência ingênua da doutrina pagã.

Mas o substancial do D'us único é exclusivamente a santidade, a moralidade. Para o Criador do Universo, o caráter ético é fundamental; Ele é santo e exige santidade. Por conseguinte, quem aspirar aperfeiçoar-se espiritual e moralmente é considerado pela *Torá* e os mestres como homem reto, valioso, mesmo sendo pagão. A sentença da *Torá*: *ashér iaassé otám haadám vachái bahém*: que o homem cumpra os ensinamentos do Eterno, para viver por eles[21], é interpretada pelos mestres: "O pagão virtuoso e instruído tem tanto mérito quanto o *Cohén Gadol* (sumo sacerdote)"[22]. E mais: *Mamzer talmid chachám, kodém leCohén gadol am haaretz*: um bastardo erudito é mais considerado que o *Cohén Gadol* ignorante[23]. Nesse contexto, ensina-nos também o *Talmud*: *chassidéi umót haolám, iesh lahém chélek leolám*

---

20 Pfleiderer, *Religion und Religionen* (Religião e Credo), Munique 1906, p. 97.
21 Lv 18,5.
22 Bavá Kama 38a.
23 Horaiot 13a; Bamidbar Rabá 6, 1.

habá, os piedosos de todos os povos têm a sua parte no mundo futuro[24]. O famoso Mestre Rabi Shimon bar Yochái, o tanaíta do século II, aluno predileto de Rabi Akiva, que, perseguido pelos romanos pelo crime de querer ensinar e divulgar a *Torá*, permaneceu escondido numa gruta durante treze anos, autor da obra *Zohar*, legou-nos entre outras, esta máxima: *atém keruín adám, veéin ovdéi kochavím keruín adám*[25]: Vós, filhos de Israel, sois denominados *adám*, homem, mas não os que adoram a idolatria. O *Midrash Rabá* explica a diferença entre *adám* e *ish*. *Adám* representa o ser humano piedoso, carinhoso, o homem ético e virtuoso, enquanto *ish* significa o homem vulgar, sem virtudes, sem qualidades. Essa afirmação do mestre só poderá ser compreendida, se soubermos o que ele sofreu, por querer cumprir as ordens do Eterno.

Quem amar a D'us, há de amar o homem; eis uma tese profundamente enraizada na concepção da ética judaica. Santificando o Eterno, santificamo-nos nós próprios. *Vehaé-l hakadósh nikdásh bitzedaká*: E o Eterno Santo é consagrado através da justiça[26]. A justiça absoluta é a suposição de todas as exigências da *Torá*.

---

24   *Tossefta, Sanhedrin* 13, 2.
25   *Yevamot* 61a.
26   Is 5, 16.

Emór

Emór el hacohanim bnei Aharón, veamartá aléihém: Fala aos sacerdotes, filhos de Aarão, e lhes dirás[1]. Rashí, indagando a razão da repetição da ordem *emór* e *veamartá* (fala e lhes dirás), explica: *lehazhír guedolím al haketaním*, para advertir os grandes para que cuidem dos pequenos. Não somente os *cohanim* adultos devem ser cautelosos para não se impurificarem; também os jovens *cohanim*, *os ketaním*, devem saber que chegará o dia em que substituirão os *guedolím* nos serviços e obrigações sacerdotais; e para se tornarem dignos da missão sagrada, eles devem ser treinados, disciplinados e orientados para o alto e responsável cargo, desde a mais tenra infância.

Pequenas crianças são por natureza grandes imitadores. A moderna psicologia infantil, assim como os modernos métodos da pedagogia, ensinam-nos que os pequenos olhos da criança são grandes observadores, fixando tudo do que se passa à volta deles, de maneira que seria um grave erro se os educadores modernos quisessem menosprezar esse fato importantíssimo. As vezes, poder-se-ia supor que os garotos, distraídos com as suas brincadeiras infantis, não notam nada do que se passa no seu meio ambiente, que não ligam à conversa entabulada entre os adultos que os rodeiam. Essa suposição é perigosamente errônea, capaz de produzir consequências desagradáveis na formação do caráter infantil.

"A criança", diz Montessori, "é como uma esponja que absorve tudo o que vê". Se os pais não tiverem o máximo cuidado na sua maneira de agir, de controlar as suas ações, de medir as suas palavras e de tratar com a maior

---

[1] Lv 21, 1.

gentileza e correção todos os membros da família e de seu convívio; podem ter a certeza que, mais dia menos dia, isto se vingará terrivelmente nos seus filhos, que hão de agir da mesma maneira, e os pais estarão expostos a suportar as tristes consequências do seu descuido imperdoável.

A escola pode ensinar, mas a educação depende quase que exclusivamente do ambiente familiar; e na maior parte são os próprios pais que prejudicam e deformam o caráter dos seus filhos. Os professores e os educadores, que estão em constante contato com os seus pupilos, hão de notar facilmente quem deles teve ou não uma sadia orientação juvenil, quem deles tem uma casa lindíssima, ricamente mobiliada com todo o luxo, mas vazia de responsabilidade educacional, e quais aqueles cujos pais enfrentam dificuldades econômicas, mas que nem por isso deixam de proporcionar aos seus filhos, através da sua própria maneira de ser e cientes das suas responsabilidades paternas, uma educação irrepreensível.

Ocorre-nos nesse contexto uma fábula muito educativa, do escritor russo Leon Tolstói: "Um grande comerciante, cansado de já trabalhar durante dezenas de anos, e depois de ter acumulado uma fortuna razoável, resolveu entregar os seus negócios e a sua belíssima casa ao seu filho, pedindo-lhe que lhe fosse reservado um único quarto nessa imensa e luxuosa mansão. No começo, tudo corria satisfatoriamente, e ele foi tratado com o maior respeito e carinho. Porém esse idílio não durou muito. Passados poucos meses, o velho (ele deixou de ser chamado "pai" e tornou-se o "velho") começou a ser considerado um estranho indesejável, uma carga inútil de suportar, enfim, como dizem na linguagem diplomática, *persona non grata*. Especialmente a nora, que, vindo de um ambiente muito modesto, transformara-se em grande dama, dona de uma enorme mansão, não podia tolerar mais os caprichos do sogro, não suportava mais as exigências do velho, e começou a tratá-lo, a cada dia que passava, com maior severidade e desprezo. Em vez de deixá-lo, como de costume, comer com a família na mesa da sala de jantar, obrigava-o a comer sozinho na cozinha com os serventes da casa. Passando certo tempo, a nora ordenou às empregadas, que não o servissem mais, obrigando o "velho" a buscar ele próprio a sua comida.

Certo dia, trazendo o seu prato de sopa à mesa, o prato caiu-lhe das mãos velhas e trêmulas, a comida derramada sujou o tapete e o prato quebrou. O escândalo da nora foi terrível, e mal o marido chegou em casa, ela queixou-se amargamente de que o velho partia *toda* a louça, que sujava *toda* a casa, e para evitar futuros e constantes danos, ela resolveu comprar-lhe louça e talheres de madeira.

O filho que, graças à fortuna do seu pai, se tornara ainda mais abastado, não quis ouvir as queixas do velho, quando este o procurou para desabafar perante ele as suas amarguras e os maus tratos da sua nora.

Um dia, quando o filho voltou para casa, viu que o seu próprio filho estava sentado no banco do jardim, entalhando um pedaço de madeira. Indagando o que a criança estava fazendo, esta respondeu sem hesitar: 'Estou talhando um prato de madeira para que você, meu pai, tenha do que comer quando for velho'".

Há um antigo provérbio popular que reza: "Os filhos pagam aos pais as dívidas que eles devem aos seus avós". Quando perguntamos uma vez ao nosso saudoso mestre, prof. Chajes (Z.L), quando começa a educação das crianças, ele nos respondeu serenamente: 20 ou 25 anos *antes* dos pais casarem. E caso os pais nos perguntarem qual o livro de pedagogia mais adequado que deverá ser aplicado no ensino e na instrução das crianças, responderemos sem hesitar: tomai vossos livros de oração, nos *sidurim* e vêde o que a nossa *Torá* nos aconselha a esse respeito, falando do amor ao Eterno: *velimadtém otám et benrichém ledabér bám beshivtechá beveitécha, uvlechtechá vadérech, uvshochbechá uvkumécha*, ensiná-las-ei a vossos filhos, falando delas quando estiverdes sentados em vossa casa e quando andares pelo caminho, e ao vos deitardes e ao vos levantardes, e isso tudo com o fim: *lemaán yirbú iemeichém viyeméi vneichém*, para que se multipliquem os vossos dias e os dias de vossos filhos².

Um dos maiores e mais complexos problemas que preocupa hoje em dia os mestres e pedagogos de todos os países é a brecha existente entre pais e filhos, a tremenda falta de compreensão entre as duas gerações, o abismo que as separa, o protesto e a revolta dos jovens contra as normas hipócritas que observam no ambiente familiar e na sociedade que os rodeia, repulsa essa que eles manifestam através da excentricidade do exagerado mau gosto.

---

2   Dt 11, 19- 21.

Todos os educadores chegaram unanimemente à conclusão de que o vírus desse mal tem a sua origem na própria casa paterna, que, na corrida vertiginosa atrás de divertimentos fúteis, pela constante ânsia de acumular maiores bens materiais, se desinteressam completamente da formação espiritual e intelectual de seus filhos, deixam de ser exemplo para eles, abandonando-os aos cuidados do seu pessoal doméstico, a uma camaradagem perniciosa, a um meio ambiente desajustado e cheio de vícios.

E é isso que a *Torá*, como melhor livro de pedagogia, condensou nesta frase lapidar: *beshivtechá beveitécha*, quando estiverdes sentados em vossa casa, indicando que a casa, o lar, é o pilar da educação, o que Rashí destacou com outras palavras mas no mesmo sentido: *Lehazhír guedolím al haketaním*, os maiores devem dedicar maior atenção aos menores. É interessante notar que só na língua hebraica a escola é denominada *beit-sefer* (casa-livro) o que nos leva a deduzir que sem *báit* (casa) não pode haver *sefer* (livro), e *sefer* no amplo sentido da noção significa: cultura, educação, integridade de caráter; a casa e o livro, quando se entrelaçam, criam uma geração que se torna uma felicidade para a própria família e uma bênção para a humanidade.

Behar

Vechí iamúch achícha umatá iadó, vehechezákta bó, guér vetosháv vachái imách: Se o teu irmão empobrecer, e as suas forças decaírem, então sustentá-lo-ás. Mesmo se ele for peregrino ou estrangeiro morador da terra, ele viverá contigo[1]. E mais adiante: *al tikách meitó néshech, vetarbít, veiareta meElokécha, vechéi achícha imách*, não tomarás dele lucro, nem usura, e temerás a teu D'us, e viverá teu irmão contigo[2]. Dois regulamentos de transcendental importância humano-social, e ambos com a mesma motivação justíssima: "E viverá teu irmão contigo".

Desde o código babilônico de Hamurabi, desde os primórdios da filosofia grega, desde os primitivos estudos da sociologia, da civilização e da economia, jamais foram derramados tantos mares de tinta, jamais gastos tantos milhares de toneladas de papel, e centenas de milhares de palavras, para analisar o fenômeno da economia moderna e as suas relações com o homem e a sociedade, como acontece nos últimos decênios. Nos congressos internacionais, nas assembleias legislativas nacionais, nos comícios partidários e políticos de todas as cores e correntes, nas cartas encíclicas *Rerum Novarum* e *Mater et Magistra*, são analisados, debatidos e discutidos os graves problemas sociológicos, a reforma agrária, a distribuição justa das terras dos grandes latifúndios, a fatalidade da concentração do capital nas mãos de uns poucos contra os interesses da maioria. Basta abrir qualquer jornal sério de qualquer país, e logo saltará aos olhos do leitor atento qual é a calamidade que preocupa os dirigentes do país; ele notará que é

---

[1] *Lv* 25, 35.
[2] *Lv* 25, 36.

em torno dessa problemática complexa que gira a grave crise do nosso século, que a miséria social é o maior flagelo da humanidade.

Mas os que conhecem um pouco a história judaica, que a estudaram e analisaram objetivamente e minuciosamente, hão de constatar que essa problemática não é de hoje e tampouco de ontem; que ela não começou a ser abordada e estudada na *República* de Platão, ou nas obras dos teóricos do marxismo e do socialismo modernos. O grande e maior legislador de todos os tempos, Moshé Rabeinu, já se ocupou e preocupou com ela, dedicando a essa questão uma *parashá* inteira, a desta semana. Na *Torá*, no seu estilo expressivo e resumido, todo esse problema complexo está condensado numa única sentença lapidar: *vechái achícha imách*, cuida para que o teu irmão viva contigo. Essa é a quintessência, sim, a peculiaridade da ética judaica.

Tudo o que os responsáveis pelo destino dos povos fizerem para resolver esse problema doloroso será de todo falho e imperfeito se não tenderem a concentrar todas as energias humanas para realizar o admirável conceito da *Torá*.

Partindo do ponto de vista da *Torá* que *betzélem Elokím bará otó, zachár unekeivá bará otám*, e criou D'us o homem à sua imagem, à imagem de D'us o criou; macho e fêmea criou-os[3]; e conforme o profeta Malaquias, *haló áv echád lechulánu*, todos nós temos o mesmo Pai[4], e que o mesmo D'us nos criou, compreende-se melhor o conceito ético "para que o teu irmão viva contigo". Não é favor nenhum se um irmão se preocupa com o bem-estar do outro irmão; isto é simplesmente a sua obrigação, o seu sagrado dever.

Deixai-nos ver o que diz a *Torá* e a literatura rabínica a esse respeito. Nos tempos bíblicos e ainda muitos séculos mais tarde, éramos um povo de lavradores. Na economia agrícola, tinha cada necessitado ou pobre (e na categoria de pobres foram incluídos as viúvas, órfãos, levitas e estrangeiros) direito a seis oferendas dos produtos da terra: *Péret*, frutas que caíram das árvores durante a colheita; *Olelót*, rebuscar durante a víndima; *Léket*, respigar durante a colheita do trigo; *Shichechá*, molhos de trigo es-

---

3   Gn 1, 27.
4   Ml 2, 10.

quecidos; *Peá*, os cantos dos campos de trigo que não podiam ser ceifados, e *Maassér aní*, o dízimo que a cada três anos era distribuído entre os pobres. Aqui não se trata de esmolas, mas sim de direito, de justiça para com o necessitado, donativos esses que poderiam ser cobrados do proprietário legalmente, caso ele se recusasse a fazê-los voluntariamente.

Em cada sétimo ano, eram remidas as dívidas dos pobres, e no quinquagésimo ano (ano do jubileu), as terras eram restituídas aos seus primitivos proprietários.

A *Bíblia* não menciona nada a respeito de orfanatos, asilos ou albergues. Mas já durante o primeiro e o segundo Templos, existia em Jerusalém um "vestíbulo dos discretos", no qual os piedosos depositavam discretamente os seus donativos, e os pobres poderiam levantá-los para o seu sustento, sem serem vistos para não ficarem envergonhados. O texto talmúdico[5] relata: *lishkát chashaín, yiréi chét notnim letochá bachasháí vaaniyím bnei tovím, mitparnessín mitochá bachasháí*. De fato, a maneira de dar, o cuidado para não humilhar aquele que recebe, de dar discretamente e não ostensivamente, são traços dignos de louvor no conceito ético judaico. O rei David diz no Salmo 41: *Ashréi maskíl el dál*, feliz é aquele que lida inteligentemente com o pobre. No *Talmud Yerushalmi*[6], a frase do salmo é explicada da seguinte maneira: *Rabi Yoná keshehaiá roé aní bén tovím sheiarád minechassáv, haiá omér: bni bishvíl sheshamáti shenaflá lechá ierushá, tól veatá poréa*. Rabi Ioná, quando via que um dos destacados membros da cidade perdera a sua fortuna, e por isso sofria privações, ia visitá-lo e lhe dizia: "Meu filho, ouvi dizer que acabaste de herdar uma fortuna, toma este empréstimo, e depois mo devolverás". O respeito e a consideração para com o humilde ocupam um lugar de destaque no compêndio ético do judaísmo. A moderna forma da *lishkát chashaín* (dar discretamente) que cada coletividade judaica instituiu e cultiva é hoje em dia denominada *Matán besséter*, contribuir secretamente, dar sem que o necessitado recebedor saiba de quem recebeu; eis sem dúvida alguma, a maneira mais nobre, mais humana de praticar boas ações.

---

5 *Yerushalmi Shekalim* 5, 4.
6 Idem.

Com a opressão dos romanos, aumenta a miséria socioeconômica, pois os antigos abastados se tornam necessitados de assistência pecuniária. Conforme os relatos talmúdicos, patenteou-se, nessa época de provações e de tormento coletivo, um sentimento de tal pujança, e num curto lapso de tempo foram doadas fortunas tão grandes, que se tornou necessária a intervenção e a providência dos mestres, para impedir que o número dos necessitados não se agravasse pelo afluxo dos doadores. Desde então ficou estabelecido que a doação para fins caritativos não deve ultrapassar de uma quinta parte da fortuna do doador. No *Talmud* encontramos o aviso explícito: *Hamebazbéz al iebazbéz iotér mechomesh, shéma yitztaréch laberiyót*, aquele que pretende doar, não deve fazê-lo mais do que uma quinta parte, para que um dia ele próprio não se torne um necessitado de ajuda[7].

O texto da *Torá* "se o teu irmão empobrecer" merece uma análise mais minuciosa, para evidenciar a diferença existente entre o nosso código moral "e o dos outros".

Mesmo se o teu irmão empobrecer, ele continuará a ser o teu irmão, e como tal deve ser tratado com todo o carinho e consideração. Isso está em flagrante contraste com o tratamento do pobre na antiga Roma. O credor podia encarcerá-lo na sua prisão particular, acorrentá-lo a uma árvore, vendê-lo à perpétua escravidão, e se quisesse podia mesmo matá-lo.

Se o devedor tivesse vários credores, a lei romana das doze tábuas ordenava que o cortassem em pedaços, recebendo cada credor a sua parte do cadáver. Quão profunda é a diferença entre o ensinamento judaico e os da antiga Grécia e Roma! Que enorme abismo separa essas duas concepções!

O judeu que, por falta de meios de sustento próprio, se vendesse como escravo, deveria ser libertado no sétimo ano, sendo o patrão obrigado a cuidar para que ele não saísse com as mãos vazias. Enquanto na Grécia ele era considerado como ferramenta viva, comprado e vendido nas feiras públicas como qualquer outra mercadoria, e se achasse que o número de escravos era demasiado, poderiam eles ser exterminados como bestas ferozes, a lei judaica protegia-o contra qualquer abuso e mau tratamento de parte do patrão.

---

7   Ketubót 50a.

O tratamento que o escravo recebia no Império Romano era ainda mais abominável. Privados de qualquer direito humano, os escravos eram expostos às mais horrorosas mutilações, e se o patrão achasse por bem, podia crucificá-lo. Sim, a "grande Roma" admitia também castigos coletivos em relação aos escravos. Assim, por exemplo, Tácitus cita uma condenação à morte de quatrocentos escravos de uma vez, por terem sido encontrados na mesma casa quando o patrão foi assassinado. Somente o judaísmo, baseando-se sobre os quatro pilares essenciais: *ahavát haberiót* (amor da humanidade), *tzedaká* (justiça), *chéssed* (piedade) e *rachamím* (misericórdia), podia exigir que o conceito *vechéi achícha imách* (e viverá o teu irmão contigo) fosse compreendido e cumprido ao pé da letra. Somente o judaísmo, que testemunhou e suportou no seu próprio corpo as crueldades da Babilônia e Roma, podia por na boca do Mestre Hilel esta norma maravilhosa (aceita pelo catolicismo, mas numa versão um pouco diferente): *Dealách saní, lechavrách lá taavíd, zo hi kol haTorá kulá*, o que não queres que façam a ti, não deves fazer ao teu semelhante[8]. Essa é a quintessência de toda a *Torá*, todo o resto são só comentários; vai e estuda-os. Só um Rabi Akiva, ele mesmo um dos dez mártires do imperador romano Adriano, podia legar à posteridade este sublime conceito moral: *Veahavtá lereachá kamôcha*: e amarás a teu próximo como a ti mesmo ou, na perfeita tradução de Buber e Rosenzweig: *amarás a teu próximo porque ele é como tu*[9]. E Rabi Akiva, interpretando essa sentença da *Torá*, conclui: *ze klál gadól baTorá*: essa é uma regra primordial da *Torá*[10]. Só os mestres humanistas podiam decidir: *bodkín lechassót, veéin bodkín lichssút*[11], se alguém te pedir vestuário, podes indagar se é justificado ou não; mas quando te pedirem alimentos, não faças perguntas, dá-os imediatamente.

Só os profetas de Israel podiam estabelecer: *Ki amárti olám chéssed yibané*, a benevolência está fundada para sempre[12]. O mundo só existirá se for orientado à base da misericórdia, da compaixão e da benevolência

---

8 *Shabat* 31a.
9 *Lv* 19, 18.
10 *Sifrá Kedoshin* 4; *Yerushalmi Nedarim* 9, 4.
11 Rabi Yehuda em *BaváBava Batra* 9a.
12 *Sl* 89, 3.

para com todos os que necessitam. O amor e o respeito para com a criatura humana justificam a razão de ser da humanidade.

Assim interpretamos nós, e praticamos a determinação da *Torá*, *vechái imách*, ele (teu irmão, teu próximo, teu semelhante) viverá contigo.

Behar – Bechucotai

Veáf gam zót, bihiotám beéretz oiveihém, lo meastim, veló guealtím lechalotám lehafér berití itám, ki Aní Hashém Elokeihém: Mesmo assim, estando eles na terra dos seus inimigos, não os rejeitarei nem me aborrecerei deles, para consumi-los e invalidar a minha aliança com eles, porque Eu sou o Eterno, seu D'us[1].

Com essas palavras confortadoras acaba esse triste e horripilante capítulo da *parashá*, capítulo denominado *tochechá* (repreensão).

Assustador, horrível é o castigo previsto para o nosso povo, caso teimar em não dar ouvidos às ordenanças do Eterno, caso ele persistir na sua tenaz desobediência aos ensinamentos da *Torá*. Com voz embargada, lemos as exortações: *veradú bachém soneichém, venastém veéin rodéf etchém*, e sereis dominados pelos inimigos, e fugireis sem ninguém vos perseguir[2]; *veetchém ezaré bagoyím, vaharikotí achareichém chérev, vehaietá artzechém shemamá*, e a vós espalharei entre as nações, e desembainharei detrás de vós a espada, e a vossa terra será assolada[3]; *vaavadtém bagoyím, veachlá etchém éretz oivechém*, perecereis entre as nações, e a terra dos vossos inimigos vos consumirá[4].

Que surpresa, se lendo essas sentenças dramáticas, ficamos apavorados? Acaso a nossa geração não testemunhou a concretização da advertência que a *Torá* descreve com tamanha plasticidade? Acaso não se

---

1 Lv 26, 44.
2 Lv 26, 17.
3 Lv 26, 33.
4 Lv 26, 38.

confirmou nesta nossa época as palavras do mestre talmúdico, *kol ióm vaióm klalató merubá m'shél chaveró*, com cada dia que passar a preocupação há de aumentar[5]? Quantas vezes não surgiu nos nossos lábios, nesses terríveis anos de constante extermínio, a indagação desesperada: acabou-se toda a esperança?, *kalú kol hakitzín*?[6]

Essa desgraça que nos assolou nunca mais cessará? Será que D'us se esqueceu de nós, de nós seus filhos prediletos, netos de Abraham, Isaac e Jacob, expondo-nos a sofrimentos e ininterrupta aflição que não tem igual na história da humanidade, escondendo a Sua face de nós? Será que os nossos perseguidores, os que negam a existência de D'us, que blasfemam da Divindade, que em nome daquela religião que prega "amor ao próximo" nos queimaram vivos nos autos de fé das diversas inquisições, e que nos conduziram como rebanho à matança nas câmaras de gás das hordas bestiais de Hitler, será então que eles tem razão, zombando: *léit din veléit daián*, não há julgamento e não existe juiz?[7]

Mas no fim desse capítulo, o penúltimo do livro *Levítico*, encontramos palavras consoladoras; as terríveis maldições acabam com uma bênção confortadora e prometedora. Apesar da decadência espiritual e do abatimento físico, apesar das horrorosas ameaças que nos apoquentarão nas diversas e longas diásporas, o nosso sol não desaparecerá. E o *Talmud*[8] interpreta a sentença que nos serviu de introdução da seguinte maneira: *Lo meastím* (não os rejeitarei) refere-se aos tempos dos caldeus; *veló guealtim* (não me aborrecerei deles) à era dos gregos; *lechalotám* (não os aniquilarei) aos tempos dos persas; *Lehafér berití itám* (não invalidarei a minha aliança com eles) aos tempos dos romanos; *Ani Hashém Elokeihém*, porque Eu sou o Eterno seu D'us. Eternamente ficarei com o Meu povo, zelando para que nenhuma potência, por poderosa que seja, possa aniquilar o povo de Israel.

A ideia básica dessa explicação talmúdica é: o otimismo eterno do judeu, cuja origem está na *Torá*, otimismo esse que nos deu forças e co-

---

5   Sotá 49a.
6   Sanhedrin 97b.
7   Bereshit Rabá 26, 14.
8   Meguilá 11a.

ragem para resistir a todos os sofrimentos e tormentos da *galút* milenar, tornou-se a virtude espiritual do nosso povo. Quando os céus se cobriam de nuvens escuras, um raio de luz revelava-se perante os nossos olhos; nos momentos mais tristes e dolorosos da nossa vida particular e coletiva, nunca perdemos a esperança e a confiança no eterno *Shomér Israel* (Guardião de Israel), sabendo que *Ieshuát Hashém kehéref áyin*, a salvação do Eterno aparece tão depressa como um piscar de olhos; acreditamos que *afilú chérev chadá munáchat al tzavaró shél adám, al yimná atzmó min harachamím*, mesmo quando uma espada afiada está em cima da garganta do homem ele não deve desesperar da misericórdia de D'us[9].

Resignação nunca foi uma virtude judaica. O judeu crente não desespera, ele luta contra todos os povos sob a Onipresença do Eterno.

Mesmo em situações as mais desanimadoras, à beira do desalento, o judeu escolheu a vida. A sua fé inabalável em D'us dá-lhe alento para esperar até a fúria passar, até a desgraça desaparecer, porque confia: *mitóch tzará revachá, sheneemár: veéit tzará hi leiaacóv, umiména yivashéa*, do sofrimento há de brotar a redenção, como está escrito[10], é tempo de angústia para Jacob; ele, porém, será livrado dela[11].

Mas existe uma outra versão dessa sentença, versão que interpreta *umiména yivashéa* como significando *dela*, isto é da própria aflição (*tzará*) há de surgir a salvação. Essa versão baseia-se na afirmação do *Midrash*[12]: *bó baióm shenechráv Beit Hamikdásh, nolád Menachém*, no dia em que foi destruída a Casa Santa, nasceu o consolador *Mashiach*; ou, em outra versão, *keiván shecharáv Beit Hamikdásh, nolád ha Mashiach*, posto que a Casa Santa ficou destruída, nasceu o Messias[13]. Foi essa suposição que levou os mestres a presumir que o dia 9 de Av, dia mais triste da história judaica, é um dia festivo, deduzindo isso da frase: *kará alái moéd*[14], convocou sobre mim solenidade.

---

9   *Berachot* 10, 1.
10 Jr 30, 7.
11 *Midrash Shocher Tov* 22
12 *Bamdibar Rabá* 13, 7.
13 *Midrash Abá Gurion.*
14 Lm 1, 15.

Nós estávamos e continuamos convencidos que *Luléi Hashém shehaiá lánu, bekúm aléinu adám, azái chayím belaúnu, bacharót apám bánu*: Não fosse o Eterno, que esteve ao nosso lado, quando os homens se levantaram contra nós, e nos teriam engolido vivos, quando a sua ira se acendeu contra nós[15].

Essa nossa inabalável fé só é explicável e compreensível se tomarmos em consideração e não esquecermos que centenas de gerações foram educadas e orientadas com base na *Torá* e revigoradas na fé em D'us; esses nossos antepassados foram robustecidos na concepção de que D'us não é uma ideia, mas um íntimo relacionamento com o Criador do Universo, que a fé religiosa judaica é de comunicação. Essa e nada mais é a explicação plausível de termos saído ilesos de todas as catástrofes que nos apoquentaram durante os milênios da dispersão, até o dia em que a fera nazista se soltou da floresta e devorou um terço de nosso povo. Esse golpe apanhou-nos em cheio, mas mesmo assim, a Providência Divina determinou que também dessa profunda ferida surgisse um raio de sol para aquecer e iluminar as tristezas de nossas almas. Esse raio de sol é *Medinat* Israel.

No *Talmud*[16], Raban Gamliel conta a seguinte alegoria: *paám achát hayíti mehaléch basfiná, veraíti sefiná achát shenishbará, vehayíti mitztaér al talmid chachám shebá. Umanú?* Rabi Akiva. Certa vez, quando viajava de barco, avistei um barco destruído, e tive muita pena daquele mestre que estava entre os náufragos. Esse mestre era Rabi Akiva. Quando o nosso barco ancorou à beira-mar e desembarquei, encontrei Rabi Akiva. Sentou-se ao meu lado, expondo perante mim uma questão da legislação rabínica. Perguntando-lhe eu como conseguira salvar-se do naufrágio, me contou: Nadando na água, apareceu de repente uma prancha; agarrei-me a ela, e cada vez que enfrentava uma onda brava, abaixava a cabeça e a onda passava por cima de mim. Fiquei muitas vezes bastante enfraquecido, mas consegui a minha salvação. E daí concluíram os sábios: *im iavóu reshaím al adám, ienaanéa lahém roshó*, quando os malvados se agruparem para fazer mal ao homem, ele baixará a sua cabeça.

Essa foi sempre a nossa atitude perante todos os duros golpes do destino, perante todas as fúrias de ódio e de humilhação durante os milênios

---

15 Sl 124, 2-3.
16 *Yevamot* 121a.

da diáspora. Estávamos confiantes de que o mal não pode perdurar, que a maldade nasce com o germe da sua própria destruição. *Lechól tichlá raíti ketz, rechavá mitzvatchá meód*: tenho observado que toda perfeição tem seu limite, mas o Teu mandamento, Eterno, é ilimitado[17].

A concepção fundamental da filosofia judaica consiste no seguinte: *em todas as obras de D'us há algo de bom, algo de positivo*. Essa convicção atravessa como um fio dourado toda a nossa literatura rabínica, todo o desenvolvimento do pensamento judaico. Logo no começo, no primeiro capítulo da *Torá*, lemos: *Vaiár Elo-him et kol ashér assá, vehiné tov meód*, e viu D'us tudo o que fizera e eis que era muito bom[18]. E no *Midrash Rabá* 68, encontramos a afirmação: *Ein rá, sheéin bó tóv*, não pode haver um mal que não tenha em si também algo de bom. E é por isso que nos ensinaram: *chaiáv adám levaréch al haraá, keshém shemevaréch al hatová*. O homem de fé deve agradecer a D'us pelo mal que o apoquentou, assim como Lhe agradece pelo bem que lhe foi concedido[19].

Isso justifica plenamente a exclamação do profeta *barúch haguéver ashér yivtách ba-Hashem, vehaiá Hashém mivtachó*, bendito o homem que confia no Eterno, e cuja esperança é D'us[20].

Vehaavartá shofár teruá: e farás soar a voz do *shofár*[21]. Disse Rabi Shimon bar Yochái: Por que soará do shofár uma *teruá*, um som quebrado e não uma *tekiá*, um som direto, reto? E o mestre responde: Para demonstrar que o som do shofár, no ano do jubileu, deve ser o símbolo da quebra de todas as algemas, livrar os oprimidos das garras dos opressores déspotas.

Ki tavóu el haáretz, ashér Aní notén lachém, veshavtá haáretz shabt la-Hashém: quando vierdes à terra que Eu vos dou, descansará a terra em nome do Eterno[22]. E os mestres indagam: *ma inián shemitá etzél hár Sinai*: o que tem o assunto do ano sabático a ver com o Monte Sinai?[23] Por que

---

17 Sl 119, 96.
18 Gn 1, 31.
19 Berachot 54a.
20 Jr 17, 7.
21 Lv 25,9.
22 Lv 25, 2.
23 Sifrá Behar 1, 1.

está acentuado que as leis concernentes ao ano sabático e de jubileu (*iovél*) foram dadas no Monte Sinai? Acaso as outras *mitzvót* não nos foram dadas no mesmo local? E respondem: esse fator pretende salientar que toda a *Torá*, com todas as *mitzvót*, prescrições éticas e sociais nos foram dadas pelo próprio D'us; nada do conteúdo da *Torá* tem a sua origem nas fontes estranhas, e ninguém tem o direito de modificá-las ou de emendá--las. A *Torá* não é comparável com qualquer outra legislação popular, ela não é uma constituição elaborada por juristas versados nos diversos códigos da jurisprudência; a *Torá* não é uma compilação de regulamentos e estatutos aplicáveis em determinadas épocas, em ocasiões específicas ou em circunstâncias limitadas; ela não é um manual legislativo com vigência restrita a um certo país, a um certo regime político. Ela é um código moral para a eternidade, para todas as gerações e épocas, conforme a afirmação de Maimônides: *lo tehê muchléfet*[24], a *Torá* de Moisés nunca será alterada. Nós não devemos adaptar a *Torá* à filosofia, mas ao contrário, a filosofia à *Torá*. *Torá* é crença, ensinamento religioso. E nós sabemos perfeitamente que a religião sem filosofia é superstição e filosofia sem religião é ateísmo.

E a sentença aqui mencionada sublinha ainda algo sumamente importante: assim como o cumprimento das leis do ano sabático e jubileu conduzirá à *ukraatém drór baáretz lechól ioshvéha*, e proclamareis liberdade para os escravos em toda a terra[25], assim também a observação exata de todos os conceitos da *Torá* encaminhará a humanidade inteira, sem distinção, à verdadeira liberdade.

Os gregos, definindo o conceito da liberdade, ensinam-nos: "A liberdade é a alma de toda a criação, a vontade de ser livre, é a forma motriz que movimenta todos os seres vivos à criação e à prosperidade. Cada ser humano neste mundo nasceu com o instinto à liberdade; sem a vontade de ser livre, o mundo não poderia existir. A dificuldade é que somente poucos seres humanos sabem o verdadeiro valor da liberdade. Todos correm atrás dela, brigam por causa dela, querem conquistá-la com guerras sangrentas, mas não compreendem a sua verdadeira noção".

---

24   13 *Princípios da Fé*.
25   Lv 25, 10.

A história universal está repleta de contendas horríveis, todas elas conduzidas em nome da liberdade, assim como as inquisições e as hediondas torturas contra o povo de Israel foram incentivadas e efetuadas em nome da "religião", em nome de D'us. Voltando à liberdade, podemos afirmar que até hoje nenhum povo no mundo moderno, com todas as suas ideias avançadas e progressos científicos, alcançou esse alvo almejado, e não conseguirá esse fim almejado se não reformar as leis sociais que regem atualmente o seu país, segundo a definição que a Torá nos indica na *parashá* desta semana.

Carlyle disse: "Liberdade é algo que todos querem, mas só muito poucos sabem o que significa". E o economista americano Henry George escreve num dos seus ensaios: "Se a Torá de Moisés não nos tivesse legado mais nada, somente os conceitos relativos ao ano sabático e jubileu, essa doutrina mosaica se tornaria o código social mais importante do mundo, pois ensinamentos tão humanitários conduziriam a humanidade à mais perfeita liberdade e à mais pura democracia. Liberdade e democracia são os alicerces básicos da humanidade e da civilização".

Três vezes, em diversas variações, a Torá sublinha essa importante lei social. Muitos séculos, sim, milênios, antes dos assim chamados pais do socialismo moderno, cujas doutrinas só servem para demagogias partidárias e instigam a luta de classes, a obra mais humanitária do Universo, a Torá, já pregava o insofismável *leitmotiv* de toda a filosofia socialista: *Vechei achícha imách*, cuida para que o teu semelhante possa viver junto de ti[26]; traduzindo na linguagem moderna, essa sentença lapidar significa: "Quem quiser gozar de fortuna acumulada, deve também pensar no bem-estar da coletividade, e naqueles que vivem na miséria, em situações precárias. Porque pobreza provoca descontentamento e inveja; a fome desperta ódio e alimenta as revoluções sociais".

Uma vez em cada sete anos, toda a produção da terra deve reverter a favor dos pobres, dos necessitados, dos menos favorecidos pelo destino, e isso contribuirá para o equilíbrio econômico da coletividade, e garantirá a liberdade social de cada homem.

---

26 Lv 25, 36.

Eis o que a *parashá* desta semana nos ensina: "Seis anos semearás o teu campo, e seis anos podarás a tua vinha e colherás os seus frutos, porém no sétimo ano haverá sábado de descanso solene para a terra, um sábado do Eterno; o que nascer de si mesmo na tua seara, não segarás, e as uvas da tua vinha não cortada não colherás; estes frutos da terra em descanso vos serão por alimento a ti, ao teu servo, à tua serva, aos que trabalham na tua fazenda por salários diários [*sechír iom*] e ao estrangeiro"[27]. E a lei humanitário-social da *Torá* exige mais: "Ao fim de cada sete anos, farás remissão. Este é o modo da complacência: todo credor que emprestou ao seu próximo [a *Torá* não fala só de judeus mas sim do próximo] alguma cousa, remirá o que havia emprestado; não o reclamará do próximo ou do seu irmão por intimação ou qualquer ameaça, pois a remissão do Eterno é proclamada. Cuida para que não haja pobre entre ti, mas se houver entre ti algum pobre, não endurecerás o teu coração, nem fecharás as tuas mãos, *ki patóach tiftách et iadechá lo, vehaavét taaviténu dei machsoró ashér iechsár lo*: mas lhe abrirás a tua mão, e lhe emprestarás o suficiente para o que lhe faltar[28].

Essa sentença exige uma explicação. A *Torá* não fala do mendigo que vive de esmolas ou a carga de instituições de beneficência; claro está que também esse merece o nosso amparo. O que o nosso texto pretende com a ordem, "o que lhe falta para a sua necessidade" é determinar que devemos emprestar ao pobre aquilo de que ele precisar para ganhar honestamente o seu sustento, para que com o seu trabalho se possa tornar um membro útil da sociedade e para que, por falta de compreensão e do nosso apoio moral e material, ele não se torne um *"schnorrer* crônico", um parasita.

E que isso é o sentido exato da *Torá*, subentende-se da advertência que encontramos no mesmo capítulo (conhecendo a fraqueza e mesquinhez humana): *hishamér lechá pén yihié davár im levavchá beliyaál, leimór*, guarda-te que não haja pensamento vil e malícia no teu coração, quando o teu próximo te pedir um empréstimo: *ki lo iechdál evión mikérev haáretz*, e não

---

27   Lv 25, 3-6.
28   Dt 15, 1-8.

penses: nunca deixará de haver pobres no meio da terra[29]. Portanto, Eu te ordeno, dizendo: Concede o teu apoio ao teu irmão, ao necessitado e ao pobre, de bom grado, por isso te abençoará o Eterno teu D'us em toda a tua obra e em tudo que empreenderes.

Dissemos acima que a *Torá* não é composta para uma época limitada. Nesse contexto, lembramo-nos de dois fatos bem característicos e altamente instrutivos. O escravo do filósofo Diógenes (403-323 a.C.) fugiu. Quando seus amigos dispuseram-se a procurá-lo, Diógenes respondeu-lhes: "Deixai o pobre gozar da sua liberdade, pois terei vergonha em demonstrar ao mundo que o meu servo pode viver sem o seu patrão, e o famoso Diógenes não pode viver sem o seu escravo".

Quando o Presidente Wilson elaborava os seus famosos 11 pontos, após a Primeira Guerra Mundial (1914-1918), consultou a esse respeito o estadista inglês Lloyd George. E este disse-lhe: "Se você pretende de fato evitar futuros conflitos políticos e sociais, não se inspire nas obras de Karl Marx ou Engels, mas sim, na única fonte de puro humanismo, isto é, nas normas morais dos profetas israelitas. Se conseguir concretizar esses ensinamentos elevados, contribuirá para que a humanidade possa viver em perpétua harmonia e em eterna paz".

---

29 *Dt* 15, 11.

BAMIDBAR

(Quarto Livro da *Torá*: *Números*)

Introdução

I

O quarto livro da *Torá* é denominado em hebraico *Bamidbar* (No Deserto), pois nele estão relatados os acontecimentos e as experiências do povo de Israel durante os anos da sua permanência no deserto. A divisão da *Torá* em diversos livros, conhecidos por *chumashim* (quintas partes, ou, na Versão dos Setenta, *Pentateuco*), só se deu muitas gerações mais tarde. Em toda a *Bíblia*, não encontramos nenhuma indicação dessa divisão. Ao contrário, os profetas se referem à *Torá* como sendo o livro *Sefer Torat Hashém* (livro do ensinamento de D'us) ou *Sefer Moshé* (livro de Moisés). Somente depois da dispersão da Babilônia, nos tempos da Comunidade dos *Anshei knesset haguedolá*, os homens da grande Sinagoga, foi estabelecida essa separação.

Primitivamente as cinco partes não tiveram nomes especiais. Os mestres falam de *Chamishá chumshéi Torá* (cinco quintos da *Torá*) ou *chumashim*, como são conhecidos hoje. Conforme a Septuaginta[1], o primeiro livro da *Torá* chamava-se *Sefer Maassé Bereshít* (Gênesis), o segundo livro *Sefer Ietziát Mitzráyim* (Êxodo), o terceiro livro *Sefer Torat Cohaním* (Levítico), o quarto livro *Sefer Hapekudím* (*Números*), e o quinto *Mishné Torá* (repetição da *Torá*, *Deuteronômio*).

Mas os sábios que coordenaram e classificaram a *Torá* em diversas *parashiót* abreviaram os nomes dos cinco livros, intitulando-os pela palavra

---

1 A tradução grega elaborada por setenta sábios por ordem do rei Ptolomeu II, protetor das letras.

com que começa o respectivo livro, ou seja: *Bereshit, Shemot, Vayikrá, Bamidbar, Devarim*. Todavia, tomando em consideração as inúmeras explicações e interpretações que nesse contexto encontramos na vastíssima literatura do *Midrash* e da *Agadá*, verifica-se que esses mestres não estão de acordo com a opinião que diz que os cinco livros da *Torá* devem a sua denominação à primeira palavra com que começam. Esses exegetas atribuíram a esses nomes uma significação muito mais profunda, mais transcendental. Tentaremos expor em breves palavras a essência dessas explicações:

Bereshit: O começo de tudo o que sabemos e devemos saber. Isto é o princípio do Universo, o princípio do ser humano e do povo judaico. Com *Bereshit* começa o desenvolvimento da humanidade. Isso deve ser o começo da tua sabedoria. As especulações abstratas, o esforço de penetrar os segredos da natureza, se não são acompanhados de uma absoluta fé no Onipotente Criador do Universo, considerando somente D'us como sendo a única causa e consequência de tudo, só produzem ateísmo, que em tudo só vê Cila, isto é, a cega crença no dogma, ou Caribdes, o materialismo desolador, concepções essas que abalam a pura noção da Divindade e a espiritualidade do ser humano.

Shemot: Nomes. Agora já se pode indicar os nomes dos judeus. Enquanto eles estiveram no Egito, não tinham nomes próprios; eles eram simplesmente escravos dos faraós, e tudo aquilo com que durante 210 anos contribuíram para o desenvolvimento desse país não foi atribuído ao seu esforço; não os identificaram com o progresso alcançado, pois para escravos não pode haver reconhecimento, não existem palavras de louvor. Mas agora, redimidos do jugo dos opressores, caminhando para o monte Sinai a fim de receber a magna carta do Decálogo, marchando como gente livre para conquistar a terra prometida aos patriarcas, agora sim, agora pode-se exclamar: *Veéile shemot benei Israel*. Estes são os nomes orgulhosos dos filhos de Israel. Se, apesar do meio ambiente lastimável, da sua situação desastrosa de escravos torturados e explorados, conservaram os seus nomes israelitas, não perderam a sua dignidade moral e não se assimilaram, eles bem merecem serem mencionados cada um com o seu nome.

Vayikrá: Ele chamou. Uma exortação aos filhos de Israel para que em todas as circunstâncias e contextos cambiantes do destino, estejam cientes de D'us, do Seu povo e da Sua *Torá*, inteirados da missão sagrada de que foram incumbidos pela Providência Divina.

Bamidbar: No deserto. Esse livro explica-nos por que a geração que foi salva do Egito foi condenada a perecer no deserto. Liberdade exige vontade de se livrar; liberdade deve ser conquistada com sacrifícios e privações. Mas aquele que não tiver coragem de quebrar as algemas da escravidão, que não sentir a vontade de se livrar da opressão, conformando-se com o seu destino desastroso ou esperando por milagres, essa alma só merece a nossa compaixão, pois ela há de errar sempre no deserto físico ou espiritual. E a denominação *Bamidbar* tem também uma outra motivação, para indicar que a *Torá* foi destinada a se tornar a constituição ética de toda a humanidade, e não somente dos judeus. O deserto é um lugar livre e acessível para todos, assim como também a *Torá* é aberta e alcançável para todos.

Devarím: Palavras. Não só palavras que repetem o que já foi dito nos primeiros quatro livros, mas principalmente palavras de advertência, de exortação, de conselhos e indicações concretas, sobre como garantir a continuidade do povo judaico, vivendo e agindo dentro das normas éticas e sociais que nos foram reveladas no monte Sinai.

II

Vaiedabér Hashém el Moshé bemidbár Sinai: E falou o Eterno a Moisés no deserto de Sinai, na tenda da congregação, no segundo ano após à saída dos filhos de Israel do Egito, no primeiro dia do segundo mês.

Somente treze meses se passaram desde que os filhos de Israel deixaram Mitzrayim. Mas esse curto lapso de tempo foi e será de importância transcendental, não só para aquele grupo étnico que acabou de sair do Egito, mas também para a humanidade inteira. Acontecimentos históricos que influenciaram centenas de gerações depois daquela que foi libertada do Egito ocorreram em poucas semanas. Importantíssimos capítulos de profunda substância histórica, que até hoje em dia não foram esgotados, compreendidos e devidamente interpretados, sucederam-se nesses treze meses. Alicerces fundamentais de ordem universal, que ainda hoje preocupam e despertam a curiosidade de historiadores e sociólogos, foram lançados num tempo limitadíssimo. Épocas inteiras de desenvolvimento espiritual, cujas fontes inesgotáveis inspiram a civilização atual, foram condensadas num espaço limitado de apenas algumas horas. Cria-se a impressão que D'us modificou o andamento da natureza, para formar o mais depressa possível o povo judaico e a consciência israelita.

Quão distanciado é o percurso da mais baixa subjugação, da deprimente escravatura espiritual, até *Matán Torá*, a doação da *Torá*, a maior carta da liberdade humana? Quão grande é o salto de *avodát pérech*, trabalho forçado para um rei déspota, até a construção de um próprio *mishkán*, um tabernáculo, um centro espiritual no qual a Shechiná, a Onipresença Divina, repousará?

Tudo isso aconteceu no deserto, num lugar aberto, público, livre para todos. Pois com a escolha desse lugar acessível a todos para nele entregar a *Torá*, D'us pretendeu criar um território espiritual para toda a humanidade, e não só para os judeus, como explicam os mestres: *Láma nitná haTorá bamidbár?* Como justificar o fato de que a *Torá* foi dada no deserto, e não em Eretz Israel, em Jerusalém? E a resposta dos sábios é bem característica da nossa maneira de pensar, tendo sempre na mente o bem-estar da humanidade inteira: *sheilu níiná haTorá beEretz Israel, ein leumót haolám chélek bá*, se a *Torá* fosse dada em Eretz Israel, os outros povos não teriam a sua parte nela[2].

Todos esses grandes e sobrenaturais acontecimentos, desde a saída do Egito até a doação da *Torá* e a construção do tabernáculo, foram milagres do Eterno; os próprios judeus pouco contribuíram para isso. Ao contrário, eles só causaram obstáculos e dificuldades, pois a própria *Torá* não esconde os fatos reais: em cada situação crítica, em cada momento difícil que passaram, eles não pouparam a Moisés as mais severas censuras e queixas por tê-los tirado desse magnífico país (Egito), por tê-los privado do *sir habassár* (panela de carne), acusando esse devoto e humilde pastor do seu povo de querer exterminá-los no deserto. Mas o Eterno e o seu fiel servo Moisés conheciam a mentalidade desse povo. Moisés, sem ter estudado psicanálise com Freud, Jung ou Adler, conhecia perfeitamente a

---

2 *Mechilta Yitró, Massechta de Bechodesh* 1.

alma do seu rebanho e as causas de seu revoltoso protesto; ele sabia que a dificuldade não era a "terra deserta", mas sim o "povo do deserto" (*am midbár*), o "deserto da alma" que cada um dos que foram redimidos do Egito (exceto algumas figuras de destaque que mesmo na adversidade não perderam a fé no Eterno e no seu servo) trouxe no seu íntimo. E sabia que só com o decorrer dos anos e com paciência angélica, conseguiria curar a espiritualidade rebelde dessa gente incrédula, preparando-os pouco a pouco para aquela elevada missão para a qual a Providência Divina os destinara: serem os portadores dessa grande e eterna luz da *Torá*, que deverá iluminar não só o caminho dos próprios mensageiros, mas também influenciar o pensamento de todo o mundo ocidental.

Agora que já receberam a *Torá*, que já estão de posse da constituição que deverá orientar a sua maneira de viver e de atuar, agora que Israel se prepara para conquistar a terra prometida aos patriarcas, a ordem Divina é categórica: *Seú et rósh kol adát benei Israel – mibén esrím shaná vama'la kol iotzé tzavá beIsrael* – Levantai o censo de toda a congregação dos filhos de Israel, da idade de vinte anos para cima, todos os que são capazes de sair para o exército. Um povo que aspira a um lar nacional não pode e não deve apoiar-se somente nos milagres Divinos, ou na complacência dos outros; ele próprio deve combater, a fim de concretizar o fim almejado. Ele deve acampar junto ao seu estandarte, e lutar corajosamente até a vitória final. Isso quanto à conquista territorial de Canaã. Mas a ordem terminante do acampamento em torno do estandarte visa também ao futuro de Israel. A Providência Divina previu qual será o destino do povo judaico ao pisar a arena da história universal. Ela sabia o que nos haveria de custar a preservação da herança do Monte Sinai, quantas incríveis dificuldades e tremendos obstáculos encontraríamos na conservação dos valores espirituais da nossa fé e da religião; quantas vezes nos bateríamos contra "desertos de incompreensão, da ignorância e da infâmia" por parte das outras crenças e ideologias, que nos empurraram à beira do desespero. Prevendo isso, a *Torá* nos aconselha: em tais situações difíceis, acampai sempre com maior ardor junto ao estandarte da vossa *Torá*, levantai bem alto a consciência judaica, transmiti aos vossos filhos a beleza e a grandeza do pensamento judaico; só destarte será garantida a vossa existência entre os povos.

Nassó

Na *parashá* desta semana, encontramos uma combinação de três problemas que à primeira vista nos parecem sem nexo algum. Primeiro o assunto da *sotá* (mulher suspeita de infidelidade); depois o problema da abstinência voluntária, ou melhor, do *nazir*[1], do ascetismo; e quase no meio da *parashá*, lemos essa bela bênção tríplice dos sacerdotes, bênção essa com a qual os pais e os rabinos costumam abençoar os seus filhos e a congregação.

O critério dos mestres para com a ordenação (*mitzvá*) do nazireu varia conforme as épocas em que viviam e ensinaram. Em toda a *Bíblia*, encontramos somente dois personagens como sendo "nazireus": Shimshon e Shemuel. Nessa conexão merece ser assinalada a opinião do historiador Zeev Iabetz na sua obra *Toldot Israel* (História de Israel). Iabetz tende a ver uma ligação entre o feito de Yiftách (o juiz Jefté) e o fenômeno de as mães consagrarem os seus filhos ao nazireato (*nezirut*). Eis a motivação do historiador: "Vendo os sábios da época que não existiam meios para impedir o povo de Israel de sacrificar os seus filhos e filhas em holocausto, como o seu meio ambiente estava fazendo (e como fez Yiftách), resolveram estabelecer o nazireato em substituição ao sacrifício; pois desde o dia em que Israel se tornou um povo, até hoje em dia, não houve casos em que os pais consagrassem os seus filhos ao nazireato, a não ser

---

[1] Pessoa que se consagrará durante um certo tempo ou por toda a sua vida ao Eterno, abstendo-se de beber vinho novo e velho, vinagre de vinho, ou vinagre de bebida forte, nem beberagem de uvas; nem comer uvas frescas ou secas; não cortará o cabelo e não se aproximará dos mortos, inclusive se estes forem os seus parentes mais próximos.

os dois casos: Shimshon (Sansão), filho de Manóach, por ordem de um mensageiro de D'us, e Shemuel (Samuel) de Ramataim, por vontade do sacerdote Eli. E desde o dia em que Samuel se tornou profeta e fundou o colégio de profetas, elevando destarte o prestígio da Torá, não se encontra mais na Bíblia esse costume". E apesar da opinião positiva dos profetas Amós e Jeremias a esse respeito, prevalece o parecer do prof. Iecheskel Kaufmann[2], que rejeita categoricamente as supostas opiniões daqueles pesquisadores que afirmam que os profetas preferiam a vida desértica e ascética à cultura e à civilização urbanas. O prof. Kaufmann conclui: "O ideal nômade que os seguidores da doutrina religiosa e social fundada por Buda, na Índia, querem atribuir à concepção judaica, é pura fantasia, e não está mencionado na Bíblia".

Enquanto da limitada análise das fontes bíblicas não consta nada de negativo a respeito do ascetismo, o Talmud condena categoricamente qualquer forma de ascetismo ou de abstencionismo. Essa posição tem a sua origem na afirmação do Mestre Shemuel no Talmud: *kol haioshév betaanít, nikrá choté*: aquele que se privar de alimentação, ficando desnecessariamente em jejum, é considerado um pecador[3]. Analisando à luz da lógica a afirmação do Mestre Shemuel, encontraremos aí a chave do pensamento judaico. Para os mestres da Halachá, o código jurídico judaico, assim como para os nossos moralistas, judaísmo significa levar uma vida que é uma síntese entre alma e corpo. Dedicar-se exclusivamente às coisas físicas, materiais e voluptuosas é um grave crime, mas também é um grande erro entregar-se somente às coisas psíquicas, espirituais e abstratas. *Torá lo bashamáyim hi*, a Torá não foi entregue aos anjos, mas sim aos seres humanos.

Aquele que levar uma vida ascética, fugindo da alegria de viver, privando-se daquilo que foi criado para o seu bem e gozo, é considerado um transgressor, um ingrato perante o Criador do Universo.

É interessante e característico o que o Talmud Yierushalmi, no fim do tratado Kidushin, diz a esse respeito: *Atid adám litén din vecheshbón al kol sheraatá einó, veló achál*, aquele que se privar daquilo que lhe foi dado ver e gozar, terá que prestar contas perante o Eterno. E no Talmud Yierushalmi,

---

2 *Toldot ha-Emuná*, v. v, p. 625.
3 *Taanit* 11a.

elucida Rabi Yitzhák: *Lo daiécha má sheasrá lechá haTorá, elá sheatá mevakésh leessór alécha devarím acherím*. Não te basta o que a própria *Torá* te proíbe, e tu procuras abster-te de outras coisas?[4].

Na sua conhecida obra *Ética e Justiça Judaica* escreve o rabino Federbusch: "Abstinência e ascetismo são absolutamente estranhos ao espírito judaico. Esse modo de viver é antissocial, pois aquele que renunciar voluntariamente àquilo que necessita para sua própria vida normal e para o seu sustento, é incapaz de dedicar-se ao bem-estar alheio e à coletividade humana".

Judaísmo consiste em poder purificar e dominar as suas inclinações vis e grosseiras, para se elevar a um nível de vida nobre e dignificado. Maimônides, no seu *Guia dos Perplexos*, interpreta a significação do termo *sotá* mencionado nessa *parashá* como "decadência moral", e a denominação *nazir* como "fanatismo obscuro". Aqueles que andam descalços e se fecham em conventos não podem ser considerados como sendo elementos úteis à sociedade, visto se privarem da convivência com o seu semelhante.

O povo judeu passou por essas duas experiências infelizes, em épocas distintas. Na época do Primeiro Templo, sofremos de uma classe de gente que se entregou à embriaguez (desregramento) e volúpia, encontrando-se numa pavorosa decadência moral. Nos tempos do Segundo Templo, o nível moral do povo era muito elevado, talvez elevado demais, dando margem ao surgimento de numerosas seitas religiosas, especialmente a dos essênios, que renunciaram aos bens da vida, esconderam-se nas florestas, levando uma vida austera ao máximo; abstinham-se ordinariamente do casamento, espalharam intrigas e mentiras entre os judeus, odiando-os sem razão e sem justificação, ódio esse caracterizado pelos mestres como *sinat chinám* (ódio gratuito). E assim aconteceu que os pecados dos que viviam na era do Segundo Templo ultrapassaram em gravidade os do Primeiro.

Pelas transgressões do povo contemporâneo do Primeiro Templo, sofremos setenta anos, e pelos ultrajes e desobediências do povo durante a época do Segundo Templo, suportamos as consequências até hoje em dia.

No meio dessa *parashá* temos, como já mencionamos, a bênção dos *Cohanim*. Aos sacerdotes, às eminentes personalidades na hierarquia ju-

---

4 *Nedarim*, 9, 1.

daica, ordenou-se abençoar o povo de Israel em nome do Eterno. Essa sua tríplice bênção é maravilhosa na sua simplicidade; ela é conhecida na nossa liturgia como *berachá hameshuléshet baTorá*, como tríplice bênção, porque é composta de três frases curtas. Mas essas três sentenças contêm em si tudo o que dissemos no contexto da vida judaica. Nada de extremo, de exagerado está nelas. O saudoso rabino Avigdor, do México, interpreta admiravelmente o profundo sentido dessa bela bênção.

"Os *Cohanim* – diz Rav Avigdor – não abençoaram o povo de Israel para que possuísse muita força física (a máxima cobiça de outros povos que baseiam seus governos nas capacidades físicas e materiais); tampouco imploraram muita riqueza material ou muita abundância; também não pediram ao Eterno para que outorgasse ao Seu povo muita inteligência ou poder espiritual. Naquela sua bênção, os *Cohanim* expressaram somente a síntese do corpo e da alma".

Primeiro temos: *Ievarechechá Hashém veyishmerécha*, que o Eterno te abençoe e te guarde, e o *Talmud* explica: *Ievarechechá bemamón*, que Ele te abençoe com dinheiro, *veishmerécha begúf*, e te guarde fisicamente[5]. Isto é, para que o povo de Israel tenha sempre tudo o que precisar para o seu sustento material, sem precisar pedir auxílio a outros povos, e não seja dependente da generosidade alheia, que nem sempre lhe será concedida.

A segunda bênção: *Iaér Hashém panáv eilécha, vichunéka*, que o Eterno faça resplandecer o Seu rosto sobre ti, e seja clemente contigo. Essa bênção está relacionada com espírito, com sabedoria, com *Torá*. *Torá Or*: A *Torá* é luz, ela é sabedoria que ilumina a vida do homem; para possuirmos sabedoria, necessitamos da graça Divina, e para a sua aplicação precisamos de inteligência e compreensão.

E por fim a *berachá*: *Yissá Hashém panáv eilécha, veiassém lechá shalóm*, que o Eterno a ti se volte com a Sua Presença, e te dê paz.

Não existe um bem mais precioso do que a paz, paz de espírito, paz da consciência individual e coletiva, paz entre os povos. Três singelas sentenças que abrangem tudo que um povo precisa.

E de novo citaremos a interpretação do Rav Avigdor. Diz ele: "A sociologia moderna ensina que um Estado necessita para a sua estabilidade,

---

5 *Sifri, Nasso* 40.

consolidação e segurança, três categorias de gente: 1. operários e funcionários; 2. técnicos especializados, intelectuais e educadores; e finalmente 3. políticos e exército para a defesa da pátria, porque cada país é baseado sobre três fundamentos: a situação econômica, o nível intelectual e cultural, e a segurança exterior".

Que pena que os sociólogos modernos não conheçam o profundo sentido dessa bênção bíblica; nela teriam encontrado toda a essência das suas legislações.

A nossa eterna *Torá* nos deu uma eterna bênção que jamais perderá atualidade, e com a qual também abençoamos o povo de Israel e toda a humanidade.

Behaalotechá

I

Behaalotechá et hanerót: Quando acenderes as lâmpadas. Rashi vai ao encontro de uma indagação justificada: Por que é que a *Torá* usa o termo *behaalotechá* para a ação de acender, sabendo que o termo usado tem a sua origem no verbo *aló*, subir, elevar, enquanto o termo *lehadlik* seria mais adequado para indicar "acender", por derivar do termo *dalok* (aceso)? Rashi interpreta o verbo *behaalotechá* no sentido bem profundo, sim, transcendental, dizendo: *ad shetihié hashalhévet olá meeiléha*, para que a chama se eleve por si mesma[1].

O fato de a *Torá* mencionar em três distintas citações a ordem de acender as lâmpadas, usando em todas elas o verbo *aló* (subir, elevar) em vez de *lehadlik* (acender), por exemplo em *Shemot* (*Êxodo*) 25, 37, *veheelá et neirotéha veheiír al éver panéha*, e acenderás suas lâmpadas que alumiarão em direção ao seu centro; *Shemot* 40, 4, *vehaaléita et neirotéha*, e acenderás suas lâmpadas; e no mesmo capítulo 40, 25, *vaiaál haneirot lifnéi Hashém, kaashér tzivá Hashém et Moshé*, e acendeu Aarão as lâmpadas diante do Eterno, como ordenara o Eterno a Moisés; esse fato de não mencionar *hadlaká* indica claramente que não se trata de acender a luz para iluminar, mas sim de *haalaá*, elevação, ação esta que contribuirá para elevar o povo de Israel. Existe uma íntima ligação entre a luz da Menorá, que estava colocada no tabernáculo, e a luz da Onipresença Divina, que inspira o povo de Israel.

---

[1] Nm 8,2.

Essa íntima relação entre a luz da Menorá e a luz do Eterno está ilustrada na citação do *Midrash*[2]: *Amár lo Hakadósh Barúch Hú leMoshé: lo bishvíl sheaní tzarích laneirót hizharticha al haaláat haneirót, éla lizchutchém* – Disse o Santo, abençoado seja Ele, a Moisés: não é pelo fato de Eu precisar da vossa luz, que te ordenei acender as lâmpadas, mas sim para outorgar ao povo de Israel méritos. Como está escrito: *Hashém chafétz lemáan tzidkó, iagdíl Torá veiaadír*, foi do agrado do Eterno, por amor da Sua justiça, engrandecer a *Torá* e torná-la gloriosa[3].

O primeiro pronunciamento do Criador do Universo, o Verbo Divino, é LUZ. *Vaiómer Elokím, iehí or, vaiehí or*, e o Eterno disse: Seja luz! e foi a luz. Desde então tudo o que é divino, nobre e elevado, tudo o que se refere ao bem-estar da humanidade, tudo o que aspira a melhorar as condições ético-sociais do ser humano, tudo o que pretende elevar o nível intelectual do homem, está expresso no pensamento filosófico judaico, pela ideia de "Luz": brilho. Essa luz, da qual a *Torá* nos fala, era na sua substância mais espiritual do que material; mas segundo a tradição, ela trouxe consigo benefícios materiais e espirituais; em outras palavras: o Universo livrou-se das trevas, e as forças espirituais se uniram mais com a terra. E desde que o povo de Israel aparece na arena da história universal, suportando ainda o jugo da escravidão egípcia, ele já está ciente da luz espiritual que a Providência Divina lhe há de conceder, luz essa que há de ter um papel transcendental na sua maneira de pensar e de encarar a problemática do seu próprio destino e o do seu meio ambiente. *Ulechól Benei Israel haiá ór bemoshvotam*: e para todos os filhos de Israel houve luz em suas habitações[4].

Essa ideia é lindamente formulada nas palavras do rei-cantor David: *Vaomár ách chóshech ieshuféini, veláila ór baadéini gam chóshech lo iachashich miméka, veláila kaióm iaír, kachasheichá kaorá*; se disser: decerto que as trevas me oprimirão, então a noite será luz em redor de mim; até as próprias trevas não te serão escuras, porque a noite resplandecerá como o dia, as trevas e a luz são para Ti a mesma coisa[5].

---

2   *Bamidbar Rabá* 15, 26.
3   Is 42, 21.
4   Ex 10, 23.
5   Sl 139, 11-12.

Durante os milênios da sua história, o povo judeu foi duramente experimentado, e a sua fé no D'us único, Eterno, Criador, Ordenador e Orientador da sua vida, foi exposta às mais duras provas de fogo. Os contextos cambiantes e as vicissitudes do seu destino mudaram sem dúvida a forma do judaísmo, mas não abalaram e não desfiguraram a essência da sua particularidade. O povo de Israel foi capaz de persistir nessa sua essência, por ter escolhido como *leitmotiv* da sua existência o escopo:

Et Adoshém heemárta haiom, lihiót lechá Le-Elokím, velaléchet bidracháv velishmór chukáv, umitzvotáv umishpatáv, velishmoa bekoló: ao Eterno prometeste hoje que Ele será para ti D'us; e andarás nos Seus caminhos, guardarás Seus estatutos e Seus preceitos e Seus juízos, e ouvirás a Sua voz. *VaDoshém heemirchá haióm lihiót ló leám segulá kaashér dibér lách, velishmór kol mitzvotáv*: e o Eterno te prometeu hoje que serás para Ele o povo predileto, como te falou, e observarás todos os Seus preceitos[6]. E o profeta Hoshéa (Oseias) formulou este axioma sublime numa linguagem lírico-poética, deixando o Eterno dizer ao povo Israel: *Veeirastích li leolám veeirastích li betzédek uvmishpát, uvchéssed uvrachamím; veeirastích li beemuná, veiadatá et Hashém* – Desposar-te-ei comigo para sempre: desposar-te-ei comigo em justiça, e em juízo, e em benignidade e em misericórdia; desposar-te-ei comigo em fidelidade, e conhecerás [amarás, porque o verbo *iadóa* pode também ser interpretado por "amar"] o Eterno[7].

Uma *agadá* (homília), referindo-se à íntima ligação existente entre o povo de Israel e o Criador, cita o seguinte exemplo figurativo: O povo judeu, como eterna minoria, é um objeto valiosíssimo mas minúsculo, estimadíssimo pelo seu possuidor; e para que essa joia preciosa não se extravie no decorrer dos tempos, ela ficou ligada a uma grande e bem visível corrente dourada para que, se um dia ela se perder, seja facilmente reencontrada.

É isso que o *Zohar* define nesta máxima lapidar: *Kudshá Berích Hú uknésset Israel ikrei echád*: o Santo, abençoado seja Ele, e a Congregação de Israel são denotados como sendo uma unicidade[8].

---

6   Dt 26, 17-18.
7   Os 2, 21-22.
8   *Vayikrá* 93b.

A essência da consciência de um povo se manifesta no movimento agitado entre uma e a outra provação histórica. E se o judaísmo, apesar das fases cambiantes da sua grande história, conseguiu preservar a sua constância e resguardar a sua essência, essência essa que em todas as fases tem algo em comum, isso se deve exclusivamente ao fato de termos compreendido logo nos primórdios da nossa gênese que: *Kudshá berích Hú, veIsrael veOráita chád*: o Santo abençoado seja Ele, Israel e a *Torá* são uma só coisa.

II

Partindo desse ponto de vista, pode-se compreender as afirmações do rei Salomão nos seus *Provérbios*: *Nér Háshém nishmát Adam*, A alma do homem é a lâmpada do Eterno[9]; e *Nér mitzvá veTorá or*, o mandamento é uma lâmpada, e a *Torá* é uma luz[10]. Este é o diálogo entre o Criador e o povo de Israel: *Nerí beiadechá, venerchá beiadí*, a tua lâmpada, Israel, está na minha mão, e a minha lâmpada (a *Torá*) está na tua mão[11]. Enquanto cuidardes da minha lâmpada (*Torá*), Eu me preocuparei com a tua, isto é, Eu, o eterno Protetor de Israel, me encarregarei da tua existência e da tua continuidade. Eu, diz o Eterno a Israel, não necessito de vós, para iluminar a minha existência: mas vos escolhi como portadores da Minha luz, a fim de elevar-vos perante os outros povos, para que eles, que andam nas trevas, possam exclamar: "Vede como Israel ilumina o caminho Daquele que cria a luz e afasta as trevas".

Sim, *Torá-Or*, os ensinamentos da *Torá* são uma luz perpétua, e foi essa tocha que iluminou os nossos espíritos e as nossas vidas, que nos ajudou a atravessar esses grandes, quase intermináveis túneis escuros da nossa história milenar. Mas esses ideais da *Torá* não foram e nunca serão matéria definitivamente concluída. *Torá*, no mais lato sentido da noção, é aquilo que Moisés perpetuou nos cinco livros, que os profetas idealizaram, que a *Mishná* e o *Talmud* (babilônico e jerosolomita) interpretaram, desen-

---

9 Pr 20, 27.
10 Pr 6, 23.
11 *Devarim Rabá* 4, 4.

volveram e ampliaram dentro do espírito da *Torá*, dentro das normas da concepção ética judaica.

E se o Eterno nos prometeu: *sheló yichbé neró leolám*, a chama de Israel jamais se apagará[12], isso quer dizer que em cada geração houve e haverá mestres que sabem acender de novo a luz da *Torá*, garantindo destarte que a chama se elevará por si mesma. O judaísmo nunca se contentou com a rotineira transmissão do legado herdado; cada geração judaica esforçou-se para aumentar, enriquecer, embelezar a herança espiritual; pois, se não fosse isso, quem sabe já não teríamos hoje uma *Torat chayim*, uma doutrina viva, palpitante, que não perdeu e jamais perderá o seu valor e a sua atualidade.

A *Torá* é denominada *Morashá kehilát Iaacov* e não *Ierushá*. *Morashá* expressa "fazer herdar", enquanto que *ierushá* é algo que passa automaticamente de geração a geração. *Morashá* significa "a ser herdado", adquirido pelo esforço próprio, pelo reconhecimento de que vale a pena ser possuidor da valiosa herança paterna, e ter consciência de que o tesouro que os antepassados deixaram faz parte de meu ser, do qual não me quero e não me posso separar. Somente assim cada geração saberá avaliar devidamente a responsabilidade que o destino do seu povo lhe outorgou, esforçando-se para renovar e para consagrar essa antiga, mas sempre nova, luz da *Torá*, que em todos os tempos e em todas as circunstâncias da vida, terá sempre muita coisa de relevante a oferecer aos que procuram valores éticos e absoluta verdade na vida moderna e numa atmosfera intelectual.

O privilégio do judaísmo consiste em nunca ter sido uma lei estática, ou, como o afirmam os ignorantes, uma doutrina petrificada em normas obsoletas e dogmas secos; os ensinamentos da *Torá* e dos mestres são e serão evolutivos, cheios de sentido.

Cada geração deve começar do ponto onde a precedente parou; só assim o judeu viverá dentro da *Torá* e a *Torá* continuará a viver no judeu. Como o povo de Israel conseguiu conservar a essência da sua cultura peculiar, após muitos séculos de íntimo contato com os costumes e instituições babilônicas e egípcias, hititas, cananeias, assírias, persas, gregas

---

12 Das bençãos da *Haftará*.

e romanas, continua sendo um enigma para os historiadores e um mistério para os teólogos.

Mas o profeta Zacarias revelou o segredo, afirmando: *Lo becháil, veló bechóach, ki im beruchí amár Hashém Tzevaót*, não por força, nem por poder, mas sim, pelo Meu espírito, falou o Eterno[13], ou nas palavras do Salmista: *Nér leraglí devarécha, veór lintivatí*, a Tua palavra, Eterno, é uma lâmpada para os meus pés, e luz para meus caminhos[14].

III

Vezarách hashémesh, uvá hashémesh: E nasce o sol e põe-se o sol)[15].

Essa máxima do rei Salomão no *Eclesiastes* (*Kohélet*) é explicada no *Talmud*[16], da seguinte maneira: *Amár Rabi Chiya bar Aba, amár Rabi Yochanán: Ein tzadík niftár mín haolám, ad shenivrá tzadík kemotó*, um homem justo e íntegro não morre, até não nascer um outro igual a ele, pois está escrito *vezarách hashémesh, uvá hashémesh ad sheló kivtá shimshó shél Elí, zarchá shimshó shél Shemuel haramatí*, ao extinguir-se o sol do sacerdote Eli, já brilhava o sol do profeta Samuel. Admitindo a premissa de que na concepção judaica luzes e luminárias não são somente "físicas" como o sol, a lua e as estrelas, mas também "espirituais", isto é, vultos brilhantes, que com a sua genial capacidade intelectual, orientam, esclarecem e derramam luz sobre toda a problemática completa do Universo, abrindo horizontes novos nos diversos campos do pensamento humano, na ciência e na técnica, essa premissa facilita-nos compreender a afirmação e a interpretação do Mestre Rabi Eleazar, que na mesma página talmúdica nos ensina:"*Afilú bishvíl tzadík echád olám nivrá*, o mundo merecia ser criado mesmo se existisse um único homem justo, pois está escrito (*Bereshit*, 1, 4) *Vaiár Elokím et haór kí tov*, e viu D'us a luz que era boa, e *ein tov elá tzadík*, não há maior bem do que um justo, como afirma o profeta Yeshaiahu (*Isaías* 3,10) *imrú*

---

13 Zc 4, 6.
14 Sl 119, 105.
15 Ecl 1, 5.
16 Yomá 38b.

tzadií ki tov, dizei aos justos que bem lhes irá; porque comerão do fruto das suas ações".

Eis só alguns exemplos da exatidão dessa conclusão, pelo menos concernentes à história judaica:

Sara – Rebeca; Moisés – Yehoshua (Josué); Yehoshua – Otniel (Otoniel); Eli Hacohen (Elias) – Shemuel (Samuel); Shemuel Hanavi (profeta) – Rei David; o profeta Hoshéa (Oseias) – e profeta Amós; Amós – Ieshaiáhu (Isaías), o profeta Michá (Miqueias) e o profeta Joel; Baruch ben Neriá – Ezrá Hasofér (Esdras, o escriba); Ezrá Hasofér – Shimon Hatzadik (Simão, o Justo); Judá ben Tabái – Shimon ben Shatách – Shemaiá – Avtalion; Shemaiá e Avtalion – Hilel e Shamái; Hilel Hazakén – Rabi Yochanán ben Zakái; *Iom shemét Rabi Akiva nolád Rabeinu (Bereshit Rabá, Nôach* 2): No dia em que faleceu, o Mestre Akiva, nasceu Rabi Yehudá Hanassi, conhecido na literatura rabínica por Rabeinu Hakadósh, ou simplesmente Rabi, o compilador da *Mishná*; Rabi Iehuda Hanassí – Ravá; Ravá – Rav Ashi.

O Mesmo se Aplica aos *Guenonim*:

Amram ben Sheshná, por volta de 875 (autor do mais antigo livro de orações); Tzemach (872-890), *gaon* que compilou, para a melhor compreensão do *Talmud*, um dicionário; Saadiá ben Josef (892-942), reitor da Escola Superior Rabínica de Sura (Babilônia): filósofo religioso, exegeta, gramático, poeta que escreveu em árabe e hebraico; o primeiro autor da literatura rabínica, renovador da hegemonia espiritual do judaísmo babilônico, tradutor da *Bíblia* para o árabe, e autor da famosa obra filosófica *Emunót ve-Deot* (Ensinamentos da Fé e Opiniões).

Gaon Sheríra (900-1000), reitor da Escola Superior Rabínica de Pumbedita (Babilônia) perpetuado pelas suas epístolas (*Igueret*), que enviou à coletividade israelita de Kairuan (Tunísia). Autor de uma história da doutrina oral (*Torá she-beal-pé*) desde os primórdios até a sua era.

Gaon Hai (Chiya ben Sherira, 939-1038), gaon de Pumbedita, *decisor*, autor de um número incalculável de respostas rabínicas, escreveu quase exclusivamente em árabe.

O número de judeus que viviam em Roma ainda antes da destruição do Segundo Templo já era tão grande, que Cícero, o famoso orador (59 a.C.)

na sua defesa de Flacus, o procônsul da Ásia Menor que confiscou todas as contribuições judaicas ofertadas para a sustentação da Santa Casa em Jerusalém, declara que o tribunal romano ficou impressionado, notando a grande massa judia presente ao processo.

Na Espanha, encontramos judeus desde a época do Primeiro Templo (segundo uma versão), mas sem dúvida alguma já antes da destruição do Segundo Templo. Na época islâmica, temos Hasdai Ibn Shaprút (915-970), médico, filósofo, ministro de negócios exteriores e conselheiro do califa Abad Al-Rabman. O primeiro rabino da Alemanha, Rabi Klonimos (800), instala a sua sede em Mainz; as Comunidades Israelitas de Colônia, Worms, Magdeburg, Ratisbona e Praga tiveram já no século X célebres rabinos, que até hoje em dia continuam sendo *decisores* incontestáveis.

Os teólogos, filósofos, chefes espirituais de todas as crenças, e mesmo os cientistas conscientes, que não operam só com algarismos e fórmulas, mas também com a alma e a chama Divina, sabem exatamente avaliar qual é hoje em dia a verdadeira situação da ciência; eles sabem que somente através dos laboratórios, com os mais modernos apetrechos científicos, nunca serão capazes de explicar o segredo do Universo, do homem e da vida; eles sabem perfeitamente que com o intelecto e a inteligência nunca se chegará a desvendar os mistérios do cosmos. Porque o intelecto é limitado, é sedutor, é sofístico, capaz de levar às vezes ao absurdo; a dialética é como a teia de aranha. Sabe-se também que só com a metafísica nada de importante será alcançado, porque a fantasia e o voo de ideias podem conduzir à superstição e à idolatria. O mais importante é saber unir e ligar toda a ciência e a sabedoria humana em torno de um princípio fundamental, aquela ideia básica sobre a qual o grande Maimônides (Rambam) fundou as suas duas obras filosófico-éticas, o *Guia dos Perplexos* (*Moré Nevuchím*) e o *Iad Hachazaká* (a Mão Forte, recodificação de toda a matéria jurídica judaica por princípios objetivos): "Os quartos (as ciências) deste grandioso palácio (o Universo) não são isolados, mas sim ligados por um grande corredor que conduz ao aposento do Rei, que é D'us único, Onipotente e Onipresente". É em torno dessa noção básica que a nossa vida, a nossa capacidade intelectual e os feitos humanos devem girar, se pretendem alcançar êxito e frutos benéficos. Caso contrário, tudo o que cobiçamos alcançar e realizar redundará num fiasco catastrófico.

E é isso e nada mais, que a nossa *Torá*, essa luz eternamente resplandescente, revelada no Monte Sinai, entregue ao povo de Israel através do Servo Moisés, iluminada, esclarecida e interpretada pelos mestres desde tempos imemoriais até hoje em dia, aspira a irradiar com seus raios luminosos, para aclarar os nossos horizontes e os da humanidade inteira.

Shelach – Lechá

I

A maior parte desta *parashá* descreve-nos com minúcias o episódio dos *meraglim*: observadores, investigadores. Deus ordenou a Moisés que escolhesse doze representantes idôneos, um líder para cada tribo, para espiarem a terra de Canaã, para estudarem as condições geográficas e sócioeconômicas do país, para que, depois de terem observado todos os seus aspectos, voltassem com uma reportagem minuciosa e objetiva. Todo este episódio começou muito simplesmente e sem complicações sérias, não tendo de maneira alguma um caráter dramático, pois lemos na *parashá*: *shelach lechá anashím, veiatúru et eretz Kenaan, ashér aní notén livnéi Israel*. E o Eterno falou a Moisés, dizendo: "Envia para ti homens para que investiguem a terra de Canaã, que Eu hei de dar aos filhos de Israel, e quase todos os exegetas, inclusive o grande Rashi, são unânimes na interpretação da recomendação do Eterno que, com as Suas palavras, *shelach lechá* (envia para ti) quis dizer a Moisés: "Eu não te ordeno enviar estes investigadores, pois, Eu, o Eterno, conheço perfeitamente o país que prometi aos filhos de Israel; mas se tu, Moisés, o quiseres, se o povo insistir, poderás fazê-lo". Em outras palavras, enquanto Moisés meditava se o pedido do povo era ou não justificado, veio-lhe a ordem de D'us, para lhe indicar que podia agir segundo o seu critério.

É curioso como de uma coisa de tão pouca importância resultou uma tragédia, uma calamidade nacional de tão graves consequências, chegando os mestres à conclusão de que esse episódio pode ser considerado como sendo o maior desastre interno do nosso povo, pois é a causa de nosso luto nacional-religioso desde há dois milênios, resultado daquela desgraça que o *Talmud*¹ definiu como *bechiyá ledorót*, pranto perpétuo. Pois a *parashá* narra que "depois de o povo ter ouvido esse nefasto relatório" levantou-se toda a congregação e gritou em voz alta: *vayivkú haám baláila ḥahú*, e o povo chorou naquela noite². Essa triste ocorrência foi comentada pelo rabino Rabá em nome do Rav Yochanán no *Talmud* pela seguinte analogia: *otó haióm érev tishá beáv haiá; amár lahém Hakadósh Barúch Hú: atém bechitem bechiá shél chinám, vaaní kovéa lachém bechiyá ledorót*, aquela noite era a noite do nono dia do mês de Av, e o Santo, abençoado seja Ele, falou aos filhos de Israel: as lágrimas que derramastes naquela noite, eram falsas, sem motivo algum; porém Eu hei de determinar aquela noite como ocasião de pranto real para vossas gerações³. E nós sabemos que, na mesma data, passados séculos, foram destruídos os dois Templos de Jerusalém, e foi assinado pelos reis Fernando e Isabel o decreto de expulsão dos judeus da Península Ibérica, ocorrência considerada pelos historiadores tão dolorosa como a destruição dos Templos.

Além de terem motivado, com o seu nefasto relatório, a destruição dos dois Templos, pelos quais não temos deixado de chorar até hoje, é sabido que os investigadores, com as suas informações falsas, causaram a morte de toda aquela geração que saiu com Moisés do Egito, privando-a destarte do privilégio de entrar na terra prometida.

II

Segundo a narração da *Torá*, consta que os judeus cometeram no deserto duas transgressões muito graves: manufatura do bezerro de ouro (*eguél hazaháv*) e o triste episódio dos *meraglim* (investigadores). Confessamos que evitamos propositadamente usar o termo "espiões", pois os jornais do mundo inteiro relatam crimes de espiões de todas as nacionalidades, e também o *ishúv* de Israel ficou este ano abalado e bastante

---

1 Taanit 29a.
2 Nm 14, 1.
3 Taanit 29a.

surpreendido por uma feia história de um famoso espião, que gozava de toda a confiança da parte do governo israelense.

À primeira vista pode parecer que o pecado do bezerro de ouro era muito mais grave que o dos investigadores, pois no primeiro caso transgrediram um dos mandamentos básicos do Decálogo, adorando um ídolo e aclamando-o com gritos frenéticos: *eile elohécha Israel*, esta é a tua deidade, Israel, que te tirou do Egito; enquanto no segundo caso pecaram somente por afirmações incorretas, falando mal contra *Eretz Israel* no seu desespero. Mas acontece que todos os mestres são unânimes na afirmação e na conclusão que o erro dos *meraglim* é muito mais penoso, e por isso o drástico castigo que fez perecer toda essa geração no deserto. No caso do bezerro de ouro, as súplicas de perdão de Moisés foram atendidas favoravelmente pela resposta do Onipotente, proclamando: *saláchti kidvarécha*, perdoei como me pediste[4]; mas no caso dos *meraglim* a veemente oração de Moisés não foi tomada em consideração; a sua magistral e tão comovente defesa não deu resultado, e a sentença de extermínio de toda aquela geração ficou inalterada.

O grande moralista do século passado, rabino Israel Meir Hacohen (z.L.) conhecido na literatura rabínica como Chafétz Chayim, analisando o relato desta *parashá*, observa magistralmente: "feitos, ações individuais ou mesmo coletivas, podem, com o decorrer dos anos, ficar esquecidos; mas palavras ficam profundamente gravadas no coração humano, causando graves danos". O Chafétz Chayim baseia a sua definição psicológica numa narração talmúdica. O *Talmud*[5] relata o seguinte:

Rabi Yochanán ben Zakái, o grande tanaíta do século I, fundador e diretor da famosa academia de estudos rabínicos em Yavné, estudando com os seus discípulos as *Lamentações* (*Meguilát Éichá*), que costumamos recitar na véspera e durante o serviço religioso matutino no dia 9 de Av, notou que nessa lamentação, composta em ordem alfabética hebraica, a letra *pê* está *antes* da letra *ayin*, o que não é correto, pois toda criança alfabetizada e familiarizada com o abecedário hebraico sabe perfeitamente que a letra *ayin* está antes da letra *pê*.

---

4   *Nm* 14, 20.
5   *Sanhedrin* 104b.

Qual é então a explicação plausível dessa troca que encontramos nas *Lamentações*? E Rabi Yochanan ben Zakái, na sua magistral análise, responde à nossa – sua – indagação: "O fato de o profeta Jeremias ter posto na sua ode o *pê* antes do *áyin* não é ocasional, ou um puro esquecimento de Jeremias, que na sua profunda dor pela destruição do *Beit Hamikdásh*, teria simplesmente confundido as letras; o que o profeta Jeremias, que predisse e assistiu à destruição do Templo, que previu o desmoronamento da Casa Santa, quis dizer com a intencional troca de letras, era lembrar às gerações vindouras o grave pecado dos investigadores, que, pela sua falta de fidelidade na palavra Divina, pronunciaram com o *pê* [que em hebraico significa boca] algo que não viram com o *áyin* [que em hebraico quer dizer olho]".

Os investigadores que Moisés mandou a Canaã relatam verbalmente sobre coisas que não viram e não encontraram, já não falando do fato que, com as suas notícias nefastas, incitaram o povo a desconfiar da promessa Divina que asseverara ser a terra boa, fecunda e facilmente conquistável.

Numa noite de debates, organizada em nossa honra pelo Board of Rabbis de Nova York, discutiu-se entre outros palpitantes assuntos judaicos, o discurso que o historiador Toynbee pronunciou a convite do American Council for Judaism, no qual criticou de maneira áspera, como é o seu costume, as atitudes do governo de Israel, pondo em dúvida as regras elementares da ética judaica. Um dos participantes na discussão observou mui acertadamente: "A maior desgraça desta nossa geração é o abuso da palavra, é o fato lamentável de usarmos a boca antes dos olhos, de acreditarmos naquilo que os outros nos contam, sem verificarmos primeiro com os nossos próprios olhos, se o que acabamos de ouvir é ou não verídico. Em nenhuma outra época da história, a humanidade esteve tão desnorteada, tão desorientada, pela palavra demagógica e política, como acontece atualmente. A dialética da nossa geração, o modo de argumentar e de discutir, é um palavreado vazio; opera-se com *slogans* hipócritas, a controvérsia carece de lógica ou de raciocínio, e este dom maravilhoso que o Criador outorgou ao homem, o verbo, é abusado para envenenar o meio ambiente. Estando expostos a esse ininterrupto dilúvio de palavras que só magoam, só causam danos terríveis, ao contrário do Verbo Divino que só cura, como canta o Salmista *ishlách devaró veirpaém, vimalet mishechitotám*, o Eterno envia a Sua palavra e os cura, livrando-os dos perigos⁶, não sabemos qual crime é maior, o dos *meraglim* que viviam no *dor hamidbár*, a geração do deserto, ou os delitos da sociedade atual, que vive no *dor hamdabér*, a geração falatória".

Essa constatação motivou o rei Salomão a fixar a máxima tão popular: *Mávet vechayím beiád lashón*, a morte e a vida estão no poder da língua⁷, e é essa nossa intenção, ao pedirmos perdão no dia de Yom Kipur pelas transgressões de *dibúr pé* (pronunciamento da língua) e de *tumát sefatáim* (impureza dos lábios). Esse devia ser o motivo que levou o compilador do nosso livro de orações a determinar para começarmos a silenciosa oração (Shemoné Esré) com o pedido: *Adoshém sefatái tiftách, ufí iaguid tehilatécha*, Ó Eterno, abre meus lábios e que minha boca proclame o Teu louvor); e de encerrarmos essa prece com a súplica: *Elokái, netzór leshoní merá, usefatái midabér mirmá*, Meu D'us, preserve minha língua de falar mal, e os meus lábios de dizer coisas falsas.

No *Pirkei Avót*⁸ lemos: "Shimeon, filho do Mestre Gamliel, dizia: O mundo mantém-se por três princípios: *din* (justiça), *Emét* (verdade), e *shalóm* (paz). Pela harmonia, como se acha dito: *Emét umishpát shalóm shiftú beshaaréichém*, que a verdade, a justiça e a paz reinem nas vossas portas⁹.

Dentro dessas normas éticas pretendemos viver entre as outras nações do mundo, e nesse espírito almejamos educar a nossa geração nova.

III

Shelach lechá anashím, veiatúru et Eretz Kenáan ashér aní notén livnéi Israel: envia para ti homens que espiem (investiguem) a terra de Canaã que Eu hei de dar aos filhos de Israel¹⁰.

O patriarca Abraham não era escravo quando estava em Ur-Casdím, não era tampouco um mendigo que abandona a sua terra natalícia à

---

6   Sl 107, 20.
7   Pr 18, 21.
8   *Ética dos Pais* 1, 18.
9   Zc 8, 16.
10 Nm 13, 2.

procura de sustento; Abraham era um homem dos mais abastados, um homem livre, rico e de ascendência aristocrática. Sua partida da sua parentela e da casa paterna só teve uma profunda e sincera motivação: obedecer a ordem Divina, guiado pela sua fé no Onipotente.

Ele nem conhecia o lugar para onde devia dirigir os seus passos, nem o nome da terra; bastava-lhe a indicação *el haáretz ashér aréka* (para a terra que te mostrarei)[II], para iniciar confiante a sua caminhada. Não lhe interessava tampouco se a terra a ser alcançada era fértil ou estéril. O que ele sabia e acreditava era que D'us o escolhera como seu mensageiro, a fim de divulgar entre os povos idólatras a ideia da Unicidade do Criador.

Abraham é pois o primeiro idealista do Universo. Uma vez fixado o alvo pelo espírito objetivo e fé subjetiva, procuramos os meios para a concretização do alvo aspirado. Uma meta ideal pode-se fitar com olhos fechados, através da concentração de todas as forças espirituais; mas para concretizá-la necessitamos de olhos bem abertos, convergindo todas as forças: os sentidos, o corpo e o intelecto. Aquele que mirar uma meta com olhos abertos não chegará longe.

Em ambos os casos, no do patriarca e no dos investigadores, trata-se de uma ida de uma terra a outra; com a diferença de que a jornada dos filhos não é estimulada pelo espírito, pela fidelidade; essa partida dos investigadores tem a sua origem na escravidão, e não é uma partida, mas sim uma fuga, ou uma expulsão. E Moisés estava ciente desse fato. E é por esse motivo que Moisés não conduziu o povo de Israel, após a saída do Egito, pelo caminho mais curto, sim, muito curto, através da terra dos filisteus, à terra prometida.

Ele não podia introduzir em Canaã um rebanho de refugiados amedrontados. Preferiu aproveitar os anos da longa jornada para lhes entregar a *Torá*, os ensinamentos do Eterno, animando-os de espírito.

Mas logo no começo da sua liderança espiritual, Moisés depara com obstáculos inesperados. Ele tenta e experimenta não ligar importância aos impedimentos, atribuindo a oposição encontrada àquela plebe de oportunistas, àquela ralé que se mistura entre a sociedade para criar confusões. Mas não tardou em reconhecer o seu engano; não são elementos isola-

---

II Gn 12, 1.

dos que se opõem à sua liderança, mas sim *assafssúf ashér bekirbó*[12], aquela escória que estava no meio deles, aquele vírus envenenador e destruidor que em todos os tempos costuma roer os alicerces de uma sociedade motivada por ideais; esse populacho só conhece um único ideal: comer e beber até à saciedade. Eles não são capazes de fechar os olhos, com o intuito de subjugar a vista dos olhos à visão do coração. O fato de se dirigirem à terra dos antepassados não os satisfaz; faltam-lhes essas forças psíquicas dos antecessores, e quem sabe se no fundo do seu inconsciente não se manifesta a motivação revoltosa de terem saído do Egito? O fato de terem pago no Egito a comida à saciedade, até com sangue, com o sangue de seus filhos asfixiados entre os tijolos das construções de Pitom e Ramsés, isso tudo pouco lhes importa; isso é uma consequência comum no ser humano escravizado: primeiro sufoca seu corpo e depois sua alma.

Nesse sentido, e de uma maneira relativa, apresenta-se surpreendentemente o pecado do bezerro de ouro, como sendo quase um pecado ideal. A revelação no Monte Sinai gravou-se profundamente na alma, despertando saudades de uma deidade. Tendo Moisés desaparecido durante quarenta dias, o povo anseia por uma deidade visível, palpável, algo existencial. No pecado do bezerro não houve humilhação do espírito em favor do corpo, da matéria; o que houve foi a deturpação do espírito; as forças psíquicas foram corrompidas, houve uma perversão moral. A respeito do bezerro, o que nos relata a *Torá*? *Eile elohécha Israel ashér heelúcha meéretz Mitzráyim*: estes são teus deuses, ó Israel, os que te fizeram subir da terra do Egito[13]. Nessa exclamação pode-se encontrar um agradecimento ao Eterno que os redimiu do Egito; existe uma espécie de elevação. Enquanto na narração dos *meraglim*, lê-se: *nitná rósh venashúva mitzráyima*, escolheremos um chefe, e ele nos reconduzirá para o Egito[14]. Destarte podemos deduzir: o pecado do bezerro anula a redenção espiritual, destacando a libertação física do povo, enquanto o pecado dos *meraglim* invalida a libertação física, anulando assim a redenção espiritual. Pois, uma vez que o corpo é aniquilado, onde repousará o espírito? E mais: o

---

12 *Nm* 11, 4.
13 *Ex* 32, 8.
14 *Nm* 14, 4.

fato em si de pretender voltar para o Egito, à escravidão, é uma negação, uma abjuração do espírito Sinai-ético, que logo na primeira *dibrá*, no primeiro mandamento, estabelece terminantemente: *Anochí Hashém Elokécha ashér hotzeticha meéretz Mitzrayim, mibêit avadím*, Eu sou o Eterno, teu D'us, que te tirei da terra do Egito, da casa dos escravos[15], máxima essa que só admite uma única interpretação: "Se voltares ao Egito, à casa de escravidão, em qualquer diáspora, Eu não serei vosso D'us".

A transgressão de *nashúva mitzráyima* (voltemos ao Egito) é muito mais grave do que o pecado do bezerro; e por ser também de maior transcendência, mais severa tem que ser a punição.

III

Analisando a complexidade do problema do ponto de vista psicológico, chega-se à conclusão de que Moisés ficou decepcionado com o povo; ele pensou que um ano de liberdade bastaria para redimir o seu rebanho da malignidade que o contaminara durante a sua permanência no Egito; Moisés não se compenetrou da servidão que dominava as suas almas, só desceu até o vale da escravidão física de seus irmãos. Observando a briga entre dois judeus, percebeu o caráter da escravidão, e concluiu que esses desgraçados deveriam ser redimidos *beiád chazaká*, por uma mão forte; mas não poderia imaginar que, uma vez libertos, teriam vontade de retornar para o país de tantas aflições.

Moisés, criado e educado no palácio real, renuncia a todo o esplendor, e torna-se pastor de um rebanho alheio; e eis que ele consegue, com a ajuda do Eterno, tirar esse povo da escravidão e da miséria, para poderem apascentar seu próprio rebanho, e agora eles pretendem retornar à opressão.

Quando Moisés viu o bezerro de ouro e as danças em torno dele, quebrou as duas tábuas, nas quais estava gravado o mandamento: *Lo taassé lechá péssel* (não farás para ti imagem de escultura, figura alguma)[16].

---

15 *Ex* 20, 2.
16 *Ex* 20, 4.

Mas quando ouviu o povo reclamar: *nitná rósh, venashúva mitzráima*, escolheremos um líder que nos há de reconduzir ao Egito, o que podia Moisés quebrar dessa vez? Quebrar toda a epopeia da saída do Egito? É por isso que o Eterno lhe falou: *Shelach lechá* (envia para ti), para que possas conhecer a mentalidade desse povo, para o qual já tantas vezes imploraste o meu perdão; envia esses *meraglim*, e então descobrirás, não a nudez da terra prometida, mas a nudez da alma, a qualidade boa ou ruim do fruto de seu coração. E esse teste foi de suma importância, *vatissá kol haedá, vayitnú et kolám, vayivkú haám baláila hahú*: e levantou-se toda a congregação e ergueu suas vozes; e chorou o povo naquela noite[17]. Um povo chorando, um povo em marcha chora, os seus representantes notáveis choram: *lú mátnu beéretz Mitzráyim* (oxalá tivéssemos morrido na terra do Egito); *bamidbár hazé, lú mátnu* (oxalá tivéssemos morrido neste deserto)[18].

Não é pela sede, que pode ser saciada milagrosamente, batendo a rocha, que eles choram; tampouco choram de fome, que se pode saciar com o maná caído do céu. Choram de medo, que não se pode sobrepujar com milagres. Para vencer o medo não bastam as palavras de Moisés, e também com a vara ele nada conseguirá. E se lhes bater fisicamente, acaso essa punição curará as suas almas corrompidas?

O medo físico é normal e compreensível, mas onde houver fé, fidelidade e confiança, desaparece o temor.

O inolvidável líder sionista Nahum Sokolov, que tão bem conheceu o povo de Israel, decepcionado com a falta de entusiasmo de parte da grande massa judia, afirmou amargurado: "Será mais fácil tirar o judeu da *galut*, do que a *galut* do judeu".

Bendito seja o Eterno Protetor de Israel, que com o renascimento de *Medinat* Israel operou, entre tantos inúmeros milagres, também o "de ter tirado a *galut* da alma judia".

---

[17] Nm 14, 1.
[18] Nm 14, 2.

Kôrach

I

Rabi Elazár Hakapár omér: Hakin'á vehataavá vehakavód, motziín et haadám mín haolám (Rabi Elazar Hakapár dizia: a inveja, a volúpia e a ambição abreviam a vida humana)[1].

Kôrach, Datán e Avirám, filhos de Eliáv, e On, filho de Pélet, da tribo de Reuvén, e duzentos e cinquenta distintos líderes da congregação, acharam por bem organizar uma revolta contra Moisés.

Em todos os tempos, e em todas as sociedades e coletividades, existem e existirão sempre indivíduos descontentes, elementos de tendências rebeldes contra a liderança da coletividade e as leis que regem a sociedade humana. Perante a opinião pública, e para melhor credibilidade dos seus intuitos, eles disfarçam, na maior parte dos casos, o seu desagrado, o seu protesto, com motivação altruísta, com argumentos de caráter ideal; mas no convívio íntimo com aqueles descontentes, no meio ambiente dos insatisfeitos, dos que pretendem reformar a legislação existente, e introduzir novas normas de ordem ética e social, descobre-se facilmente que como verdadeiros e autênticos motivos da sua rebelião contra tudo quanto para seu ideal pareça injustiça, só existem interesses egoístas, ambições pessoais, inveja por não serem eles os que ocupam as posições de destaque na sociedade. É isso que os aborrece e lhes causa desgostos. As agitações que perturbam atualmente a juventude em toda a parte do mundo parecem ser exemplo disso. Existe uma tendência universal para

---

1   *Ética dos Pais* 4, 21.

classificar de revolucionários todos os movimentos da juventude, já que a idade juvenil é tida por todo mundo como aquela em que os homens ardem na nobre e generosa indignação contra a acomodação a interesses egoístas e o despropositado aferrar-se a formas ultrapassadas. Mas observa-se que os líderes da juventude desvairada, os que conduzem os jovens à marginalização, excluindo-os do convívio com o seu meio ambiente, fazem-na inflamar-se por motivos que estão em flagrante contradição com os ideais da juventude.

Outros indivíduos sem escrúpulos, agitadores, instigadores profissionais, demagogos que se aproveitam do descontentamento dos instigados, colocam-se na chefia da anarquia que eles próprios criaram, e assim surge uma rebelião, um levantamento das massas populares, que, batidas por cegueira, acreditaram nas palavras altissonantes dos persuasores.

E foi exatamente isto que aconteceu com Kôrach e a sua camarilha. A rebelião não foi motivada por razões idealistas, altruístas, mas sim por pura inveja. Sabendo o mal que a inveja é capaz de causar na vida da sociedade e na vida humana individual, a *Torá* achou por bem chamar a nossa atenção para esse dano, avisando-nos: *Uvnéi Kôrach lo méitu*, e os filhos de Kôrach não morreram[2], querendo com isso indicar que, em todos os tempos, em todas as gerações, haverá gente com a mentalidade de Kôrach e seus seguidores.

Nesse contexto, e para melhor compreensão da fraqueza humana, influenciada e dominada pela inveja e a ambição, será interessante citar uma ilustração psicológica do *Talmud*[3], passagem essa que tenta analisar a atitude de Kôrach e seus 250 seguidores: *Amár Rabá: Mai dichtív shémesh iaréach amád zevulá (Habakuc 3, 11) melaméd, shealú shémesh veiaréach lizvúl, amrú lefanáv: Ribonó shél olám, im atá ossé dín lebén Amrám netzé, veím láv, lo netzé.* (Disse Rabá: As palavras do profeta Habacuque: O sol e a lua param nas suas moradias, ensinam-nos o seguinte: o sol e a lua se apresentaram perante o Eterno, e pleitearam: "Criador do Universo: se tu fizeres justiça ao filho de Amrám [Moisés] sairemos para o serviço que nos destinaste; caso contrário, não sairemos, faremos greve)". A pergunta que provoca

---

2 Nm 26, 11.
3 *Sanhedrin* 110a.

a nossa curiosidade: o que têm as duas luminárias a ver com a causa de Moisés? Qual é o seu interesse na disputa entre Moisés e Kôrach?

O saudoso rabino dr. Avigdor, nos seus comentários *shebichtáv veshebeál-pé*, indagando nas suas belas interpretações o mesmo assunto, aprofunda ainda mais a questão e pergunta: qual será o verdadeiro sentido da prece que dizemos mensalmente, durante o *kidúsh halevaná* (consagração da lua nova) *lemal'ót peguimát halevaná, veló yihié shúm miút* (que nos seja dado preencher os defeitos da lua para que não haja nenhuma diminuição). E o rabino indaga curiosamente: acaso o povo de Israel já não tem outras preocupações? E qual será a razão da promessa do profeta Yeshaiá, que nos tempos messiânicos, *beacharít haiamím, vehaiá or halevaná keór hachamá?* (a luz da lua será como a do sol?[4]) E se isso acontecer? O que aproveitará a humanidade com este fenômeno?

Vivendo na era da conquista do espaço, os jovens podem estar certos que também nós, os mais velhos, acompanhamos com o maior interesse os progressos da ciência e da técnica; também nós nos regozijamos com os maravilhosos feitos do espírito humano; desde a Idade Média o judaísmo enriqueceu com famosos e eminentes vultos a galeria dos cientistas; tão grande é a nossa admiração pelos sábios, que já os mestres do *Talmud*[5] determinaram uma bênção especial quando nos encontramos na presença de um erudito: *baruch shenatán mechochmató liyereáv* (abençoado seja o Eterno, que concedeu da Sua sapiência aos que O temem) ou, *shenatán mechochmató libriyotáv* (que deu da Sua sapiência às Suas criaturas). Mas mesmo assim, uma tremenda dúvida, um ceticismo doloroso apoquenta a nossa mente: de que serve a este mundo atormentado e desnorteado a conquista da lua, se não se aprende a conquistar o coração do vizinho? Os astronautas já conseguiram pisar o solo lunar, e o homem comum não tem para comer, e de fraqueza é incapaz de andar na terra. A ciência, quem sabe, conseguirá aumentar fisicamente a luz do satélite da terra (a lua) como prediz o profeta Yeshaiá, enquanto que o pobre ser humano, por ser tão explorado nesta terra desumana, nem poderá gozar os raios benéficos do sol? Seríamos felizes se a ciência nos pudesse responder a essas dúvidas aflitivas.

---

4   Is 30, 26.
5   *Berachot* 58a.

II

Mas voltemos ao tema básico da *parashá* e das nossas meditações. Logo no começo da história da criação do Universo, a *Torá* nos relata textualmente: *Vaiaás Elokím et shenéi hameorót haguedolím* (e o Eterno fez os dois luzeiros grandes)[6], o que nos leva a concluir que *ambos* os luzeiros eram do mesmo tamanho, emitindo a mesma intensidade de luz. Mas aconteceu que a lua não podia admitir ao seu lado um concorrente do mesmo gabarito, com igual força de luminosidade, e na sua falsa modéstia argumentou perante o Criador: *Amrá iaréach lifnéi Hakadósh Barúch Hu: Efshár lishnéi melachím sheyishtamshú bekéter echád* (disse a lua perante o Santo abençoado seja Ele: É possível que dois reis se adornem com uma única coroa?)[7]. Ao que D'us retorquiu: De hoje em diante, a tua luz, lua, ficará diminuída. Claro está, que a lua protestou contra essa sentença tão severa, pois achava a sua argumentação absolutamente justificada. E o Eterno replicou: Pode ser que o teu argumento seja justo, mas tua motivação é iníqua porque deriva da inveja, da cobiça; e qualquer causa originária da inveja é simplesmente detestável. O Eterno sabia que a verdadeira intenção da lua era rebaixar e humilhar o sol. Resta-nos explicar mais uma indagação que os racionalistas não deixarão de fazer. Por que é que D'us não ampliou a luz do sol, ficando assim a luz da lua automaticamente reduzida? A estes podemos responder: A intensidade da luz depende da capacidade da época de absorvê-la.

Cada geração possui tanta luz quanta é capaz de captar. Um dos máximos alvos do judaísmo é expandir e ampliar a luz do saber, não somente entre nós, mas também para toda a humanidade. A primeira inveja surgiu pois entre a lua e o sol. E desde então, todas as invejas, de caráter pessoal ou coletivo, têm a mesma origem: ambição, mesquinhez, ânsia de humilhar o semelhante sob pretextos ideais. E o caso típico dessa situação é o de Kôrach e seus seguidores.

Ele não se contentou com a sua posição privilegiada na hierarquia sacerdotal; invejou Moisés e Aarão que, por incumbência Divina, foram predesti-

---

6 Gn 1, 16.
7 *Chulin* 60b.

nados para liderar espiritualmente o povo de Israel. E para que o povo não os considerasse como vis rebeldes, camuflaram as suas intenções sob a falsa aparência de idealistas que só procuraram defender a coletividade.

Vejamos o que nos diz a Torá a esse respeito: *Vayikahalú al Moshé veál Aharon, vaiomrú aleihém – Rav lachém! Ki kol haedá kulám kedoshím uvtochám Adoshém; umadúa titnasseú al kehál Hashém* (e congregaram-se contra Moisés e contra Aarão, e disseram-lhes: Basta-vos! Pois toda a congregação, todos eles são santos, e no meio deles está o Eterno: E por que então vos elevais sobre a congregação do Eterno?)[8]. Em outras palavras: Desde que toda a congregação é consagrada, em que consiste então a vossa superioridade? Todos nós testemunhamos a revelação Divina no Monte Sinai, todos nós ouvimos os dez mandamentos da boca do Onipotente, com que direito vos elevais sobre o povo? Se um *talit* é todo azul, qual é o motivo dele precisar um cordão azul celeste (*petil techélet*)? Se uma casa está cheia de livros sagrados, por que é que ela precisa de uma *mezuzá* nos batentes da porta?

Todas essas leis e prescrições foram inventadas por vocês, e não ordenadas pelo Eterno como vocês alegam.

Depois dessa análise que nos parece bastante explícita, é-nos mais fácil entender o nexo existente entre Kôrach e seus rebeldes, e as luminárias que vieram em defesa de Moisés; pois sabiam de própria experiência que o invejoso não escapa do castigo.

O *Talmud*[9] relatando em nome do Mestre Rabá Bár Chaná, completa a analogia entre Kôrach e os revoltosos contra a autoridade de Moisés e a autenticidade Divina de todos os preceitos da *Torá*, e a reclamação da lua contra o sol, com o seguinte episódio: "Um certo viajante disse-lhe: Venha comigo e eu te mostrarei o lugar onde Kôrach e os seus seguidores foram tragados vivos no abismo. Quando chegamos no lugar indicado pelo guia, notamos na terra duas profundas rachaduras das quais subia uma espessa fumaça. E cada vez que abençoamos a lua nova (*Rosh Chodesh*) sobe dessa fenda uma voz e proclama: *Moshé vetorató emét, vehén badaín* (Moisés e a sua *Torá* são verdadeiros, nós porém somos mentirosos)".

---

8 Nm 16, 3.
9 *Bava Batra* 74a.

E a nossa esperança é que, nos dias vindouros (*beacharit haiamím*), naqueles dias que toda a humanidade espera ansiosamente, a terra há de encher-se de sabedoria, e a inveja entre os homens será radicalmente banida.

Este nosso estudo começou com uma das lindas máximas da *Ética dos Pais*, e queremos encerrar esta meditação, com um conceito moral importantíssimo, também baseado no *Pirkei Avot*, que reza: *Kol machlóket shehí leshém shamáyim, sofá lehitkaiém, vesheeiná leshém shamáyim, ein sofá lehitkaiém. Eizó hí machlóket shehí leshém shamáyim? Zo machlóket Hilel veShamái, vesheeiná leshém shamáyim, zo machlóket Kôrach vechol adató.* Um exemplo com os olhares postos no Céu: as discussões entre Hilel e Shamái; e um exemplo das discussões sem olhares dirigidos para o Céu, são as de Kôrach e seus partidários contra Moisés e Aarão[10].

Como discípulos fiéis que somos do Mestre Hilel, queremos seguir o lema que ele nos legou: *Ohév shalóm, verodéf shalóm, ohév et haberiót umekarván laTorá* – Amar a paz, procurar a paz, amar a humanidade e exortá-la ao estudo da *Torá*[11].

III

Durante os anos em que os filhos de Israel se arrastaram pelo deserto, especialmente nos últimos dois anos, tiveram duas alternativas, duas possibilidades; a primeira, alcançar o alvo estabelecido, isto é, assentar-se em Canaã, na terra prometida; a segunda, que resultaria numa terrível tragédia, retornar à escravidão egípcia.

Encontrando-se já perto de Canaã, tendo os investigadores (*meraglim*) já regressado com as suas informações angustiosas, frustrando destarte o sonho de Moisés, a esperança dos filhos de Israel e o alvo da redenção Divina, surgiu uma terceira opção, qual seja: não entrar em Canaã, nem voltar ao Egito, mas permanecerem nômades nas extensões áridas do deserto.

---

10   *Ética dos Pais* 5, 17: Toda discussão que for feita em nome do Eterno, de propósitos puramente elevados, conduz ao fim proposto; e toda aquela que não se fizer assim, não dá nenhum resultado.
11   *Ética dos Pais* 1, 12.

Tendo o Eterno pronunciado o severo veredicto de que essa terceira possibilidade seria o destino dessa geração incrédula na Sua promessa, e desconfiada da liderança espiritual de Moisés, o povo não quis acreditar que essa drástica sentença seria executada. Kôrach, esse rebelde astuto, pertencente à mesma tribo de Moisés a Aarão, não quis, por simples inveja, conformar-se com o fato de que por incumbência Divina aqueles dois tinham sido distinguidos com a liderança e com o sacerdócio. Chegara, na sua ira, a instigar as massas populares contra a autoridade de Moisés, demonstrando aos seus partidários que a maior parte das leis e preceitos da *Torá* não foram ensinados no Monte Sinai, mas inventados por Moisés, com o intuito de dificultar a vida religiosa dos filhos de Israel e para lhes impor a sua autoridade.

Kôrach, o sagaz, percebeu imediatamente que essa rigorosa sentença poderia ser concretizada, e apressou-se em provocar o descontentamento e a desobediência em seus seguidores.

Essa terceira opção seria o maior castigo jamais suportado por qualquer outro povo. Não seria uma morte súbita, um aniquilamento fulminante, seria um lento apodrecimento, um processo de decomposição sucessivo, uma asfixia na areia movediça da transição; eles ficariam suspensos entre duas coisas, nômades permanentes arrastando-se no calor escaldante, à procura de um lugar para se estabelecer, carregando armas e bagagens, mas incapazes de abrir as malas para descansar os corpos e corações cansados.

Toda essa horrível história é difícil de compreender. Já antes, os filhos de Israel haviam cometido algumas transgressões repugnantes, e sem dúvida haveriam de pecar novamente, mas nunca antes o castigo fora uma morte miserável, uma tortura lenta para uma geração inteira.

O que aconteceu aqui que justificasse tão drástica decisão?

No espírito da história judaica subsiste um característico fenômeno venenoso, que rói e destrói os alicerces da religião e da tradição; e se basearmos a nossa fidelidade à causa judaica nessas fundações, ela não tardará a ruir, arrastando consigo os sublimes conceitos da verdade, da ética e da moral. Esse fator significante é a qualificação básica dos que "estão entre as coisas" na vida; daqueles que não podem avançar nem retroceder, ficando toda a sua vida num permanente estado de transição.

O grito dos *meraglim*, *lo nuchál laalót*[12] (não poderemos subir contra aquele povo, porque é mais forte do que nós) e a exigência *nitná rósh venashuva mitzráima* (escolhamos um chefe, e voltemos para o Egito)[13] são o grito dos *meraglim* que estavam "entre as coisas".

Ouvindo isso, Moisés percebeu que esta gente não era qualificada para entrar em Canaã, para formar o futuro do eterno povo de Israel e assentar os alicerces de uma religião universal.

Um povo que repele a razão da sua existência, afirmando "não poderemos subir"; não podemos observar os Teus desejos, Eterno, deixai-nos escolher um outro líder, um outro *rósh*, uma nova filosofia para voltarmos para algo mais fácil; um povo com esse conceito, que tem medo de afrontar corajosamente o futuro por duvidar da promessa Divina, um povo com essa maneira de pensar, não pode divulgar perante o mundo os maiores ensinamentos da ética humanista. Eles destroçaram os propósitos, antes de começar.

O trágico não foi o grito *lo nuchál* (não poderemos) mas sim o propósito de *nitná rósh* (elegeremos um chefe), a procura de novos caminhos, de nova razão, de um novo líder com novas ideias, a vontade de retroceder em busca de uma coisa que não exigisse tantos sacrifícios.

Esse clamor, *lo nuchál laalót*, é infelizmente hoje em dia o brado constante de todos os *ishuvím* da diáspora; mas graças a D'us, não em *Medinat Israel*. O *lo nuchál* (não poderemos), em toda a sua variadíssima gama, influencia e causa efeitos paralisadores na maneira de pensar e de atuar na vida das coletividades judaicas. No movimento liberal-reformista do judaísmo, o *lo nuchál* manifesta-se na pregação e na divulgação da concepção do "naturalismo liberal", concepção essa que envolve uma radical reinterpretação do teísmo. Convencidos da necessidade da reinterpretação da doutrina religiosa que admite a existência de D'us e Sua ação providencial no Universo, o liberalismo afirma *lo nuchál*, não podemos de maneira alguma aderir ao judaísmo tradicional, ou, "supernaturalismo fundamental", porque ele é contra a nossa *Weltanschauung*, acima da nossa habilidade, e por isso, queremos procurar uma nova filosofia religiosa, um

---

12 Nm 13, 31.
13 Nm 14, 4.

novo *rósh*, um horizonte científico-religioso muito mais amplo, que nos capacite fazer a compromissos com os mais significativos valores da tradição, sem recorrer à fé em D'us como Ser Supremo separado do Universo. O que o judaísmo liberal requer é o discernimento que os valores e ideais, associados na tradição com um D'us, além do Universo, mereçam o nosso empenho por si mesmos. Baseado pois nesse ponto de vista, então, *venashuva*, retornaremos para um judaísmo muito mais confortável e menos rígido.

Essa categórica afirmação, "não podemos, não poderemos", faz-se notória também em outras atividades vitais do judaísmo religioso-nacional, no ensino judaico, nas contribuições para as instituições de caridade, na assistência social aos *ishuvím*, especialmente na *tzedaká*.

A desculpa da negligência, a recusa de cooperação é sempre encoberta no pretexto de *lo nuchál*: não podemos arcar com encargos tão pesados. Já o profeta Eliáhu levantou essa questão crucial para a existência e a continuidade do povo judeu, indagando: *ad matái atém poschím al shtéi haseipím?*: até quando coxeareis entre dois pensamentos?[14]

O astuto Kôrach sentiu o resultado da filosofia dos que estão "entre as coisas"; dos que não têm coragem de tomar uma atitude definitiva, e aproveitou-se dessa fraqueza para satisfazer as suas ambições pessoais. Ele, como homem sagaz, sabia que os perplexos, os indecisos, hão de viver uma vida sem desígnio, por falta de uma meta definida; desses apáticos não se pode esperar nenhuma contribuição positiva, ficarão eternamente descontentes, havendo sempre desarmonia entre eles. Uma vez será um segmento da tribo de Reuben que há de revoltar-se, outra vez a rebelião sairá da tribo de Levi, uma outra vez a plebe reclamará maior conforto, ou líderes de maior prestígio.

Mas graças a D'us, os céticos, os indecisos e os incrédulos não afetam a nossa fidelidade na promessa Divina, e os Kôrach e seus partidários não conseguem triunfar; pois em cada geração surgem verdadeiros idealistas, e decidem: *aló naalé veiaráshnu otá ki iachól nuchál lá*: subamos, e herdemo-la, porque certamente prevaleceremos contra ela[15].

---

14 1Rs 18, 21.
15 Nm 13, 30.

Abençoada seja a nossa geração, que após essa tremenda catástrofe que assolou o nosso povo, que vencendo os indescritíveis obstáculos que nos foram colocados na conquista da Mediná, decidiu galhardamente: *Hinénu vealínu el hamakom, ashér amar Hashém* (Eis-nos aqui, e subiremos ao lugar que D'us nos prometeu[16]).

---

[16] Nm 14, 40.

Chukát

I

Poderemos nós, como simples mortais, compreender as razões exigidas de nós pela Torá para a observação de suas prescrições?

As diversas escolas da filosofia judaica tentaram, através de sistemas diferentes, responder essa pergunta transcendental. Alguns negaram a afirmação da existência de motivos concretos que nos levem ao cumprimento das leis da Torá. Só um racionalista como Maimônides é capaz de insistir vigorosamente na tese de *Taaméi hamitzvót* (razões das ordenações). Contudo, todos concordam que a prescrição da *pará adumá* (vaca vermelha) deve permanecer para nós um mistério que D'us preferia esconder em vez de revelar.

Para o judeu moderno, esse fato é de relevância especial. Nós somos uma geração cujo intelecto foi venturoso, acreditando que tudo pode ser sabido e compreendido com o tempo suficiente e a devida aplicação. Nós necessitamos da *pará adumá* para nos recordar os limites do nosso intelecto e as fronteiras da nossa compreensão. Ficando perplexos e mistificados, dominados pela realidade da nossa ignorância, aprendemos a sujeitar nossa presunção, submetendo-a à maior inteligência do Criador. O uso do solidéu pelos *chassidim* não serve para esquentar ou para proteger a cabeça, mas sim como sinal de modéstia. Assim como vestimos roupas sobre outras partes do corpo por razões de decência e modéstia, assim também o uso do solidéu que cobre o crânio testemunha que o homem que usa a *iarmulke* é ciente da limitação de suas faculdades intelecutais.

Isso não quer dizer que devemos deixar de procurar o propósito de nossas *mitzvót*. Mas devemos sempre ter em mente que as razões que atribuímos às nossas observações são somente tentativas, simples conjeturas. O motivo principal na prática do judaísmo é a ordem do Eterno; isso é suficiente.

Os motivos que atribuímos às ordenanças variam de uma geração para a próxima, assim como muda a qualidade do nosso discernimento. Mas o cumprimento em si é imutável, por emanar de um eterno e imutável Criador. É interessante notar que o termo *táam*, como na expressão *taaméi hamitzvót*, significava no primitivo e não sofisticado hebraico "sabor" e não "razão". Na prática de uma ordenação de D'us, a observância em si, e a aceitação da divina disciplina é o substancial, o essencial, é o alimento que nos sustenta. As razões exteriores que possam determinar essa minha prática, são o *táam* – que acrescenta sabor, gosto e aroma. E assim como é importante que a nossa alimentação seja saborosa e gostosa, importante é também procurar descobrir os *taaméi hamitzvót*. Mas devemos nos lembrar de que é possível sobreviver na base de uma branda dieta, desde que ela contenha as necessárias proteínas e vitaminas; enquanto é impossível sobreviver alimentando-se só com açúcar, chocolate e especiarias.

A mais importante vitamina da nossa dieta espiritual é: *obediência e submissão a D'us*. O sabor e o aroma são *os taaméi hamitzvót* que atribuímos à nossa observância.

Um grande sábio da *Halachá* explicou por que proferimos uma bênção, referente às nossas obrigações para com D'us, como *tefilin, shofar, matzá* etc., ao passo que não recitamos nenhuma bênção, praticando uma ação ética ou social, como *tzedaká*, quando consolamos os enlutados, confortando os doentes, no amor do próximo etc. A oração no cumprimento do dever para com o Eterno reza: "Bendito sejas, ó Eterno, nosso D'us, Rei do Universo, que nos santificaste com Teus mandamentos, e nos ordenaste fazer isto e aquilo". Se o homem pratica uma *mitzvá* social ou ética, pode acontecer que a motivação não seja sempre de profundas responsabilidades religiosas para com a ordenação divina; ela pode muito bem derivar de sentimentos humanitários, de uma inata bondade e de uma conduta civilizada. Ele é capaz de praticar essas boas ações sem serem ordenanças explícitas da *Torá*. Mas nesse caso, não pode proferir a palavra *vetzivánu* (E Ele nos ordenou). Ao cumprir uma *mitzvá* ritual, isso só pode ser motivado por uma única razão básica, obedecer à prescrição Divina. Se não fosse essa a motivação fundamental, acaso alguém poria *tefilin*, ou construiria uma *sucá*?

Somente quando o judeu pratica uma boa ação por amor a D'us, por obediência disciplinada ao cumprimento dos deveres da *Torá*, somente quando o judeu sente que as prescrições ético-religiosas não representam para ele um *ol*, uma carga, mas sim um *zechút*, um privilégio, só então executa uma ação de autêntica *kedushá* (consagração), que lhe outorga o direito de pronunciar *ashér kideshánu* (que nos santificou), por estar ciente do exato sentido da palavra *vetzivánu* (Ele nos ordenou).

Como devoto e humilde *éved Hashém* (servo do Eterno), sinto-me feliz em poder cumprir as prescrições que Ele me ordenou, mesmo quando o meu raciocínio não abrange a motivação desta ou daquela ordenação.

Não há dúvida de que essa é uma doutrina muito dura. Devemos estar preparados para enfrentar o desafio, superficial mas não obstante sincero: "Não será o judaísmo uma religião muito cega?"

Não será essa doutrina "católica" demais? A nossa inabalável fidelidade à causa judaica proporcionará a resposta exata a essas indagações. Ficou comprovado que mesmo a ciência moderna contradiz a impressão popular de que tudo pode ser compreendido. "Teremos que aceitar o fato de que ninguém de nós sabe realmente muito", escreve o "pai da bomba atômica", prof. Robert Oppenheimer, pois "somos bastante ignorantes, incapazes de analisar tudo racionalmente".

Essa afirmação do famoso físico nos leva a perguntar: se continuamos ignorantes no que concerne ao mundo criado, como podemos presumir e saber tudo referente ao Criador do Universo?

Essa é a ideia exata que o capítulo da *pará adumá* (vaca vermelha) nos pretende transmitir.

Chuká hi, guezerá hi: Trata-se de uma ordenação, de uma sentença; e assim como existem leis de espírito, há também leis da natureza que hão de ficar para sempre além do alcance da inquirição humana.

Os *taaméi hamitzvót* são somente o sabor, o paladar da *Torá*. A essência é *chuká*, o incompreensível e imponderável desejo do Eterno.

II

Zot chukát haTorá, ashér tzivá Hashém leimór: Dabér el Bnei Israel veikchú eilécha pará adumá temimá (Este é o estatuto da Torá que o Eterno ordenou, dizendo: Fala aos filhos de Israel, para que tomem em teu nome uma vaca vermelha perfeita)[17]. As primeiras vinte e duas sentenças dessa parashá são dedicadas ao preceito da vaca vermelha.

Analisando a diferença existente entre os dois termos chók e mishpát, significando ambos "lei", os mestres distinguem: mishpát é um preceito baseado na lógica, como por exemplo "honrarás a teu pai e a tua mãe"; "não matarás"; "não furtarás"; leis logicamente compreensíveis, pois os filhos devem respeitar os seus pais, e matar e roubar lesam os mais elementares direitos humanos. Já chók é uma sentença de D'us, que devemos observar indiscutivelmente, mesmo que não nos seja dado compreender as razões pelas quais foi instituída, isto é: são absolutamente inexplicáveis lógica e racionalmente. Como por exemplo o estatuto da vaca vermelha; o de não vestir roupas feitas de lã e linho juntos (shaatnez); não semear semente de duas espécies diferentes no mesmo canteiro (kil'ayim); não misturar carne com leite (bassár vechaláv); assim como o raciocínio humano não é capaz de compreender como a cinza da vaca vermelha queimada pode purificar o homem impuro. E mesmo assim, observamos rigorosamente, mesmo as prescrições irracionais determinadas pela Torá, porque nos foram ordenadas pelo Eterno, considerando-as como leis Divinas superiores ao entendimento humano.

O conhecido exegeta Klei Iakár pergunta mui logicamente: Se todo o capítulo 19 dessa parashá é dedicado ao problema da vaca vermelha com os seus preceitos, não seria mais claro se o respectivo capítulo começasse com as palavras zot chukát hapará (este é o estatuto da vaca), e não, como reza o texto bíblico: zot chukát haTorá (esta é a lei da Torá)? E o autor Klei Iakár[18] responde baseado no Bamidbar Rabá 19, 4, que citamos traduzindo o texto original para o vernáculo português: veikchú eilécha pará adumá

---

17 Nm 19, 2.
18 Rabino Shelomó Efraim ben Aharon, da cidade polonesa de Luntzchic, falecido em 1549. Era rabino-chefe de Praga.

temimá (que tomem em teu nome uma vaca vermelha perfeita). Quando o Mestre Moisés subiu para o céu, ele ouviu a voz de D'us ensinando e interpretando a *parashá* da vaca vermelha, baseando a Sua interpretação (se nos é permitido expressar-nos assim), na decisão do Rabi Eliezer, que afirma que a *eglá arufá* (a bezerra cuja nuca foi quebrada no ribeiro)[19], não deve ser mais velha do que um ano, e que a vaca vermelha só pode ter dois anos. Quando Moisés ouviu essa interpretação, implorou: Concede-me ó Eterno, o privilégio de que este Eliezer seja um dos meus descendentes, ao que o Eterno lhe respondeu: *chaiécha shehú mechalatzécha* (juro-te que ele será um de teus descendentes). E é por isso que o texto da *Torá* nos diz *veshém haechád Eliezer*[20].

O *Midrash* deduz isso do fato de a *Torá* mencionar, antes da entrega do Decálogo, que Moisés teve dois filhos, dos quais um se chamava Guershóm, e o nome do outro era Eliezer. Mas em vez de escrever *veshém hashení Eliezer* (e o nome do segundo era Eliezer), o texto bíblico reza *veshém haechád Eliezer*, referindo-se a Eliezer como sendo o primeiro (*haechád*, o único). Através dessa distinção, D'us concordou com o pedido de Moisés, para que o tanaíta Rabi Eliezer, que em gerações vindouras opinaria decisivamente a respeito do problema da *eglá arufá*, fosse um de seus descendentes.

Na personalidade do Mestre Moisés sobressaem dois traços marcantes: a sua propensão em sacrificar a sua própria vida pela preservação e a continuidade do povo de Israel, fato esse claramente sublinhado quando rejeita categoricamente a proposta do Eterno no sentido de aniquilar os filhos de Israel porque haviam fabricado o bezerro de ouro, prometendo a Moisés formar dele um outro povo judaico, como se verifica pelo texto *veatá, hanícha li, veyichár apí bahém vaachalém, vee'essé otchá legói gadol* (e agora deixa-me, para que a minha ira se acenda contra eles e os consumirei, e farei de ti um grande povo)[21]. E a réplica de Moisés foi: *veatá, im tissá chatatám, veím ayin mechéini ná missifrechá ashér katávta* (e agora, se perdoas seu pecado está bem! e se não, risca-me, por favor, do Teu livro

---

19 Dt 21, 6.
20 Ex 18, 4.
21 Ex 32, 10.

que escreveste)²². E o segundo traço característico de Moisés é a sua humildade e a sua modéstia, atributos esses que o próprio Eterno sublinhou *vehaísh Moshé anáv meód mikól haadám ashér al penéi haadamá* (e o homem Moisés era muito humilde, mais do que todos os homens que houve sobre a face da terra)²³. O supracitado comentarista Klei Iacár opina que o preceito da vaca vermelha foi estabelecido com o intuito de que ela (a vaca) redimisse o pecado do bezerro. O comentarista baseia a sua opinião num exemplo citado no *Bamidbar Rabá* 19, 4: "Uma empregada no palácio real trouxe o seu filho para lhe mostrar a suntuosa residência do regente, e aconteceu que o filho sujou o castelo real. O rei então ordenou: trazei a mãe da criança, para que ela limpe a sujeira causada pelo seu filho. Assim, conclui o *Midrash*, deve vir a vaca, a mãe do bezerro, para limpar a imundície e as transgressões dos filhos de Israel, com a fabricação do bezerro". E tendo Moisés, quando pleiteou pela absolvição dos filhos de Israel, arriscado a sua própria vida, o capítulo da vaca vermelha, sendo um ato contínuo ao pedido de perdão pelo pecado do bezerro, é denominado *chukát haTorá* e não *chukát hapará*; para que também esse capítulo seja atribuído a Moisés, o homem a quem devemos a nossa *Torá*, como está escrito: *Zichrú Torat Moshé avdi* (Lembrai-vos da Lei de Moisés, meu servo)²⁴. O Santo, abençoado seja Ele, achou por bem denominar a *Torá Torat Moshé*, como recompensa para Moisés, pela sua abnegação, pela sua dedicação, pela sua fidelidade e pela prontidão de sacrificar a sua vida pela causa do povo de Israel.

III

O *Talmud*²⁵, destacando a modéstia e a humildade de Moisés, e justificando a denominação de *Torat Moshé*, relata o seguinte episódio característico: "Rabi Yehoshua ben Levi disse: Logo depois de Moisés ter

---

22 *Ex* 32, 32.
23 *Nm* 12, 3.
24 *Ml* 3, 22.
25 *Shabat* 89a.

descido do Monte Sinai com o Decálogo em suas mãos, apareceu Satanás [Rashi interpreta: Satanás é a inclinação má que instiga o homem a pecar] perante o Eterno, e inquiriu: 'Senhor do Universo, onde está a *Torá*?'

E o Eterno respondeu: 'Eu dei a *Torá* à terra'. Satanás procurou-a na terra, sem encontrá-la; buscou-a nos mares sem encontrá-la; indagou o abismo, mas sem resultado.

Vendo que todo o seu esforço foi em vão, voltou perante o Criador, e reclamou: 'Procurei a *Torá* por toda parte sem encontrá-la'. Então disse-lhe o Eterno: 'Vai ao filho de Amram'. Foi ter com Moisés e procurou saber: 'A *Torá* que D'us te entregou, onde está ela?' Ao que Moisés replicou: 'Quem sou eu para receber a *Torá* do Eterno?' Ouvindo isso, D'us disse a Moisés: 'Tu não estás dizendo a verdade'. *Amár lefanáv: Ribonó shél olam: chamudá guenuzá iésh lách, sheatá mishtaashéa bá bechól iom, ani achzik tová leatzmi; Amár lo Hakadósh Barúch Hú leMoshé: Hoíl umiatetá atzmechá, tikaré al shimchá.* Respondeu Moisés: 'Criador do Universo, como poderei atribuir a mim essa preciosidade escondida no Teu tesouro, tesouro esse com que Tu, Eterno, Te delicias diariamente?' Então o Eterno replicou: 'Visto que te moderaste tanto, e demonstraste tamanha humildade, a *Torá* será denominada por ti, ela será chamada *Torat Moshé avdi* '".

Balak

I

No fim da sua caminhada, após quarenta anos de deserto, os filhos de Israel acamparam finalmente nas campinas de Moab, na outra banda do Jordão, no pico de Jericó. D'us ordenou-lhes que não conquistassem Moab. Mas mesmo assim: *vaiágor Moav mipenéi haám meód* (Moab temeu muito ao povo). E qual o motivo? *Ki rav hú*: Porque era numeroso. E os dignatários de Moab e de Midián convocaram uma conferência urgentíssima, para decidir quais os meios radicais a serem aplicados para derrotar o inimigo comum. E aconteceu que, em vez de ajuda material e bélica, como foi combinado entre os parceiros, os midianitas se contentaram com palavras, com promessas, abandonando Moab ao seu destino. E assim foi que Balak, o rei de Moab, resolveu usar meios sobrenaturais para derrotar o inimigo imaginário. Uma delegação foi enviada ao famoso feiticeiro Bilam, prometendo-lhe uma rica recompensa monetária para amaldiçoar os filhos de Israel. E por que essa raiva? E qual é a acusação de Balak? O texto bíblico responde às perguntas: *Hiné am iatzá miMitzráyim, hiné chissá et éin haaretz, vehú ioshév mimulí* (Eis que um povo saiu do Egito, e eis que cobriu a superfície da terra e está morando defronte de mim); *veatá lechá nó ára li et haám hazé* (e agora vai, peço-te maldize para mim a este povo, pois é mais poderoso do que eu); *ulái uchál naké bó, vaagarshénu mín haáretz* (poderei talvez feri-lo e expulsá-lo da terra).

Ouvindo que seria bem remunerado, Bilam apressou-se a cumprir a sua missão, isto é, amaldiçoar Israel. Não há coisa mais fácil do que amaldiçoar, difamar, caluniar, humilhar, desproteger o povo; e depois de empobrecido materialmente e arruinado psiquicamente, expulsá-lo, desterrá-lo da terra de seus ancestrais. Esse método nefasto percorre a história dos filhos de Israel como fio vermelho, fio esse tingido no sangue do nosso povo desde o dia em que os filhos de Israel começaram a pisar a arena da história universal, isto é, dos tempos do Faraó até os nossos dias, dias da barbaridade nazista. Desde o Faraó até as bestialidades hitleristas, em todos os países do mundo, amaldiçoava-se os judeus não só com palavras, mas através de atos e conjunturas hediondas, sob o único pretexto de *pen yirbé* (para que não se multiplique), ou *ki rav hú* (porque é numeroso).

O meio ambiente não judaico se serviu de todos os meios e métodos para inculcar na mente tenra das crianças a ideia fixa e doentia do perigo do judeu. E cada geração, através dos milênios, desde Mitzráyim até o renascimento e a consolidação de *Medinat* Israel, sentiu e continua a sentir as consequências do fatal pretexto de *pen yirbé*.

E o Eterno, que conhece os pensamentos e as ideias do indivíduo e da coletividade, disse a Bilam: *Lo taór et haám, ki barúch hú* (Não amaldiçoarás o povo, pois ele é abençoado)[1]. Ao patriarca Abraham o Eterno prometeu: *vehié berachá* (e serás uma bênção)[2]. Também o patriarca Isaac é abençoado, como está escrito *bó berúch Hashém* (vem, bendito do Eterno)[3].

II

Bilam, considerado pelos mestres como o maior profeta entre os *umot haolám*, conforme se deduz do texto midrashico, *veló kam naví od beIsrael keMoshé, beIsrael lo kám avál beumót haolám kám: ze Bilam* (e não surgiu entre os judeus um outro profeta da envergadura de Moisés; entre os judeus, não, mas entre outros povos, sim, e quem é? Bilam)[4].

E Bilam, sabendo que o povo de Israel era abençoado, hesitou no cumprimento de seu encargo, e em vez de injuriar com palavras venenosas,

---

1   *Nm* 22, 12.
2   *Gn* 12, 2.
3   *Gn* 24, 31.
4   *Bamidbar Rabá* 14, 34.

entoou um hino de encanto e de admiração; em vez de amaldiçoar os filhos de Israel, os seus lábios (somente os lábios, é importante fixarmos esse fato) murmuraram palavras de bênção. O quadro que pôde observar do cume da montanha entusiasmou-o, e inspirou a sua alma poética. E vede, o inimigo torna-se um admirador das virtudes daquele povo que, por contrato, deveria difamar.

Para Balak, Israel é o símbolo da perversidade (como para todos os antissemitas de todos os tempos), enquanto Bilam nota, nesse povo que ainda vagueia em terras estranhas, a concretização de ideais elevados e nobres. Eis algumas pequenas amostras do seu grande encanto: *Ki merósh tzurím erénu* (Do cume das rochas vejo Israel), e os Chazal (*chachameinu zichronam livrachá*, nossos sábios de abençoada memória) interpretam: *merósh tzurím eilu avót*, estas rochas que me são dadas a contemplar, disse Bilam, são os Patriarcas, os antepassados desse maravilhoso povo; *umiguevaót ashurénu* (e dos outeiros o admiro), e os *Chazal* explicam: *miguevaót ashurénu*, são as Matriarcas[5], as mães, as avós, as esposas judias. *Hén am levadad yishkón* (eis que esse povo habita só). Qualquer desgraça que assole o mundo, o primeiro a sofrer é sempre o povo judeu; em momentos de aflição e de tormenta, fica abandonado ao seu amargo destino, mesmo por aqueles que se dizem seus amigos; na sua angústia e dor, os braços daqueles que deveriam socorrê-lo ficam paralisados; os assim chamados povos civilizados e cultos, aqueles que pretendem primar pela religião que prega amor, observam friamente o sangue derramado do povo judeu. *Uvagoyím ló yitchasháv* (e entre os povos não é considerado, não é enumerado)[6]. Tudo com o que o povo de Israel contribuiu e continua constantemente a contribuir para o desenvolvimento cultural, científico e econômico, para o bem dos povos de seu convívio, não é devidamente avaliado, não lhe é atribuído; tudo o que o povo de Israel dá de si, todo o seu esforço, todas as suas contribuições para o bem-estar da humanidade e para a civilização, não lhe é reputado. (Einstein: "Se a minha teoria da relatividade triunfar, serei alemão; se ela falhar, serei judeu"). E Bilam continua nos seus elogios exagerados: *Lo hibít áven beYaacov, veló raá amál*

---

5 *Bamidbar Rabá* 20, 16.
6 *Nm* 23, 9.

beIsrael (não viu iniquidade em Jacob, nem desventura em Israel)[7]. Eis aqui dois aspectos extremos da particularidade do caráter judaico. Para o antissemita feroz Balak: *hiné chissá et éin haáretz* (eis que o povo judaico cobriu a superfície da terra). Acaso essa vil acusação não nos faz lembrar a hedionda difamação do autor Sergei Nilus, no seu opúsculo *Os Protocolos dos Sábios de Sião*?

O judeu está sobre a face da terra, em todos os ramos e em todos os campos de atividade; o judeu torna-se um terrível concorrente; na vida social e profissional, o judeu apodera-se das melhores e mais lucrativas posições; o elemento judaico, a influência judaica predomina em toda a parte do mundo, ele acumula fortunas fabulosas à custa dos que explora; o único intuito do judeu é dominar os outros povos. Todo judeu é rico e feliz. O que sabem esses antissemitas zoológicos da pobreza, da miséria e do sofrimento judaico em todas as partes do mundo? As grandes fortunas, a indústria pesada, estão acaso em mãos de judeus? Os dirigentes dos potentes *trusts* do aço, minérios e petróleo, estão nas mãos de judeus?

Mas também os elogios de Bilam, a respeito da nossa união e fidelidade à *Torá*, fé e boas ações, não correspondem, infelizmente, à verdade. Existe muita indiferença e muita ignorância no nosso meio, no que se refere ao verdadeiro valor do judaísmo. Não somos tão ruins como os Balakim de todas as gerações nos pintam, e longe ainda estamos de sermos tão perfeitos como Bilam nos viu. *Halvai*, queira D'us que os atributos que Bilam nos confere fossem verdadeiros.

Somos iguais aos outros povos, produtos do meio ambiente; mas como filhos de *Israel, maaminím bnéi maaminim* (crentes e filhos de crentes), aspiramos, com a ajuda da *Torá*, ao nosso próprio aperfeiçoamento, com o qual visamos a contribuir para o enobrecimento da humanidade. O que nós pedimos dos povos é: "Deixai-nos viver o nosso estilo de vida, tentai compreender-nos, analisai sem preconceitos o que o judaísmo já contribuiu para a civilização do mundo ocidental, e o que ele ainda poderá dar de si, se puder desenvolver num ambiente tranquilo os seus dotes intelectuais e culturais".

---

7   Nm 23, 21.

E aos jovens do povo de Israel apelamos com todo o nosso carinho, com toda a confiança que depositamos neles, mas também com toda a veemência que o problema exige: aprofundai-vos e esforçai-vos a conhecer o legado espiritual de quatro milênios de cultura judaica, com o mesmo ardor e afinco que dedicais aos estudos leigos e profissionais, contribuindo destarte para que o lindo versículo pronunciado pelo inimigo Bilam: *Má tóvu ohalécha Yaacov, mishkenotécha Israel*[8], versículo esse com que começamos as nossas preces diurnas (quão belas são as tuas tendas, ó Jacob, as tuas moradas, ó Israel), não seja apenas mais um belo dito na *Torá*, mas que se concretize em cada casa e em cada lar judaico.

III

Na outra banda do rio Jordão, na Transjordânia de hoje, nos vales de Moab, os filhos de Israel acamparam pela última vez, antes de entrarem na terra prometida. Nessa parte do Jordão, os filhos de Israel, segundo relato histórico, lograram duas tremendas vitórias militares, derrotando Sichón, o rei dos amoreus, e o grande herói Og, rei de Bashán, alcançando já nessa época a fama de valentes combatentes e destemidos guerreiros. Essas duas poderosas potências, Moab e Midián, ficaram simplesmente atormentadas perante esses feitos gloriosos dos filhos de Israel nos campos de batalha.

Balak, rei de Moab, defrontando-se com esses fatos, deduziu que as armas mortíferas empregadas usualmente nas lutas com os inimigos não seriam capazes de ferir o povo de Israel, caso pretendesse atacá-lo. Os meios de combate postos em prática contra qualquer outro adversário não amedrontarão e não abalarão o povo de Israel, porque na arte de guerrear, na tática de rechaçar o inimigo, os filhos de Israel, que caminhavam para a conquista de Canaã, se mostraram mais valentes, mais heroicos. Mas querendo absolutamente desfalcar o povo de Israel, a fim de impedi-lo na sua marcha vitoriosa para a terra que lhe fora prometida pelo Eterno, descobriu no seu ódio injustificado o meio de aplicar contra

---

[8] *Nm* 24, 5.

o inimigo judeu uma arma mais poderosa e mais eficaz do que qualquer outro meio bélico: atacará os filhos de Israel com a palavra, com maldições, com humilhações e difamações, uma arma secreta muito usada nas terras místico-supersticiosas da Ásia longínqua. Na linguagem moderna, essa arma venenosa é denominada propaganda, ou doutrinação malévola, arma hedionda aplicada contra nós até hoje em dia; só a forma é diferente, enquanto a substância, o conteúdo, continua o mesmo.

Para nós, filhos de Israel deste século, esse meio de combate não é uma novidade, pois testemunhamos que a doutrinação, a calúnia através da palavra, é mais perigosa e mais nociva do que qualquer arma bélica. Nós jamais olvidaremos a vil doutrinação das hordas hitleristas, fascistas, comunistas, marxistas e nasseristas, e da maneira como a malévola propaganda dos assim chamados "amigos de Israel" está envenenando a opinião pública, para que *Medinat* Israel seja obrigada a devolver as terras que conquistou após três guerras de defesa, guerras essas que custaram à *Mediná* milhares de sacrifícios de seus filhos, que tombaram nos campos de batalha na flor de sua vida. Sim, o povo de Israel sentiu e sente no seu próprio corpo o efeito poderoso e destrutivo da calúnia verbal, calúnia essa que, conforme relata o *Midrash*[9], tem nesse mesmo Bilam o seu maior e mais feroz representante. Pois quando o menino Moisés, sentado no colo do Faraó, lhe tirou a coroa dá cabeça para brincar com ela e para apreciar as pedras preciosas, Bilam, que presenciou essa cena, viu nesse fato um presságio dramático para a vida futura do rei: não tardaria o dia em que esse "inocente" menino se proclamaria rei do Egito. E por isso é aconselhável, segundo a previsão de Bilam, matar a criança. Só graças ao futuro sogro de Moisés, Yitró, que também observou a brincadeira do menino, a sua vida foi poupada.

É por isso mesmo que nós compreendemos qual foi o intuito de Balak, rei de Moab, quando procurou um homem que graças à sua "eloquência", com a sua força persuasiva, e especializado na divulgação de difamações, soubesse como desprestigiar a vitória obtida na Transjordânia contra Sichón e Og. E homem com esses predicados encontrou Balak na figura astuciosa de Bilam, filho de Beór, conhecido como profeta, mas

---

9   Shemot Rabá 1, 31; *Yalkut Shimoni* 166.

também como difamador sagaz. Narrando detalhadamente o encontro entre o rei e o seu bem remunerado difamador, a *Torá* não deixou de mencionar o meio de transporte de Bilam (pela versão portuguesa Balaão). Ele montou numa jumenta, que de repente, para a admiração do seu amo, começa a falar. Com esse episódio anormal, o relato bíblico quis demonstrar a Bilam que, se toda a sua força e inteligência consistem em falar, em abusar do dom da palavra, isso não é de maneira alguma surpreendente, pois também burros, desde que lhes abram a boca, sabem falar. Esse fato teria servido de "delicada indicação" para qualquer pessoa de juízo e bom senso, mas não para o astucioso feiticeiro profissional Bilam, que, apesar de saber como profeta que não lograria nenhum êxito, não declinou em aceitar uma incumbência tão ignóbil, amaldiçoar o povo de Israel. Mas parece que o mundo desse tempo ainda não era tão ruim como é o nosso atualmente; nesses tempos passados, não se podia simplesmente propagar mentiras e espalhar difamações como se faz hoje em dia. É por isso que os mestres concluem que o grande atributo de Bilam consistia em *sheiadá lechavén et hashaá*[10], sabia calcular o "momento favorável", a "oportunidade exata", para que a sua intenção malévola produzisse o efeito desejado.

Vaiár Balak ben Tzipor: E viu Balak, filho de Tzipor. Notou uma série de acontecimentos importantes, sim, transcendentais, que o levaram a reconhecer que Israel tem agora a supremacia sobre Moab. *Vaiár Balak et kol ashér assá Israel laemorí*: Ele viu tudo o que fez Israel ao amoreu, e deduziu que a sorte está agora com Israel. *Vaiagór Moáv mipnei haám meód*: e temeu Moab muito ao povo. E qual será a motivação desse medo?

O texto bíblico nos fornece a resposta. *Ki ráv hú*, porque era numeroso. Esse pavor hediondo que os povos têm ao povo de Israel, e que data desde os tempos faraônicos, que apesar de afligirem os filhos de Israel com despotismo e trabalhos forçados, os egípcios viviam apavorados: *pen yirbé*[11], os filhos de Israel são mais numerosos, *veatzúm mimenu*, e mais fortes que nós; esse medo, pois, é caracterizado psicologicamente pelos mestres

---

10 *Berachot* 7a.
11 *Ex* I, 9-10.

como sendo: *Sinat olám leám olám*[12], ódio perpétuo ao povo eterno. Essa obsessão foi experimentada já pelo primeiro judeu, o patriarca Abraham, o primeiro "não conformista", o primeiro oposicionista, como se pode deduzir de uma interpretação do *Midrash*, que indaga: *Leavrám haivrí* (A Abrão o hebreu). E por que foi denominado o hebreu?

Rabi Yehudá diz, porque: *kol haolám kuló meéver echád, vehú meéver echád*, todo o mundo estava num lado, e ele (Abraham) estava no lado oposto. O mestre Yehudá deduziu o adjetivo *ivri* do substantivo *éver*, que significa: margem, borda, do outro lado[13].

Esse ódio mórbido, essa epidemia contagiosa, ou "alergia social", como o prof. Izeckson a analisa, foi divulgado sob a designação sócio-antropológica de "antissemitismo", isto é, uma expressão de antagonismo contra a raça semita. Os sábios chauvinistas e os judeófobos da França inventaram a teoria que divide os seres humanos em raças superiores e inferiores, e desde que, segundo as suas "pesquisas", a raça semita pertence etnicamente à raça inferior, é compreensível que os povos superiores europeus demonstrem o seu ódio e sua aversão aos judeus.

O conhecido historiador francês Ernest Renan esforça-se, na sua *Histoire du peuple d'Israel* (História do Povo Judeu), em demonstrar que o ódio aos judeus não é de caráter nacionalista ou religioso, mas puramente racista.

O famoso líder sionista Zeev Jabotinsky rejeita categoricamente, na sua obra *Os Judeus e a Guerra*, o absurdo da diferença de raças, e divide o antissemitismo em duas categorias distintas: uma é "subjetiva", pessoal, e a segunda é "objetiva", prática, realista. O antissemita "subjetivo" detesta o judeu instintivamente, sem razão, sem justificação; esse ódio brota de um preconceito, de uma opinião formada sem reflexão, que não calcula os fatos e não toma em consideração as consequências. Para esse tipo de antissemita, basta o nome *judeu* para provocar uma obsessão, uma repulsa, uma aversão tão forte, que muitas vezes se transfigura num ódio mordaz, num desejo sádico para destruir e para queimar tudo que está ligado ao judeu ou ao judaísmo. Essa categoria de antissemitas é composta

---

12   Título do primeiro livro publicado por Nachum Sokolov.
13   *Bereshit Rabá* 42, 13.

geralmente dos assim chamados intelectuais e sábios, ofuscados pela sua cultura chauvinista, que consideram como a mais alta e mais perfeita.

O antissemitismo objetivo não é dominado por um feroz preconceito contra os judeus. O seu ódio é motivado por certas causas e determinadas circunstâncias. Odeia o judeu por temê-lo, por ver nele um concorrente habilidoso, uma pessoa capaz de apoderar-se das posições-chave no seu meio ambiente.

Essa categoria se compõe geralmente da classe média, facilmente influenciada e doutrinada, massa popular essa que dá crédito à difamação inculcada, pela qual o judeu é o principal culpado de todas as calamidades socioeconômicas, e o maior responsável pela infelicidade humana. Para esses antissemitas, o judeu é um elemento sociologicamente intolerável, elemento cujo convívio deveria ser evitado.

Os dois protagonistas dessa *parashá*, Balak e Bilam, incorporam as duas categorias de antissemitas que acabamos de analisar.

IV

A nossa análise não seria completa, e a descrição do porta-voz Bilam não seria perfeita, se deixássemos de delinear através de um único pronunciamento, a sagacidade psicológica do perspicaz Bilam. A sua primeira manifestação a respeito da peculiaridade do povo judeu está expressa na sentença *hén am levadád yishkón, uvagoyim ló yitchasháv* (eis que é um povo que habita só, e entre as nações não será enumerado)[14], demonstrando com essa sua afirmação não somente os seus grandes dotes de profeta, mas principalmente as extraordinárias qualidades de um competente psicólogo, que conseguiu penetrar profundamente na psique de nosso povo, sabendo perfeitamente em que consiste o segredo da nossa existência e da nossa continuidade.

Pois a moderna psicologia nos ensina: desde que descobrimos em que consiste a força física ou moral do nosso competidor, mais facilmente encontraremos os meios de debilitá-lo. Com essa sua primeira profecia, *hén*

---

[14] Nm 23, 9.

am levadád yishkón, eis que é um povo que habita só, Bilam caracterizou magistralmente a quintessência do povo de Israel. Eis um povo que habita entre as nações, um povo que como nenhum outro contribui para o engrandecimento cultural, científico, artístico e econômico das nações de sua convivência, e ainda assim *úvagóyim ló yitchasháv*, não é reputado entre os povos. E se perguntarmos aos Bilam e aos seus ferozes descendentes e seguidores que com a boca nos louvam, mas no fundo do seu coração nos detestam, odeiam e desprezam, pela razão desse isolamento, desse separatismo judaico, eles hão de motivá-lo com a mesma justificação de Haman: *Ieshnó am echád, mefuzár umforád béin haámim, bechól medinot malchutécha, vedateihém shonót mikól am* (existe, espalhado e dividido entre os povos em todas as províncias de teu reino, um povo cujas leis são diferentes das leis de todos os povos, que não cumpre as leis do rei, pelo que não convém ao rei tolerá-los)[15]. Desde tempos imemoriais, desde que entramos na arena da história universal, temos demonstrado a nossa existência; o nosso instinto de autoconservação está intrinsecamente ligado ao destino de todos os povos, participando ativamente em tudo o que é bom, belo, grande e nobre. Temos nos esforçado para compreender e para engrandecer todas as culturas, esperando, pela lei da reciprocidade, sermos também compreendidos pelos outros; mas a história universal, e especialmente a do nosso povo, encarregou-se de nos demonstrar que vivíamos uma grande ilusão, uma terrível utopia, pois cada vez que pensávamos ter conseguido a compreensão dos povos, quando acreditávamos nas altissonantes promessas da emancipação, ou nas falsas profecias do socialismo, fomos brutalmente repelidos, terrivelmente decepcionados; a nossa maneira de pensar, o nosso estilo de vida, a nossa língua e cultura; as leis dietéticas, as nossas orações, a nossa interpretação das leis éticas, sociais e morais, tudo isso ficou hermeticamente fechado para o nosso meio ambiente, tudo isso serviu de motivação para o levantamento de uma barreira isoladora entre nós e os povos com os quais convivíamos durante muitos séculos.

Mas a Providência Divina, que nunca deixou o povo de Israel desprotegido, incumbiu-se de provar que nesse *levadád*, nessa nossa distinção,

---

15   *Est* 3, 8.

nessa nossa singularidade, consiste a nossa *raison d'être* e a peculiaridade do nosso ser.

Perdendo conscientemente essa nossa singularidade, abalamos com as próprias mãos os alicerces da nossa existência como povo *sui generis*. Esses traços característicos do povo de Israel, os antissemitas de todos os tempos consideraram como "separatismo judaico", "intolerância judia", ou, como nos *slogans* da última década, como "dupla lealdade judaica".

Com o nosso *levadád*, que não é outra coisa do que a essência do povo de Israel, não pretendemos isolar-nos do meio ambiente; ao contrário, queremos ambientar-nos, procuramos aculturar-nos à sociedade em que vivemos. O que não queremos e nunca faremos é assimilar-nos. Os processos sociológicos da adaptação e da assimilação são profundamente diferentes. A assimilação é um processo de interpretação e fusão de culturas, tradições, sentimentos, modos de vida, num tipo cultural comum, algo que o nosso instinto de conservação não nos permite fazer, se não quisermos perder a herança espiritual de quatro milênios, se não pretendermos desligar-nos do que de mais caro e mais sagrado possuímos: o nosso ego nacional.

E aos jovens da nossa geração diremos: a ignóbil acusação dos antissemitas de todos os tempos, a acusação da "dupla lealdade", não nos preocupa e tampouco nos impressiona; o que sim nos atormenta é a "dupla contabilidade", a ferrenha vontade de querer camuflar o judaísmo, de esconder a identidade judaica debaixo da máscara de autorrenegação.

Saibam, jovens: o judaísmo camuflado é um humanismo frustrado, enquanto um judaísmo autêntico, íntegro e sincero, contribui para o aperfeiçoamento e para o enobrecimento da humanidade.

Pinchás

I

Yifkód Hashém Elokei haruchót lechól bassár, ish al haeidá, ashér ietzé lifneihém, vaashér iavó lifneihém, vaashér iotziém, vaashér ieviém, veló tihié adát Hahém katzón ashér éin lahém roé:

Que o Eterno, D'us dos espíritos de toda criatura, nomeie um homem sobre a congregação que saia adiante deles, e que entre adiante deles, e que os faça sair e que os faça entrar, para que não seja a congregação do Eterno como o rebanho que não tem pastor[1].

Liderança judaica é um desafio e uma oportunidade. Ela é um desafio, porque no sentido de orientação espiritual fomos muito mimados pelo destino: qual é o povo no mundo inteiro que teve o privilégio de ser liderado espiritualmente por um Moisés, por um profeta Eliahu, por um rei David, pelos profetas Amós, Isaías, Jeremias e Yechezkél, por um Rabi Akiva, por um Rambam (Maimônides), por um Gaon de Vilna ou por um Rav Kook? Além disso, a liderança judaica é um agigantado desafio em virtude da sua singularidade e pela incerteza da existência judaica. As nossas preocupações, assim como os nossos problemas, estão além das comparações com as dúvidas da vasta comunidade humana. E é por isso que as oportunidades da liderança judaica se tornam verdadeiramente notáveis.

---

1 Nm 27, 16-17.

Um dos maiores líderes e estadistas na longa e grandiosa história do povo judeu é, sem dúvida alguma, Rabi Yochanan ben Zakái[2], cuja brilhante orientação espiritual e heroica atitude perante os opressores romanos garantiram a predominância e a centralização da *Torá* na vida judaica. O seu encontro com Vespasiano, a reinstituição do Sanhedrin[3] em Yavne, assim como as suas nove *takanot* (regulamentações), evitaram o total colapso do judaísmo, num momento crucial de grave desastre e humilhação nacional.

Por conseguinte, a exigência da *Torá* para que o líder ideal judaico seja um homem que "saia adiante deles" é absolutamente justificada, dando a entender que não basta orientar pela palavra ou pelo comando, mas especialmente pelo cumprimento pessoal e pelo exemplo da sua conduta e estilo de viver. Quando os discípulos de Rabi Yochanan ben Zakái foram visitá-lo durante a sua grave enfermidade, expressaram com palavras de admiração e carinho para com o querido mestre os traços essenciais e marcantes da liderança judaica.

No *Talmud Bavli*[4] encontramos o comovente relato do encontro do enfermo Rabi Yochanan ben Zakái com os seus alunos. Quando o Mestre os viu entrar, começou a chorar. Vendo o Mestre chorar, os discípulos tentaram consolá-lo e animá-lo, dizendo-lhe: *Ner Israel, Amud haieminí, Patish hechazák, mipnei ma atá boché?* (Luz de Israel, coluna reta, martelo forte, qual é a razão destas lágrimas?).

"Luz de Israel" dá a entender a luz de estudos, o farol de vitalidade intelectual que o rabino deve personificar. O guia espiritual judaico deve acima de tudo representar, pelos seus atributos, a figura do eterno estudante que procura constantemente alargar e aprofundar os seus conhecimentos, e ao mesmo tempo deve demonstrar a sua disposição para ensinar. O nosso povo é faminto de saber, e sedento de ser informado. O verdadeiro rabino, aquele que sabe que não está no rabinato, mas o rabinato nele, como parte íntegra do seu ser, esse chefe espiritual deve aproveitar cada oportunidade possível para divulgar à sua congregação

---

2   Século I.
3   A Suprema Corte judaica.
4   *Berachot* 28b.

os ensinamentos da *Torá*. O famoso mestre da ética judaica, Rabi Israel Salanter, fez ver que a introdução de *drashot* (sermões religiosos) é muito importante; ela é justificada se conseguirmos estimular, através dessas prédicas, que um único judeu reze a oração silenciosa (Shemoné Esré) com melhor e mais intensa *kavaná* (devoção).

Amud haieminí (coluna reta), simboliza o culto e respeitado líder, no qual nos podemos apoiar em momentos de terrível necessidade e angústia. O conforto que o rabino é capaz de ministrar nos momentos de tristeza e aflição, a esperança que é capaz de dar em ocasiões de doença, os conselhos que nos dispensa em horas de confusão e de indecisão, estão além de qualquer apreciação. Seguindo o grande exemplo do Mestre Hilel, ele deve ter em mente que *ahavat habriyót*, amar a humanidade, conduz a *umkarvan la Torá*, à disposição de estudar a Lei Divina[5].

Patísh hechazák (martelo forte), representa o requisito indispensável para conseguir uma benéfica liderança judaica. Assim como a criança, conforme a noção da moderna psicologia, solicita inconscientemente os cuidados paternos, a sua crítica e a disciplina, assim também a comunidade na sua totalidade há de admirar e respeitar uma liderança firme e corajosa. A maior parte do nosso povo é graças a D'us educada, inteligente e prática, e por isso espera a cura do seu médico, a defesa do seu advogado e a orientação espiritual do seu rabino.

O guia espiritual judeu, que pretende seguir as normas da *Torá* e da *Halachá*, deve abandonar a esperança de granjear afeto popular e aprovação universal. De fato, o guia religioso não deve esquecer que não participa de um concurso de popularidade; ele deve se lembrar que os maiores guias espirituais do nosso povo não gozaram de simpatia das massas populares. Esse é o risco da liderança. Sim, os que são aptos e que são predestinados para essa missão, devem aceitar esse supremo sacrifício; eles devem acima de tudo guiar com eficácia e vigor, com grande amor e ilimitada devoção, aos fiéis de suas congregações, aproximando-os destarte aos ensinamentos da *Torá* e às gloriosas gerações que os precederam.

---

5   *Ética dos Pais* I, 12.

II

(Haftará)
Hilkias)⁶. *Divrei Yirmiahu ben Chilkiyahú* (Palavras de Jeremias, filho de

A *haftará* desta semana é a primeira das três (*sheloshá de pureanuta*, três semanas de infortúnio) recitadas entre as datas 17 de Tamuz e 9 de Av, conhecidas também por dias *béin hametzarím*, entre as aflições. Em todas elas os profetas Jeremias e Isaías relatam dolorosamente as causas que conduziram ao desastre nacional e à destruição por duas vezes do *Beit Hamikdásh* (Templo), construído pelo rei Salomão no séc. 10 a.E.C., durou até 586 a.E.C.; e o Segundo Templo, edificado por Zerubavel no séc. VI a.E.C., na era do escriba Ezra, foi destruído por Tito no ano 70 d.E.C. O profeta Jeremias, testemunha da destruição do Primeiro Templo, adverte o povo de Israel para a desgraça que a sua infidelidade para com o Eterno, a desobediência aos seus conselhos para que não acreditasse nas falsas promessas de socorro da parte dos seus vizinhos traiçoeiros, hão de trazer para a Casa de Israel; as palavras comoventes de Jeremias fazem--nos compreender a razão da dispersão, a motivação da prolongada diáspora. Elas nos lembram que o luto observado nessas três semanas não é de maneira alguma algo obsoleto, antiquado, reminiscências de um remoto passado, mas retrata os vícios espirituais e os defeitos morais do presente, de todas as gerações que não se esforçam por livrar-se da decadência moral da sua época.

Aquilo que o profeta disse quanto a Israel, ou seja, que para poder resistir aos constantes ataques e assaltos à sua existência precisava equipar-se com imensas forças morais, que, para não sucumbir às ininterruptas investidas contra a sua continuidade física e espiritual, precisava confiar na proteção Divina, realmente verificou-se quando Jeremias foi chamado a ser o porta-voz do Eterno, que o incumbiu com a sagrada missão *Navi lagoyím netatícha*, um profeta para as nações te constituí⁷.

---

6   Jr 1 e 2.
7   Jr 1, 5.

Israel começa a sua marcha através do deserto dos povos; o profeta prevê e testemunha a tempestade desencadeada pelas nações para impedir o andamento do povo de Israel, para deturpar e corromper a palavra Divina, dirigida aparentemente só a Israel, mas que de fato deveria abranger toda a humanidade, com a qual Israel se identifica intimamente, e se integra perfeitamente, ciente de que essa identificação há de exigir dele enormes sacrifícios. O profeta da diáspora, Ezequiel, é denominado por D'us simplesmente BEN-ADÁM, filho de Humanidade; da primeira até à última palavra do cânon bíblico, não está mencionado um D'us da tribo judaica, ou de uma Providência Divina exclusivamente judaica. Desde a primeira palavra do *Gênesis*, com a qual o primeiro patriarca é introduzido na história, *vehié berachá*, e será uma bênção, e *venivrechú bechá kol mishpechót haadamá*, em ti serão benditas todas as famílias da terra[8], até a última palavra profética – o destino de Israel está inseparavelmente ligado à família humana, a todas as nações, cada uma delas chamada a cumprir uma missão humanista, justificando destarte a sua *raison d'être*.

A missão de Israel entre os povos, o papel importantíssimo que lhe foi outorgado para desempenhar entre as nações, está magnificamente definida nas palavras do profeta: *Reé hikadtícha haióm hazé al hagoyim veal hamamlachót, lintósh velintótz, ulehaavíd velaharós, livnót velintóa*: olha que hoje te constituo sobre as nações e os reinos, para destruíres e arruinares, para destruíres e demolires, e também para edificares e para plantares[9].

As palavras do profeta ao povo de Israel, na última hora antes da derrocada nacional, censurando-os pela propagada imoralidade, pela adoração da voluptuosidade, pelo escárnio de crença, pelo abuso do poder, pela opressão e exploração dos pobres e fracos, causas essas que contribuíram e apressaram o desastre fatal, todas essas advertências são dirigidas a todos os povos e nações até o fim dos tempos.

O *mekonén*, lamentador-profeta, alerta a todas as nações que, caso menosprezem esses princípios morais, terão o mesmo destino que privou Israel por duas vezes da sua independência nacional. Edificar, construir e plantar só pode ser feito sobre os alicerces da fé em D'us, com predo-

---

8 *Gn* 12, 2-3.
9 *Jr* 1, 10.

mínio da justiça absoluta, e sinceras relações humanas, sem distinção de raças e credos. Também Jeremias, como no seu tempo o Mestre Moisés, hesitou em aceitar essa extraordinária incumbência, alegando: *ki náar anochí*, porque apenas sou uma criança[10]. Israel, o jovem e mais fraco entre as potências poderosas, também se assustou quando lhe foi comunicado que deveria ser: *mamléchet Cohanim*, reino de sacerdotes, um *or lagoyím*, luz para os povos, um *naví lagoyím*, profeta dos povos, duvidando das suas aptidões, méritos e virtudes. Mas o Eterno, notando a vacilação de Jeremias, anima-o, dizendo-lhe: *betérem etzorchá babéten iedaatícha, uvtérem tetzé meréchem hikdashtícha: naví lagoyím netatícha*: antes que Eu te formasse no ventre, já te conheci; e antes que saísses da madre, já te consagrei, um profeta para as nações te constituí[11]. Eu, disse o Eterno, não escolho os meus profetas, os meus mensageiros e porta-vozes, pelos seus dotes de eloquência, Eu não me impressiono pela grande eloquência dos homens à maneira de Cícero, mas sim pelas suas elevadas virtudes, pela sua indomável coragem de dizer a verdade e de divulgar o Verbo Divino, apesar das ofensas e difamações que a incumbência lhes causará.

E a Israel diz o Eterno: *Zachárti lách chéssed neuráich, ahavát kelulotáich, lechtéch acharái bamidbár beéretz lo zeruá*: lembro-me de ti, da tua afeição quando eras jovem, e do teu amor quando noiva, e de como me seguias no deserto, numa terra em que não se semeia[12]. Nenhum outro povo, mais numeroso e mais poderoso, quis aceitar esse Decálogo, essa Carta Magna, essa Constituição Divina, destinada a orientar o estilo de viver de todos os povos; só tu, meu povo Israel, mal saíste da escravidão egípcia, do obscurantismo da nação déspota, não hesitaste de aceitar os Dez Mandamentos, proclamando para a perplexidade de todos os povos antigos: *Naassé Venishmá*, faremos e obedeceremos[13]. Esse fato, diz o Eterno, te fez merecer a incumbência elevada de tornar-se um *naví lagoyím*, um profeta para os povos.

Respeita, pois, para sempre esse nobre título, essa *honoris causa*.

---

10   *Jr* 1, 6.
11   *Jr* 1, 5.
12   *Jr* 2, 2.
13   *Ex* 24, 7.

Matot

Lo iachél devaró, não violará a sua palavra[1]. Rashi comenta: *lo iaassé devaró chulín*, não profanará a sua palavra. Quando um homem fizer qualquer promessa, voto ou juramento, não violará a sua palavra; aquilo que prometeu cumprirá. Não violará a sua palavra!
O tema central de toda a *parashá* é a santidade da palavra, a pureza da linguagem. Toda a problemática das promessas abordada na *Torá*, no *Talmud* e na literatura rabínica gira em torno da santidade da palavra do homem.
Os mestres ensinam: "Violar a palavra significa profaná-la; não cumprir o que foi prometido e combinado, equivale a desonrar a palavra".
Assim como santidade e crença são conceitos relacionados intimamente, assim também o valor da palavra depende da fé. Relações sociais, comerciais e políticas são sujeitas à fé implícita na palavra do nosso próximo. Uma vez que essa nossa confiança é mal usada, ou abusada, surge a sombra do menosprezo do nosso convívio social.
Relações sociais: sede circunspectos no vosso convívio com gente que diz uma coisa, mas pensa o contrário. Eles pertencem àqueles três caracteres desonestos que, segundo o *Talmud*, D'us detesta: *Sheloshá Hakadósh Barúch Hú soneán: hamedabér echád bapé, veechad balév* (aquele que fala uma coisa com a boca, mas no seu coração planeja o oposto). Essa gente é hipócrita, se vale da nossa amizade para o seu próprio benefício, e destarte a amizade não pode ser recíproca.
Relações comerciais: no tratado talmúdico *Bava Metzia*, os mestres opinam insofismavelmente que a base do negócio é a honestidade, o respeito

---

[1] Nm 30, 3.

e o cumprimento das combinações contraídas, e das responsabilidades assumidas.

O *hen* (sim) deve ser sim, e *o lav* (não) deve ser não. E o *Talmud* conclui: *dabér hén o lav, avál kaiém devarécha*: diga sim ou não, mas não deixe de cumprir o prometido².

Relações políticas: os compromissos assumidos, as resoluções tomadas, os contratos assinados, as promessas verbais ou combinadas num *gendemen's agreement*, são assuntos sagrados e devem ser cumpridos ao pé da letra, pois só assim poderá haver harmonia entre os povos e a paz duradoura.

No mundo em que vivemos, um mundo de tanta redundância viciosa e perigosa de linguagem, de conferências nacionais e internacionais, de reuniões, de encontros políticos na sede das Nações Unidas, onde o verbo é usado para fomentar guerras frias e quentes, e não promove infelizmente aquele diálogo harmonioso para o bem-estar das nações, numa era em que o dom divino, a palavra, é profanada pelo palavrão ordinário e grosseiro, a lição da santidade da palavra é importantíssima. Nunca antes se pecou tanto no abuso da palavra como atualmente.

A superioridade do ser humano sobre o animal consiste na palavra. Só aquele que possui o poder da palavra é capaz de formular ideias. A comunicação consegue-se principalmente através da palavra.

Uma alma viva tem que ser uma alma expressiva. Expressiva em que sentido? Intelectualmente? Emocionalmente ou talvez racionalmente? Confesso que ficaria muito embaraçado, se tentasse responder essa complexa pergunta no curto lapso de tempo de uma prédica, tomando em consideração a divergência dos filósofos e a diversidade das opiniões a esse respeito.

Nós, como judeus crentes, acreditamos que a expressão da alma deve consistir numa harmoniosa ligação entre o sentimento e o intelecto, pois ambas, a alma e a palavra, derivam de D'us, ambas são sagradas, e ambas podem ser profanadas. Palavras são também um instrumento de poder; honestamente usadas, elas podem ser uma tremenda força criativa, mas quando abusadas, são capazes de destruir o mundo. A exatidão dessa

---

2 *Rashi, Bava Metzia* 49a.

afirmativa encontramos nos *Provérbios* de Salomão: *mávet vechayím beiád lashón, veohavéha iochál piriá*, a morte e a vida estão no poder da língua; o que bem a utiliza, come do seu fruto³. Na *Ética dos Pais*⁴ lê-se: *Baassará maamarót nivrá haolám*, o mundo foi criado por dez palavras. *Umá talmud lomár?* E por que nos ensinam isso? Não bastaria uma só? Foi para tornar mais severo o castigo dos ímpios que possam causar a ruína deste mundo, que foi criado por dez palavras Divinas. Ensinando a verdade, a palavra na boca do homem pode ser criativa; usada para propaganda política ou doutrina demagógica, que perturba o intelecto e a sensibilidade, ela é simplesmente destrutiva.

A santificação do verbo e o uso cuidadoso da linguagem preocuparam os nossos mestres; a literatura ético-filosófica do judaísmo cita centenas de admoestações a esse respeito. Uma das mais lapidares advertências da *Mishná* reza: *Avtalion omér: chachamim hizaháru bedivreichém*: Abtalião dizia: sábios, sede cuidadosos com vossas palavras⁵, nos vossos pronunciamentos.

O homem que escreve a *Torá*, os *tefilin*, as *meguilót* e as *mezuzót*, é denominado em hebraico *sofér*, que significa não somente escrever, mas principalmente contar; porque escrevendo, ele deve contar as letras que compõem a palavra. Sim, palavras devem ser contadas, e não desperdiçadas como acontece infelizmente; comunicação tem que ser uma arte humana e não uma indústria. E esse é o motivo pelo qual começamos a oração silenciosa (Shemoné Esré) com as palavras: *Adoshém sefatái tiftách, ufí iaguíd tehilatécha!*, Ó Eterno, abre os meus lábios, e que minha boca proclame o Teu louvor! E acabamos esta prece com as palavras: *Elokai, netzór leshoní merá, usefatái midabér mirmá*: Meu D'us, preserve minha língua de falar mal, e os meus lábios de dizer coisas falsas. Mais uma lição ética que a humanidade deve ao judaísmo, mais um preceito elevado, que contribuirá para o enobrecimento do gênero humano.

---

3   Pr 18, 21.
4   *Ética dos Pais* 5, I.
5   *Ética dos Pais* I, II.

Matot – Massê

Éile massê Benei Israel, estas são as jornadas dos filhos de Israel[1].

As duas *parashiót*, as últimas do livro *Bamidbár*, são importantíssimas, especialmente a última, *Massê*, com a qual termina a *Torá* que Moisés recebeu no Monte Sinai. O quinto livro do Pentateuco, *Devarím* (*Deuteronômio*) conhecido também por *Mishné Torá*, repetição da *Torá*, é somente uma reiteração e explicação dos ensinamentos mencionados nos quatro livros antecedentes, exceto as leis sacerdotais e dos sacrifícios, que não são repetidas nesse livro. Essa *parashá Massê*, então, descreve-nos minuciosamente todas as caminhadas que o povo de Israel fez durante os quarenta anos de jornadas através do deserto. Cada lugar, mesmo o menos importante dessa prolongada e cansativa caminhada, percorrida desde Ramsés, cidade essa erguida com suor e lágrimas de escravos oprimidos que fomos no Egito, até Arvot Moav, a última parada da jornada, onde chegamos como gente livre, prontos para tomar posse da terra prometida aos patriarcas, cada localidade e cada acontecimento ocorrido nesse itinerário estafante estão escritos.

Vayisseú vaiachanú: e partiram e acamparam. Essas duas palavras se repetem constantemente. Esses repetidos deslocamentos não passaram despercebidos pelo olho crítico e analítico dos nossos exegetas que, como é sabido, procuraram em tudo o que nos aconteceu e acontece uma explicação, uma razão plausível, para que as gerações vindouras saibam que a nossa caminhada através da história não é ocasional, não é motivada por uma simples instabilidade de um povo nômade, que não quer criar raízes

---

[1] Nm 33, 1.

num lugar seguro; mas sim que essas nossas partidas e acampamentos têm em vista um sentido elevado.

A esse respeito lemos no Midrash[2]: *Amár Hakadósh Barúch Hú leMoshé: któv et hamassaót shenasseú Israel bamidbár, kedéi sheyihiú iodeím káma nissim sheassíti lahém bechól makóm*. O Eterno falou a Moisés: anota as caminhadas do povo Israel através do deserto, para que saibam eternamente os milagres que EU lhes fiz em cada lugar em que chegaram, e para que se convençam, que *bechól makóm shegalú, Shechiná imahén*, em toda a sua dispersão, a Shechiná, a Onipresença Divina, acompanha o povo de Israel[3]. *Vayisseú, vaiachanú*: e partiram e acamparam. Essas duas noções não são estranhas ao nosso ouvido, pois representam a síntese da história judaica. De fato, sempre o povo de Israel partiu, ou melhor dito, fizeram-no partir.

Começamos pelo primeiro judeu, Abraham Avínu, de quem a *Torá* nos diz: *Vayissá Avrám halóch venassoa hanégba*; e sai Abraham andando e viajando para o sul[4]. E a respeito de Isaac Avínu, a *Torá* relata: *Vaiaaték mishám*, e saiu dali[5].

E do patriarca Jacob-Israel, que mudou com toda a sua família para o Egito, o que nos relata a *Torá*? *Vayissá Israel vechól ashér lo*, e partiu Israel e tudo o que ele tinha[6]. Constantes peregrinações, um *perpetuum mobile*, que tem a sua expressão na ordem de D'us ao patriarca Abraham, avisando-o: *ki guér yihié zaracháh beerétz lo lahém*, os teus filhos serão estranhos numa terra que não lhes pertencerá[7].

Desde o primeiro dia que Israel pisou a arena da história almejou viver tranquilamente; ansiava por um canto de terra onde lhe fosse permitido viver sossegadamente o seu estilo de vida, onde pudesse cultivar e desenvolver a sua herança espiritual, mas ao mesmo tempo contribuir para o bem-estar do seu meio ambiente. Mas, apesar de todos os seus sacrifícios,

---

2 *Bamidbar Rabá* 23, 1.
3 *Meguilá* 29a.
4 *Gn* 12, 9.
5 *Gn* 26, 22.
6 *Gn* 46, 1.
7 *Gn* 15, 13.

de toda a sua grande vontade, esse privilégio lhe foi negado. E ainda hoje em dia, no século do arrojado progresso técnico e científico, quando os assim chamados povos civilizados fazem tanto alarde em torno da defesa de direitos humanos, milhões de nossos irmãos encarcerados atrás da Cortina de Ferro sofrem física e psiquicamente, por desejarem livrar-se das algemas da opressão, para poderem encontrar na pátria ancestral, em Israel, um definitivo lugar de descanso.

Que vida movimentada! Quão rica é ela em experiências e indescritíveis provações!

Eretz-Israel, Babilônia, retorno a Eretz-Israel, Pérsia, Roma, Península Ibérica, Holanda, Marrocos, Turquia, França, Inglaterra, Alemanha, Rússia, Polônia, Itália, todos esses países, e outros tantos que não mencionamos, foram e são ainda testemunhas da nossa caminhada. Não há idioma, e não existe um sinônimo capaz de expressar aquilo que nós, judeus, sentimos quando mencionamos o termo *galut*.

Claro está, aquele historiador ou sociólogo que tentar analisar a nossa existência e perseverança nessa prolongada caminhada através do mundo, somente do ponto de vista físico-geográfico, sem tomar em consideração o fator importantíssimo de que a Shechiná está sempre conosco, para esses racionalistas não temos explicação plausível; para eles ficará a nossa existência até hoje um enigma surpreendente e assombroso.

Mas para nós, que sabemos que a Shechiná, a Onipresença Divina, o gênio criativo do espírito judaico, que se inspira e se faz sentir pela presença de D'us, que não está e nunca estará limitada a fronteiras geográficas ou nacionais; nós, que estamos convencidos que D'us, essa força geradora de tudo aquilo que é sublime e elevado na *Torá*, cujos ensinamentos se refletem na alma judaica; nós, que acreditamos que este Onipotente Criador do Universo não limitou a Sua presença às fronteiras de *Eretz*-Israel, mas está em toda parte onde O deixam entrar, em qualquer *Beit Hamidrash*, onde é evocado o seu nome e onde alguém aprofunda no pensamento judaico; nós sabemos e sentimos que só graças àquelas forjas espirituais e àquelas obras grandiosas que foram criadas nas inúmeras paradas da nossa caminhada acima mencionada é que fomos capazes de sobreviver e de existir até hoje. O D'us do povo de Israel não é nacionalista, e os ensinamentos de Moisés e dos profetas não são chauvinistas, uma espécie de patrimônio exclusivo do nosso povo, como pretendem os antissemitas ignorantes. Na divulgação dessa suprema verdade, consiste o fim elevado de todas as nossas caminhadas e acampamentos. *Shimeú devár Hashém goyím, vehaguidu baiyím mimerchák; veimrú: Mezaré Israel iekabetzénu, ushmaró keroé edró*: ouvi a palavra do Eterno, ó nações, e anunciai nas terras longínquas do mar, e dizei: Aquele que espalhou a Israel, o congregará e o guardará, como o pastor ao seu rebanho[8].

Veáf gám zót, bihiotám beéretz oiveihém, lo meastím veló guealtím lechalotám, lehafêr berití itám, ki Ani Hashém Elokeihém: mesmo assim, estando eles na terra de seus inimigos, não os rejeitarei, não os desprezarei, para consumi-los e violar a minha aliança e com eles, porque Eu sou o Eterno, seu D'us[9].

A nossa *raison d'être* nos países em que vivemos e onde nos deixam viver como judeus crentes e praticantes, é sentirmos que: *Ki Ani Hashém shochén betóch Benei Israel*, pois Eu, o Eterno, habito no meio dos filhos de Israel[10].

Isto deve ser o *leitmotiv* da nossa vida e a quintessência do nosso povo:

Hashém shochén betók benéi Israel:

O Eterno habita no meio dos filhos de Israel.

---

8   Jr 31, 9.
9   Lv 26, 44.
10 Nm 35, 34.

Devarim

(Quinto Livro da *Torá: Deuteronômio*)

Introdução

I

O quinto livro da *Torá*, DEUTERONÔMIO, a sua estrutura e qualidade específica.

Antes de analisarmos cada *parashá* separadamente, devemos examinar a peculiaridade e a estrutura desse quinto livro do Pentateuco, que tem dado margem a interpretações cerebrinas, e até hoje provoca entre os críticos da *Bíblia* as mais sérias controvérsias.

A estrutura e a peculiaridade desse livro preocuparam os nossos mais famosos exegetas. O Ramban, na sua introdução ao livro *Devarim*, dedica a sua atenção à qualidade das *mitzvót* que foram e que não foram mencionadas nesse livro, e descobre um pormenor característico que o distingue dos outros quatro livros da *Torá*: o pormenor da falta da sentença: *Vaiedabér Hashém el Moshé leimór* (e falou o Eterno a Moisés, dizendo), sentença tão frequente na parte legislativa da *Torá*. Eis as palavras do Ramban: "Nós conhecemos o conteúdo desse livro: nele o Mestre Moisés explica à geração que há de conquistar a Terra Prometida a maior parte das ordenações necessárias para os filhos de Israel que irão se estabelecer em *Eretz* Israel. Não menciona as leis que orientam os sacerdotes e o cerimonial dos sacrifícios, que foram explicadas no terceiro livro (*Levítico*), sabendo que os sacerdotes são muito rigorosos na observação das leis que lhes dizem respeito. *Vehacohanim zerizím hém*"[1]. No *Deuteronômio*, foram acrescentados os preceitos do levirato (*Yibum*, casar-se com o cunhado

---

[1] *Pessachim* 65a.

para suscitar semente ao marido que morreu sem filho). A prescrição de difamação (*motzí shém rá*), os preceitos do divórcio, testemunho falso, e mais alguns mandamentos são renovados nesse livro. Mas todos os comentaristas concordam que esses mandamentos já haviam sido ditos por D'us a Moisés no Monte Sinai, ou na tenda da Reunião, no primeiro ano antes do episódio dos *meraglim* (investigadores, espiões), e que portanto não há nenhuma lei nova nesse livro, a não ser as palavras do pacto, *divrei haberít*, que D'us fez com Israel.

O famoso comentarista Dom Isaac Abravanel (1437-1508) detém-se no seu prefácio ao livro *Devarim*, como é o seu costume, num problema muito importante. Indaga se o *Mishné Torá*, repetição da *Torá* (como o quinto livro é também denominado) era *meéit Hashém, min Hashamáyim*, de D'us, do Céu, e seu conteúdo fora dito por Moisés, por ordem do Criador, como acontece com os outros livros da *Torá*, desde a primeira palavra *bereshit* até às últimas palavras do quinto livro *leeinéi kol Israel*, que devem ser consideradas na sua totalidade *divrei Elokím chayím*, palavras eternas ditas pelo Eterno, sem nenhuma alteração ou modificação, ou se o *Mishné Torá* foi dito, composto e explicado pelo próprio Moisés, explicação essa inspirada por D'us, deduzida pela compreensão de Moisés dos preceitos Divinos, hipótese que se podia concluir do próprio texto: *hoíl Moshé beér et haTorá hazót leimór*, começou Moisés a explicar essa Lei, dizendo[2]. O problema levantado por Abravanel é sumamente importante, pois sabemos que existe uma diferença entre a *Torá* de um lado e os profetas (*neviím*) e os hagiógrafos (*ketuvím*) do outro. Dom Isaac Abravanel explica a distinção existente entre os livros da *Torá* e os outros livros que compõem o cânon do *Tanách*, dizendo: "O fato de os saudosos mestres denominarem a primeira parte do *Tanách* como *Torá* tem por fim de diferenciar os cinco livros da *Torá* dos outros livros sagrados, por ser a *Torá* a máxima, a mais elevada e mais expressiva abundância espiritual". Em outras palavras: a *Torá* se distingue dos outros livros do *Tanách* por ser ela a revelação Divina pela sua forma e pelo seu conteúdo. Eis a razão por que Dom Isaac encontra dificuldades para compreender a peculiaridade do livro *Devarim* que, propriamente dito, não é outra coisa que alocuções

---

2 Dt 1, 5.

e exortações de despedida, em prosa e em poesia, como o *Haazínu* (ouvi) e o *Vezót haberachá* (esta é a bênção), as últimas duas *parashót* do quinto livro³ pronunciadas pelo grande e inesquecível líder antes de se despedir fisicamente do seu povo.

A resposta de Dom Isaac à sua indagação facilita-nos esclarecer não só a questão acima levantada, como também é capaz de nos servir de explicação para melhor compreensão de toda a *Torá*. Abravanel diferencia entre os termos *amirá* (falar) e *ketivá* (escrever).

Eis em síntese a opinião de Abravanel: o livro *Devarim* e mais algumas outras partes da *Torá* contêm "palavras ditas" pelos homens, muitas vezes sem inspiração Divina, mas tudo o que foi *escrito e formulado* na *Torá* foi escrito exclusivamente por ordem do Eterno. E Dom Isaac conclui: Moshé Rabeinu falou *Eile hadevarim* (estas são as palavras; assim começa o quinto livro) e explicou os preceitos mencionados nele, como palavras de despedida ao seu amado povo, mas D'us Bendito quis, depois dessas palavras serem ditas ao povo Israel, que fossem perpetuadas por *escrito* na *Torá*, no mesmo estilo com que foram pronunciadas por Moisés. E assim em toda a *Torá*, inclusive o quinto livro, *Eile hadevarim*, o Eterno falou e Moisés escreveu aquilo que ouviu e que lhe foi transmitido⁴.

II

Eichá essá levadí, torchachém, umassaachém verivchém, como suportaria eu sozinho, as vossas moléstias, a vossa carga e a vossa contenda?⁵ Os mestres ensinam: três profetas censuraram o povo de Israel usando o termo *eichá* (como). Nessa *parashá*, a primeira do *Deuteronômio*, obra maravilhosa, sublime pelo seu estilo profundo e conciso, encontramos os filhos de Israel às portas da Terra Prometida, a ser conquistada, equipados com a magnífica constituição, o Decálogo, e com as outras inúmeras prescrições

---

3   Dt 32 e 33.
4   Como base para esta breve introdução serviu-nos a magnífica obra do rabino Issachár Jacobson, *Biná Bamikrá*.
5   Dt 1, 12.

ético-sociais ensinadas pelo querido Mestre durante a caminhada dos quarenta anos no deserto, conceitos estes que deveriam formar o seu caráter, para serem um *am segulá*, um povo peculiar. Já então, no tempo de glória e tranquilidade, Moisés, antes de falecer, vê-se obrigado a desabafar a sua mágoa, exclamando o seu triste *eichá*: como suportarei eu sozinho a vossa impertinência, o vosso rancor e as vossas brigas? Na *haftará* desta semana, recitamos as palavras do profeta Isaías[6], que manifestam o seu doloroso ressentimento a respeito da cidade de justiça e de fidelidade, a Jerusalém de outrora, que, na sua precipitação e imprudência, perdeu a dignidade de um centro espiritual, fato que leva o profeta a bradar irritado: *eichá haietá lezoná kiriá neemaná*, como se desvirtuou a cidade fiel, ela que estava cheia de justiça; nela habitava a retidão, mas agora ela é povoada por assassinos. E na noite de 9 de Av, em que recordamos a destruição dos dois Templos, lemos nas *Lamentações (kinót)* do profeta Jeremias, mais um *eichá*, este doloroso poema de consternação: *eichá iashvá badád hair rabati bám*, como jaz solitária a cidade outrora populosa, *haitá kealmaná rabati bagoyím*, tornou-se viúva a que foi grande entre as nações [7]. Com essas palavras dolorosas, o profeta Jeremias deplora o destino de Jerusalém.

Não é a semelhança filológica que despertou a curiosidade de nossos comentaristas, nem tampouco o fato de que esses famosos vultos da profecia judaica, Moisés, Isaías e Jeremias, se serviram da mesma expressão linguística para manifestar a sua dor; o que chamou a atenção dos exegetas foi o fato de esses três líderes espirituais do povo terem ensinado às gerações vindouras a exata motivação do desmoronamento da nossa independência nacional. Com essas palavras concisas, os profetas e os posteriores mestres penetraram na psicologia da história judaica, determinando destarte para a posteridade as causas da decadência dessas épocas.

Desde Moisés, que assistiu ao nascimento do povo judaico e à sua entrada na arena dá história universal, até Jeremias, que testemunhou a sua ruína física e psíquica, o grito *Eichá*, como foi possível, não perdeu a sua justificação, e isso apesar de as circunstâncias sociopolíticas terem sido diferentes nessas épocas distintas.

---

6 *Chazón Yeshaiahu* 1, 21.
7 *Lm* 1.

As três exclamações de *Eichá*, em três momentos diferentes de transição da história judaica, não exprimem censuras isoladas contra aquilo e aqueles da respectiva era, mas sim consequências diretas da situação precedente.

Pois vejamos. Mal o povo tinha nascido, mal se livrara do jugo egípcio, Moisés, o mais modesto entre os seres humanos, sentiu-se aborrecido pelas constantes brigas e contendas dessa massa popular heterogênea, cuja formação espiritual e religiosa lhe fora confiada, que devia preparar para uma missão elevadíssima, e para conquistar a Terra Prometida. Interessante, mas também muito triste, é o *midrash*[8] que nos descreve as dificuldades e os obstáculos de toda espécie que teve de vencer. Inacreditáveis soam-nos as observações e censuras cínicas e malévolas que essa gente mesquinha ousou formular contra o grande e abnegado pastor. Nunca estiveram contentes com a sua liderança, sempre procuraram defeitos na sua maneira de orientar e de guiar.

Quando Moisés se levantava cedo, abanavam com as cabeças, murmurando segredos: "Sabem vocês por que o filho de Amram madrugou hoje? Porque não há harmonia na sua vida matrimonial". Quando se levantava um pouco mais tarde, inventaram outra explicação: "Com certeza ele já preparou um novo fardo de *mitzvót*, preceitos pesados e deveres difíceis, para nos subjugar ainda mais".

Resumindo em poucas palavras as causas da repugnância desses três profetas, notaremos que por distante que fosse uma era da outra, todas as três épocas se distinguiram por essas lamentáveis faltas morais: incredulidade, ignorância, desobediência, falta de disciplina, desmoralização interna, extrema teimosia, desarmonia, e o que é pior de tudo, falta de união, *achdut*.

E se podemos ser sinceros para com nós próprios, não devemos hesitar em afirmar que desde os primeiros profetas até hoje em dia essas gravíssimas faltas se fazem ainda terrivelmente sentir nas nossas fileiras, especialmente nas coletividades israelitas da diáspora.

Ousamos afirmar que não foram somente as hordas romanas que derrubaram as muralhas de Jerusalém; as lutas internas (*sinat chinám*, ódio

---

[8] *Yalkut Shimoni* 801.

injustificado), as constantes desavenças, a discórdia, a renegação categórica dos ensinamentos ético-religiosos a rejeição da Autoridade Divina em cujo nome o verdadeiro profeta falava e advertia, a recusa em se submeter a uma única orientação espiritual, isso foram as motivações fundamentais que conduziram à derrocada fatal. E, por que não dizê-lo, desde que se trata de apreender algo muito importante dos erros cometidos no passado, e desde que já temos graças a D'us, a nossa *Mediná*? A inimizade entre as diversas seitas religiosas, as brigas entre os diversos grupos e partidos, foram outros fatores desastrosos que contribuíram para a catástrofe transcendental que se abateu sobre o nosso povo durante dois milênios.

Depois desta análise, perguntamos na véspera de 9 de Av: os dois mil anos de diáspora, de sofrimentos indescritíveis, ensinaram-nos alguma coisa? Acaso bastaram os sofrimentos durante esses milênios para nos demonstrar que só a união, a harmonia entre nós é o melhor meio e o remédio mais eficaz para garantir a nossa existência e continuidade? Não tentaremos responder essa indagação; preferimos que cada um de nós escute a si próprio, à sua consciência judaica, e saiba chegar a conclusões concretas, capazes de consolidar as nossas posições como gente judaica no meio ambiente não judaico, e robustecer a nossa consciência para com a casa de Jacob através de uma sólida educação religiosa.

Uma parte das profecias de Isaías concretizou-se nos nossos dias: *Tzion bemishpát tipadé*, Sion será redimida pela justiça[9]. Os povos reconheceram as injustiças e as injúrias suportadas pelo povo judeu durante milênios, e reconheceram finalmente o nosso direito a um Estado independente; esperamos agora a colaboração e a compreensão dos nossos jovens que, integrados no nosso legado histórico, vivendo dentro dos preceitos da *Torá* e do pensamento judaico, hão de contribuir para que não haja mais um outro *Eichá*, e que Israel se torne um autêntico *Or Lagoyím*, uma luz para os povos, no pleno sentido das palavras do profeta: *Veetzorchá, veetenchá librít am, leór goyím*: Eu, o Eterno, te guardarei, e te farei mediador da aliança entre Mim e os povos, para que tu, Israel, lhes sirvas de luz que indica o caminho que conduz a D'us[10].

---

9 *Is* 1, 27.
10 *Is* 42, 6.

Bein Hametzarim[1]

17 de Tamuz, Shivá-assár betamúz.
Cinco acontecimentos desastrosos ocorreram nesse dia de jejum:
1. Quando Moisés desceu do Monte Sinai com as duas tábuas do Decálogo, e viu como o povo, instigado pela plebe, o *érev ráv*, que, aproveitando a saída dos filhos de Israel do Egito, se intrometeu a fim de causar desarmonia e desobediência entre os redimidos pelo Eterno, quando pois Moisés notou que os filhos de Israel se deixaram influenciar por esse populacho que pretendia fazer voltar os *Bnei Israel* à idolatria egípcia, aconselhando-lhes a fabricarem um bezerro de ouro, em torno do qual dançaram com delírio, Moisés quebrou as tábuas com os Dez Mandamentos;
2. Nesse dia ficaram suspensos no Primeiro Templo os serviços religiosos cotidianos.
3. A área sagrada, com os rolos da *Torá*, foi incendiada por Apostomos.
4. A estátua de um ídolo foi colocada dentro do Templo.
5. Nesse dia, os romanos conseguiram uma brecha nas muralhas de Jerusalém, conseguindo destarte acesso ao Beit Hamikdásh (Casa Santa).

9 de Av, Tishá b'Av
Desde a proclamação da independência do Estado de Israel, ouve-se frequentemente a discussão (especialmente entre os nossos jovens) se devemos ainda conservar o tradicional luto das "três semanas", cuja data

---

[1] Entre as aflições, como são denominadas as três semanas de luto nacional religioso, entre 17 de Tamus e 9 de Av.

culminante é o dia 9 de Av. O que nos significa, argumentam eles, a recordação dessas catástrofes nacionais, hoje, na era do ressurgimento nacional, hoje, na época em que toda a coletividade judaica se atarefa a concretizar os grandes planos desse Estado de Israel que se encontra em constante crescimento e desenvolvimento físico e psíquico; hoje, quando as ruas de Jerusalém já estão cheias de alegria e de movimento, e não mais abandonadas e tristes conforme lamenta o profeta Jeremias; os campos do território da *Mediná* estão cheios de trigo e fruta, e dos mais longínquos lugarejos brota a animação juvenil, que os jovens enchem com cântico, danças e júbilo. Para que essas litanias tristíssimas do passado, e não a concentração do nosso entusiasmo e devoção num futuro prometedor?

Por justificada que possa parecer a argumentação da geração que presenciou o renascimento de *Eretz Israel*, e daqueles que saíram ilesos das guerras da *Mediná*, não podemos deixar de exortar os jovens da nossa época a verem o fato insofismável da história universal, o fato de que os que não querem recordar o ontem, não terão um amanhã; o fato de que os que querem apagar da sua memória os ensinamentos do passado terão que revivê-los em circunstâncias mais dramáticas, em episódios mais trágicos. Se um povo se entrega conscientemente à amnésia, o seu subconsciente se encarregará de acordar sua memória, através de acontecimentos infaustos.

Se o dia 9 de Av, essa histórica data de luto, estivesse ligada somente à recordação de uma fatalidade nacional, a destruição do Primeiro e Segundo Templos e de Jerusalém, um fato triste que por duas vezes assolou o povo judaico, causando-lhe o desmoronamento da sua independência, pode ser que esse acontecimento se tivesse com o decorrer dos séculos apagado da consciência de um povo que, após ter sobrevivido a essas calamidades, encontrou finalmente o caminho da tranquilidade, da segurança e do ininterrupto progresso. Mas infelizmente o destino judaico seguiu um rumo diferente. O povo lamenta o dia 9 de Av, essa data de infortúnio por Sion e Jerusalém, não somente pela perda da sua independência, a concepção mais expressiva da sua glória nacional perdida, mas a sua dor religioso-sentimental abrange toda a gama de sofrimento milenar judaico, toda a escala das tragédias e desgraças da sua história, resumida numa única e concisa noção: *Galut*, diáspora.

Cada vez que o judeu dos tempos passados e dos tempos modernos, os da nossa geração que não se querem desvincular do destino do seu povo, identificando-se com a grandeza e a miséria da história judaica, cada vez pois que eles se recordam da destruição do Primeiro Templo por Nabucodonosor II (em 586 a.E.C.), recitando na noite de 9 de Av as *kinot* (*Lamentações*) de Jeremias, eles têm perante os seus olhos e em sua mente também o Segundo Templo, incendiado por Tito no mesmo dia do ano 70, desastre esse considerado pelos historiadores e pelos mestres mais fatal do que o do Primeiro Templo. Recordam também que nesse dia a fortaleza de Betar foi conquistada pelas legiões romanas, quando a revolta de Bar-Kochbá no ano 135 (d.E.C.), sublevação inspirada espiritualmente pelo Mestre-Mártir Rabi Akiva, sucumbiu pela traição de um samaritano e foi desbaratada cruelmente por Júlio Severo. Nas ruínas da santa cidade de Jerusalém foi erguida Aelia Capitolina, com um templo em honra de Júpiter e com uma estátua de Adriano.

E daí a reminiscência conduz-nos aos horrorosos sofrimentos da Idade Média, às perseguições e difamações judaicas, no ano 1096, com a destruição pelos cruzados das florescentes comunidades judaicas de Speyer, Worms, Mainz e Koenigsberg. A recordação reaviva o 9 de Av de 1492, quando Fernando e Isabel assinaram o decreto da expulsão dos judeus da Espanha, essa gloriosa coletividade que, após quase um milênio de frutífera contribuição cultural e econômica, viu-se forçada a abandonar o país de seus antepassados, levados para um destino desconhecido.

O começo do século XX parecia trazer nas suas asas uma aurora auspiciosa para o povo judaico. Mas, de repente, surge um novo 9 de Av: o 1º de agosto de 1914, dia em que deflagrou a Primeira Guerra Mundial, caiu no dia 9 de Av de 5674. Começou um novo drama na história do nosso povo, episódio trágico, repleto de desgraça, sofrimentos e sacrifícios incalculáveis de gente judaica, devastação de bens materiais acumulados durante séculos, capítulo cujo epílogo dramático foi o aniquilamento bárbaro de seis milhões de correligionários pelas hordas nazistas e cujas consequências nefastas sentimos até hoje. A Primeira Guerra Mundial, que começou num 9. de Av, conduziu à mais funesta perda substancial em toda a história judaica.

O gênio religioso do povo sabia sempre encontrar, em horas de alegria e de tristeza, a média exata. Com o luto por Sion e Jerusalém, uniu-se a todos a dor por todos os mártires que sacrificaram as suas vidas al kidúsh Hashém, pela santificação do Nome Divino e da honra judaica. A máxima dor nacional judaica gerou a máxima esperança do povo sofredor: a ideia messiânica. Incalculáveis são as citações messiânicas que preenchem as páginas do *Talmud* babilônico e do hierosolimita, a literatura midrashica, os profetas, os filósofos e os poetas. Com a derrocada fatal, o saque de Jerusalém, a destruição do Templo, a trágica dispersão do povo, a ideia messiânica ficou robustecida na consciência nacional, a excitação messiânica do povo alcançou a máxima agitação, depositando nela a invencível esperança de sobrevivência e de redenção. A ideia messiânica, as discussões e os diversos cálculos em torno da mesma, ocupam um lugar de destaque na literatura e filosofia judaica: ela é parte intrínseca da peculiaridade judaica. Mas todas as discussões podem ser englobadas numa afirmação culminante, que ilumina esse ideal em toda a sua importância transcendental.

No tratado do *Talmud Yerushalmi*, encontramos a seguinte máxima: "No dia em que o Templo foi destruído, nasceu o Messias"[2]. E no *Midrash Aba Gurion*, denominado também *Agadetá dimeguiltá* ou *Midrash Meguila*, lê-se: *keiván shecharáv Beit Hamikdásh, nolád hamashíach*, a destruição da Casa Santa gerou o nascimento do Messias. E no *Talmud*, encontramos a promessa que reza: *kol hamitabél al Yerushalaím, zoché veroé bessimchatá*: quem deplorar a destruição de Jerusalém, terá o privilégio de se alegrar com a sua reconstrução[3].

A Providência Divina encarregou-se de velar para que os planos hediondos de todos os inimigos que nos apoquentam não logrem triunfar completamente.

Milagrosamente um *sheeirít hapleitá*, um resto do povo, conseguiu salvar-se do último holocausto, a tristeza transformou-se em alegria, e essa nossa geração que testemunhou tamanha amargura teve o privilégio de presenciar o começo do ideal messiânico de *acharít haiamím*, dos dias

---

2 *Berachot* 2, 4.
3 *Taanit* 30b.

vindouros. Uma esperança milenar, uma saudade guardada com tanto carinho, e implorada com milhões e milhões de lágrimas, tomou formas concretas: *Medinat* Israel renasceu, ressurgiu das cinzas de milhões e milhões de vítimas, o preço que pagamos durante os dois milênios de estadia entre os povos.

Profundo demais penetraram as tragédias dos tempos passados nas almas e nas consciências judaicas, para serem esquecidas facilmente. E assim as "três semanas" entre 17 de Tamuz e 9 de Av nos fazem recordar as vicissitudes do nosso destino, as causas sociopolíticas que motivaram a desastrosa dispersão com as suas nefastas consequências; elas nos relembram as esperanças ainda não realizadas completamente, fazem vir à memória uma história sem paralelo na história da humanidade.

E é essa razão que nos leva a esperar que também o judeu moderno deva observar esses dias de desventura do seu povo, conservando através dessa recordação a íntima ligação com o nosso passado, orando para que a promessa do Eterno ao profeta Zacarias se cumpra, *Ko amár Hashém Tzevaót: tzóm harvií* (17 de Tamus) *vetzóm hachamishí* (9 de Av) *vetzóm hashevií* (3 de Tishri, Jejum de Guedalia) *vetzóm haassirí* (10 de Tevet) *ihié levéit Yehudá, lessassón ulsimchá, ulmoadim tovím, vehaemét vehashalóm ehávu.* Assim diz o Eterno dos Exércitos: "O Jejum do quarto mês, e o do quinto, e o do sétimo, e o do décimo, será para a casa de Judá regozijo, alegria, e festividades solenes; amai pois, a verdade e a paz"[4].

Sim, verdade e paz, esses dois predicados básicos que entre outras faltas ético-religiosas originaram a diáspora prolongada, devem ser os alicerces inabaláveis que hão de garantir a consolidação perpétua de *Medinat* Israel, e o nosso convívio com o meio ambiente, enquanto o máximo ideal, o de *kibútz galuiót*, a reunião dos dispersos em *Eretz Israel*, não for concretizada completamente.

---

4   Zc 8, 19.

Vaetchanan

I

Al tóssef dabér elái od badavár hazé (basta; não tornes a falar-me mais nisto). Em poucas palavras, Moisés transmite-nos a maior tragédia da sua vida. *Eebra-ná veeré et haáretz hatová, ashér beéver haiardén*: deixa-me passar, por favor, para que eu possa ver a boa terra, que está do outro lado do Jordão. *Vayitabér Hashém bi lemaanchém, veló shamá eilái*, mas o Eterno indignou-se contra mim, por vossa causa, e não me quis ouvir. E não é só isso; Ele ordenou-me: não me toques mais neste assunto. Se queres absolutamente ver o país, sobe ao cume do outeiro, levanta teus olhos e contempla o ocidente, o norte, o sul e o oriente, *ki lo taavór et haiardén hazé*, porque tu não passarás este Jordão.

Que drama incrível descreve-nos a *parashá* desta semana. Um homem sacrificou toda a sua vida para alcançar um alvo almejado; mas, no momento em que o fim e a meta cobiçados já estão ao alcance, é advertido severamente: "Tu não terás o privilégio de gozar do fruto do teu esforço". O país que Moisés tanto amou, pelo qual tanto lutou e tanto suportou de seus próprios irmãos, esse máximo ideal de sua vida, ele não vê de perto, não pode pisar a terra sagrada, só lhe é permitido contemplá-la de longe. E o *Midrash*, querendo expressar a tristeza de Moisés, observa: *etmol haiá olé larakía kenésher, achsháv haiá mevakésh laavór et haiardén veeinó iachól*: ainda ontem ele se levantava como uma águia até o firmamento e agora pede para atravessar o Jordão, e não pode, o pedido é lhe recusado[1].

---

[1] *Devarim Rabá* 9, 2.

Os mestres que contam as letras da *Torá*, procurando encontrar nelas segredos escondidos, pensamentos não pronunciados, concluem dessas poucas palavras, o seguinte diálogo entre o Eterno e Moisés. Moisés falou: *Atá hachilóta*, Tu, Eterno, prometeste-me no princípio que me será concedido o privilégio de conduzir o povo de Israel à Terra Prometida. Quando me encarregaste, Eterno, junto ao monte Choreb, com a missão de convencer o Faraó, para que libertasse o nosso povo, aceitei a honrosa e difícil incumbência, com a súplica: *shelách ná beiád tishlách*, envia por meio de quem hás de enviar[2]. E os exegetas interpretam o pedido de Moisés, *beiád mi sheiachnissám laáretz*, por meio daquele que há de conduzi-los à terra dos antepassados. Em outras palavras – Que aquele Teu enviado que os há de livrar da escravidão egípcia seja também encarregado de levá-los a Eretz Israel. E Tu, Eterno, me respondeste nessa ocasião: *Veatá, lech neché et haám el ashér dibárti lách*, vai agora, anda, guia o meu povo ao lugar que te falei[3]. Quer dizer, que aquilo que roguei teve o Teu beneplácito. Qual é então o motivo para não cumprires a Tua promessa?

Kol hakáas alái, láma? Qual é a razão de toda esta Tua ira?[4] E o Eterno lhe responde: *al ashér mealtém bi betóch Bnei Israel, bemei merivat kadésh midbár tzin, al ashér lo kidashtém oti betóch b'nei Israel*, porque causastes, tu e teu irmão Aharón, que se tenha pecado contra mim no meio dos filhos de Israel, junto às águas de Merivá, em Kadésh, no deserto de Sin, e porque causaste que Eu não fosse santificado no meio dos filhos de Israel[5]. O texto citado refere-se ao triste episódio em que o povo brigou com Moisés pela falta de água; e chamou o nome do lugar Massá e Merivá, pela disputa dos filhos de Israel, e por experimentarem ao Eterno, dizendo: "Está o Eterno entre nós ou não?"[6]

Retorquiu Moisés: *Im kol haberiót Atá mitnaheg bemidát harachamím, shenáim veshalósh peamím, vaaní, avón echád éin Atá mochél li?* Com todo o mundo, Tu, Eterno, procedes com tanta longanimidade, perdoando-lhe

---

2   *Ex* 4, 13.
3   *Ex* 32, 34.
4   *Tanchuma Vaetchanan* 6.
5   *Dt* 32, 51.
6   *Ex* 17, 7.

as transgressões duas e mesmo três vezes, e a mim, não queres perdoar um único pecado? Deixa-me, por favor viver em *Eretz Israel* dois ou no máximo três anos, e depois, não me importo de morrer. E D'us replicou: *vesháma lo tavó*, lá não passarás. E Moisés continua a suplicar: *im ló ekanés bachayím, ekanés leachár motí*, se já não me é dado entrar em vida, deixa-me pelo menos entrar depois de morrer, para que os meus ossos possam repousar na terra sagrada. Mas o Eterno lhe responde categoricamente: *lo bechaiécha veló achár motécha*, nem em vida e tampouco *post mortem*. Quanto mais nos aprofundamos na tragédia do nosso grande líder e legislador, tanto mais enigmática e incompreensível ela se torna. Moisés, Mestre dos mestres, que durante a sua vida de 120 anos iluminou a nossa entrada na arena da história universal, o Predileto do Eterno, o *Adón hanevifm*, o Mestre dos profetas que obrigou o céu e a terra a cumprirem suas ordens, é fraco demais para conseguir algo tão simples: atravessar o Jordão, para contemplar a terra prometida; não pode realizar o sonho sublime da sua vida. Moisés, capaz de modificar as resoluções Divinas, não obtém permissão para acompanhar o seu amado povo a *Eretz Israel*.

Na literatura rabínica e apologética, encontramos inúmeras explicações para o fato de Moisés ter sido enterrado no vale, na terra de Moab, defronte de Bet-Peór.

Alguns exegetas opinam que isso aconteceu por vontade Divina, para preservar eternamente a grandeza espiritual de Moshé Rabeinu, para que o seu túmulo não esteja exposto à profanação por gente idólatra e supersticiosa. Mas o ponto culminante e transcendental da grandeza espiritual do inesquecível Moisés pode ser deduzido, segundo a nossa modesta opinião, pelo epílogo do diálogo entre D'us e Moisés. E o Eterno disse a Moisés: "Se insistes em viver, apesar de que isso possa ser a causa do desaparecimento do povo de Israel, satisfarei o teu desejo, mas sabe que enquanto tu viveres, o teu rebanho não há de alcançar a sua plena independência, a sua emancipação religiosa e política. O teu poder, Moisés, é tão extraordinário, que o povo não tenta desenvolver as suas próprias forças criativas; tu, Moisés, cuidas de todas as necessidades do teu rebanho, de ti ele espera milagres e exige maravilhas; e apesar de ele se rebelar de vez em quando contra ti, confia por demais em ti e na tua magnífica liderança, que não relutas em fazer tudo para o seu bem. Um povo que se fia somente no seu líder, sem contribuir ele mesmo para o seu engrandecimento e enobrecimento, não terá possibilidade de existir e de progredir".

Ouvindo isso, Moisés concordou, e respondeu: *Iovád Moshé veélef kamôhu, veál iovád echád me-Israel*, é preferível que desapareça um Moisés e mais mil do seu gabarito, e não se perca um único membro do povo de Israel, para que Israel possa viver eternamente, e proclamar para todo o sempre a grandeza do Eterno e a veracidade dos ensinamentos da *Torá*.

E é isso, jovens desta geração, que nós, líderes espirituais do povo de Israel, queremos e cobiçamos, para que *vocês* brilhem e através de vocês a palavra de Moshé Rabeinu brilhe e ilumine com todo o seu esplendor o caminho e a vida do nosso povo.

II

Shamór vezachór bedibúr echád, hishmiánu E-L hameiuchád: Observa e lembra – ao mesmo tempo e em um só pronunciamento, o Eterno nos ordenou acerca do Shabat, no quarto verbo do Decálogo.

Nos cinco livros da *Torá*, encontramos duas vezes o mandamento de guardar o dia de Shabat. A diferença quanto à primeira palavra desse mandamento, nas duas versões, mereceu da parte dos exegetas da *Torá* uma análise dificilmente compreensível.

No segundo livro da *Torá*, em *Shemót*[7] *parashá Yitró*, o Quarto Mandamento do Decálogo ordena: *Zachór et ióm hashabát lekadeshó*, lembra-te do dia de Shabat para santificá-lo.

A versão do mesmo mandamento, no quinto livro da *Torá*, na *parashá Vaetchanan* reza: *Shamór et ióm hashabát lekadeshó*, observa o dia de Shabat para santificá-lo[8]. Qual das duas versões é a mais exata, qual reproduz mais corretamente o que o Eterno pronunciou? *Shamór ou Zachór*?

E os mestres respondem engenhosamente: *Shamór vezachór bedibúr echád neemrú, má sheéin hapé iachól ledabér, veéin haózen iecholá lishmóa.* Observa e

---

7 *Ex* 20, 8.
8 *Dt* 5, 12.

lembra foram ditos ao mesmo tempo e em um só pronunciamento, algo que a boca humana é incapaz de pronunciar, e o ouvido humano não pode ouvir[9].

Se isso fosse a única diferença entre as duas versões, a explicação midrashica, por insatisfatória que seja, ainda assim seria aceitável. Mas o fato é que há, nas duas versões, uma discrepância muito mais séria.

Pois não se trata de diferenças linguísticas, de variedade de expressões e de formas filológicas de uma única palavra, mas principalmente da distinção estilística nas duas versões. E o que nós estranhamos é o fato de que, em toda a literatura rabínica, não encontramos uma explicação capaz de esclarecer essa disparidade.

Uma explicação lógica e convincente para essa nossa indagação encontramos na obra religioso-filosófica *Hegionót el Amí* (Raciocínio para o meu povo) do saudoso Mestre rabino Moshé Avigdór Amiel, interpretação essa que acentua uma das mais profundas concepções da natureza judaica. Entre todos os Dez Mandamentos, o quarto verbo, relacionado com a observância do Shabat, é o único que motiva a razão do preceito, mas a razão é completamente diferente nas duas versões. No *Êxodo*, o motivo é: "Porque em seis dias fez o Eterno o céu e a terra, e ao sétimo dia descansou, por isso o Eterno abençoou o dia de Shabat e o santificou". Nessa versão, a razão de guardar Shabat é de ordem religiosa. Acreditando em D'us como sendo o Criador do Universo, cumprimos a ordem de guardar Shabat.

No *Deuteronômio*, por outro lado, a motivação da recordação do dia de Shabat é completamente diferente. O texto nessa *parashá* reza: "Seis dias trabalharás, e farás toda a tua obra, porque te lembrarás que foste escravo na terra do Egito, e que o Eterno teu D'us te tirou dali com mão poderosa e braço estendido. Pelo que o Eterno te ordenou que guardasses o dia de Shabat".

Nesse caso, a motivação é de caráter nacional. Shabat significa a libertação do jugo egípcio, e o começo da independência nacional. Baseando-nos nessas duas distintas motivações, podemos perguntar: afinal, o que é o judaísmo? Entre a tremenda variedade de definições, existem duas cuja oposição é mais flagrante. Há uma definição do judaísmo como fé e maneira de pensar, expressas na Revelação no Monte Sinai, com as ordenações positivas e negativas, o judaísmo que se concretiza na observância e na

---

9   *Mechiltá, Yitró* 20; *Rosh Hashaná* 27a.

prática de mitzvót: *Torá, Avodá e Guemilút Chassadím* (O estudo da Torá, a oração e a prática de caridade). Essa espécie de judaísmo é independente de países e territórios geográficos, um judaísmo do qual se pode afirmar: "Judaísmo é maior que Judeia".

A outra definição do judaísmo é aquela que, com o desenvolvimento do Sionismo político e com a proclamação do Estado de Israel, recebeu um tremendo estímulo. Referimo-nos à concepção do judaísmo não como religião, mas sim como uma ideia, ou ideal nacional. O judeu é uma pessoa que é membro da nação judaica.

Um judaísmo ensina e propaga dogma: *Veahavtá et HaShém Elokécha bechól levavchá, uvchól nafshechá, uvchól meodécha*, e amarás ao Eterno teu D'us, com todo o teu coração, e com toda a tua alma, e com todas as tuas posses[10], enquanto o *outro* judaísmo, o judaísmo nacional, dá uma nova versão de amar, ou seja: "E amarás *Medinat Israel* com todo o teu coração, com toda a tua alma, e com toda a tua força". Desse ponto de vista, o sr. David Ben Gurion é estritamente lógico e coerente na sua concepção, quando propaga que só quem viver em Israel é um verdadeiro sionista, acrescentando a consequência imediata que aquele que não se sentir intimamente ligado a *Medinat* Israel não é um judeu autêntico. Desse ponto de vista, não há nada de absurdo ou paradoxal na ideia de que um judeu pode ser ateísta, assim como um americano, inglês ou francês o podem ser.

Uma excelente ilustração da divergência entre essas duas interpretações do judaísmo é a história engraçada que se conta em Israel. Todo os que já visitaram a *Mediná* conhecem os lamentáveis incidentes entre os residentes do bairro Mea Shearím, conhecidos como *Neturéi Kartá* (guardiães da cidade), e os elementos que não observam o Shabat, que de vez em quando perturbam a paz de Jerusalém. Um rapazinho de uma Yeshivá, que fala ídiche, viu um *chalutz* passeando no Shabat pelas ruelas estreitíssimas de Mea Shearím, fumando um cigarro. Aproximou-se irritado e xingou o *chalutz*, berrando: *Sheigetz! Shabes reichert men?* (Vadio descarado, fumando no Shabat?) O *chalutz* retorquiu com toda a calma, e sem tirar o cigarro da boca: *Goi, dabér ivrít!* (*Goi*, fale hebraico!) Para o menino da Yeshivá, o *chalutz* que não guarda Shabat é um *goi*, enquanto

---

10 Dt 6, 5.

para o *chalutz*, o garoto religioso é um *goi*, por não falar *ivrít*, E acontece, como bem o sabemos, que cada uma das duas concepções tem os seus convictos defensores, mantendo, com igual persuasão íntima e argumentação certa, que a sua interpretação do judaísmo é a mais correta.

Quem dos dois tem razão? Em que consiste a essência do judaísmo? Somos uma religião ou uma nação? Essa pergunta é antiquíssima, e nós não somos os primeiros que abordamos esse complexo assunto.

Mas parece-nos que nas palavras talmúdicas acima citadas, e no poema sabático de "Lechá Dodí" da autoria de Shelomo Halevi Alkabez, o cabalista de Saféd (c.1500-c.1580), podemos encontrar uma resposta concreta para essa nossa indagação. *Shamór Vezachór* ao mesmo tempo e em um só pronunciamento.

O judaísmo é algo peculiar entre todas as religiões do mundo. *Judaísmo é uma religião nacional, e os judeus são uma nação religiosa*. Aqueles que afirmam que o judaísmo é só uma religião, só um caminho que aproxima a D'us, são tão culpados pela distorção da essência do judaísmo como aqueles que defendem somente o conceito nacional. Os dois são entrelaçados e inseparáveis. E àqueles que querem privar o judaísmo dos seus conceitos essenciais, podemos aplicar o conselho do rei Salomão no livro de *Kohélet*: *Tóv ashér teechóz bazé, vegám mizé al tanách et iadécha, ki ieré Elokim, ietzé et kulám*, bom é que retenhas isto, e também daquilo não retires a tua mão, pois quem teme a D'us, cumprirá o seu dever perante os dois[11].

Shamór vezachór bedibúr echád neemrú, observa e lembra ao mesmo tempo e em um só pronunciamento, *hishmiánu E-L hameiuchád* – o Eterno nos ordenou acerca do Shabat.

III

Shemá Israel, Hashém Elokéinu, Hashém ECHÁD. Escuta, Israel! O Eterno é nosso D'us, o Eterno é UM[12].

---

11 *Ecl* 7, 18.
12 *Dt* 6, 4.

Por ser a oração Shemá Israel a pedra angular da nossa religião, convém deter-nos no significado do Shemá. Essa sublime declaração do monoteísmo judaico é, ao mesmo tempo, a negação do politeísmo e do paganismo em todas as suas formas. Recitando diariamente o Shemá, repelimos os cultos de astros e demônios que floresciam na altamente civilizada Babilônia, a adoração de animais característica do Egito, a adoração da natureza como na Grécia, incluindo o dualismo filosófico da Pérsia, que culminava na antítese e luta entre o bem e o mal, entre as potências da luz e as da obscuridade.

Nas religiões mais elevadas da Antiguidade existiam, ao lado de um deus (ou deusa) da justiça, da verdade, um outro deus (deusa) do amor sensual, do roubo, da embriaguez etc. A unidade de um D'us da concepção judaica não é uma consequência de teorias sobre a natureza, mas sim da íntima convicção de que só existe *uma* verdade, *uma* justiça, *uma* santidade. D'us é UM, porque Ele personifica a única santidade.

O famoso codificador Jacob ben Ashér (c. 1270-c.1343), conhecido como "Baal Haturim", chama a nossa atenção, no seu comentário dessa *parashá*, para a importância ortográfica das palavras *shemá* que acaba com a letra *áyin* maiúscula, e a palavra *echád*, cuja última letra, o *dálet*, também tem que ser maiúscula, deduzindo que a composição dessas duas letras forma o termo "ED", testemunha, confirmando destarte a incumbência sagrada do povo de Israel de testemunhar para todo o sempre a fé num único e eternamente vivo Criador do Mundo, como nos diz o profeta: *Atém edái*, vós sois as minhas testemunhas, diz o Eterno[13].

Mas essa confirmação é recíproca, pois o Santo, abençoado seja Ele, demonstra que também Ele testemunha a nossa existência, como está escrito: *Vehayíti ed memahér bamechashfim ubamenaafím, ubanishbaím lasháker, uveoshkéi sechár sachír almaná veiatóm, umatéi guer*, e serei uma testemunha veloz contra os feiticeiros, e contra os adúlteros, e contra os que juram falsamente; contra os que defraudam o salário da viúva, e do órfão, e que desviam o direito do estrangeiro e não me temem, diz o Eterno dos exércitos. *Ki ani Hashém lo shaníti, veatém benéi Yaacov ló chlitém*: pois Eu,

---

[13] Is 43, 10.

o Eterno, não mudei a minha promessa, por isso vós, filhos de Jacob, não sois consumidos[14].

Através dessa analogia hermenêutica, e pelo seu estilo singular, o Baal Haturim destacou um dos mais profundos princípios de toda a Torá. A nossa eleição de testemunhos do Eterno, com a qual fomos distinguidos, incumbe-nos com a missão de testemunharmos com a nossa fé a existência de um único, justo e verdadeiro D'us, que dirige o destino do mundo e da humanidade. O que é muito importante para nós, judeus, é a observação das Leis Divinas, o respeito às prescrições ético-religiosas; pelo nosso comportamento, estilo de viver e maneira de pensar e de atuar seremos testemunhas idôneas e fidedignas. A fé num D'us único tem mais que transcendência moral. Ela influenciou a visão do mundo inteiro, eliminando as crenças supersticiosas em demônios, espíritos e intermediários dotados de forças sobrenaturais.

Essa fé livrou o homem de se deixar subjugar pelas forças naturais das suas inclinações e instintos desprezíveis. Enquanto as divindades do Olimpo não eram mais do que homens exagerados, com uma intensa sede de paixões humanas, dotados de crueldade, nobreza e baixeza humanas, o D'us de Israel é incompreensível pela limitada mente humana, revelando-se somente pelas suas altas qualidades éticas.

O monoteísmo ético da religião judaica rejeita também o panteísmo, que identifica a Divindade com o mundo, e segundo o qual D'us é o conjunto de tudo quanto existe. Se todas as coisas são essencialmente divinas, não pode haver diferença entre o bem e o mal, entre o santo e o profano. Segundo o conceito judaico, D'us transcende o Universo.

O monoteísmo judaico repudia a doutrina cristã da trindade, por considerá-la uma violação da fé na Unidade de D'us.

Há vários ensinamentos positivos de máxima importância que se depreendem do monoteísmo ético judaico. Ele é a base filosófica do moderno conceito do Universo, conceito esse que o considera como sendo uma unidade estrutural. Whitehead reconhece que a concepção da absoluta regularidade cósmica é de origem monoteísta. O cientista Dubois-Reymond escreveu: "D'us Uno e único, concebido como o Ser supremo

---

14 Ml 3, 5-6.

e absoluto, que é a fonte de todas as aspirações morais do homem; essa concepção da Divindade acostumou o espírito humano a ver uma razão no fundo de todas as coisas, e despertou nele o desejo de conhecer essa razão". Este conceito é expresso na prece cotidiana "Adón Olám", poema de profunda religiosidade, atribuído ao famoso poeta Shelomó Ibn Gabirol (1021-1058), que reza: *Belí reishít, belí tachlít*, não há começo, nem fim para o princípio que governa a natureza; *Hu haiá veHu hové, veHu yihié betifará*, Ele era, Ele é e Ele será em Glória, isto é, o Eterno já existiu antes que as coisas se formassem, e Ele há de permanecer quando todas já não existirem mais.

Segundo os ensinamentos do judaísmo, D'us único é o Onipotente e justo governador do Universo, Ele dirige o mundo com absoluta justiça. No politeísmo, seria difícil chegar a tal concepção, por ter a vontade dos deuses introduzido um elemento caprichoso no mundo. Na época do Segundo Templo, os mestres determinaram que a declaração da Unidade do Eterno no Shemá fosse seguida imediatamente pelas palavras: *Barúch Shém kevód malchutó, leolám vaéd*, bendito seja Seu Nome, cujo reino glorioso perdurará para sempre. Essas seis palavras singelas afirmam o triunfo final da justiça na terra, e portanto um sentimento profundo da unidade na história universal.

Da crença na unidade da raça humana, corolário natural da crença num D'us único, criador da humanidade, deduz-se que também a humanidade forma uma unidade, e que os homens são irmãos. É lógico que fossem os judeus que declararam pela primeira vez a fraternidade de todos os homens, e que foi Moisés que nos deixou o legado moral, na frase lapidar: *Veahavtá lereiachá kamôcha, ani Hashém*, e amarás o teu próximo como a ti mesmo; Eu sou o Eterno[15]. O prof. Martin Buber e Franz Rosenzweig traduzem a palavra *kamôcha* como *igual a ti*, o que nos parece mais exato no sentido psicológico-ético judaico, e que define com maior precisão a interpretação que o famoso Hilel, o ancião, deu a esse preceito fundamental do judaísmo, ditando: *dealách saní, lechavrách lá taavid*: não faças a teu companheiro o que não queres que te façam[16]. O conceito

---

15 Lv 9, 18.
16 *Shabat* 31a.

judaico do monoteísmo gerou o ideal máximo do mono-humanismo. A religião judaica não se contentou em tirar essas conclusões da unidade da natureza, da história do gênero humano e da dignidade essencial da vida humana. Ela mudou a perspectiva filosófica da humanidade, com sua doutrina de um D'us *vivo, hanikdásh bitzedaká*, que é santificado pela justiça, e que há de determinar o triunfo final dessa justiça. Somente os que apreenderam essa lição judaica imploram e esperam o advento do Reino Divino (*Malchút Shamayím*). Esse reino Divino não será para o benefício exclusivo dos adeptos e fiéis, como algumas religiões que se consideram monoteístas fazem crer aos seus adeptos; não, o *ol Malchút Shamáim*, o jugo do Reino Divino, a que o judaísmo aspira, abrangerá toda a humanidade. O famoso exegeta Rashi[17], comentando as seis palavras do Shemá Israel, diz: *Hashém shehú Elokéinu atá, veló Elokei haovdéi kochavim, Hu atíd lihiót Hashém Echád*, o Eterno que é agora o nosso D'us, e não é reconhecido pelos idólatras, será um dia D'us Único do mundo inteiro. Rashi baseia o seu comentário nas palavras do profeta Sofonias[18], que profetiza: *ki az ehpóch el amím safá berurá, likró chulám beshém Hashém, leovdó shéechem echád*, então darei lábios puros aos povos, para que todos invoquem o nome do Eterno, e O sirvam com o mesmo espírito. Rashi cita também as palavras do profeta Zacarias, que prediz: *vehaiá Hashém lemélech al kol haáretz, baióm hahú yihié Hashém* ECHÁD *ushmó* ECHÁD, o Eterno será Rei sobre toda a terra; naquele dia que há de vir, o Eterno será UM, e o seu nome será UM[19]. Essas profecias são as visões mais notáveis do profetismo judaico.

A elevação do Shemá à categoria de confissão de fé principal dos judeus deve-se à tradição rabínica. Foi essa tradição que conferiu à oração de Shemá uma posição central no culto cotidiano da sinagoga, e determinou que essas seis palavras fossem repetidas em voz alta por toda a congregação. Da mesma forma se pronuncia o Shemá, nos Sábados e nos dias festivos quando se tira o *Sefer Torá* da arca sagrada (*Arón ha-Kódesh*), na prece da Kedushá durante a oração de Mussáf, e depois da

---

17 Shelomó ben Isaac (Yitzchaki), Troyes 1040-1105.
18 *Sf* 3, 9.
19 *Zc* 14, 9.

Neilá, como culminação do culto do Yom Kipur. É, essa a frase que o judeu repete antes de morrer. A *Mishná*[20] começa precisamente com as palavras: *Meeimatái korín et Shemá bearvín?* Desde que horas da tarde se deve ler o Shemá?[21]

E o *Zohar*[22] diz a esse respeito: "Quando os homens declaram na oração a Unidade do Santo Nome com amor e reverência, a obscuridade da terra desaparece, e se revela a paz do Reino Divino para iluminar o Universo inteiro".

O Shemá é a expressão mais sublime e mais profunda do judaísmo, e isso não somente pela sua profunda ressonância mística e religiosa, como também pela sua história, pelos seus efeitos na pedagogia nacional, e pela sua importância como instrumento que forjou a união do povo judeu. Shemá é a primeira frase religiosa que a criança judia aprende, mal ela começa a falar; e a última que os milhares e milhares, sim, milhões de vítimas e mártires pronunciaram desde a Antiguidade até os campos de concentração e as câmaras de gás, inventadas pela mão cruel e bárbara do nazismo. Como observa mui justamente o prof. Steinthal, o Shemá foi um raio luminoso do gênio religioso judaico, que escolheu, entre os 4.875 versículos do Pentateuco, essa frase do *Deuteronômio* para perpetuá-la no estandarte do judaísmo[23].

---

20 O compêndio de toda a tradição oral judaica, redigido pelo Mestre Yehuda Hanassi no 2º século d.E.C.
21 *Berachot* 2a.
22 Livro fundamental do misticismo judaico, de autoria de Shimon bar Yochái, tanaíta do 2.º século.
23 Esse estudo está baseado num ensaio de S. Bloch, com as notas explicativas de Eduardo Weinfeld.

Ékev

Vehaiá ékev tishmeún et hamishpatím haéile, ushmartém vaassitém otám, veshamár Hashém Elokécha lechá, et haberít veét hachésed ashér nishbá laavotécha, vaahéivchá, uveirachechá vehirbéka. E será, pois, que se ouvindo estes juízos os guardares e os cumprires, guardará o Eterno teu D'us para contigo a aliança e a misericórdia que jurou a teus pais; e Ele te amará, e te abençoará e te multiplicará[1]. Na *parashá* desta semana, Moshé Rabeinu continua o seu maravilhoso sermão, pronunciado perante o povo de Israel, antes de falecer fisicamente. Moisés exorta o seu amado rebanho, advertindo-o do que lhe acontecerá, caso se desvie do seu caminho privilegiado e peculiar, esquecendo os belíssimos ensinamentos da *Torá*. Mas, como magnífico e experimentado mestre, e abnegado líder espiritual, ele não esquece de sublinhar o futuro prometedor que espera o povo, caso este continue fiel à herança de seus antepassados, vivendo dentro do espírito dos preceitos ético-religiosos do judaísmo. "E Ele te amará, e te abençoará, e te multiplicará". Quanto amor, carinho, dedicação e paterna preocupação contêm essas sublimes palavras! E vede, um fato curioso. Moisés encara primeiro a hipótese negativa, isto é, o caso de Israel se alienar dos preceitos da *Torá*, e só no segundo plano, ele evoca o caso positivo. Parece-nos que Moisés, sem ter sido discípulo de Freud, Adler ou Jung, sem estudos psicanalíticos, mas por intuição, sentimento íntimo e constante contato com o seu povo, conhecia perfeitamente as bases elementares da psicologia e da psicanálise. Primeiro, escolhe-se o caminho mais fácil. Afastar-se do judaísmo, renegando o estilo de vida judaico, é

---

[1] *Dt* 7, 12-13.

muito fácil. Para isso bastam poucos atributos inferiores, como um pouco de negligência, um pouco de mania do "assim chamado progresso", um pouco de ignorância, um pouco de esnobismo, um pouco de complexo de superioridade que "somos alguém na sociedade em que vivemos", e *last but not least*, um pouco de dinheiro, um ou dois carros luxuosos, com ou mesmo sem chofer fardado. Uma vez na posse dessas prerrogativas (*nebich*), claro está que nos tornamos também cultos, já podemos fazer parte da alta sociedade e dar a nossa opinião a respeito dos problemas mais variados, pois, já o autor da *Hagadá de Péssach* menciona: *kulánu chachamím, kulánu nevoním*, ou como reza um antigo provérbio ídiche: *wer hot die méia* (aquele que possui dinheiro) *hot oich di déia* (também possui sabedoria), e nesse caso, *is men doch shoin a ganzer mensch* (somos gente perfeita). E como gente perfeita, não é nada difícil alienar-se do pensamento judaico, do convívio judaico, fazendo tudo o que é possível e admissível para nos afundarmos na lama da completa assimilação.

Eis o motivo por que Moisés, como grande psicólogo, menciona primeiro o aspecto negativo; porém viver no verdadeiro espírito judaico, identificar-se com o destino do seu povo, estar interessado na sua continuidade, isso só é possível se cultivarmos o legado espiritual judaico, entregando-o intato às gerações futuras. Isso já é mais difícil, porque exige esforços e não poucos sacrifícios da nossa parte; é por isso que essa suposição é citada no segundo plano.

E mais um fato interessante chamou a atenção dos nossos comentaristas, o fato de que quando Moisés se refere à hipótese do esquecimento dos ensinamentos judaicos, ele emprega na sua expressão gramatical o singular, ele se dirige ao indivíduo particularmente, por exemplo:

Hishamér lechá pen tishkách et Hashém Elokécha levilti shemór mitzvotáv, guarda-te que não te esqueças do Eterno, teu D'us, deixando de observar os seus preceitos, *pen tochál vessaváta, ubatím tovím tivné veiashávta*, para não suceder que depois de teres comido e estares farto, depois de teres edificado boas casas e habitado nelas, *uvkarchá vetzonchá yirbeiún, vechésef vezaháv yirbé lách, vechól ashér lechá yirbé*, e teu gado e teu rebanho se terem multiplicado, e tua prata e o teu ouro terem aumentado, e ser abundante tudo quanto tens, consequentemente, *verám levavécha, veshachachtá et Hashém Elokécha*, se orgulhe o teu coração, e te esqueças do Eterno, teu

D'us, *vehalachtá acharéi elohim acheirím, vaavadtám, vehishtachavíta lahém*, e andes após outros deuses, e os sirvas, e te prostres a eles[2].

Se não soubéssemos exatamente quem é o autor dessa advertência, e quando ela foi dirigida, ela poderia ser atribuída, pelo interesse atual e pela crassa realidade, a um rabino da nossa geração, que acompanha pasmado e preocupado o comportamento ostentativo indigno e desprezível, sim, provocativo, de uma certa camada de nossos correligionários, esses, embriagados e cegos pela riqueza e pelos bens materiais acumulados, D'us sabe de que maneira, cometem as mais gritantes aberrações em relação aos nobres ideais judaicos; tornam-se presunçosos, arrogantes, esquecendo até mesmo o Eterno, o seu próximo, entregando-se inteiramente à adoração de um único ídolo: Dinheiro!

Moshé Rabeinu foi capaz de destruir o *bezerro de ouro* que os filhos de Israel fabricaram no deserto, mas não conseguiu extirpar deles a ambição de acumular bens materiais que trazem nos seus corações e em sua mente. Quão acertada é a observação do saudoso Nahum Sokolov: "Em tempos que a situação socioeconômica do povo de Israel passava as piores misérias, os valores ético-religiosos do judaísmo estiveram no mais alto grau: mas quanto mais vivemos em prosperidade material, mais cresce a opulência, e tudo o que concerne à cultura, à educação e ao estilo de viver judaico, à *idishkeit*, é relegado à decadência deprimente". Ou, segundo a sátira mordaz que corre em Israel: "Antigamente éramos o *am hasefer* (o povo do livro, do *Tanách*, título honorífico que os árabes nos outorgaram), e hoje, continuamos a ser 'o povo do livro'; mas não mais do Livro dos Livros, e sim do livro de cheques". E desde que predomina a voz do ouro, esquecemos a voz Divina que se fez ouvir na Revelação do Monte Sinai, e nos advertiu, *lo yihié lechá elohim acheirím al panai*, não terás outros deuses diante de mim[3].

Até que ponto "se orgulha o coração" da nossa geração, constatamos tristemente nas festas judaicas. O menino que não frequenta uma escola israelita, que não recebe em casa nenhuma educação judaica, que nunca viu diante de si uma letra hebraica, é preparado "maquinalmente" para a sua maioridade religiosa, o Bar Mitzvá; é chamado no Shabat para o *Sefer*

---

2 Dt 8, 11-19.
3 Ex 20, 3; Dt 5, 7.

Torá, recita "automaticamente" as palavras *ashér bachár bánu mikól haamím*, que nos elegeu entre todos os povos, ou, e isso na melhor das hipóteses, no caso em que os pais insistam para que ele ponha os *tefilin*, para agradar aos avós, e ele pronuncia as palavras *ashér kidshánu bemitzvotáv*, que nos consagrou por Seus mandamentos, não sabendo que a bênção que acaba de proferir em voz alta na presença do rabino e dos fiéis, é um autêntico *chilúl Hashém*, uma blasfêmia.

Pois como se pode falar de *kedushá* (santificação) e *mitzvót* (mandamentos), se após o serviço religioso, o evento de caráter puramente religioso é festejado num salão luxuoso com comida *treifá*? O mesmo quadro lamentável observamos nos noivados e nos casamentos, cerimônias essas que são celebradas *kedát Moshé veIsrael*, segundo as leis e os estatutos de Moisés e de Israel, de espírito transcendentalmente religioso, para serem depois festejadas com banquetes suntuosos de quatrocentos ou mil convidados, com comida *treifá*. Essa incoerência, esse deplorável comportamento, não se coaduna com os mais elementares fundamentos dos preceitos judaicos.

Moshé Rabeinu, o *Adon Haneviím*, o Mestre dos profetas, previu quão fatais seriam as consequências para a continuidade do povo de Israel, se Israel se esquecer do seu D'us.

Mas quando Moisés alude à hipótese de o povo viver dentro dos ideais judaicos, então ele emprega o *plural*. *Vehaiá im shamóa tishmeú el mitzvotai*, se diligentemente obedecerdes aos meus preceitos que hoje vos ordeno, de amar ao Eterno, *vesamtém et devarái eile al levavchém veál nafshechém*, e puserdes estas minhas palavras em vosso coração e em vossa alma, *velimadtém otám et beneichém*, e as ensinardes a vossos filhos, falando delas quando estiverdes sentados em vossa casa, e quando andardes pelo caminho, ao vos deitardes e ao vos levantardes[4] – todo esse texto é aplicado no plural. Com essa diferença gramatical, Moisés destacou uma eterna verdade: que o primeiro passo para abandonar o estilo de vida judaico é a alienação da coletividade judaica. Primeiro isola-se a si mesmo; depois seguem os filhos que se sentem desambientados no meio de seus correligionários, notam a hipocrisia de seus pais, e frustrados, perdem primeiro

---

4   Dt II, 13-19.

o contato social, e pouco a pouco os laços espirituais. E depois lamentamos que a nova geração se afastou de nós, indo beber águas turvas de fontes estranhas, deixando-se deslumbrar por ideologias demagógicas, que tendem a minar as nossas concepções religiosas e os alicerces filosóficos do pensamento peculiar judaico.

Sendo a Torá o elemento vital do povo de Israel, ela nos adverte várias vezes, e alerta-nos constantemente do perigo de esquecer: *Hishamér lechá pén tishkách*, guarda-te que não te esqueças.

Toda essa *parashá* é uma vibrante e veemente alocução de Moisés ao povo de Israel; em todo esse fervoroso discurso, o Mestre acentua o nexo existente entre a *Torá*, como doutrina de vida, e o estilo de viver judaico; entre a felicidade humana e as boas ações; entre a obediência dos ensinamentos da *Torá* como filosofia de vida judaica e a recusa da inércia.

O Mestre Moisés dirige as suas palavras de despedida da vida terrestre a duas categorias de gente, e a duas mentalidades diferentes. Primeiro ele dedica a sua atenção aos desanimados, aos pessimistas, aos fracos de caráter, àqueles que, na mínima decepção, no primeiro embate emocional ficam desiludidos, caem em desespero e total resignação.

Ki tomár bilvavécha, rabím hagoyím haéile miméni, eichá uchál lehorishám: se disseres em teu coração: Estas nações são mais numerosas do que eu, como poderei desterrá-las?[5] Sabe pois: *lo taarótz mipeneihém, ki Hashém Elokécha bekirbécha, E-L gadól venorá*, não te aquebrantarás diante deles, porque o Eterno, teu D'us, está no meio de ti, Eterno grande e temível[6]. Sabe, Israel, que não é e não será a tua própria força física que te dará alento, e te inspirará ânimo para venceres os obstáculos e toda espécie de dificuldades que hás de encontrar na tua marcha através da história, e no teu convívio entre os diversos povos; pois se cuidares de viver segundo os preceitos da *Torá*, andando em seus caminhos, e te recordares de todo o caminho pelo qual te levou o Eterno, tendo sempre em mente a mão protetora que te guiou através dos labirintos da história, a mão que sempre está estendida sobre ti, nada e ninguém te abalará; não resignarás e não desanimarás daquilo que é a maior e mais sublime dádiva que o Eterno

---

5   Dt 7, 17.
6   Dt 7, 21.

te outorgou, *chaiê olám*, vida eterna, e daquilo que essa vida é capaz de te proporcionar, desde que saibas qual é o alvo da vida.

E à segunda categoria de gente, aos arrogantes, aos orgulhosos, aos que andam convencidos que: *kochí veótzem iadí assá li et hacháyil hazé*: a minha força e a fortaleza das minhas mãos me conseguiram estes bens[7], aqueles que pensam que todos os seus bens materiais, toda a sua riqueza e opulência, são consequências absolutas das suas qualidades intelectuais, são resultados incontestáveis das suas perícias e capacidades invulgares, de seus cálculos e combinações extraordinários, àquela casta vaidosa e presunçosa, Moisés dedica sua atenção e meditação; pois como grande inconfundível Mestre, pedagogo e psicólogo, como profundo conhecedor da fraqueza e mesquinhez do caráter humano, sabia que é muito mais fácil encorajar o desalentado do que extirpar o orgulho do presunçoso; ou convencê-lo de que 90% do seu sucesso material se deve ao *mazal*, conforme nos diz o *Talmud*[8] em nome de Rabi Chanina: *Mazál machkím, mazál maashir*, a sorte contribui para a inteligência do homem e para a sua riqueza. E no pronunciamento do Mestre Rava no *Talmud*[9], o fator *mazál* é ainda mais concreto; ele afirma categoricamente: *chaié, Benei umsonei, lá bizchutá taliá miltá, elá bemazalá taliá miltá*: vida, filhos e sustento não dependem dos méritos, mas sim da sorte.

E no livro do *Zohár*[10] está escrito: *Hakól talúi bemazál, veafilú Sefer Torá shebaheichál*: tudo depende da sorte, mesmo o *Sefer Torá* que está guardado na arca sagrada. E nós sabemos que *Mazál* é uma bênção Divina. Um homem sensato, com uma pequena dose de fé, nunca se deixará iludir de que aquilo que ele tem é resultado do seu próprio esforço.

Os atributos do homem dividem-se qualitativamente em duas categorias: atributos que representam aquilo que ele tem e atributos que representam aquilo que ele é, porque cada ser humano é alguma coisa e tem alguma coisa. Saúde, inteligência, aptidões, aspecto estético e comportamento ético, pertencem aos atributos que indicam *o que o homem é*:

---

7   Dt 8, 17.
8   Shabat 156a.
9   Moed Katan 28a.
10 Bamidbar 134a.

riqueza, posição social de destaque e prosperidade, representam aquilo *que o homem tem*.

Ambos os atributos não são resultados do esforço, da diligência ou da capacidade humana, mas sim dádivas do Eterno. E o motivo é: *lemáan hodiachá ki lo al haléchem levadó yichié haadám ki al kol motzá pi Hashem, yichié haadám*, para te fazer saber, que não só de pão vive o homem, senão que de tudo que sai da boca do Eterno, disso vive o homem[11].

Segundo os ensinamentos dos mestres da Ética judaica, Moisés coloca nessa *parashá* o fundamento do método psicológico, demonstrando que cada ser humano nasce potencialmente com inclinações à ética e à moral. O *Talmud*[12] transmite-nos a bela sentença do Mestre Réish Lakísh: *Bá litahér, messaieím otó*: Aquele que pretende purificar-se, que se esforça para encontrar o caminho do bem, é ajudado pela Providência Divina para que ele se possa redimir.

A escravidão egípcia durante 210 anos e a redenção maravilhosa pela Providência Divina formam pilares fundamentais da história judaica. Basta notar que esses dois acontecimentos transcendentais são relembrados em ocasiões festivas, como *Shabatot* e *Iamim tovim*, e em momentos de calamidade nacional, quando os filhos de Israel estão ameaçados de extermínio pelos povos que os rodeiam, como é o caso de *Medinat* Israel, cujos vizinhos atentam contra a sua existência como Estado independente. E aí vem a eterna e imutável *Torá*, e nos faz recordar os milagres, e a mão forte com que o Eterno nos fez sair do Egito, o que Ele fez ao Faraó e a todo o Egito. E Moshé Rabeinu prevendo nosso futuro, nos conforta: *Lo tirá mehém*, não o temerás. Diz o provérbio popular que a história se repete; para nós, filhos do povo de Israel, a história nunca mudou. Só os protagonistas e os opressores mudaram. Os alvos dos inimigos se alternaram, os métodos e os sistemas ficaram mais sofisticados. Mas vede o constante milagre, o enigma incompreensível pelos povos, enigma esse que a história judaica se encarregou de tornar um fato incontestável: que, depois de cada catástrofe que assola o povo judeu, ele sai mais robustecido e mais vigoroso, a lutar pela sua existência e a garantir a sua independência física e metafísica.

---

11 Dt 8, 3.
12 *Shabat* 104a.

Reê

I

Reê anochí notén lifneichém haióm, berachá uklalá, vede que ponho diante de vós, hoje, a bênção e a maldição[1].
Amár Bar Kapará: Hanéfesh vehaTorá nimshelú lenér. Hanéfesh, dichtív: Ner Hashém nishmát adám; vehaTorá, dichtiv: kí nér mitzvá veTorá or. Amár Hakadósh Barúch Hu leadám: Nerí beiadechá, venerchá beiadí; im tishmór et nerí, ani meshamér et nerchá. Disse Bar Kapará: A alma humana e a Torá são comparadas à luz. A alma, como está escrito: A alma do homem é a lâmpada do Eterno[2] e a Torá, como está escrito: Porque o mandamento é uma lâmpada, e a Torá é uma luz[3]. Disse o Santo, abençoado seja Ele, ao homem: A minha luz está na tua mão, e a tua luz na minha mão; se cuidares da minha luz (a Torá) Eu cuidarei da tua luz (a vida – a alma)[4].

Reê, vede, diz Moisés aos filhos de Israel em nome do Eterno, Eu coloco-vos hoje diante de dois caminhos distintos, caminhos bifurcados: um que conduz à berachá, à bênção, à felicidade; e o segundo, que pode levar à kelalá, à maldição, à desgraça. A Torá não exige de vocês obediência cega, submissão incondicional; o que ela sim reclama é meditação, atenção e estudo, para que vocês possam verificar que a berachá consiste no cumprimento das mitzvót, e que a kelalá baseia-se no desrespeito dos ensinamen-

---

1 Dt 11, 26.
2 Pr 20, 27.
3 Pr 6, 23.
4 Devarim Rabá 4, 4.

tos éticos e morais. E o *midrash* interpreta essa norma[5]: *Ló leraatám natáti lahém berachot uklalót, elá, lehodián eizo dérech sheyivcharú otá, kedéi sheyitlú sachár*: não é para o vosso mal que Eu vos dei as bênçãos e as maldições, mas sim com o único intuito de vos ensinar o caminho a seguir, para que possais receber a devida recompensa, que é a enorme satisfação de poder praticar o bem. A *Torá* não vos obriga fazer automaticamente, sem prévio aprofundamento e estudo, o que ela deseja que seja praticado. A escolha está nas vossas próprias mãos, no livre-arbítrio, como afirmam diversas fontes rabínicas: *bedérech sheadám rotzé leiléch, bá molichin otó*: o homem é levado para aquele caminho que ele próprio pretende seguir[6].

A base fundamental do judaísmo, diz o prof. Moore, está no *reê* no "ver", no fato de poder enxergar, de poder entender, na clareza dos preceitos da *Torá*. Na nossa *Torá* não existem segredos; as suas prescrições não estão envolvidas em mistérios, em coisas abstratas, concebíveis só por uma limitada elite do clero, de teólogos, de superintelectuais. D'us próprio se revelou no Monte Sinai, da Sua própria boca ouviu o povo de Israel os Dez Mandamentos, que são a quintessência da Sua doutrina. *Lo bashamáyim hi*, a *Torá* não está nos céus, ela não é destinada aos anjos; ela é um livro aberto e claro para toda a humanidade. Essa é a base do judaísmo.

Judaísmo, diz-nos o prof. Hermann Cohen, não é uma religião no mesmo sentido como outros povos interpretam o conceito de religião. Para eles, a religião é uma crença cega em D'us, envolvida em segredos, isolada de tudo o que é humano. As suas determinações, os seus dogmas, estão relacionados mais com o céu, com o mundo do além, do que com a terra, com a vida e os problemas do dia a dia.

Para aqueles que servirem a D'us devotamente, é prometido um lindo "outro mundo", um "nirvana", onde as almas serão recolhidas depois da morte e gozarão uma "eterna felicidade". Esse modo de crença não tem nada em comum com a vida cotidiana. Ele está mais interessado em estreitar as relações entre o homem e D'us do que entre o homem o seu semelhante. Essa forma de crer só pretende salvar a alma do homem, não se preocupando com a miséria social de seus adeptos; e é por isso que os

---

5   *Devarim Rabá* 4, 1.
6   *Macót* 10b; *Bamidbar Rabá*, 20, 11.

fanáticos seguidores dessas religiões torturaram e queimaram vivos nos autos de fé milhares e milhares de inocentes, servindo destarte de modelo às câmaras de gás da besta feroz: Adolf Hitler e camarilha (*yimach shemám vezichrám*)[7]. Mas judaísmo significa ensinamento, educação e esclarecimento. A *Torá* acompanha o homem constantemente, velando sobre ele dia e noite. Itró, o sogro de Moisés, definiu admiravelmente o puro sentido e o valor sublime da *Torá*, dizendo: *vehizhartá ethém et hachukim veét hatorót, vehodatá lahém et hadérech iélchu bá, veét hamaassé ashér iaassún*: e adverti-los-ás sobre os estatutos e as leis, e fa-los-ás saber o caminho por onde andarão, e a obra que farão[8]. A *Torá* não é um dogma obscuro, ela é a luz, um guia do caminho para viver feliz neste mundo. O nosso campo de atividade é *neste* mundo e não no mundo futuro; nós aspiramos a estabelecer o reino celestial na terra, almejamos divinizar a terra, para torná-la mais espiritual. O rei David canta: *hashamáyim shamáyim laAdoshém, vehaáretz natán livnéi adám*: os céus são céus do Eterno, mas a terra deu-a Ele aos filhos dos homens e dele, do filho do homem[9], depende que a vida se torne merecedora de ser vivida. O versículo na *Torá* reza: *veanshéi kódesh tihiún lí*, ser-me-eis homens consagrados[10]; e os exegetas interpretam: o Eterno quer seres humanos consagrados, e não anjos. E por ser a *Torá* um *sefer hachayím*, um livro de vida, (é interessante notar quantas inúmeras vezes é destacado o fator "vida") é por isso mesmo, segundo Rabi Yehudá Halevi, na sua obra filosófica *Kusari*, que a *Torá* não menciona o "outro mundo" (*olám habá*) e não promete nada depois da morte; exortando somente com ênfase: *ubachartá bachayím*, escolhe a vida.

Judaísmo é uma concepção filosófica, uma civilização, *eine Lebensweise*, um estilo de vida, uma maneira peculiar de pensar e de crer. Todos os preceitos éticos e sociais da *Torá* estão denominados pelos mestres, como sendo *halachot*, normas, e no *Talmud*[11] é dito: *Taná debéi Eliahu, kol hashoné halachót, muvtách lo, shehú bén olám habá, sheneemár halichót olám lo al tikréi*

---

7   "Sejam apagados seu nome e sua memória" (N. da E.).
8   *Ex* 18, 20.
9   *Sl* 115, 16.
10 *Ex* 22, 30.
11 *Meguilá* 28b.

halichót elá halachót. Aquele que estudar as leis, é-lhe prometido que terá sua quota no mundo do além, como está escrito na profecia de Habacuque 3, 6: *halachot,* seguimento eterno; não leia *halichót,* seguimento, curso, rumo, mas sim *halachót,* leis.

E no *Talmud*[12] afirma-se *halachót ein atidín levatél sheneemár; halichót olám*: as leis não serão abolidas, anuladas, pois está escrito: rumo *perpétuo*.

Essas afirmações que citamos nos conduzem à conclusão de que não se trata de um jogo de palavras, mas sim de convicções sólidas, ou seja: os caminhos, as diretrizes, e os rumos perpétuos do povo de Israel estão inseparavelmente entrelaçados com as normas e as regras da *Torá*. Todas as *mitzvót* têm uma única meta, orientar-nos, capacitar-nos a compreender o verdadeiro sentido da vida. Eis o motivo por que Moisés exclama: *Reê,* abri bem os olhos, esse é o desejo do Eterno. Sendo a *Torá* um farol que emana luz e clareza, isso é mais do que lógico, porque o judaísmo detesta toda espécie de obscurantismo. Também a alma humana é uma centelha que deve iluminar todos os nossos caminhos.

E isso, meus caros jovens, é a única e maior ambição da nossa missão rabínica: velar para que ambas as chamas, a da *Torá* e a da alma, fiquem perpetuamente bem acesas, pois só assim despertaremos em vocês o entusiasmo e a vibração pelos eternos valores de um judaísmo vivo e criativo.

II

Reê anochí notén lifnéichém haióm, berachá uklalá, vede que Eu ponho, diante de vós, hoje, a bênção e a maldição[13].

A ideia fundamental da *parashá* é que o homem é livre para escolher o seu estilo de vida. Esse primeiro versículo da *parashá* resume claramente o conceito do livre-arbítrio, e da responsabilidade moral do homem. Como ser livre, o judeu deve assumir uma grande responsabilidade; a primeira coisa que se lhe diz, é: Você não pode entregar-se a si próprio, às suas inclinações, seus instintos; trabalhe, tente aperfeiçoar-se através

---

12 *Yerushalmi, Meguilá* 1, 5.
13 Dt 11, 26.

de suas obrigações, submeta-se à carga do Reino dos céus, *ol malchut shamáyim*. Dizem-lhe: Não pense que a bênção é riqueza, opulência, e que a maldição é pobreza, privação. A verdadeira riqueza consiste em saber aplicar a sua fortuna, e pobreza não é falta de meios materiais, mas sim pobreza de espírito. Você, ser humano, é capaz de abominar a vaidade, a desconfiança; foi-lhe outorgado o livre-arbítrio; deleite-se com ele.

São-lhe dados a vida e a morte, o bem e o mal; não somente a faculdade de querer e de amar, mas principalmente, a capacidade de escolher e agir. O traço predominante do ensinamento judaico através dos tempos é o senso da obrigação constante, *mitzvót* e *maassim tovím*, preceitos éticos e boas ações. O judaísmo ensina-nos preferir a verdade absoluta, em vez de nos entregarmos ao conformismo, à tranquilidade; permanecermos leais e fiéis às nossas convicções, mesmo ao custo de sermos e de ficarmos uma minoria.

É a liberdade interior que dá ao homem as forças necessárias para progredir, para tomar confiança, para expor ideias novas; e é essa liberdade que lhe dá coragem de permanecer solitário na multidão. Já o fato de poder tomar livremente uma decisão coloca o ser humano no mais alto degrau da criação. O animal não pode escolher a sua maneira de viver, ele obedece cegamente aos impulsos da sua natureza.

O homem é capaz de dominar os seus ímpetos, de controlar as suas paixões, sim, de modificar radicalmente os seus instintos, e é nisso que consiste a sua grandeza.

O judaísmo ensina-nos que por natureza o homem nasce imperfeito, e que o aperfeiçoamento almejado depende somente de nós próprios, alargando os horizontes intelectuais, conhecendo a nossa própria cultura e a dos outros povos civilizados. Os primeiros filósofos gregos adoraram a natureza, e nisso consistia a sua idolatria. E nós fomos proibidos no Monte Sinai de servir, de adorar qualquer natureza, inclusive a natureza humana. O governador Tornos Rufus (citando um belo *midrash*[14]) perguntou certa vez ao grande Mestre Rabi Akiva: "Quais obras são mais belas, as do Eterno ou as do homem?" O Mestre não ficou admirado, e respondeu sem hesitação: "As obras do homem são mais perfeitas". Conhecendo

---

[14] *Tanchuma Tazría* 5.

a profunda religiosidade e a fé em D'us de Rabi Akiva, o governador inquiriu com espanto: "Existe por acaso uma comparação entre as obras de D'us e as do homem? Todos hão de concordar, que aquilo que é feito por D'us é mais perfeito". Rabi Akiva, compreendendo imediatamente a intenção do seu interlocutor, respondeu: "Eu sei perfeitamente qual é o motivo da sua questão, e percebo também qual é a razão filosófica da sua indagação, e repito conscientemente que as obras do homem são mais belas; e não vejo, nessa minha afirmação, nenhuma blasfêmia, nenhuma profanação do Nome Divino". Tornos Rufus não se dá por convencido, e argumenta sagazmente: "E a criação do céu e da terra, não provam o contrário?" Mas Rabi Akiva replica: "Nós não discutimos a respeito da criação do Universo, a nossa discussão gira em torno de criações humanas. Saiba, pois, lá onde o homem tem o poder de criar, D'us outorga-lhe inteligência, para aperfeiçoar e para embelezar aquilo que Ele criou. Basta compreendermos o verbo *laassót* com que a história da criação do mundo em seis dias, relata: *ashér bará Elokím laassót*, que criou D'us para fazer"[15].

E o *Midrash* relata em seguida: Rabi Akiva foi para casa e pediu à sua mulher Raquel que lhe fizesse saborosos biscoitos de farinha, açúcar e ovos. Pegou numa bandeja e pôs de um lado espigas de trigo cru, e do outro lado os biscoitos, e apresentou-se perante Tornos Rufus, pedindo que lhe respondesse: "O que é mais bonito? Os biscoitos saborosos ou as espigas de trigo cru?" Mas o governador não respondeu.

Esse *midrash*, aparentemente simples, é o ponto cardeal das duas concepções filosóficas opostas, entre Roma e Jerusalém. A base do judaísmo, diz o prof. Moore, está no *reê*, na clareza, na transparência dos preceitos da *Torá*, e no fato de o homem, criado no *tzélem Elokím*, à imagem de D'us, ter a faculdade de "ver", contemplar, observar, meditar, distinguir entre o bem e o mal, entre *berachá* e *kelalá*, e entre *chayím*, vida, e *mávet*, a morte, e de saber escolher, pelo livre-arbítrio que lhe foi concedido, o caminho que conduz à vida, como nos aconselha Moisés em nome do Eterno: *uvachartá bachayím, lemáan tichié atá vezarécha*, escolherás, pois, a

---

15   Gn 2, 3.

vida, para que vivas tu e a tua descendência[16]. Estando o Eterno interessado em que Israel viva eternamente, Ele, na Sua grande bondade, receita-nos o remédio eficaz que contribuirá para o prolongamento de nossos dias, e esse foi experimentado e o será enquanto existirmos: *leahavá et Hashém Elokécha, lishmóa bekoló, uldovká bo*, amando o Eterno, ouvindo a Sua voz, e te achegando às Suas qualidades[17].

III

Ki yihié bechá evión, meachád achécha, se no meio de ti houver um mendigo entre teus irmãos, *lo teamétz et levavchá, veló tikpótz et iadechá meachícha haevión*, não endurecerás teu coração, e não fecharás tua mão a teu irmão o mendigo, *ki patóach tiftách et iadechá lo*, mas lhe abrirás a tua mão, e lhe emprestarás o suficiente para o que lhe faltar, *natón titén lo, veló ierá levavchá betitchá lo, ki biglál hadavár hazé, ievarecchehá Hashém Elokécha, bechol maassécha, uvchól mishlách iadécha*, livremente lhe darás, e que teu coração não seja mau quando lhe deres; pois por isto te abençoará o Eterno, teu D'us, em toda a tua obra, e em tudo o que empreenderes[18].

Geralmente, a *parashá Reê* é lida no Shabat em que proclamamos e abençoamos o mês de Elul, mês esse em que é a *ouverture espiritual* para os *Iamim Noraim*, cujo prelúdio e *leitmotiv* são: *Utshuvá, utefilá, utzedaká maavirin et róa haguezerá*, retornar a D'us, rezar, fazer o bem e a justiça, invertem o destino severo.

Quase todo o capítulo 15 dessa *parashá* é dedicado à importância da *tzedaká*, justiça, a norma cardeal do judaísmo. No *Sefer Chassidím*[19], nessa sua obra ético-moral popular, aconselha-nos o autor: se alguém te perguntar: O que devo fazer com o meu dinheiro? Mandar escrever um *Sefer Torá*, ou dá-lo a um pobre decente que necessita de roupa? Então responde-lhe

---

16 Dt 30, 19.
17 Dt 30, 20.
18 Dt 15, 7; 8; 10.
19 *Livro dos Piedosos*, de autoria do Rabi Yehuda Hechassíd, rabino e reitor do Seminário Rabínico de Regensburg, falecido em 1217.

com as palavras do profeta Isaías: Se encontrares um homem esfarrapado, veste-o. "Não só o alimento, também o vestuário é uma necessidade primordial, que merece prioridade acima de um *Sefer Torá*".

Nada é mais marcante na ética rabínica do que a ênfase acentuada na caridade, em todos os sentidos da noção, desde a esmola até a benevolência e o carinho. E nas antigas comunidades israelitas, podia-se observar um nexo bastante curioso; havia uma distribuição voluntária de esmolas a todos que as pediam – mesmo para os embusteiros; mas também havia muito auxílio sistemático e carinhoso, que as modernas e atuais sociedades de beneficência e as organizações de caridade hão de aprovar.

Existem inúmeras monografias a respeito da caridade rabínica e medieval. Pela complexidade do assunto, só podemos mencionar poucos extratos ilustrativos.

A *Torá* nos diz[20]: *Vechí iamúch achícha, umatá iadó imách, vehechezaktá bó, guer vetosháv, vachái imách*: e quando empobrecer teu irmão, e as suas forças decaírem, ficando desamparado, então deterás a sua queda, sustentando-o, mesmo se for peregrino ou estrangeiro morador da terra, e viverá contigo. Se teu irmão está ameaçado de cair na pobreza, não permitirás a sua caída. Ele é como uma carga encostada numa parede; uma pessoa é capaz de segurá-la precedendo a queda, mas uma vez que a carga já estiver no chão, nem cinco pessoas serão capazes de levantá-la. E isso vale mesmo que já o tenhas auxiliado quatro ou cinco vezes, deve ajudá-lo, caso ele ainda precisar da tua ajuda. (Rashí interpreta a ordem *natón titén lo* como *afilú méa peamim*, mesmo cem vezes). Mesmo se considerares um dever ajudá-lo, ainda que a tua ajuda o prejudicar, para levar uma vida corrupta, a *Torá* te ordena: *Vachái imách*, ele viverá contigo; mais exatamente, para que ele possa viver contigo, a fim de obedecer os preceitos[21].

No *Talmud* ensina-nos Rabi Elazar: *Gadól haossé tzedaká besséter, iotér miMoshé Rabeinu*, o que der esmolas ocultamente é maior do que Moshé Rabeinu[22]. A importância das esmolas ocultas foi acentuada em todos os tempos. Um exemplo típico é um extrato do testamento ético da Idade

---

20 Lv 25, 35.
21 *Sifrá* 109b.
22 *Bava Batra* 9b.

Média, testamento de Elazar ben Isaac de Worms (Alemanha), que viveu no século XI. Meu filho: *vetafék laraév nafshécha, venéfesh naaná tasbía*, abre a tua alma ao faminto, e sacia a alma aflita[23].

Sê escrupuloso, ao oferecer o teu donativo secretamente, e não publicamente. Dá-lhe comida e bebida na tua casa, mas não o espreites enquanto ele comer. Pois sabe que, às vezes, ele já está à beira de morrer de fome, e é capaz de devorar a comida, como a águia se lança sobre a sua presa, segundo a expressão de Jó[24]: *kenésher iatúsh aléi óchel*[25].

No *Talmud* diz-nos Rabi Yehoshua ben Korchá:

Kol hamaalim eináv min hatzedaká, keilu ovéd avodát kochavím, aquele que esconder, que tapar os seus olhos para não dar *tzedaká*, é como se praticasse idolatria[26].

Somente a pura concepção do monoteísmo judaico, que gerou o ideal sublime do mono-humanismo, uma única fraternidade, uma filiação de todos os seres humanos, todos eles criados à imagem do Eterno, no sentido do profeta Malachí *haló av echad lechulánu*, não temos nós todos o mesmo Pai?[27] Não nos criou o mesmo Eterno? Somente da nossa maneira de encarar os problemas socioeconômicos da humanidade, somente do ponto de vista das leis sociais destacadas tantas vezes na *Torá*, e não dos assim chamados socialistas-marxistas demagogos que só pretendem instigar a luta das classes, só assim se pode justificar o fato de, na filologia hebraica, não existir um termo técnico equivalente a "filantropia", "beneficência" ou "caridade", mas apenas a noção *tzedaká*. Esse termo, traduzido ao pé da letra, significa justiça global e absoluta justiça, justiça pela qual o Eterno é santificado, pela qual Sion será redimida. Só o nosso ideal insofismável do verdadeiro amor ao próximo fez dizer Moisés em nome do Eterno: *veahavtá lereiachá kamôcha*, amarás o teu próximo, pois ele é igual a ti[28]; preceito esse que levou o Mestre Akiva a deduzir: *Zé*

---

23 Is 58, 10.
24 Jo 9, 26.
25 Ver Maimônides, *Hilchot Berachot*, VII, 6.
26 Ketubot 68a.
27 Ml 2, 10.
28 Lv 19, 18.

klál gadól baTorá, a ordem de amar o próximo é a norma fundamental da Torá[29]; e foi essa máxima que fez o mestre Hilel exortar: *ohev et haberiót*, amai a humanidade[30].

Em vão se esforçaram os assim chamados filossemitas e os antissemitas (Delitzch, Rudolf Kitten, Rohling e outros) para demonstrar que o termo *Rea* do *Tanách* se refere exclusivamente ao correligionário, compatrício; isso seria um tremendo ultraje e uma injúria contra o décimo mandamento: *Ló tachmód beit reêcha, lo tachmót eishét reêcha, – vechól ashér lereêcha*. Não cobiçarás a casa de teu próximo (no vernáculo hebraico *reiécha*), não cobiçarás a mulher de teu próximo, e tudo o que seja de teu próximo. Essa exata compreensão do amor do próximo levou o grande Maimônides[31] a dividir os que praticam caridade em oito categorias[32]:

1. No primeiro e mais alto degrau da *tzedaká*, está o que sustentar o irmão caído, ajudando-o com um donativo ou empréstimo a estabelecer uma existência digna, baseada no trabalho honesto e fecundo, e ao abrigo da contingência de ter de apelar para o auxílio dos outros.

2. O que der a sua *tzedaká* aos pobres, sem saber a quem deu, e sem que o amparado saiba quem é o benfeitor.

3. O que der secretamente sabendo quem é o receptor, ignorando o receptor quem é o benfeitor. Aqui devemos uma explicação minuciosa; o respeito absoluto à dignidade de quem recebe, já que a doação deve ser um segredo do doador, que tanto maior mérito tem quanto mais discrição e tato usar no cumprimento do dever de fazer *tzedaká*. *Tzedaká*, erroneamente traduzida por "caridade" ou "filantropia" (como acima já foi mencionado), é a efetivação do imperativo categórico judaico de fazer justiça. Descendo na escala de méritos desta classificação, está a caixa de coletas, a *pushke* como ela é denominada em ídiche[33]. Essas *pushkes*, nas

---

29 *Sifrá Kedoshin* 4; *Yerushalmi Nedarim* 9, 4.
30 *Ética dos Pais* I, 12.
31 Moshé ben Maimon, RAMBAM, 1135 – Córdova, 1204 – Fostat, sepultado em Tibérias.
32 Em ordem decrescente, Rambam, 3° volume, *Hilchot Matnot aniyím*, x, 7-14.
33 A guisa de explicação: na Casa Santa, *Beit Hamikddsh*, existia uma "câmara secreta", *lishkát chasháim*, onde os piedosos (*tzadikím*) costumavam colocar se-

quais cada um depositava o seu donativo, segundo as suas posses, essas caixas deveriam ser administradas por gente eleita democraticamente, gente idônea e fidedigna, que teria de submeter escrupulosamente as contas à fiscalização, de modo que as mesmas permaneçam sempre acima de qualquer suspeita, ensinando-nos os mestres o critério de como administrar as receitas das *Kehilót* e das *Chevrót Kadishót*.

4. O que der sem saber quem é o beneficiado, ainda que o receptor saiba de onde lhe vem o amparo. Era isso o que faziam os judeus obedientes à ética judaica, quando saíam pelas ruas desertas, espalhando as suas moedas, ou atirando-as pelas janelas, verificando de antemão se não foram vistos por ninguém. Uma outra maneira de fazer *tzedaká* consistia em colocar os óbulos discretamente debaixo dos pobres e desamparados.

5. O que der antes que se lhe peça (sendo que o doador e o recebedor se conhecem).

6. O que der depois de lhe ser pedido.

7. O que der menos do que ele é capaz de dar, mas contribui com gentileza e afabilidade.

8. O que ajuda com indisfarçável má vontade; essa maneira de dar é abominável, pois se não quer dar ou não tem meios para dar, o seu dever é consolar o pobre com boas palavras, animando-o com gentileza e bondade.

---

cretamente os seus donativos, da qual os pobres humildes e envergonhados costumavam tirar os óbulos para o seu sustento.

Shofetim

Shofetim veshotrím titén lechá bechól shearécha ashér Hashém Elokécha notén lechá lishvatécha, veshaftú et haám mishpát tzédek: juízes e oficiais designarás para ti em todas as tuas cidades que o Eterno teu D'us te der entre as tuas tribos, e julgarão o povo com reto juízo[1]. O *Midrash Tanchuma*[2] dessa *parashá* explica esse verso da *Torá* com o seguinte exemplo: o médico veio visitar um dos seus doentes; depois de tê-lo examinado minuciosamente, ele ordenou aos familiares: Deem-lhe de comer de tudo o que ele quiser. O médico foi ver um outro doente, e após tê-lo auscultado cuidadosamente, e receitado o tratamento e os medicamentos, ele advertiu os familiares: Sejam cuidadosos com a alimentação do enfermo. Perguntaram então ao médico: Qual é o motivo que ao primeiro doente o senhor permitiu comer de tudo o que lhe apetecer, e neste caso, o senhor é tão rigoroso na escolha da sua alimentação? E o médico respondeu: O primeiro doente não tem cura; infelizmente ele não viverá muito, enquanto o outro tem ainda muitos anos de vida, se observar rigorosamente o regime que lhe prescrevi.

Nomear e constituir juízes competentes, versados nas leis e sabendo interpretá-las, para serem aptos a julgar o povo com reto juízo, baseado nas prescrições ético-sociais da *Torá*, parecia para Moisés mais importante do que a fundação de um Estado independente. Só depois de existir uma autoridade legislativa merecedora de confiança da parte do povo, capaz de orientar e de dirigir as instituições socioeconômicas do país, só quando

---

1 Dt 16, 18.
2 *Shemini* 6.

os magistrados eleitos executassem rigorosa e escrupulosamente as leis básicas da constituição, só então, se quisessem: *sóm tassím alecha mélech*, poderiam escolher um rei dentre os irmãos, que os liderasse também politicamente. Foi a *Torá* que reconheceu, séculos e séculos antes do direito romano, napoleônico, germânico, ou outras leis jurídicas e códigos legislativos que dirigem atualmente a sociedade humana, que as instituições legais de um país são os alicerces nos quais se baseia a vida coletiva. Se os juízes e inspetores forem competentes, dignos e escrupulosos, eles hão de contribuir para o bem-estar do seu meio ambiente, enobrecendo-o e desenvolvendo as forças criativas da sociedade.

Shofetim veshotrím titén lechá. Os exegetas interpretam *lechá, veló leumót haolám*: os juízes que escolheres devem servir *lechá*, para orientar a "tua" vida, e não para orientar-te no cumprimento das leis estabelecidas por outros, cujas ordens tu deves acatar. E mais, não esperes que o Eterno há de nomear para ti os teus juízes; não, tu próprio és obrigado a cuidar da nomeação e da escolha de teus juízes. Outros interpretam: *lechá*, para ti, e não para os outros. Não juízes e governadores, líderes que pretendam melhorar o mundo inteiro, que se preocupam com a justiça e a retidão dos outros povos, abandonando entretanto os interesses vitais do seu próprio povo. Estadistas, economistas e políticos que se dedicaram a defender os interesses de todas as massas oprimidas e necessitadas saíram inúmeros do nosso meio; todos que conhecem um pouco de história universal, concordarão que também nesse campo o judaísmo contribuiu para enriquecer a galeria de ilustres personalidades que entraram nos anais da história de seus diversos países. Basta citarmos só alguns, que nos ocorrem neste momento: Disraeli, Lord Reading, Marx, Engels, Rathenau, Leon Blum, Trotzki, Litvinoff, Kaganowicz, Mendès-France etc. etc.; figuras eminentes essas, que para *umót haolám* dedicaram o melhor das suas capacidades, mas para o seu próprio povo não só não contribuíram nada ou quase nada, como, ao contrário, renegaram, rejeitaram, abandonaram, desprezaram, traíram, colocando-se a serviço de povos que nos são hostis, povos que se aplicaram por todos os meios admissíveis e abomináveis a apagar, *chas veshalóm*, o nome de Israel dos anais da história.

Veshaftú et haam mishpát tzédek: e eles julgarão o povo com reto juízo. A ideia fundamental de toda a legislação da *Torá* é *Tzédek, tzédek tirdóf, lemaán tichié*: a justiça, e somente a justiça seguirás, para que vivas[3]. Numa única frase, duas vezes o termo *tzédek*, justiça; e os mestres interpretam: Justiça para o teu semelhante e para com D'us. Justiça dupla. Com o inocente, para que receba aquilo que lhe pertence, e com o culpado, para tirar dele o que adquiriu ilegalmente. Tudo o que ganharmos por métodos e meios não honestos, fraudulentamente, é um *chilúl hashém*, uma blasfêmia, prejudica a reputação do indivíduo e da coletividade à qual pertencemos. *Tov shém, mishémen tov*, melhor é boa fama do que o unguento precioso[4]. Boa reputação, consciência tranquila, valem mais do que todos os bens terrestres.

O *Yalkut Shimoni* relata nesse contexto: Junto ao trono do rei Salomão, estava posto um arauto que, em cada degrau que conduzia ao trono real, anunciava um dos preceitos proibidos, mencionados nessa *parashá*. *Lo taté mishpát*, não torcerás a justiça; essa é a primeira condição para alcançar justiça absoluta. O que torcer a lei no intuito de agradar a uma das partes no litígio *gorém laShechiná shetistalék me-Israel*, contribui para que a Onipresença Divina, o Divino em nós, se afaste de Israel[5].

No segundo degrau, o arauto clamava: *Lo takír paním*, não farás distinção de pessoas, quer dizer, não julgarás subjetivamente, do ponto de vista pessoal.

Rabi Yehudá diz: *Lo takiréhu*, não lhe mostrarás simpatia, e Rashi analisa, dizendo: *im hu ohavechá*, não lhe mostrarás simpatia se ele for o teu conhecido; e, Rabi Elazar diz: *Lo tenakréhu*, não o afastarás, e Rashi *im hú sonaachá lo taassé lo nochrí, lechaievó*: não deves considerá-lo como sendo um estranho, se for teu inimigo, e por isso condená-lo[6]. No julgamento não deve haver simpatia ou antipatia; perante a lei e a justiça deve operar a imparcialidade absoluta, tanto faz se é um pobre ou um rico.

A *Torá* repete a palavra "justiça" a fim de enfatizar que a insistência na justiça deve também ser justa e correta, e não uma questão de fazer valer seus próprios direitos a qualquer custo.

---

3   Dt 16, 20.
4   Ecl 7, 1.
5   *Sanhedrin* 7a; Rabi Shemuel bar Nachmáni em nome de Rabi Yonatán.
6   *Sanhedrin* 7b.

Dissemos acima que de um juiz justo é exigida absoluta imparcialidade. Ser imparcial significa considerar a posição e a situação alheia antes de insistir em nossos próprios direitos. Eis a interessante opinião do rabino Newman de Nova York a esse respeito. Diz ele: "Sem justiça não pode haver vida, quer para um grupo de pessoas, quer para um indivíduo. Onde as pessoas fazem o que quiserem, sem considerar se é certo ou errado, não pode haver uma vida ordeira. Ser justo significa viver e deixar viver".

No terceiro degrau, o arauto advertia: *Ló tikách shochad*, não aceitarás suborno, *ki hashochad ieavér einéi chachamím, vissaléf divréi tzadikím*, porquanto o suborno cega os olhos dos sábios, e subverte as palavras justas. Um rabino ou um *daián* (juiz) que esperar suborno de uma das partes em litígio, para que a sentença rabínica lhe seja favorável, não é digno do cargo que ocupa; é suspeito *a priori* de não julgar objetivamente, devendo a comunidade ou a coletividade exonerá-lo imediatamente das funções que lhe foram confiadas. Para ilustrar a repugnância do suborno por parte dos mestres, bastam só algumas afirmações da vastíssima literatura rabínica. Assim afirma Rabi Yitzhák no *Talmud*[7]: *Kol daián shenotél shochad, meiví cheimá azá laolám*: o juiz que se deixar subornar, causa uma grande devastação (desgraça) ao mundo. No *Talmud*[8], em nome dos mestres: *Tanú rabanán: afilu tzadík gamúr, velokéiach shochad, einó niftar min haolám beló tirúf dáat*: ensinaram os mestres: mesmo que seja um justo perfeito, mas aceita suborno, há de enlouquecer antes de morrer.

No *Midrash Tanchuma*, *hashochad domé leéven bechol makóm shenofélet, shovéret*: suborno é igual a uma pedra: no lugar em que cair, ela racha, ela parte alguma coisa[9]. No *Talmud*[10] os mestres analisam a noção de *shochad*, explicando a proibição de aceitar suborno, mencionada na *parashá veló tikách shochad*:

"Subornar, dizem os sábios, não precisa ser só com dinheiro (*Mamón*); pode-se subornar alguém também com palavras. E perguntam *heichi damí*

---

7 Bava Batra 9b.
8 Ketubot 105b.
9 Toledot 8.
10 Ketubot 105b.

shochád bidevarim, como se pode subornar com palavras?" E exemplificam: "Rabi Shemuel estava prestes a atravessar sobre um rio; um homem veio ao seu encontro, e lhe estendeu a mão (quis ajudá-lo). Rabi Shemuel perguntou pelo motivo dessa gentileza, e o homem respondeu: Tenho um processo no tribunal. Neste caso – retorquiu o Mestre – saiba que eu estou proibido de ser o seu juiz".

No quarto degrau, o arauto avisava: *Ló titá lechá asheirá, kol étz etzél mizbách Hashém Elokécha*, não plantarás para ti nenhum poste-ídolo, nem árvore junto ao altar do Eterno. A deusa Asherá, árvore idolatrada pelos pagãos, era segundo a mitologia da Antiguidade a mulher do ídolo Baal, cuja principal atividade consistia em desviar as moças do caminho correto e honesto. O nexo entre a *asherá* e um juiz indigno é explicado no *Talmud*, onde o Mestre Résh Lakísh nos adverte: *Kol hamaamíd daián al hatzibúr sheeinó hagún, keilu notea asheirá beisrael*: "Aquele que empossar um juiz indigno para julgar a coletividade, é como se plantasse uma árvore idólatra em Israel"[11].

No quinto degrau, o arauto advertia: *Lo takím lechá matzeivá*, e não levantarás para ti uma *matzeivá*, um altar dos pagãos, feito de uma só pedra. E o famoso Rabi Yonatán Eibeschuetz[12] interpretou essa prescrição do ponto de vista ético: o coração de um verdadeiro guia espiritual judaico, nunca se deve petrificar, cuidando só do seu "ego", sem participar ativamente nos problemas concernentes à sua *kehilá*; ele não se pode isolar no seu estúdio, na sua biblioteca, para não ver o que se passa ao seu redor.

E, finalmente, no sexto degrau, o arauto exclamava: *Ló tizbách laDoshém Elokécha, shór vassé ashér yihié bo múm, kol davár rá*, não sacrificarás, ao Eterno teu D'us, boi ou cordeiro em que haja imperfeição ou qualquer defeito grave. Aos líderes espirituais ou leigos de uma congregação ordena-se cuidar para que as receitas da *kehilá* provenham de fontes dignas, sérias. Não se deve aceitar contribuições para o *kahál* de pessoas sem escrúpulos, de má fama, que ganharam a sua fortuna ilegal e desonestamente.

---

11   *Sanhedrin* 7b.
12   Grão-rabino de três notáveis comunidades judaicas Hamburgo, Altona e Wandssbeck, 1690-1764.

Todas essas prescrições tão rigorosas visam a um único fim: *Lemaán tichié*, para que vivas, no sentido do médico que receitou ao seu doente uma dieta rigorosa, por estar interessado em que seu paciente continuasse a viver; e para viver o homem necessita não só de alimentação nutritiva material, mas também de alimentação espiritual, comportamento ético e estilo de viver peculiar. E foi esse cuidado prescrito na *Torá* que nos sustentou até hoje, e há de orientar-nos eternamente para o nosso próprio bem e para a bênção da humanidade.

Ki Tetzê

Ki tetzê lamilchamá al oivécha, untanó Hashém Elokécha beiadécha.
Quando saíres à guerra contra os teus inimigos, e os entregar o Eterno teu D'us, em tuas mãos[1].

É interessante notar que, já na *parashá* antecedente, a *Torá* menciona e analisa detalhadamente o problema da guerra[2], e entre as duas *parashiót* dedicadas ao assunto da guerra, é abordada a matéria que trata da *eglá arufá* (novilha decapitada), como reza o respectivo texto – *ki yimatzé chalál baadamá*, quando for achada uma pessoa assassinada caída no campo, sem saber quem a matou – então sairão os teus anciãos e os teus juízes – e proclamarão e dirão em voz alta: *Iadéinu lo shafchú et hadám hazé, veeinéinu lo ráu*: nossas mãos não derramaram este sangue, não temos nenhuma culpa neste assassinato, e os nossos olhos não viram[3]. O *Talmud*[4] explica o significado dessa afirmação da parte dos anciãos e dos juízes: *Ló bá leiadéinu upetranúhu, veló rainúhu, vehinachnúhu*: ele não se apresentou perante nós, e não foi mandado embora sem ter recebido a alimentação necessária para poder continuar marchando até o próximo lugarejo; *vehinachnúhu beló levaiá*, nem deixamos que ele se fosse embora, sem ser acompanhado. E da afirmação "os nossos olhos não viram", deduzem os mestres no *Talmud*[5] que os juízes judeus não podem ser cegos, pois precisam "ver" o que se passa e o que acontece no seu meio ambiente.

---

1 Dt 21, 10.
2 Dt 20, 1.
3 Dt 21, 1-7
4 *Sotá* 38b.
5 *Sanhedrin* 34b.

Após esse esclarecimento, o raciocínio indaga: qual o motivo de a *Torá* ter colocado o assunto de um indivíduo desconhecido assassinado entre as *parashiót* que abordam o problema de guerras? Qual será, ou melhor dito, qual poderia ser a analogia entre um indivíduo civil assassinado, e a hipótese de precisar pelejar contra inimigos? Conhecendo a índole do nosso povo enobrecido pelos ensinamentos da *Torá*, a *Torá* estava com receio de que uma guerra fosse capaz de corromper o caráter do povo judeu; temeu que o derramamento de sangue (*shefichát damim*) se tornasse um hábito, uma normalidade, ou, como pregavam os generais alemães, uma necessidade sociológica. E é por isso que a *Torá* distinguiu claramente entre vítimas de guerra e o assassino de um indivíduo particular, pelo qual os anciãos e os juízes (o *Sanhedrin*) são responsáveis. Mesmo em tempo de guerra, devemos cuidar e proteger a vida particular de cada ser humano. A advertência da *Torá* é bem clara: *Ki tikráv el ír lehilachém aleha, vekaráta eiléha leshalóm*: quando te aproximares de uma cidade para pelejar contra ela, oferecer-lhes-ás a paz[6]; e seguidamente, temos o aviso bem definido: *ki tatzur el ír iamím rabím lehilachém aleha letofsá, lo tashchít et etzá, lindóach aláv garzén, ki miménu tochál, veotó lo tichrót*: quando sitiares uma cidade por muitos dias, pelejando contra ela para a conquistar, não destruirá o seu arvoredo, metendo nele o machado, porque dele comerás; pelo que não o cortarás[7]. Quão sublime é esse preceito! Mesmo em tempos de guerra, em circunstâncias tão anormais, o homem não deve perder a imagem humana, aquilo que é humano nele, e o faz distinguir do animal feroz.

Destarte, a *Torá* procurou preservar em nós a centelha sagrada, mesmo quando matar se tornou um dever. E no mesmo contexto, um outro conceito sumamente ético. O texto, na *parashá*[8] reza: "Se vires entre os cativos da guerra uma mulher formosa, e a desejares, o teu dever é casar com ela; e se depois de passar um certo tempo, não a quiseres mais, então a deixarás ir em liberdade; e não a venderás por dinheiro; não te servirás dela, porque a afligiste". Gostaríamos de saber quem dos povos assim chamados civilizados, cultos, progressivos no sentido educativo e

---

6   Dt 20, 10.
7   Dt 20, 19.
8   Dt 21, 10-14.

pedagógico, dos povos que se consideram humanistas, jamais respeitou semelhantes leis de guerra? Quem deles jamais se preocupou em poupar as árvores, ou respeitou as mulheres do inimigo? Somente a *Torat Moshé* cuidou do destino dos fracos e desamparados, mesmo tratando-se do inimigo. E é por isso que o mundo não judeu não é capaz de compreender a nossa mentalidade, considerando a nossa moral como *mussár avadim*, moralidade de escravos, moralidade de um povo fraco e oprimido, que pretende defender os interesses dos infelizes e angustiados. As palavras do patriarca Isaac ao seu filho Esaú (Essáv) *veál charbechá tichié*, e por tua espada viverás[9], continuam a ser o ideal de Essav e de seus descendentes, qual não seja a sua cor, vermelha ou castanha.

Os fatos que testemunhamos confirmam a nossa afirmação. As potências que foram combater o nazismo deveriam, se forem honestas consigo próprias, fazer um *chesbón hanéfesh*, um balanço de consciência, sentando-se elas mesmas no banco dos réus, revisando à luz da verdade, da sinceridade, da democracia, e dos direitos humanos que pretendiam defender e conservar, os seus atos, o seu procedimento, para após uma análise minuciosa, escrupulosa e honesta descobrirem se a promessa de Isaac a Essav, "por tua espada viverás" não é e não continua a ser também o seu ideal, se as barbaridades das hordas hitleristas não foram uma consequência de milhões e milhões de nazistas camuflados, de ódio potencial acumulado, doutrinado, pregado nos púlpitos durante séculos por padres e pastores, que nas bocas usaram o nome de D'us, enquanto suas mãos derramavam sangue inocente, como bem caracterizou o Salmista[10]: *Romemót E-L bigronám, vechérev pifiót beiadám*: nos seus lábios estão os altos louvores do Eterno, e nas suas mãos uma espada de dois gumes. Recordamos uma resposta que o grande Mestre, rabino Yeruchám Gorelik, deu na ocasião em que foi apresentado aos ouvintes da Yeshivá University em Nova York, como "professor" Gorelik. Ele retorquiu imediatamente: "Eu não sou professor, e tenho vergonha de ser intitulado 'professor', pois foram os professores que descobriram o processo científico de como fabricar sabão com gordura humana". Eis uma resposta de um *talmid chachám*, um

---

9 Gn 27, 40.
10 Sl 149, 6.

judeu culto e versado nos ensinamentos da *Torá*, que condensa a quintessência de duas concepções radicalmente opostas uma à outra; enquanto uma prega morte e devastamento, a outra legou para a eternidade a responsabilidade pela vida alheia, mesmo em tempos de guerra.

II

Não há ninguém entre nós que já não tenha sentido a sordidez do antissemitismo, através de um reparo pejorativo, de uma denúncia caluniosa, de clubes que não admitem sócios israelitas, de isolamento social, como acontece na América do Norte, onde recusam alugar a casa ou o apartamento a gente judaica, ou proíbem aos filhos brincar com crianças judaicas. Nós, judeus das Américas, somos especificamente cientes desses fatos. Isso faz-se sentir no nosso subconsciente, e preocupa a nossa mente como uma tremenda e inquietadora sombra em cada jornal israelita e em cada livro. Isso afeta as nossas vidas, de maneira intensa muito mais do que possamos imaginar; a autoconsciência, a tentativa de esconder o judaísmo, e finalmente, tudo que fazemos ou tencionamos fazer, é influenciado pela indagação: *ma iomrú hagoyím*, o que dirão os não judeus? Qual será a reação do meu vizinho não israelita?

Quão paradoxal e contraditória é a nossa sensibilidade perante o antissemitismo! Claro, o nosso destino é infinitamente melhor do que o dos nossos antepassados, pois 1096-1492 foi um período de ininterrupta perseguição; de 1450 a 1789 tivemos a tristíssima era dos confinamentos da população judaica, os guetos; os distintivos especiais nas vestes para marcar a pessoa judaica, miséria, sofrimento indescritível, privação de direitos humanos para os judeus. Isso tudo contribuiu para fazer sofrer aos nossos antepassados um antissemitismo cujas dimensões só dificilmente somos capazes de compreender. Mas tem-se a impressão de que eles aceitaram e enfrentaram os duros golpes do destino com uma sublime indiferença; nada ou pouco está mencionado na literatura dessa época, a sua vida espiritual não foi afetada, e o efeito na sua maneira de pensar também foi nulo.

Como se pode explicar essa estranha inversão da situação? Por que esse paradoxo? Em parte por termos experimentado um pouco a liberdade, e querermos mais, enquanto os nossos antepassados não conheceram o sabor da liberdade, e por isso não cobiçaram uma mudança para melhor. A mesma psicologia aparece no fato de que um homem parcialmente rico é frequentemente menos contente do que alguém que tenha nascido na pobreza, e nunca saboreou o gosto da fortuna.

Mas acontece que a resposta à nossa indagação é muito mais profunda do que aquela que acabamos de citar. Tentaremos analisar o texto da *parashá*. *Zachór et ashér assá lechá Amalék badérech, betzeitchém mimitzrayím, ashér karchá badérech, vaiezanév bechá kol hanecheshalím acharécha, veatá aiéf veiaguéa, veló iaré Elokím*: recorda-te do que te fez Amalek no caminho quando saías do Egito; que te encontrou pelo caminho e feriu todos os desfalecidos que ficavam atrás de ti, e tu estavas fatigado e cansado, e Amalek não temeu a D'us[11]. Nesse relato da *Torá*, os mestres reconhecem o símbolo de todo o antissemitismo; Amalek e o hediondo ataque aos fracos e cansados é o arquétipo do antissemita zoológico. Os Sábios retiraram daí a conclusão de que somente os abatidos em Israel sentiram a espada do antissemitismo. Somente quando Israel está fatigado e cansado, e não reverencia o Eterno, só então acontece que Israel é acossado pelo antissemitismo. Acaso não se acha a resposta para o nosso paradoxo expressa no texto bíblico? Os nossos antecessores medievais não tinham gente fraca no seu exército; não estavam cansados do seu judaísmo. Ao contrário, o judaísmo orientava suas vidas, dava-lhes ideais, robustecia-os com um senso de dignidade. Consequentemente, o mundo em torno deles, o seu meio ambiente, poderia encolerizar-se contra eles, e a fúria dos não judeus não os preocupava muito. Cientes do seu judaísmo, aceitaram os sofrimentos pelo fato de serem judeus como sendo parte inevitável de uma tarefa eminentemente honrosa. E pelo fato de não estarem cansados do seu judaísmo e não se considerarem vagueando por estradas pouco acolhedoras, eles encararam de frente o mundo hostil para com os seus ideais.

Mas para nossa geração, o judaísmo é remoto, muito distante; não é para nós um ideal elevado, não desperta em nós o senso de que aquilo que estamos fazendo como judeus é eminentemente sublime.

---

[11] *Dt* 25, 17-18.

Nós não temos supremos ideais a respeito do nosso judaísmo, ideais capazes de nos fazer flutuar acima das ondas perigosas que ameaçam a nossa existência; e por isso, cada insignificante limitação ou restrição irrita-nos, oprime-nos e assusta-nos, de maneira a viciar as nossas vidas, já cheias de distorções. E destarte nos defrontamos com o antissemitismo. Qual é pois o rumo que devemos seguir? Qual é a atitude que devemos assumir? Os racionalistas opinam: Deixai-nos primeiro descobrir a causa, e logo saberemos como curá-la. Sendo religiosos – surgirá um antissemitismo ateísta; ficando na ignorância – os professores universitários se encarregarão de divulgar o antissemitismo; dedicando-nos à economia, os povos assim chamados socialistas-comunistas, e não menos os nazi-fascistas, nos desprezarão por sermos capitalistas, querendo com o nosso dinheiro comprar e dominar o mundo, como foi "demonstrado"(?) cientificamente em panfletos miseráveis no gênero de *Os Protocolos dos Sábios de Sion*, ou no *Mein Kampf*, do louco paranoico Adolf Hitler (*Yimách shemó vezichró*)[12]. Tentar analisar as causas do antissemitismo é um empreendimento fútil.

A segunda solução proposta pelos assim chamados "filossemitas", por aqueles cujos "melhores amigos são judeus"(!) e por isso ficam irritados se tachados de antissemitas, aquela solução corriqueira aconselhada pelos que esperam a nossa morte "pelo beijo", solução essa que ouvimos do nosso meio ambiente não judeu: "Vocês judeus são odiados, por serem chauvinistas demais, por serem cientes demais da sua religião, da maneira de pensar, de não admitirem proselitismo etc. etc.; deixem sua singularidade, desjudaízem as suas vidas, imitem os seus vizinhos não judeus, tornem-se mais papistas que o papa, e deixará de existir o problema judaico, e não serão mais suspeitos de 'dupla nacionalidade'". Outra solução que carece de base, por falta de raciocínio. Essa solução só terá por consequência criar em nós um complexo de inferioridade, agravar a nossa sensibilidade, e aumentar a repressão e a timidez. A longa e rica história judaica, as experiências durante séculos, nos ensinaram que nem a paz, a felicidade, e tampouco uma adequada adaptação, hão de solucionar o problema complexo do antissemitismo.

---

12 "Sejam apagados seu nome e sua memória".

Uma resposta para o antissemitismo encontramos na intuição dos nossos mestres. Não menos judaísmo, ao contrário, muito mais; só os fracos e os cansados sentem as nefastas consequências do antissemitismo, e por isso, se queres sobreviver como judeu, deixa de ser fraco. E para isso precisas estudar a herança espiritual e os ideais elevados do judaísmo; mas estudar academicamente não basta, pois a história e ética judaica não podem ser ensinadas; devemos viver e tomar parte ativa nos conceitos e ensinamentos do judaísmo. E os resultados serão um orgulho que há de elevar-nos acima de todas as setas e fundas arremessadas contra nós; uma perda do senso de futilidade – ninguém sofre de restrições por nada; uma recaptura daquele sublime senso de indiferença para com as opiniões dos outros, que é outorgado aos que estão engajados numa obra muito importante.

E repetimos: não menos judaísmo, mas sim muito mais; não uma alienação gradual das fileiras do povo judeu, mas uma aproximação cada vez mais estreita, e uma identificação cada vez mais sólida com tudo que nos diz respeito. Se conseguirmos isso, deixaremos de ser incomodados por aquele fantasma assustador que persegue o judeu moderno.

Não acreditamos que o antissemitismo há de entregar as armas que preparou contra nós, abraçando-nos com amor e afeto, mas, isso sim, acreditamos inabalavelmente que o nosso amor à causa de Israel nos animará de tal maneira, que deixaremos de estar interessados no que o antissemitismo diz e faz. Deixaremos de ser igual àquele homem que é compelido a marchar num atalho embaraçoso, no qual não está interessado, e portanto ressente cada pedra e cada espinho por onde pisar; e nós tornaremos a ser, como o foram os nossos antecessores, como alguém que marcha na estrada por gostar dela, sem ligar aos empecilhos e aos obstáculos que dificultam a sua caminhada, porque a sua alma é animada pelo senso da beleza do que a rodeia, e com a feliz realização do glorioso ouro que a espera no fim da estrada.

III

Quem estiver interessado em conhecer e compreender a peculiaridade do caráter judaico, quem quiser perceber a *neshamá* (alma) da nossa concepção ético-filosófica e social, quem quiser entender o humanismo judaico, deve estudar atentamente os ensinamentos dessa *parashá*.

O grande estadista inglês Lloyd George, que durante a Primeira Guerra Mundial de 1914-1918 era primeiro-ministro da Grã-Bretanha, era um apaixonado estudioso da *Bíblia*, e um convicto filossemita. A *Bíblia* era a sua leitura predileta, e na sua brilhante carreira de eminente político e grande tribuno parlamentar, não deixou passar nenhuma ocasião sem citar nos seus debates os preceitos ou provérbios do Livro dos Livros. Num de seus brilhantes discursos, que pronunciou na câmara dos deputados poucos meses antes de falecer, nessa alocução dedicada à análise de como assegurar a paz, disse ele: "Há duas maneiras opostas de evitar no futuro essas estúpidas guerras sangrentas, que devastam o mundo e arruínam a humanidade; estas maneiras são 'armar' e 'desarmar'". E exemplificou: "Esaú e Israel representam os protótipos da primeira maneira, pois são fervorosos adeptos da peleja, da guerra e do ódio. Esaú aspirou, segundo relato bíblico, a ser um *ish iodéa tzáid*, um perito caçador[13], que só se pode viver *com* e *pela* espada. Ambos os grandes e poderosos povos", continuou George, "admiraram a força bruta, acreditaram que os problemas pendentes entre os povos são e podem ser solucionados por guerras, e os herdeiros desses povos abraçaram esses ideais que prevalecem até hoje. Qualquer litígio que surja na terra política universal, qualquer divergência ideológica de caráter internacional, são e podem ser resolvidos pelo aniquilamento radical do oponente. Mesmo as democracias atuais", continua George, "dedicam uma grande parte do orçamento nacional a um permanente e assustador aumento do armamento, convencidos de que essa é a única forma capaz de impedir um futuro flagelo mundial. Elas pensam ingenuamente que os colossais sacrifícios em vidas humanas e bens materiais da parte do vencedor e do derrotado impedirão futuras guerras. O único meio eficaz", exclamou Lloyd George ardentemente, "é o ideal sublime dos profetas israelitas, é a visão de Isaías que prediz: *vechitetú charvotám leitím, vechanitoteihém lemazmerót; ló yissá goi el goi chérev, veló yilmedú od milchamá*: estes converterão as suas espadas em relhas de arados, e suas lanças em popadeiras: uma nação não levantará a espada

---

13 Gn 25, 27.

contra outra nação, e não aprenderão mais a guerrear[14].A mesma profecia, com pequenas diferenças filológicas, como: *charvotám/charvoteihém, ilmedá/yilmedún*, prediz o profeta Michá[15]. Pois se não houver armas bélicas, não haverá guerras. Deixai-nos, pois, senhores", acabou George o seu belo discurso, "preparar uma geração nova, que aspire aos ideais dos profetas, uma geração que pretende preparar o dia de amanhã, não com munições sofisticadas de destruição, mas sim munida de respeito ao próximo".

Aspirações imperialistas são contra a ética judaica; a nossa moral proíbe fazer guerras de expansão territorial, de conquistas, de opressão contra as minorias. *Ki tetzé lamilchamá al oivécha*, quando saíres forçosamente à peleja contra os teus inimigos, convencer-te-ás primeiro *shehú oivécha*, que ele é de fato um inimigo que pretende destruir-te, que não quer admitir a tua existência independente, que tenciona atirar-te para o mar, como planejaram Nasser e seus sucessores na guerra de defesa dos Seis Dias em 1967; mas tu, Israel, não deves atacá-lo primeiro. A *Torá* e os mestres distinguiram três categorias de guerras: 1. *Milchémet chová*, 2. *milchémet mitzvá*, e 3. *milchémet reshút*. Primeiro, *milchémet chová*, guerra de dever, isto é, aquela peleja ordenada pelo Eterno para conquistar a terra dos sete povos que impugnaram com toda espécie de obstáculos a nossa conquista da terra prometida; segundo, *milchémet mitzvá*, ou também *milchémet maguén*, guerra de defesa contra o inimigo que pretende conquistar pela força a nossa terra; e finalmente, 3. *milchémet reshut*, guerra de expansão, de anexação. E Rashi explica logo no começo da *parashá* que o problema da guerra que estamos abordando é o de uma *milchémet reshút*, uma guerra de anexação territorial, sublinhando destarte que o povo de Israel não é um povo guerreiro; que, se ele é obrigado a pelejar, é somente para defender e para garantir a sua existência ameaçada pelos inimigos que o rodeiam. Vale a pena mencionar que, na guerra de defesa e de dever = *mitzvá* e *chová* = todos são mobilizados, mesmo *chatán mechedró* e *kalá mechupatá*, o noivo sai do seu quarto e a noiva da tenda nupcial; enquanto na guerra de *reshút*, de expansão, a *Torá* já determinou muitas

---

14 Is 2, 4.
15 Mq 4, 3.

restrições e inúmeras exceções para os que foram convocados. Aliás, a guerra de anexação só pode ser proclamada com o consentimento do Grande Beit Din (tribunal superior), composto de 71 juízes[16].

Os ensinamentos ético-sociais a serem observados pelo combatente foram por nós expostos e analisados numa explicação anterior, relacionada com esse assunto. Se pensarmos por um instante só em como os soldados alemães, russos, franceses, ingleses e americanos trataram, nessas últimas duas guerras mundiais que testemunhamos, às mulheres e a população civil nos países conquistados, não só ficamos horrorizados, mas o que é muito pior ainda, duvidamos da civilização desses povos. O escritor Bernard Shaw observou certa vez, na sua sátira mordaz: "Se um tigre devora um homem por ter fome, consideramos isso como sendo uma selvageria, mas se um homem saciado mata um tigre por esporte, isto é sinal de civilização".

Na literatura rabínica, temos um provérbio característico, uma espécie de "jogo de palavras" (*jeu de mot*) que reza: *Bishloshá devarím adám nikár: bekossó, bekissó uvchaassó*[17]: por três coisas podemos reconhecer o verdadeiro caráter humano (um teste psicanalítico), como ele é de fato, e não como ele pretende ser perante os outros. *Bekossó*, pelo copo, isto é quando o homem bebeu demais, estando já num estado de completa embriaguez, não sendo mais capaz de controlar as palavras que lhe saem da boca, numa situação dessas revela-se perante nós o caráter humano, pois é sabido: *nichnás iayín iatzá sód*, com a entrada do vinho, sai o segredo. *Bekissó*, pelo seu bolso, pela maneira como o homem dá; não pela quantidade, mas sim exclusivamente pela maneira de dar: se de bom grado, espontaneamente, com prazer, de própria vontade, com alegria e sorriso de poder contribuir, ou dá contrariado, aborrecido, dá somente *par noblesse oblige*, para que saibam que também é um contribuinte, neste caso para publicidade; e finalmente o indivíduo é reconhecido *Bechaassó*, na sua ira, cólera, quando na sua raiva perde o equilíbrio mental e as noções básicas da educação, deixando-se levar pelo seu instinto animalesco, e as palavras

---

16 *Sotá* 44b.
17 *Eiruvin* 65b; *Derech Eretz Zuta* 5.

que pronuncia se tornam setas venenosas que ferem o semelhante, e as suas ações são ofensas dolorosas e humilhantes.

Citamos essa máxima talmúdica com o propósito de sublinhar os ensinamentos humanos dessa *parashá*, da qual podemos concluir que nunca na vida, mesmo em circunstâncias tão anormais como uma guerra, quando somos obrigados a sitiar cidades que rejeitaram as nossas propostas de paz, e a levarmos cativos, não devemos esquecer o *tzélem Elokím*, a imagem do Eterno em nós, aquela centelha sagrada que nos distingue do animal. E acreditai-nos, vós jovens judeus, que não é a peculiaridade judaica, um chauvinismo nacional ou religioso que nos faz louvar o Eterno com as palavras: *Barúch shenatán Torá leamó Israel bikdusható*, abençoado seja Ele, que deu a Torá ao povo de Israel na Sua Santidade. O que evoca em nós essa oração é a nossa veemente aspiração de espiritualizar a nossa vida, a vontade de contribuir para um progresso esclarecido da humanidade, para que também ela saiba e sinta aquilo que é o *leitmotiv* de toda essa *parashá*: *Ki Adoshém Elokécha mithaléch bekérev machanécha – vehaiá machanécha kadósh, veló yir'é bechá ervát davár, vesháv meacharécha*, porque o Eterno, teu D'us, anda no meio do teu acampamento, portanto ele será santo, para que Ele não veja em ti coisa indecente no teu comportamento e nas tuas ações, e se aparte de ti[18]. *Kedushát hachayím*, a consagração constante da vida, é o imperativo categórico da concepção judaica.

---

[18] *Dt* 23, 15.

Ki Tavô

I

Vehaiá ki tavô el haáretz – velakachktá mereishit kol perí haadamá – vehinichô lifnéi mizbách Hashém Elokécha. E quando entrares à terra que o Eterno, teu D'us, te dá por herança – tomarás das primícias de todo fruto da terra – e o sacerdote pousará o teu cesto diante do altar do Eterno, teu D'us[1]. E o *Sifre*[2] comenta: *Assé mitzvá, shebischará tikanés laáretz,* pratica uma *mitzvá* que te fará merecer a entrada na terra prometida. A primeira fruta da terra, figos maduros, uvas maduras, romãs maduras, que pertencem aos frutos selecionados entre as sete espécies com as quais a Terra Prometida foi distinguida.

A ideia sublime de *havaát habikurím,* da oferta das primícias, visava a expressar, através de uma cerimônia religiosa e singela, a perfeita harmonia e a sincera gratidão existente entre o Poder Divino que multiplica o homem frutificando-o, sustentando todos os seres vivos, e a terra que foi dada ao homem a fim de enchê-la, tornando-a, através do seu labor e cuidados, produtiva, frutífera e benéfica. As primícias eram entregues ao Eterno, expressando destarte o privilégio do homem de cooperar ativamente na união existente entre o céu e a terra.

O homem semeia e planta e a chuva e o sol geram o benefício do labor investido, para que o homem, o lavrador, possa ter o prazer e a satisfação de poder cortar e ceifar.

---

1 Dt 26, 1, 2, 4.
2 *Midrash* halachico para os livros de *Números* e *Deuteronômio*.

O gesto de levantar o cesto com as primícias, pousando-o diante do Eterno, manifesta também o liame entre o céu e a terra: a chuva que vem de cima sacia a terra tornando-a frutífera, germinativa, e a cooperação do homem que consiste em semear, plantar, cortar e ceifar.

Uvatá el hacohén, e virás ao sacerdote, *veaníta veamartá*, e falarás em voz alta, mas suave, e dirás[3]. Trata-se do pronunciamento de um *vidui*, confissão; apesar de que, segundo a ética judaica, o *vidui* só poderia ser proferido diante do Eterno durante a cerimônia de ofertar as primícias, a confissão deverá ser recitada em voz alta e em hebraico diante do sacerdote que oficiar naqueles dias, isto é, somente quando o *cohén* estiver presente, pois as primícias representam um sacrifício, uma oferta entregue aos cuidados do sacerdote. E para melhor compreensão dessa *mitzvá*, devemos acrescentar mais um esclarecimento.

O termo *vidui* (confissão) é vulgarmente interpretado como sendo uma declaração de pecados e erros feita por penitentes; mas a confissão relacionada com a oferta das primícias é de índole mui diferente. Com a declaração feita nessa ocasião solene, pretendemos proclamar o nosso sincero reconhecimento da Providência Divina que governa a vida nacional e o destino do povo, seja nos acontecimentos transcendentais que formaram a nação, seja nas modestas realizações particulares; nos frutos da terra obtidos com a ajuda das leis naturais, assim como através de manifestações miraculosas e explícitas. E assim como na confissão dos desvios do bom caminho, o puro sentido da declaração deve ser o arrependimento, o reconhecimento do erro, a firme vontade de emendar-se, por se tratar de um exame de consciência ligado a um nobre propósito para o futuro, assim também o *vidui* relativo à oferta das primícias pretendia estimular o homem no cumprimento do seu dever perante o Eterno, evitando o relaxamento dessa *mitzvá* por causa dos diversos obstáculos e aborrecimentos que a colheita do fruto da terra pudesse causar.

Veaníta veamartá, e falarás e dirás, *lifné Hashém Elokécha*, diante do Eterno teu D'us; sabe, diz-nos a *Torá*, que a tua declaração é diante de teu D'us, e não diante do sacerdote, que com a sua presença testemunha que assistiu ao ato da entrega.

---

[3] Dt 26, 3, 5.

E a *Torá* nos dá o texto do *vidui*, que nos parece mais um desabafo de um coração grato, que chora de alegria, que agradece comovido a bondade do Eterno em poder colher o fruto do seu labor investido. *Aramí ovéd aví, vaieréd mitzráima, vaiagór shám bimtéi meát, veiehí shám legoi gadól atzúm varáv*. Labão, o arameu, quis fazer perecer o meu pai, e esse desceu ao Egito e peregrinou ali com pouca gente, e ali veio a ser uma nação grande, forte e numerosa[4].

Os exegetas nos legaram duas explicações distintas desse versículo, mas ambas nos parecem exatas. A versão de Rashí é: Não querendo que o nome do malvado Labão apareça na confissão feita durante a cerimônia da oferenda das primícias, a *Torá* intitula Labão como *Aramí ovéd aví*, o arameu que pretendia aniquilar o patriarca Jacob, perseguindo-o com o intuito de privá-lo de tudo o que Jacob adquirira após 20 anos de honesto trabalho e de inúmeras privações; e para sublinhar o fato que o primeiro Labão e os seus descendentes (os inimigos do povo Israel através dos milênios) não renunciaram à vontade de perseguir os filhos de Israel, a *Torá* usa o verbo *ovéd* no presente, indicando que ainda hoje em dia somos perseguidos, e persiste a vontade nefasta para nos fazer mal, e se não fosse a mão protetora do Eterno Guardião de Israel, há muitos anos o povo de Israel não mais existiria. Teríamos desaparecido da arena da história universal, como os outros povos da Antiguidade, como a Assíria, o Egito, Atenas e Roma, que só são relembrados graças aos monumentos suntuosos que deixaram atrás de si. Mas segundo uma outra opinião, que se baseia nas interpretações dos exegetas Abraham Ibn Ezra, Sforno, Maharal e outros, o *aramí* e todo esse versículo diz respeito ao patriarca Jacob, que veio de *Aram Naharáyim* (Mesopotâmia), sendo um arameu perdido, sem terra e sem pátria; *avi*, o meu pai era um estranho no Egito, aquele *Mitzrayim* simbolizando essa diáspora e todas as dispersões futuras. Também os nossos antepassados das últimas gerações que vieram a Israel das diásporas europeias e dos países asiáticos, eram *ovdim*, perdidos entre as diversas nações que os perseguiram, difamaram e massacraram, e só em *Medinat* Israel, no seu próprio solo, se tornaram agricultores e

---

4   Dt 26, 5.

fundaram a *Mediná*. Uma forma sobre-humana operou neles, para os redimir da escravidão à liberdade.

Vaieréd Mitzráima, Jacob, o judeu, desceu às *galuiót*, forçado pelo destino e pelas circunstâncias calamitosas, e apesar de ter lá passado muitos anos – *vaiagór shám* não foi com a intenção de se radicar nesse meio hostil, mas somente para peregrinar. Eis o incrível milagre: as centenas de anos de dispersão não foram capazes de extinguir da sua alma a ardente vontade de retornar à terra prometida aos seus ancestrais.

Bimtéi meát, com pouca gente: na época da destruição do Segundo Templo, éramos numericamente muito grandes, mas a dispersão reduziu-nos a menos de um milhão no fim da Idade Média. *Veiehí shám legói*, e ali veio a ser uma nação – apesar das opressões e massacres, o povo de Israel conseguiu distinguir-se de uma maneira extraordinária em diversos campos, mas especialmente no campo espiritual, científico e artístico, despertando destarte a inveja e o ódio do seu meio ambiente, como nos relata a *Torá*: *háva nitchakmá lo pen yirbé vehaiá ki tikréna milchamá, venossáf gam hu al sonéinu*, vinde, usemos de astúcia para com ele, para que não se multiplique e aconteça que, havendo guerra, ele se una com os nossos inimigos[5]. *Gadól atzúm*: a força espiritual dos judeus na diáspora é muito poderosa, aumentando constantemente. *Varáv* e numerosa – como está escrito: *Revavá ketzémach hassadé netatích*[6], Eu te fiz multiplicar como o renovo do campo, e cresceste, e te engrandeceste e alcançaste grande formosura; *Varáv*, o povo de Israel teve e continuará a produzir vultos com grandes almas. E o fundador do hassidismo, Rabi Israel Baal Shém Tov[7] interpretava: Não existe qualquer erva na terra que não tenha o seu destino no céu, e a erva almeja aproximar-se ao ser celestial, e por isso ela cresce. O mesmo aconteceu com o povo de Israel em todos os países de sua dispersão; ele também almejou aproximar-se às esferas superiores, e por isso cresceu! E foi esse desejo tenaz, cultivado e alimentado durante os milênios, que não o deixou perecer entre os povos hostis que o rodeavam.

---

5   *Ex* 1, 10.
6   *Ez* 16, 7.
7   Refere-se ao famoso rabino Israel ben Elieszr 1699-1760, conhecido por BESHT.

*Vaiaréu otánu hamitzrím vaieanúnu*⁸. E nos trataram mal os egípcios, e nos afligiram. E não só os *metzirím*/egípcios, mas também os *metzirim*, os opressores do povo de Israel de todos os tempos, até os nossos dias, perseguiram-nos, conduzindo-o à matança como o rebanho ao matador.

*Vanitzák el Hashem Elokéi Avotéinu, vayishmá Hashém et oniéinu, vaiár et oneiéinu, veét lachatzéinu*⁹. E clamamos ao Eterno, D'us de nossos pais; e ouviu o Eterno nossa voz, e viu nossa aflição e nossa opressão. Durante centenas de anos, o povo de Israel foi desdenhado e desprezado, e mesmo assim não se deixou abater pela desgraça. Nas últimas gerações, uma forma superior animou o espírito dos nossos antepassados, promovendo uma revolução nas suas próprias vidas, com o intuito de redimir a si mesmos e a terra ancestral. *Uvemorá gadól, uveotót uvemoftím*, com grande temor e com sinais e com milagres. *Morá gadól* quer dizer: a revelação da Onipresença Divina, como está escrito: *Hanissá Elokim lavó lakáchat ló gói mikérev gói, bemassót beotót uvemoftím, uvemilchamá*¹⁰. Acaso o Eterno tentou vir e tomar para si uma nação do meio de outra nação, por meio de provas, de sinais, de milagres, de guerra, com grandes feitos temíveis, como tudo o que fez para vós?

Com "feitos temíveis": o Eterno tirou o povo de Israel do meio dos inúmeros povos de seu convívio; houve e ainda existem provações difíceis, internas e externas; houve uma tremenda guerra, perdemos um terço do nosso povo; mas surgiu o braço estendido e um poder forte, houve "feitos temíveis".

Vaieviénu el hamakóm hazé, vaiten lánu et haáretz hazót, éretz zavát chaláv udevásh: e trouxe-nos a este lugar, e deu-nos esta terra, terra que mana leite e mel¹¹. As últimas gerações lograram essas façanhas: o renascimento da língua hebraica, a colonização agrícola de *Eretz Israel*, o reflorescimento das zonas desertas durante milênios, o revigoramento da "lei do retorno", a proclamação e a fundação de *Medinat* Israel, e o milagroso retorno de dezenas de milhares de judeus russos à pátria judaica. Esses

---

8   Dt 26, 6.
9   Dt 26, 7-8.
10 Dt 4, 34.
11 Dt 26, 9.

são os primeiros capítulos no processo renovador do nosso povo; esses feitos representam o prólogo da transformação espiritual no nosso povo, até que tenha algo de transcendental a dizer e para dar à humanidade inteira, às gerações futuras.

II

Vehaiá ki tavó el haáretz – velakachtá mereshít kol perí haadamá – vehinichó lifné mizbách Hashém Elokécha: E quando entrares à terra que o Eterno teu D'us te dá por herança – tomarás das primícias de todo fruto da terra – e o pousarás no altar do Eterno[12]. – A tua primeira fruta, o teu primeiro lucro, o teu primeiro vencimento, pertencem ao Eterno. Rabi Josef Albo[13], explica que a ideia das primícias consiste em *lintoa belév kol echád me-Israel et hahakará, shemá sheiésh lo, meAdoshém nitán lo*: em plantar em cada coração judaico o reconhecimento de que tudo o que ele possui é dádiva do Eterno. Só quem tiver essa consciência, esse senso de gratidão para com o Eterno, oferecerá sem hesitação o primeiro fruto a D'us, abrirá prazerosamente a mão a fim de contribuir a *terumá*, oblação, ao sacerdote; o *maasser rishon*, o primeiro dízimo, ao levita; o *maasser aní*, ao pobre; aquele que estiver ciente que *hakól nihié bidvaró*, por cuja palavra tudo foi criado, que tudo que possuímos não é fruto do nosso esforço pessoal, mas que é D'us que abençoa a obra e o labor das nossas mãos, não vacilará em abrir o seu coração ou seu bolso para contribuir com a sua quota para todos os necessitados do seu meio ambiente ou para *Medinat Israel*.

Veaníta veamartá, e exclamarás e dirás: *Aramí ovéd aví*: Labão, o arameu, quis fazer perecer o meu pai; os *amalekim*, os Labãos e os *Hamanim* de todos os tempos quiseram aniquilar-nos durante a nossa permanência na diáspora, mas a Providência Divina velou sobre nós, livrou-nos das suas

---

12 Dt 26, 1, 2, 4.
13 Filósofo religioso na Espanha, faleceu por volta de 1495, autor da obra *Sefer Haikarím*, livro dos princípios básicos do judaísmo, limitando-os a três (em vez dos treze de Maimônides) sendo estes três, crer em Deus, na revelação, e na retribuição após a morte.

garras e trouxe-nos à terra prometida; e agora, vivendo no meu próprio solo, ofereço ao Eterno com gratidão as primícias da terra. E a oração a ser proferida durante essa cerimônia é a quintessência da história judaica; a oração a ser pronunciada deverá ser dita em voz alta e em hebraico, primeiro como manifestação, segundo, e isso principalmente, para que as palavras penetrem bem em nossa mente para não esquecermos os acontecimentos mais importantes da história judaica.

Sim, devemos sempre recordar que, com a promessa de brindar-nos com um próprio lar nacional, o Onipotente não tencionou dar-nos uma pátria, para nos tornarmos política e economicamente independentes, mas para redimir-nos espiritualmente, possibilitando ao gênio criativo judaico desenvolver-se no seu próprio solo; nos países da diáspora, não só a nossa situação econômica e sociopolítica depende sempre do *chéssed leumím*, da benevolência dos povos que nos concedem hospitalidade, mas também, e isso é mais doloroso, a nossa existência espiritual é ameaçada e paralisada por estar exposta a influências estranhas à singularidade judaica, influências essas que se refletem amarga e desastrosamente na alma do nosso povo.

O sentido ético de ofertar primícias ensina-nos que o judeu crente não deve esperar até que toda a sua fruta amadureça, e só então contribuir com mão aberta para as instituições espirituais, educacionais e caritativas; mas sim, antes de saber o lucro daquilo que semeou, ele já deve contribuir com sua quota onde é pedido e for necessário. A satisfação em poder dar sem cálculos prévios de ganhos e proventos deve ser o maior prazer, a máxima felicidade do homem.

Com a *mitzvá* de *bikurím*, primícias, diz-nos Moisés nessa *parashá*: *Et Adoshém heemárta haióm*, ao Eterno prometeste hoje[14] que Ele te será por D'us, que andarás nos Seus caminhos, que guardarás os Seus estatutos, Seus preceitos, Seus juízos, e darás ouvidos à Sua voz; *VaAdoshém heemirchá haiom lihiót ló leám segulá kaashér dibér lách – ultitchá elión al kol hagoyím ashér assá lithilá – veliotchá am kadósh laAdoshém Elokechá, kaashér dibér*. E o Eterno afirmou hoje, que tu serás para Ele um povo predileto, como te falou, e que guardarás todos os Seus preceitos, para te exaltar em louvor,

---

14 Dt 26, 17.

renome e glória sobre todas as nações, para que sejas um povo santo ao Eterno teu D'us, como te falou[15].

Veló natáti miménu lemét. Traduzido ao pé da letra, o versículo reza: não dei isso para algum morto; mas uma versão alegórica não menos exata, especialmente para a geração moderna, é: Eu nunca considerei o judaísmo uma religião morta, o meu judaísmo não consiste em dizer *Yizkor* em memória de meus pais, ou em dizer *kadish* pela alma de entes queridos.

No contexto dessa interpretação, recordamos um episódio que o rabino Zvi Epstein relata no seu livro *Higaión Vetzachút* (Meditação e Clareza). Estando ele já há alguns anos como rabino numa grande congregação nos Estados Unidos, seu pai, que vivia na Lituânia, indagou a seu filho a respeito da vida religiosa da sua *kehilá*, e da dos Estados Unidos em geral. Rav Epstein demorou em responder à pergunta do seu pai. Um certo dia, aparece na sua sinagoga um homem de 30 ou 35 anos de idade, e pediu para ajudá-lo a pôr os *tefilin*[16]. Rav Epstein pensou que se tratasse de um *guer* (convertido), mas pelo *shamásh* soube que se tratava de um dos membros da comunidade, que naquele dia fizera *jahrzeit*[17] e que nunca antes pusera *tefilin*. Após esse episódio, o rabino respondeu ao seu pai: na América põe-se *tefilin* no aniversário do falecimento do pai ou da mãe, e o *talit* quando se morre (em ídiche o Rav escreveu: *as m'starbt alein*). Parece uma piada, mas observando a era em que vivemos, estando em contato diário com a nossa geração, constataremos quão crua e nua é essa realidade, infelizmente.

---

15 Dt 26, 18-19.
16 Filactérios.
17 Dia de recordação da data de falecimento de membro próximo da família.

Nitzavim – Vaiêlech

I

Láma nismechá parashá zú leparashát kelalót? Keiván sheshameú Israel et hakelalót, horiku peneihém, veamrú: Mi iuchál laamód beelu? Miád amár lahém Moshé: "Atém Nitzavim", hakelatót maamidót etchém[1].

Quando os filhos de Israel ouviram os severos castigos de desobediência que foram lidos na *parashá* da semana passada (*Ki Tavó*), ficaram apavorados e indagaram: de onde teremos forças para resistir às noventa e oito maldições anunciadas na *Torá*? E Moisés, esse guia espiritual abnegado e bondoso, respondeu-lhes: *Atem nitzavím haióm*, vós existireis hoje. Hoje e eternamente, pois, assim como o mal nasce com o germe de seu próprio aniquilamento, assim também os castigos severos de um pai bondoso só têm em mente o bem-estar e o futuro feliz de seus filhos. Como nos diz o rei Salomão nos seus *Provérbios: Chosséch shivtó soné benó, veohavó shicharó mussár*: um pai que poupa seu filho de castigos e severas censuras, detesta-o; mas o que o ama, cedo o disciplina[2].

O médico consciente não se preocupa se o remédio que receitou tem ou não um sabor agradável; o que ele pretende é curar. Essas censuras amargas, estas *kelalót*, disse Moisés, vos hão de curar, vos hão de fortificar, para poderdes sobreviver a esses incalculáveis infortúnios que vos apoquentarão na marcha através da história universal. *Atém nitzavim haióm.*

---

1   *Midrash Tanhumá Yashan.*
2   Pr 13, 24.

Vocês hão de existir, assegura Moisés, apesar de todas as difamações e perseguições que os assolarão nas inúmeras diásporas, depois de todos os horríveis desastres que os apoquentarão nas diversas dispersões; vocês resistirão. Os seus opressores hão de desaparecer um atrás do outro, eles se afogarão na maldade que semearam, nas infâmias que propalaram contra vocês; mas você, "casa de Jacob", ficará como um *monumento mori*, como foi chamado por D. Isaac Abarbanel, para relatar às gerações vindouras os feitos do Eterno, como expressa maravilhosamente o rei David no seu salmo *lo amút ki echié, vaassapér maasséi Y-A*: não morrerei, mas sim viverei, e contarei as obras do Eterno[3]. *Atém nitzavíi haióm*, e o *Midrash* interpreta *hayissurín kalín vehém bimkomán omdín, veeinán kalín*[4]: os sofrimentos hão de acabar, mas Israel continuará para sempre.

Atém nitzavim haióm, vós estais hoje presentes todos perante o Eterno; os chefes de vossas tribos, os anciãos, os vossos representantes, os filhos, as mulheres, o estrangeiro que está no meio do vosso arraial, do teu rachador de lenha até o tirador de água, sim, todos os homens de Israel, do mais nobre até o mais humilde, pois perante o Eterno sois todos iguais. Para que entres na aliança do Eterno teu D'us, e no seu juramento que *hoje* D'us faz contigo: porque não é somente convosco que faço esta aliança e este juramento, porém com aquele que *hoje* aqui está conosco perante o Eterno, e também com aquele que não está *hoje* aqui[5]. "A eternidade", observa justamente o prof. Hermann Cohen, "é a ideia básica do judaísmo".

A nossa existência há de tornar-se o maior milagre da história universal. Todos os historiadores, amigos e inimigos são incapazes de explicar esse fenômeno de continuarmos a existir, apesar das atribulações que nos inquietaram desde a saída do Egito até a proclamação da independência de *Medinat* Israel. Cada um que tenta desvendar o segredo desse enigma, inventa uma outra hipótese para esclarecer o mistério da nossa sobrevivência. Um povo pequeno e fraco, disperso pelos quatro cantos do mundo, em toda parte uma minoria negligenciada, mas que ocupa,

---

3 Sl 118, 17.
4 *Midrash Tanhumá, Nitzavim* I.
5 Dt, 29, 9-14.

proporcionalmente, um lugar de destaque na civilização e na cultura, em quase todos os países; somos infelizmente o tema central de discussões e debates parlamentares.

Para uns somos individualistas demais, para outros universalistas; para uns somos os capitalistas *par excellence*, para os outros os propagadores das ideias socialistas. Instigado por uma religião que saiu do nosso seio a odiar o judeu, envenenado por ela com um preconceito fanático, feroz e ignóbil para com tudo que diz respeito ao povo judeu, o mundo não judeu aprendeu a generalizar as normas de proceder da nossa gente, julgando o caráter de todo o povo pela atitude de um indivíduo ou de um grupo insignificante. Antes de conhecer-nos de perto, fomos julgados a *priori* culpados e condenados como espúrios. Mas o curioso e o inegável nesse procedimento para conosco é que não deixamos de ocupar no mundo intelectual e espiritual um lugar avançado. Em nenhuma circunstância da nossa existência deixamos de contribuir com o nosso esforço e pesquisa para o progresso humano. Basta tomar em consideração os prêmios Nobel com que fomos distinguidos nas últimas quatro décadas.

Os ensinamentos espirituais da nossa religião continuaram a ser as fontes básicas para centenas de milhões de pessoas religiosas; os nossos profetas continuam a ser os maiores moralistas da humanidade inteira; suas palavras são ouvidas e ensinadas até hoje, dos púlpitos de todas as religiões monoteístas; os nossos ideais de justiça e paz inspiram até hoje todos os líderes democráticos do mundo, servindo-lhes como fontes inspiradoras e magníficos exemplos da pura e verdadeira fraternidade humana, fraternidade hoje em dia mais almejada do que em qualquer era anterior.

Os mestres comparam a existência judaica ao dia: assim como o dia que começa escuro se aclara sucessivamente, o mesmo acontecerá com o povo de Israel; após períodos de escuridão, há de brotar uma nova luz, que jamais se apagará.

Inúmeros são os exemplos da nossa história que nos demonstram que, depois de cada onda de perseguições que nos afligiu, saímos mais robustecidos na vontade de existir, de contribuir para o bem-estar da humanidade e para tudo que é nobre e eterno. Na própria *parashá* desta semana encontramos a confirmação exata daquilo que acabamos de afirmar. *Vehaiá ki timtzéna otó raót rabót vetzarót, veantá hashirá hazót lefanáv leéd, ki ló tishachách mipí zareó*[6]. E quando o tiverem alcançado muitos males e angústias, então este cântico, a *Torá*, o maior poema Divino, responderá ele por testemunha, pois a sua descendência sempre o trará na boca. *Ki hamitzvá hazót ashér anochí metzavechá haióm, ló nifléit hi mimechá, veló rechoká hí*: porque este ensinamento que hoje te ordeno, não é algo enigmático, que não se pode compreender, nem está longe de ti; *ló bashamáyim hí leimór: Mi iaalé lánu hashamáima veikachéha lánu, veiashmiéinu otá venaasséna*[7]: não está nos céus, para dizeres: Quem subirá por nós aos céus que no-lo traga e no-lo faça ouvir, para que possamos cumprir aquilo que está prescrito; *veló meéver laiám hí léimór: mi iaavór lánu el éver haiám veikahchéha lánu veiashmiéinu otá venasséna*. A Torá não está além do mar, para dizeres: Quem atravessará por nós o mar, que no-lo traga, no-lo interprete, para que a cumpramos; *ki karóv eilécha hadavár meód, befícha uvilvavechá laassotó*, pois o verbo do Eterno está mui perto de ti, na tua boca e no teu coração, para o cumprires.

Resumindo podemos concluir: A *Torá* não foi dada somente aos nossos antepassados, àquela geração que teve o privilégio de assistir à revelação Divina e a recepção do Decálogo; não, ela nos é dada diariamente. Talvez seja essa a razão que somente nessa *parashá* encontramos doze vezes a palavra *haióm* (hoje). A *Torá* não está nos céus ou além mar, ela não é uma doutrina abstrata, metafísica, compreensível só por indivíduos superdotados, privilegiados; ela não é uma filosofia exclusiva, matéria homilética para os púlpitos dos rabinos e moralistas, não; ela é uma TO-RÁT CHAYIM, uma *Torá* de vida, ensinamentos acessíveis a cada um de nós, aplicáveis na vida cotidiana, como está expresso no Salmo 95: *haióm im bekoló tishmáu*, hoje, se ouvirdes a voz do Eterno; e finalmente, ela não se presta para aqueles demagogos e hipócritas, que os mestres caracterizam e que são detestados pelo Eterno[8] *hamdabér echád bapé veechád balév*, aquele que fala uma coisa mas pensa noutra; a palavra de D'us só tem verdadeiro valor ético, quando a cumpramos *befícha*, com a boca, *uvilva-*

---

6 Dt 31, 21.
7 Dt 30, 11-14.
8 Pessachim 113b.

vechá, e com o coração. Aquilo que o homem sente no seu íntimo, só isso deveria pronunciar: caso contrário, descobrimos mais dia menos dia que se trata de um hipócrita. Verdadeira honestidade, autêntica integridade e retidão ético-religiosa se manifestam *befícha uvilvavechá*, em nossa boca e em nosso coração.

Sabendo compreender a razão do nosso *haióm* (hoje), o nosso *machár* (amanhã) será justificado, motivado e garantido.

II

Atém nitzavim haióm kulchém lifnéi Hashém Elokeichém[9]. Vós que estais hoje presentes diante do Eterno, os chefes de vossas tribos, vossos anciãos, e os vossos oficiais, todos os homens de Israel, as vossas crianças, as vossas mulheres, e o peregrino que está no meio do vosso arraial; desde o rachador de lenha, até o tirador da tua água: *veló itchém levadechém anochí korét et haberít hazót, veét haalá hazót ki et ashér ieshnó pó imánu oméd haióm lifnéi Hashém Elokéinu, veét ashér einénu pó imánu haióm*. Não é somente convosco que Eu faço esta aliança e este juramento, porém com aquele que *hoje* está conosco perante o Eterno nosso D'us, e também com aquele que não está aqui *hoje* conosco[10].

Essa "aliança" e o "juramento" não é feita com uma distinta camada social, com uma elite intelectual, com "apóstolos", com "santos", tampouco com os profetas e ainda menos com a aristocracia de sangue azul, nem com uma seita especial; mas sim com o povo inteiro, sem distinção de classes e de hierarquia. Aliás, nessas duas palavras *atém kulchém* (vós todos), está exatamente definido a quem o Mestre Moisés dirigiu as suas últimas palavras de despedida, quem são e deverão ser os fiadores, os avaliadores, os cumpridores do eterno pacto (aliança perpétua), entre o Criador e as criaturas. *Nós* também, nossa geração, estamos "hoje" presentes perante o Eterno. A aliança entre D'us e o povo de Israel, e através de Israel com todos os povos crentes em D'us, aliança essa que tem a sua ori-

---

9 Dt 29, 9.
10 Dt 29, 13-14.

gem no patriarca Abraham, a quem o Eterno prometeu *venivrechú bechá kól mishpechót haadamá*, através de ti serão abençoados todos os povos da terra[11], esse pacto não é de forma alguma limitado a um período ou a um tempo determinados; a determinação de Moisés "com aquele que hoje está aqui, e com aquele que hoje não está aqui", não se refere a uma determinada época, mas era definida, um espaço de tempo, no sentido que no momento dado não esteja aqui. O que Moisés pretendeu expressar é muito mais transcendental, é muito mais metafísico; hoje, nas circunstâncias atuais, na sua maneira de pensar atualmente, hoje, nestes tempos conturbados, cheio de dúvidas, de inversão dos valores ético-morais; hoje, quando tantos inúmeros sistemas filosóficos cheios de demagogia perturbam e deturpam as eternas verdades, hoje, nas circunstâncias atuais, ele não está conosco, ele perdeu a fé no Onipotente Criador do Universo; hoje ele nega o poder do espírito, prostrando-se perante a força da matéria bruta, mas isso somente Hoje. Amanhã ele estará conosco; amanhã, decepcionado com os profetas falsos e desiludido com as promessas enganadoras, ele há de voltar à plêiade dos que acreditam no Verbo Divino, e na eficácia do juramento que D'us fez, entregando-nos a *Torá*, para que possamos, observando os seus preceitos, viver eternamente.

As últimas palavras do nosso texto, as palavras: *mechotév eitzécha ad shoév meimécha*[12]. Desde o rachador de tua lenha, até o tirador da tua água, esse versículo deu margem para variadíssimas interpretações e comentários. Pois geralmente a aplicação de termos que indicam começo e fim, designam dois extremos opostos. Por exemplo: *mereishít hashaná veád acharít shaná*[13], do começo do ano até o fim do ano; entre o começo e o fim do ano estende-se um grande espaço de tempo; ou "do cume da montanha até o abismo da profundidade", entre ambos os extremos estende-se uma larga distância de lugar; ou *mibechór pareó haioshév al kissó, ad bechór hashifchá ashér achár harecháyim*, desde o primogênito do Faraó no seu trono, até o filho da serva que está por trás da mó[14]. Considerando os

---

[11] Gn 12, 3.
[12] Dt 29, 10.
[13] Dt 11, 12.
[14] Ex 11, 5.

exemplos citados, e a forma concisa da *Torá*, o texto deveria rezar: *merashé shivtécha* (desde os chefes das tribos) *veád shoév meimécha* (até o tirador da tua água), assim teríamos também nesse caso uma clara descrição dos dois extremos opostos. O chefe da tribo representando socialmente um homem que se destacou de qualquer forma do resto da tribo, para merecer essa distinção honrosa; e o extremo oposto, um pobre tirador de água, um ser humano da mais baixa classe social, que mal ganha o seu sustento. Mas, se o texto da *parashá* pretendia distinguir entre as diferentes camadas sociais, perguntamos: qual é a diferença social entre o rachador de lenha e o tirador de água? Acaso não estão os dois na mesma posição?

O famoso comentarista Sforno[15], explica a nossa indagação: *desde o primeiro* dos rachadores, até o *último* dos tiradores.

Será que essa explicação é suficientemente clara, a fim de esclarecer a nossa indagação?

Mas parece-nos que na designação dessas duas profissões, esconde-se algo mais profundo de que, simplesmente, representantes de duas classes sociais; o que a *Torá* pretende é determinar simbolicamente a parte oposta dos dois polos extremos. Como? Vejamos. O campo da atividade do rachador é a floresta, segurando o seu machado na mão. Uma vez que escolheu o tronco da árvore a ser cortada, *levanta* o machado ou um outro ferro cortante, e com golpes afiados e certeiros que caem de cima para baixo, a árvore é derrubada. A atividade do tirador da água é exatamente o polo oposto da do rachador; ele faz *descer os* baldes para as profundidades do poço, puxando a água para cima.

A convocação de Moisés de todos os homens de Israel perante o Eterno tem o mesmo fim pedagógico-educativo. Os que se pensam elevados, as camadas altas da sociedade, e aqueles que andam curvados pelas preocupações cotidianas, como se vivessem nas profundidades do abismo, todos, sem exceção, são chamados a ouvir a palavra de despedida do Grande Mestre que está prestes a morrer fisicamente; ambos, os que têm e os que não têm, são alertados para que em nenhuma circunstância da vida, esqueçam os ensinamentos, e os conceitos éticos da *Torá*. Moisés, esse

---

15 Obadia ben Jacob, exegeta bíblico, médico e filósofo, que viveu entre c.1475 e c.1550.

dedicado pastor do seu rebanho preocupava-se com o futuro do povo de Israel, exortando-o: *vayishmán Ieshurún vaiveát, shamánta, avíta, kassíta, vaitósh E-lôha assáhu, vaienabél tzúr ieshuató*[16], e engordou *Ieshurún*, e deu coices: Engordaste, engrossaste, e de gordura te cobriste; e abandonaste a D'us, e desprezaste a Rocha da tua salvação! Mas há também um outro aspecto nessa descrição figurativa. O rachador de lenha dedica a sua atividade à destruição da criação, derruba uma árvore viva, enquanto o tirador de água sacia a sede, fecundando com o líquido a vida do solo.

E mais uma vez deparamos com um interessante contraste. No texto da *parashá* aparece o tirador de água *depois* do rachador de lenha. Será que isto é só um simples capricho estilístico? De maneira alguma. Na *Torá* não existem caprichos estilísticos nem extravagâncias literárias.

Moisés prepara-se para se despedir do seu povo; a sua grande obra, o POVO DE ISRAEL, continuará a viver, enquanto ele ficará sozinho, num túmulo desconhecido, conforme nos relata a *Torá: veló iadá ish et kevurató, ad haióm hazé*, e ninguém soube, até hoje, o lugar da sua sepultura[17]. Poderia pois acontecer que um sentimento de ira se insinuasse no seu coração, deixando nele a impressão de ser uma árvore desraizada, derrubada antes do tempo. Com qualquer outro homem, com qualquer outro ser humano, isso poderia acontecer, mas não com Moshé Rabeinu, o *Ish Haelokim* (homem de D'us), como o rei David o denomina (*Salmos* 90, 1); esse homem extraordinário, cheio de bondade, modéstia, sacrifícios e abnegação, e até hoje em dia não se levantou mais em Israel profeta algum igual a ele. Moshé Rabeinu sabia e previu que, enquanto o povo de Israel continuar a viver e a agir segundo os ensinamentos da *Torá*, ele viverá, e a continuidade eterna é garantida ao povo de Israel. *Etz chayim hí, lamachazikim bá, vetomchéha meushár*[18]. A *Torá* é uma árvore da vida para os que a seguram, e felizes são todos os que a retêm; e nas palavras do profeta: *Hoi kol tzamé lechú lamáyim*: Vós, que tendes sede, vinde às águas[19]. E o

---

16 Dt 32, 15.
17 Dt 34, 6.
18 Pr 3, 18.
19 Is 55, 1.

Talmud[20] interpreta as palavras do profeta: *veéin máyim, elá Torá*. Somente a *Torá* é a verdadeira água. O fato de o "tirador de água" aparecer no texto depois do "rachador de lenha" não é uma simples casualidade, mas sim uma previsão histórica de transcendental importância. Moshé Rabeinu profetizou que, *após* o rachador de lenha, cujo trabalho consiste em derrubar, destruir, desenraizar, há de vir o tirador de água, que reavivará, reanimará a semente perpetuando o seu ininterrupto florescer. *Moshé mét, Yehoshúa machnís*: Moisés morre, e Iehoshúa conduz o povo a Israel[21].

Atem nitzavim haióm kulchém, vós todos estais hoje presentes, para constatar que me retiro deste mundo terrestre sem amargura, sem ira, mas com um coração cheio de fé em que, mesmo em momentos de desespero e de angústia, a água a *Torá* vos animará e confortará. *Vehaiá ki timtzéna otó raót rabót vetzarót, veantá hashirá hazót lefanáv leéid, ki lo tishachách mipí zareó*[22]: E quando o tiverem alcançado muitos males e angústias, então este cântico testemunhará perante ele, que esta (a *Torá*), não será esquecida da boca de sua descendência.

---

20 Bava Kama 17a.
21 Sanhedrin 17a.
22 Dt 31, 21.

Haazínu

Vechipér admató amó[1]: e fará pela terra a expiação do seu povo. E no *midrash* haláchico *Sifri*, que interpreta o quarto e o quinto livros da Torá, lemos a respeito dessa *parashá* o seguinte: *Guedolá shirá sheiésh bá achsháv, veiésh bá leavár, iésh bá leatíd, veiésh bá leolám habá*: grandiosa e profunda é essa "canção", pois abrange o presente e o passado, e prediz o futuro[2]: ela inclui a ideia do mundo futuro, de um mundo melhor e mais nobre. Somente poucas palavras encerra o maravilhoso poema lírico dessa *parashá*, Haazínu: linhas contadas, sentenças breves e concisas. Mas quão profundo e elevado é o conteúdo dessas palavras resumidas! O seu *élan* poético abre as portas do céu, e a sua profecia é profunda como o gênio criativo de Israel; cada frase, cada linha, cada palavra é ornamentada com a coroa da imortalidade, da infinita eternidade.

"Se qualquer outra pessoa e não Moshé Rabeinu fosse o autor desse poema lírico, teríamos que confessar que se trata de um homem divino, pois nem uma única palavra que seja dessa profecia se perdeu, tudo o que ele predisse realizou-se", disse Nachmánides[3].

"O poema *Haazinu* (Escutai)", disse o nosso saudoso Mestre Rav Amiel, "é a quintessência e a fonte da profecia judaica, a fonte da qual os 48 profetas, e as profetisas que o povo judeu produziu tiraram as suas visões e

---

1 Dt 32, 43.
2 *Sifri Haazínu* 333.
3 Ramban, Rabi Moshé ben Nachmán, Gerona 1195- Acco 1270, exegeta, cabalista; triunfou nas disputas teológicas nas praças públicas em Barcelona.

inspirações poéticas. Tudo o que os posteriores profetas escreveram são somente explicações, comentários às palavras de Moisés".

Nesse pequeno capítulo da *Torá* é-nos apresentada toda a história judaica, desde o *Gênesis* até o *achrít haiamim*, o fim dos tempos, esse futuro misterioso que robusteceu e animou o nosso povo a viver e esperar, a confiar e a aspirar.

Perante os nossos olhos passa em revista a história, desde os tempos remotos: *Yimtzaéhu beéretz midbár, uvetóhu ielél ieshimón*: achou-o numa terra deserta, e num ermo solitário povoado de uivos; *iesovevénhu ievonenéhu, yitzrénhu keishón einó*: cercou-o, e cuidou dele, guardou-o como a menina dos seus olhos; *kanésher iaír kinó al gozaláv ierachéf* como a águia que desperta a sua ninhada, e voeja sobre os teus filhotes, *iarkivéhu al bamotéi áretz, vaiochál tenuvót sadái*, o Eterno o fez cavalgar sobre os altos da terra, para comer do fruto dos seus campos; *vayishmán Ieshurún vaiveát, shamantá, avíta, kassíta*: mas, engordando Ieshurún (denominação do povo de Israel), o meu amado deu coices; *vayitósh E-lôha assáhu; vaienabél tzúr ieshuató*: engordou, engrossou e ficou nédio, e abandonou a D'ús, o seu Criador, e desprezou a Rocha da sua salvação[4]. E, a consequência desse esquecimento, desse alheamento da Rocha da sua salvação? Israel foi levado ao cativeiro, à dispersão entre povos hostis, que lhe causaram indescritíveis sofrimentos psíquicos e físicos.

Todavia, Israel não se deixou abater pela desgraça, e não desanimou, pois mesmo nos piores tormentos, nos momentos mais tristes, quando levado pelos "piedosos" inquisidores ao auto de fé para redimir a sua alma pecaminosa, ou quando foi conduzido como rebanho ao matadouro, às câmaras de gás, pelas hordas nazistas, para pagar o seu crime de ser judeu, Israel não cessou de cantar *Ani maamín*: "eu acredito" inabalavelmente na promessa Divina, que nos prometeu[5]: *Veáf gám zot bihiotám beerétz oiveihém, lo meastím, veló guealtím lechalotám, lehafér berití itám, ki Ani Hashém Elokeihém*: mesmo assim, estando na terra de seus inimigos, não os rejeitarei, não os desprezareis, para anular a minha aliança com eles, porque Eu sou o Eterno, seu D'us.

---

4   Dt 32, 10-16.
5   Lv 26, 44.

E o *Talmud*[6] interpreta minuciosamente essa sentença da *Torá*, e menciona as eras e as circunstâncias na história judaica, quando o povo de Israel teria merecido ser desprezado pelo Eterno. Por exemplo, na época dos gregos, quando uma grande parte do povo se deixou influenciar pela cultura grega, mesmo assim surgiram grandes mestres, como Shimeón Hatzadík e os valentes Hasmoneus, que cuidaram para que a chama judaica não se apagasse. Nos tempos do imperador Nabucodonosor (586 a.C.), que destruiu Jerusalém, quando grande parte do povo de Israel praticava a idolatria, merecendo pelo seu comportamento abominável o castigo do Eterno, nesse tempo surgiram o profeta Yechezkél (Ezequiel) e as grandes personalidades religiosas Chananiá, Mishaél e Azariá, que, com os seus ensinamentos e entusiasmo, levantam a moral do povo decadente, animando-o a voltar à terra prometida.

O mesmo aconteceu na época de Haman, o fanático inimigo do povo judeu dos tempos do rei persa Achashverósh[7] que, sendo escolhido primeiro-ministro, pretendeu no seu ódio injustificado aniquilar todos os judeus do império persa. E em todas as épocas posteriores, e nos diversos países da nossa dispersão, quando nos pareceu que estávamos à beira da completa assimilação e no abismo do fatal desaparecimento, sempre, sempre surgiram entre nós grandes vultos, eminentes sábios da *Torá*, que iluminaram a escuridão da *galut*, reanimando em nós a fé: *sheló yichbé neiró leolám vaéd*, para que a chama de Israel jamais se apagasse.

Na introdução ao seu poema, Moisés pede o testemunho do céu e da terra, rogando-lhes para escutarem as suas palavras e o seu testamento ao povo judaico. E o *midrash Tanchumá* indaga: Por que suplicou Moisés o testemunho do céu e da terra? E responde: *lefí shehém kaiamín leolám, ve-Israel kaiamín leolám*: Assim como o céu e a terra hão de existir eternamente, também Israel há de existir eternamente. Um povo eterno necessita de testemunhas eternas, para lembrá-lo do seu glorioso passado, que há de animá-lo para um futuro mais brilhante ainda.

---

6 *Meguilá* 11a.
7 Xerxes, século V a.E.C.

E é por isso que essa canção divina começa com o conselho: *Zechór iemót olám, bínu shenót dór vadór*[8]: Lembra-te dos dias da Antiguidade, atenta para os anos de gerações e gerações; pergunta a teu pai, e ele te informará, aos teus anciãos, e eles te dirão. Como povo eterno, vocês não podem contar só com o presente. O dia de hoje pode ser triste, o presente muito cruel, mas não desanimem. Estudem o seu glorioso passado, e hão de constatar *kevár haiú leolamim*, tudo o que parece somente acontecer a vocês, já aconteceu várias vezes, e mesmo assim o povo sobreviveu. Quando esse pequeno povo judeu é colocado no centro das contendas sociopolíticas mundiais, quando nos consideram um bode expiatório para todos os acontecimentos importantes da história, não se deve ficar surpreendido. Pergunte a seu pai, aos seus avós, e eles contarão que aquilo que o deixa perplexo não é um fenômeno único na história universal.

Saiba que sempre foi assim: *behanchél Elión goyím*, quando o Altíssimo distribuía as heranças às nações, vivendo então os povos em paz; *behafridó benéi adám*, quando dividia os filhos dos homens, separando-os em diversos grupos étnicos; *iatzév guevulót amim*, quando fixou as fronteiras dos povos, isto é, em tempos de guerra, surgiu sempre o problema: *lemispár benéi Israel*, o que fazer com este pequeno número de judeus? E se quiser saber por que isso acontece? Porque *ki chélek Hashém amó, Yaacov chével nachalató*, nós somos uma parcela do Eterno, Yaacov é a parte da Sua herança. "Porque vós sois o sustentáculo deste mundo e do mundo de além"[9]. Não existe outro povo que proporcionalmente tivesse contribuído tanto para o desenvolvimento científico, cultural e social da humanidade. E se perguntarmos a nós próprios pelo motivo de desprezo de parte do meio ambiente não judaico? Moshé Rabeinu nos responde: *Vayishmam Ieshurún viveát*, e engordou Ieshurún (Israel) e deu coices: mal adquirimos fortuna, tão logo não temos mais preocupações econômicas, começando a viver em opulência e fartura, esquecemos os ensinamentos da *Torá*, afastamo-nos da religião judaica.

Yizbechú lasheidím lo E-lôha, sacrificamos tudo o que nos deveria ser sacrossanto, o legado espiritual de nossos antepassados a *elohím lo iedaúm*,

---

8   Dt 32, 7.
9   Midrash Tanhuma.

ídolos desconhecidos; corremos atrás de ideologias e concepções que apareceram há pouco, *lo searúm avoteichém*, das quais não se estremeceram vossos pais, por saberem que todos esses sistemas de ideias, que de vez em quando brotam da tempestade dos tempos modernos, são absolutamente passageiros, por lhes faltar o cunho da eternidade.

Mas Moshé Rabeinu, como líder altruísta e compreensivo, que conhecia perfeitamente a mentalidade do seu rebanho, sabia que, se nos desviamos do caminho, a culpa não é absolutamente nossa, mas sim das circunstâncias em que vivemos, Ele nos consola, e acaba o seu poema com este harmonioso acorde animador: *Reú atá ki Aní Aní hú, veéin Elohím imadí*[10], vede agora que EU sou EU somente, e mais nenhum D'us além de mim. Quando o meu povo, diz o Eterno, esteve na dispersão egípcia, EU lhe disse: *Ehié ashér ehié*, estarei convosco também nas diásporas futuras, e EU estarei sempre com ele: *veshachantí betóch Benei Israel, veló eezóv et ami Israel* e habitarei no meio dos filhos de Israel, e não abandonarei o meu povo de Israel[11].

Aní amít vaachaié, machátzti vaaní erpá: EU faço morrer, e EU faço viver, EU firo, e EU curo[12]; *ki iadín Hashém amó, veál avadáv yitnechám*. Porque o Eterno há de fazer justiça ao seu povo, e se compadecerá de seus servos[13]; *vechipér admató amó*, e fará pela terra a expiação de seu povo[14].

Vivendo no seu próprio solo nacional, todas as iniquidades do povo de Israel serão apagadas.

---

10 Dt 32, 39.
11 1Rs 6, 13.
12 Dt 32, 39.
13 Dt 32, 36.
14 Dt 32, 43.

Vezot Haberachá

Ashrécha Israel, mi kamôcha am noshá baAdoshém? Bem-aventurado és tu, ó Israel; quem é como tu, um povo salvo pelo Eterno?[1] Essas maravilhosas palavras de despedida do Mestre Moisés são a mais significativa expressão de otimismo e da fé que define o segredo da nossa existência e da nossa continuidade.

Houve duas personalidades históricas extraordinárias, que deixaram impressões inolvidáveis em Israel e no mundo inteiro. Cinco séculos distanciaram um do outro, mas em diversos aspectos eram muito semelhantes. Ambos eram autores de importantes obras literárias que se tornaram parte íntegra das Escrituras Sagradas; ambos foram, durante quarenta anos, incontestáveis líderes supremos de seus povos.

Aqui acaba a semelhança entre os dois, pois no que concerne às suas atitudes para com a vida se distanciaram um do outro, como dois seres humanos radicalmente diferentes, extremamente opostos. Os homens que temos em mente são Moisés, o profeta, e Salomão, o rei.

Os nossos mestres relatam que, no declinar de seus anos, o rei Salomão comparou a sua carreira com a de Moisés, chegando à conclusão de que todos os seus sucessos e realizações empalidecem, tornam-se insignificantes, quando comparados com a obra espiritual que o imortal profeta nos legou. Essa constatação foi uma horrível experiência, e um golpe humilhante para o rei orgulhoso. Ele não foi capaz de compreender a razão de ficar relegado a uma posição inferior. Acaso ele não era mais poderoso do que Moisés? Acaso não vieram reis e príncipes à sua corte, para lhe prestar

---

[1] Dt 33, 29.

homenagem ou para lhe pagar tributos? Acaso não vieram de toda parte do mundo reis e rainhas à procura de seus valiosos conselhos, ou para se deleitar com a sua brilhante sabedoria? Por que então a história universal há de considerar as suas realizações e o seu valor pessoal como sendo menos significativos que os de Moisés? E o rei Salomão empenhou toda a sua paixão impetuosa para atingir a estatura do imortal profeta. *Bikésh Kohelet*[2] *lihiót keMoshé*[3]: Kohelet quis ser tão eminente e tão importante como Moisés; mas a sua tentativa e a sua ambição acabaram numa triste frustração e num fiasco total. Uma voz divina advertiu-o de que nunca alcançaria a elevada posição de Moisés, como está escrito: *Veló kám naví od beIsrael keMoshé, ashér iedaó Hashém paním el paním*[4]. E não se levantou mais, em Israel, profeta algum como Moisés.

Esse relato dramático dos mestres é profundamente significativo. É verdade, dizem os Sábios: Salomão possuía riqueza, glória e poder, ele gozou de luxo e prazeres jamais alcançados por qualquer outro ser humano; ele foi abençoado com uma vida de contentamento e paz, poupado de turbulências e contendas, de lutas e guerras. Todavia, quando as suas forças começaram a enfraquecer, quando começou a compreender a aproximação do momento derradeiro, e que mais dia menos dia havia de seguir o caminho infalível reservado a todos os seres vivos, que a morte havia de privá-lo de todos os bens materiais e prazeres que acumulara durante a sua vida, ele ficou desanimado e amargurado. A sua interpretação da vida, definição essa escrita no crepúsculo da sua carreira, é uma das mais melancólicas e mais mordazes da literatura universal. *Havél havalím, amár Kohélet, havél havalím, hakól hável*: vaidade de vaidades, diz Kohelet, vaidade de vaidades, tudo é vaidade[5].

De outro lado, a vida de Moisés foi uma ininterrupta atribulação. Desde a tenra infância, quando, para lhe salvar a vida, foi colocado num cesto de vime, exposto desamparadamente às correntezas do Nilo, até o último

---

2 *Kohelet* é um dos nomes do rei Salomão, que os tradutores não judeus denominaram por Eclesiastes, pregador.
3 *Rosh Hashaná* 21b.
4 Dt 34, 10.
5 Ecl 1, 2.

suspiro, ele só conheceu desgostos, duro trabalho e incalculáveis aborrecimentos. Mesmo o maior sonho de sua vida, o seu desejo de poder entrar na Terra Prometida, chefiando o povo que ele ajudara a redimir da escravidão egípcia, foi-lhe negado quando se encontrava à beira de Canaã. Ele foi atacado pelos Datans e Abirams, difamado pelos Kôrach e sua camarilha, enganado pelos observadores que se viu obrigado a mandar para espiar a Terra Prometida e para verificar se ela era de fato tão frutífera e fértil; o *érev ráv*, essa plebe mista, os oportunistas que se aproveitaram da confusão reinante durante a saída do Egito, os verdadeiros responsáveis pela fabricação do bezerro de ouro durante a ausência de Moisés, esses instigadores amargaram a vida de Moisés, desprestigiando-o constantemente. Todavia, qual foi a bênção que Moisés outorgou ao seu querido povo nos últimos dias da sua vida? *Ashrécha Israel, mi kamôcha am noshá baAdoshém.* Bem-aventurado és tu, ó Israel; quem é como tu, um povo salvo pelo Eterno?

Mais espantoso ainda, porém, é aquilo que aconteceu aos seus grandes esforços, isto é, os enormes empreendimentos dessas eminentes figuras universais. Logo após a morte de Salomão, o seu poderoso império, que ele consolidara durante tantos anos, começou a desintegrar-se.

Durante o reinado de seu sucessor, o império se dividiu em dois reinos, norte e sul, desmoronando-se completamente pouco tempo depois.

Mas quando Moisés deixou esta vida terrestre, o povo judeu viveu na terra que lhe foi prometida pelo Eterno, dando a Israel e à humanidade inteira juízes instruídos, profetas inspirados e dedicados escribas, que até hoje em dia animam e inspiram os corações e as mentes do homem.

A questão é: por quê? Normalmente, pensando em termos do nosso século XX, seríamos inclinados a esperar resultados e atitudes opostos de parte desses dois vultos proeminentes; seria mais lógico se Moisés deixasse este mundo cheio de pessimismo, decepcionado, amargurado, cheio de rancor contra seu destino e seu povo, chegando à conclusão que *havél havalím*, vaidade de vaidades, toda esta vida é uma corrente ininterrupta de dor e sofrimentos; enquanto o desânimo e a tristeza de Salomão são absolutamente injustificáveis e sem motivação.

Ao contrário, revivendo e recordando a sua brilhante carreira, Salomão teria toda a razão para expressar gratidão e reconhecimento por todos os bens e bênçãos que o Criador lhe outorgou.

A chave desse enigma deve ser procurada na característica psicológica desses dois homens. Salomão é descrito na Bíblia como *chachám mikól adám*, como o mais sábio dos homens. A sua especulação e a sua maneira de pensar brotaram do seu profundo intelecto. Ele foi um inteligente político e tático, um homem que possuía muito *savoir faire* e agudeza. Moisés, de outro lado, nunca é descrito no *Tanách* como sendo um *chachám*, um sábio. A Escritura Sagrada considera-o sempre como sendo um *naví*, um profeta por excelência, como homem de uma profunda religiosidade e fé, como pastor devoto e abnegado de seu povo.

Pode ser que, enquanto esses dois líderes eram jovens, não houvesse diferença notável nas suas atitudes, e que a diversidade só se tornou evidente quando se aproximaram ao crepúsculo da vida. Quando Salomão começou a sentir sobre si a mão pesada da idade, tornou-se angustiado e triste. Para que servem todas essas conquistas sociais e políticas; para que servem essas alegrias de ontem? Tudo se foi.

Somente as recordações passavam lentamente, deixando na sua alma um efeito entristecedor, por saber que os prazeres e o luxo desapareceram para sempre. Quando Salomão foi forçado a defrontar-se com o destino de todos os seres humanos, ele não pôde encontrar na sabedoria a força para sustentá-lo. Só lhe restou uma coisa, lamentar e gemer: *havél havalím, hakól hável*, vaidade de vaidades, tudo é vaidade.

Moisés, de outro lado, teve *emuná*, fé. Ele estava robustecido pela couraça de uma fé poderosa e inquebrantável, que lhe deu coragem para defrontar-se com o desastre e a morte; e mesmo assim contemplar acima de tudo a Onipresença Divina (Shechiná). A sua alma estava impregnada de coragem e otimismo, porque sabia que *Meoná E-lohéi kedem, umitáchat zeroót olám*[6]. O único refúgio da nossa vida é o Eterno, e por baixo sejam os braços eternos; *vaiegarésh mipanécha oiév, vaiómer hashméd*: Ele expulsou o inimigo de diante de ti, e disse: Aniquila-o. E foi essa fé que o moveu a abençoar o seu povo nas últimas e derradeiras horas de sua vida, e a falar-lhe cheio de confiança e fé a respeito de seu futuro.

---

6 Dt 33, 27.

Relatando a vida de Moisés, a *Torá* testemunha que até o último momento *lo kahatá einó*, não se lhe escureceu a sua vista[7]; graças à sua fé em D'us Bendito, ele olhava esperançosamente para o futuro, servindo destarte como um exemplo para o povo de Israel. Façamos reentrar essa sólida fé em D'us nos nossos corações, e o Eterno nos há de abençoar com alegria, com paz para o povo de Israel e *Medinat* Israel, e com a concretização de todos os nossos desejos.

---

7 Dt 34, 7.

Amém

Abençoado seja o Eterno, que me outorgou vida para poder concluir este modesto trabalho. Louvado seja ELE eternamente.

Este livro foi impresso na cidade de Cotia,
nas oficinas da Meta Brasil
para a Editora Perspectiva.